U0578895

四川師範大學文學院“國家社科基金叢書”資助

漢魏六朝子書考索

尹玉珊 著

社會科學文獻出版社
SOCIAL SCIENCES ACADEMIC PRESS (CHINA)

自　序

先秦諸子馳騁於人類文明的軸心時代，著書立說，爲中國思想史的寶庫平添絢爛的色彩，贏得了後世的尊重與全球的聲響。而《隋書·經籍志》著録的諸子"合八百五十三部，六千四百三十七卷"，扣除《漢志》著録的"百八十九家"，至少有四百多部（家）著作完成於漢魏六朝時期。因此可以説漢魏六朝是子部著述的第二個高峰，也可能是最後的輝煌。《漢魏子書研究》作爲學界的第一部系統研究漢魏六朝子書的專著，完成了這一輝煌的前半段，本書則接續了後半段。

本書既是《漢魏子書研究》的續編，將研究的下限從三國延伸到南北朝，描繪了一幅漢魏六朝子書的完整圖像，又回溯到兩漢與先秦，嘗試釐清跨越多個時代的同名文獻相混淆的情況，探討諸子文本的引用與注釋等問題。將本書與《漢魏子書研究》合觀，前承先秦，後接隋唐，中國子學的發展圖景被描繪得更細緻，脈絡更爲清晰。

本書包括上、中、下三篇，上篇主要爲漢魏六朝子書的文本考辨，中篇主要爲子書文本的細讀與應用，下篇爲漢魏六朝子書的叙録。上篇是中篇的基礎，下篇既是上篇與中篇的前提，又包含了上篇文本考辨的成果。因此，三篇標題看似散亂，其實關係甚緊。以下予以詳細介紹。

上篇的文本考辨，主要包括正文研究、注文研究以及引文研究三大版塊。通過單本子書的注文可以看到漢魏六朝子書影響的向後延伸，通過其引文則可以看到漢魏六朝子書的向前勾連，子學歷史在繼承中創新的特點得以清晰呈現。

正文研究，主要針對漢魏六朝子書正文文本進行文獻的輯佚與整理，還有文本的考辨與内容的解讀。如"《伏侯古今注》輯文及相關問題考辨""《闕子》考略""《苻子》輯文校正"皆屬於子書文本的考證，提供了目前最新、最可靠的《伏侯古今注》《闕子》與《苻子》三部子書輯本；“論蘇時學《爻山筆話》《墨子刊誤》對子書的整理與校釋”，則挖掘了清代的一位子學整理專家，完善了清代諸子學史；注文研究包括“李軌注《法言》的特點及其成就”“孟氏注《孫子兵法》的特色及其成就”，探討子書注釋的價值，也挖掘注者的思想，梳理揚雄《法言》“刺莽説”的歷史，糾正學界對兩晉南北朝兵學發展認識的不足；引文研究雖僅有“述作之間：徐幹對《論語》的新解與活用”一章，但嘗試了一種新的研究範式。首先，開闢了引文研究的新視角，不是膚淺地停留於四部文獻的使用情況、作者的閱讀視野以及主觀思想的揭示等幾個方面，還深入作者對引文的解釋與其在文本中的恰當使用，從而服務於書寫體例的創新與思想的創新，以迎合作者置身其中的文化需求。其次，深化了子書學術史的研究，明確前世子書對後世的文化思想不僅是前人影響與後人接受的問題，還有相互的參與和干涉。

中篇的子書文本細讀部分，主要針對子書文本思想内容、釋義與寫作筆法等問題展開。應用部分，因爲思考内容過於廣泛，使用的文獻不限於子部，還旁涉到其他三部。因此應用部分篇章雖然篇幅短小，解決的問題也比較散亂，却能具體而微地揭示四部文獻之間的關係。如“桓譚《新論》‘以市喻交’考”，主要針對李善注的一處不實考論，嘗試從文獻與文章學兩個角度考察，糾正李善的偏失，盡力澄清時人對劉孝標《廣絕交論》的真實評價，同時恢復桓譚《新論》的文本原貌；又如“論李白詩歌對《莊子》僻典的巧用及其審美追求”“從杜甫的詩歌用典談杜詩對道家子書的吸收”，皆從詩歌使用的道家子書典故入手，探索李白與杜甫利用典故闡發思想、抒情言志，并打造新的詩歌風貌的藝術追求，同時也嘗試揭示子部與集部關係之一斑。

下篇爲漢魏六朝子書叙録，一方面限定文獻整理的範圍，方便研究的開展；另一方面勾勒出漢魏六朝子書的大場景，展示它們上承先秦、下接隋唐的生存時空，明確它們在子學史上的地位。叙録從子書作者、著録情況、文本存佚以及主要思想内容等方面對漢魏六朝共一百四十餘部子書進行一個鳥瞰式的介紹。介紹一些散佚子書的文本存佚情況時，能清楚説明其佚文的條目，這離不開作者對以下三類文獻所作的徹底考察：歸有光的《諸子匯函》、程榮的《漢魏叢書》、王謨的《增訂漢魏叢書·子餘》、黄奭的《漢學堂知足齋叢書》、嚴可均的《全上古三代秦漢三國六朝文》與馬國翰的《玉函山房輯佚書》等現有輯佚文獻，《意林》《群書治要》等子抄類文獻，以及《藝文類聚》《初學記》《白氏六帖》《太平御覽》《册府元龜》等類書。

　　總之，因爲作者在文本考辨時注重吸收學界的最新成果，關注并充分利用海外回流的文獻，校正的漢魏六朝子書文本更翔實，相關研究所取得的結論也更可信。

作者

2024 年 12 月

目　録

上篇　漢魏六朝子書綜合研究

中篇　漢魏六朝子書文本細讀與應用

下篇　漢魏六朝子書敘錄

漢魏六朝子書綜合研究

　　這一部分的文本考辨，時間跨度較大，有向前的追源，至先秦子書，有向後的溯流，至隋唐子書，但皆以漢魏六朝子書爲核心。本篇主要包括正文研究、注文研究以及引文研究三大版塊。通過單本子書的注文可以看到漢魏六朝子書影響的向後延伸，通過其引文則可以看到漢魏六朝子書的向前勾連，子學歷史在繼承中創新的特點得以清晰呈現。

　　正文研究，主要針對漢魏六朝子書正文文本進行文獻的輯佚與整理，以及文本的考辨與内容的解讀。這一部分包括第一章"《伏侯古今注》輯文及相關問題考辨"、第二章"《闕子》考略"、第三章"《苻子》輯文校正"、第四章"《苻子》動物寓言中的庶民情趣"和第五章"論蘇時學《爻山筆話》《墨子刊誤》對子書的整理與校釋"，大多屬於對子書文獻的原原本本的考證，第四章除外，評論與分析的較少；注文研究，包括第六章"李軌注《法言》的特點及其成就"和第七章"孟氏注《孫子兵法》的特色及其成就"，評論與分析的較多，力圖從注文中闡釋注者思想的努力也較多；引文研究，僅有第八章"述作之間：徐幹對《論語》的新解與活用"，篇章雖少，但嘗試了一種新的研究範式，具有探索的價值。首先，開闢了引文研究的新視角，不再是膚淺地停留於四部文獻的使用情況、作者的閱讀視野以及主觀思想的揭示等幾個方面，還深入作者對引文的解釋與其在文本中的恰當使用，從而服務於書寫體例的創新與新思想的創新，以迎合作者置身其中的嶄新的文化需求。其次，深化了子書學術史的研究，前世子書對後世的文化思想不僅是前人影響與後人接受的問題，還有相互的參與和干涉。當然，前世子書對現實的參與作用還需要更多文章予以全面論證，此文的作用衹是拋磚。

第一章 《伏侯古今注》輯文 及相關問題考辨

　　《伏侯古今注》又名《伏侯注》，東漢伏無忌撰。《隋志》與《舊唐書·經籍志》的"雜史"類均載"《古今注》八卷"，署名作者伏無忌。《新唐書·藝文志》與《通志·藝文略》[①]子部"雜家"均載"伏侯《古今注》三卷"。稱"伏侯"者，因其曾祖伏湛在建武中封爲陽都侯，子伏盛以下襲爵，傳至無忌。博物、雜記類著作以"注"行世者以《伏侯注》爲最早，但近代以來，晉人崔豹《古今注》的影響漸大，遮蔽了《伏侯注》的身影。同屬於這一"注"書系統的還有唐人周蒙的《續古今注》，五代後唐馬縞的《中華古今注》，馬縞書有傳世本，而周蒙書僅存三條佚文。這些雜考、博物類"注"書在歷史上的流傳情況如何？它們之間的關係怎樣？它們反映了當時怎樣的知識訴求與學術思想？這些問題非常值得探討，但首要問題是確定其文本。因爲三部"注"書的文本混淆難辨，須先劃定三"注"的文本範圍，然後再逐條校正《伏侯注》的輯文，大致呈現出《伏侯注》的面貌，并對其進行初步的解讀與評定。

一　《伏侯注》的作者、歷代著録和輯本

　　伏無忌，東漢琅琊東武人，順帝時爲侍中屯騎校尉，永和元年與黃景校定中書五經、諸子百家與藝術。《後漢書·伏湛傳》云："元嘉中，桓帝復詔無忌與黃景、崔寔等共撰《漢記》。又自采集古今，删著

---

① （宋）鄭樵著《通志二十略》，中華書局 1995 年版，第 1654 頁。

事要，號曰《伏侯注》。"李賢注云："其書上自黄帝，下盡漢質帝，爲八卷，見行於今。"[1] 可知，"漢質帝"爲其書下限。"見行於今"，説明李賢時尚可見《伏侯注》八卷本，成書於李賢之前的《北堂書鈔》《藝文類聚》等書引文（後人竄亂之外的）應出於原書。李賢注《後漢書》紀、傳與南朝梁人劉昭注《後漢書》諸"志"時所引用的《伏侯注》也應出於原書，余嘉錫僅確信"《續漢志注》所引《古今注》皆伏侯注，非崔豹書"[2]，不提李賢注文，態度比較謹慎。

《伏侯注》的史志著録見上文所引，又見於《清史稿·藝文志》史部"雜史"類："伏侯《古今注》一卷。"子部"雜家"類："漢伏無忌《伏侯古今注》一卷。"《伏侯注》在《舊唐書·經籍志》著録有"八卷"，也就是説五代時整本尚存，此後才有闕佚。鄭樵《通志·藝文略》著録"三卷"，説明南宋初尚有傳本，此後亡佚，《清史稿》所載"一卷"爲輯本。

《後漢書注》中援引了《伏侯注》近 220 條，不引崔豹《古今注》。而顔師古《漢書注》、李善《文選注》於兩書皆不引。《史記》的司馬貞《索隱》與張守節《正義》，在引崔書時指明崔豹《古今注》，僅稱書名《古今注》者則兼指伏、崔二人書。説明隋、唐之際，伏侯書的流傳比豹書更廣，兩書并行在唐初至五代之間。

余嘉錫説伏氏、崔氏二書名在《太平御覽》中已混淆不清，有標崔氏者實爲伏氏書文字，有標伏氏者實出自崔氏書，張冠李戴的現象比較嚴重。[3] 宋代其他類書情況與《御覽》相似。唐代類書中伏氏、崔氏書中内容尚能區别，可以《初學記》《北堂書鈔》《藝文類聚》《白氏六帖事類集》所引伏、崔二書佚文考察之。

《北堂書鈔》（619 年之前，虞世南任隋秘書郎時作）引用《古今注》佚文共十五條，標明著者崔豹的共九條，其他以"又案""見上"間指崔豹書共兩條，皆見於今傳本崔豹《古今注》。其他四條僅稱《古今注》者，兩條（實爲一事）出自今存本崔豹《古今注》，兩條出自伏

---

① （南朝宋）范曄撰，（唐）李賢等注《後漢書》第 4 册，中華書局 1965 年版，第 898 頁。

② 余嘉錫著《四庫提要辨證》第 3 册，中華書局 1980 年版，第 859 頁。

③ 余嘉錫著《四庫提要辨證》第 3 册，中華書局 1980 年版，第 862 頁。

書（言災異）。伏、崔二書佚文尚有區別，混淆不甚嚴重。也能看到崔豹《古今注》在當時的影響力甚巨。

徐堅《初學記》（開元十三年，725）收錄《古今注》佚文共四十二條，分別爲伏侯（伏無忌）《古今注》十條、崔豹《古今注》二十七條、不明言作者姓氏者五條，按檢今存本，書名并無混淆不清之處。泛稱《古今注》的五條引文，其中四條見於今存本崔豹《古今注》，分別爲"華蓋""薤露""甌名""黄帝與蚩尤戰於涿鹿之野，蚩尤作大霧"①（"指南車"條）。僅"和帝元興元年黑黍"一條爲《伏侯注》佚文。同時可見，盛唐時崔豹《古今注》的流行比《伏侯注》廣泛得多，所以泛稱《古今注》時大多指崔氏書。

《藝文類聚》（歐陽詢之後又有竄亂，時間不定）引用《古今注》佚文共二十八條，其中僅有一條（卷九十四）標明崔豹，其他二十七條皆祇稱書名。伏、崔二書佚文混淆已非常嚴重。白居易的《白氏六帖事類集》共引佚文十八條，其中僅一條稱《伏侯古今注》（卷二十九"漢明帝永平九年，三角鹿出江陵"②），一條稱"漢書古今注"（卷二"光武六年九月，大雨連月，苗稼更生，鼠巢樹上"③），皆引自伏氏書。稱"崔豹古今注"者七條（卷一"日重光"歌、卷二"公無渡河"歌、卷四"吳大帝刀""五明扇"、卷十一"日重光"歌、卷十六"黄門鼓吹"、卷二十九"雀一名嘉賓"④），其他九條泛稱《古今注》者，四條出自伏氏書，五條出自崔氏書，伏、崔兩書內容雖無明確區分，但尚無張冠李戴的現象。

總上所述，伏氏、崔氏二書內容在唐代混淆尚不嚴重，更無張冠李戴的現象，而且崔氏書的流傳更爲廣泛。伏氏書傾向占候災變與徵文考獻，崔氏書旨在釋古今事物之名義，後者更受詩人喜愛。加上馬縞在崔書基礎上進行續寫，伏氏書越發淡出人們的視野，宋代類書的編者已很

---

① （唐）徐堅等著《初學記》上册，中華書局 1962 年版，第 36 頁。
② （唐）白居易撰《白氏六帖事類集》第 6 册，文物出版社 1987 年影印紹興册本，第 65 頁。
③ （唐）白居易撰《白氏六帖事類集》第 1 册，文物出版社 1987 年影印紹興册本，第 38 頁。
④ （唐）白居易撰《白氏六帖事類集》第 6 册，文物出版社 1987 年影印紹興册本，第 51 頁。

難區別二書内容。

對《伏侯注》進行輯佚的清代學者，可考見的有五人——茆泮林、馬國翰、顧櫰三、湯球與黄奭，惟湯球輯本不存。現存的茆氏輯本有四種：《十種古逸書》本、《龍溪精舍叢書》本、《叢書集成初編》本與《十笏園叢刊》本，内容無異。馬氏輯本一種：《玉函山房輯佚書》本。黄氏輯本兩種：《黄氏逸書考》本與《漢學堂叢書》本。黄氏本應爲轉録茆氏本，内容基本全同茆氏本，編次在沿襲茆氏本的基礎上更爲完善，把茆氏本原屬《補遺》《又補遺》中内容全部歸入正文門類中。顧氏輯文，載於《補後漢書藝文志》中。

《伏侯古今注》的四個輯本茆泮林《十種古逸書》輯本、馬國翰《玉函山房輯佚書》輯本、黄奭的《黄氏逸書考》（亦名《漢學堂叢書》）輯本與顧氏輯本，其中顧氏輯本最簡單，輯文編排混亂且基本不作考辨。其他三個主要輯本，以時代論，茆氏本最早，黄氏本最晚；以體例論，茆氏本、黄氏本門類比較清晰，馬氏本不分類；以内容論，茆氏本與黄氏本最爲豐富、準確，馬氏本不僅漏輯了三條先秦史料，而且混入了《後漢書注》引用的他書内容（如“黄帝占”“巫咸曰”“郗萌占”等）。

二　《古今注》、《續古今注》與《中華古今注》的作者及著録

崔豹，字正熊，晉惠帝時官至太傅丞（見於《世説新語·言語篇》注、陳振孫《直齋書録解題》載《古今注》解題，余嘉錫解釋爲“太子太傅”，《四庫總目提要》與《釋氏六帖》則以爲“太傅”）。[①]《隋書·經籍志》子部“雜家”類：《古今注》三卷，崔豹撰。《舊唐書·經籍志》子部“雜家”類：《古今注》五卷，崔豹撰。《新唐書·藝文志》子部“雜家”類：崔豹《古今注》三卷。又史部“儀注”類：崔豹《古今注》一卷。《宋史·藝文志》子部“雜家”：崔豹《古今注》三卷。《崇文總目》：《古今注》三卷。陳振孫《直齋書録解題》曰：“《古今注》

---

① 崔豹的字，目前所見的文獻記載中共有四種：明刻本《古今注》作“字正熊”，洛陽出土《晉辟雍行禮碑》作“字正雄”，《四庫總目提要》作“字正能”，《釋氏六帖》作“字仲熊”。參考趙玉琦、劉同軍《〈釋氏六帖〉引〈古今注〉的文獻價值》，《北方工業大學學報》2014 年第 2 期。

三卷，晉太傅丞崔豹正熊撰。"①《玉海·藝文志》"記注"類："晉《古今注》……雜取古今名物，各爲考釋，凡八門。《中華古今注》三卷，五代唐馬縞撰。初，崔豹進《古今注》，原釋事物創始之意，縞復增益注釋以明之，凡六十六門。"②《四庫提要》曰："《古今注》三卷，舊本題晉崔豹撰。"③崔豹書不見於《文獻通考》，但參考以上著録情況可知，崔豹書在唐宋時期流傳甚爲廣泛，元代始湮没少聞。

周蒙，生平無考。《新唐書·藝文志》子部"雜家"：周蒙《續古今注》三卷。《崇文總目》子部"雜家"：《續古今注》三卷。鄭樵《通志》子部"雜家"：《續古今注》三卷，唐周蒙撰。《宋史·藝文志》子部"雜家"：周蒙《續古今注》三卷。《文獻通考》没有著録周蒙書，僅僅著録了馬縞書，《宋史·藝文志》或是根據《崇文總目》收入了周蒙書。説明周蒙《續古今注》，大約亡佚於宋末。

最早引《續古今注》者惟《初學記》，僅有一處，卷三十"嚴陸校宋本異文"引文爲："龜鱉之類無雄，蜂蝶之類無雌。"④此條引文緊接崔豹《古今注》引文"蛺蝶一名野蛾，一名風蝶，東人謂爲撻末，色白背青者是也。其大有如蝙蝠者，或黑色，或赤斑，名曰鳳子。一名鳳車，一名曰鬼車，生江南柑橘園中"之後，顯然爲區别二書。當時尚無馬縞《中華古今注》，且今傳本《中華古今注》載文同崔書，未有此句⑤。

又宋人陸佃《埤雅》卷十稱引《續古今注》，文同《初學記》⑥。卷九又稱引"周蒙續崔豹《古今注》"，引文爲："九月雀入水，不則多淫泆"⑦。明人陳耀文《天中記》兩處引用《續古今注》文，其中卷五十八引文："九月雀不入水，則多淫泆"⑧，文與《埤雅》稍異，且明示作者爲

① （宋）陳振孫撰，徐小蠻、顧美華點校《直齋書録解題》，上海古籍出版社 2015 年版，第 304 頁。
② （宋）王應麟輯，武秀成、趙庶洋校證《玉海藝文志校證》中册，鳳凰出版社 2013 年版，第 672 頁。
③ （清）永瑢等撰《四庫全書總目》上册，中華書局 1965 年版，第 1015 頁。
④ （唐）徐堅等著《初學記》下册，中華書局 1962 年版，嚴陸校宋本異文，第 11 頁。
⑤ （五代）馬縞撰，吳企明點校《中華古今注》，見《蘇氏演義：外三種》，中華書局 2012 年版，第 131 頁。
⑥ （宋）陸佃撰，（清）顧棫校《埤雅》，康熙間顧氏如月樓刊本。
⑦ （宋）陸佃撰，（清）顧棫校《埤雅》，康熙間顧氏如月樓刊本。
⑧ （明）陳耀文編《天中記》，文淵閣四庫全書本 967 册，臺灣商務印書館 2008 年版，第 794 頁。

周蒙。此條緊接在《古今注》引文“雀，一名嘉賓”之後。可見作者爲區別二書，有意指明作者。又考今本崔豹《古今注》與《中華古今注》均言“雀，一名嘉賓”①，馬縞在豹文後引《詩》“誰謂雀無角，何以穿我屋”②以注明“嘉賓”之義，體現他序中所説的“添其注”。可證《初學記》與《埤雅》所引《續古今注》之“雀”條，不出崔書與馬縞書。《天中記》卷四十四又引《續古今注》文：“索郎酒，桑落時美，因以爲名。”③此條宋人任淵《山谷内集詩注》（卷一《送王郎》）引文同，宋人類書《錦繡萬花谷》（卷三十五“酒”）和潘自牧《記纂淵海》（卷九十“酒”）亦以爲出自《續古今注》。宋人吴曾《能改齋漫録》（卷四）認爲酈道元《水經注》也曾談及“索郎酒”④（見今本《水經注》卷四），説明“索郎酒”不是没有來歷的。據此，可確認爲周蒙《續古今注》的佚文至少有三條。既然文字能爲《初學記》（開元十三年，725）所引，則周蒙書當著成於此前。從三條佚文可見，周蒙所續之《古今注》也是沿襲崔豹物名考釋的傳統。

馬縞，家世不詳，唐末明經及第，又登拔萃科。後梁爲太常少卿，以知禮見稱於世。後唐莊宗時，累遷中書舍人、刑部侍郎、權判太常卿。新、舊《五代史》皆有傳。陳振孫《直齋書録解題》曰：“《中華古今注》三卷，後唐太學博士馬縞撰。蓋推廣崔豹之書也。”⑤考《新五代史》不載馬縞爲太學博士，《舊五代史》載其仕終國子祭酒，“太學博士”當是他早年所任之職。《玉海·藝文志》“記注”類著録見上。馬端臨《文獻通考》著録馬縞書。《宋史·藝文志》子部“雜家”載“馬縞《中華古今注》三卷”，在崔書與周蒙書之後。《四庫提要》曰：“《中華古今注》三卷，舊本題後唐太學博士馬縞撰。”又《簡明目録》曰：“《中華古今注》三卷，五代馬縞撰。”馬縞書宋時流傳不甚廣泛，元代

---

① （晋）崔豹撰，牟華林校箋《古今注校箋》，綫裝書局 2014 年版，第 109 頁。
② （五代）馬縞撰，吴企明點校《中華古今注》，見《蘇氏演義：外三種》，中華書局 2012 年版，第 131 頁。
③ （明）陳耀文編《天中記》，文淵閣四庫全書本 967 册，臺灣商務印書館 2008 年版，第 115 頁。
④ （宋）吴曾撰《能改齋漫録》，上海古籍出版社 1979 年版，第 547 頁。
⑤ （宋）陳振孫撰，徐小蠻、顧美華點校《直齋書録解題》，上海古籍出版社 2015 年版，第 307 頁。

以後影響擴大。馬縞書始終貫徹"添其注，以釋其義"的編書宗旨，在崔書説得簡單處增益其内容，對於崔書没有的條目，增添了五十五條（據余嘉錫《四庫提要辨證》卷十五）。

三 四部"注"書的關係與《伏侯注》的文本範圍

伏無忌《古今注》與崔豹《古今注》、周蒙《續古今注》和馬縞《中華古今注》，這幾部書的前後因襲關係很明顯。但因爲書名相同，又加文獻散佚，内容常常相混。有伏侯書與崔豹書相混的情況，如侯康云："《後漢書》諸本紀注，又劉昭注《續漢志》屢引之，他列傳亦間引。或稱伏侯，或不稱伏侯，核其文義，皆出伏書，非出崔豹書也。惟《靈帝紀》注引一條云'宏之字曰大'，此則甚誤。章懷明言其書下盡質帝。《禮儀志下》注引此書備載後漢諸帝陵丈尺頃畝，亦至質帝静陵止。蓋無忌撰書在桓帝時，故不及桓、靈以後也。《史記索隱》屢引《古今注》而不著名姓，其不見崔豹書者，當皆出此。然今世所行崔書亦非原帙，《索隱》所引終難定其爲崔爲伏耳。"（《補後漢書藝文志》）[1]有伏侯書與馬縞書相混的，如顧櫰三云："是書多與崔豹《中華古今注》相混，如'知蠋人之忿則贈以青棠'一條、'蒜卵蒜也'一條、'麞有牙而不能噬'一條、'鶴千歲則變蒼'一條，當是《中華古今注》之文，而《御覽》并題曰《伏侯注》，則輾轉援引，不加細考也，今并不録。"（《補後漢書藝文志》）[2]或許三書中亦混入周蒙《續古今注》内容，但因周蒙書亡佚過甚，已無從考辨。總之，諸書相混的狀況比較嚴重，然而仔細推敲考辨，可以大致劃定"三注"的文本範圍。

余嘉錫在《四庫提要辨證》中已經劃出了崔豹《古今注》與馬縞《中華古今注》兩書的範圍，明確地説："凡縞書中所有而爲豹書所無者，皆縞所增也，亦即所謂添其注以釋其義也。"[3]他對其中一些有争議的條目還有詳細考辨，兹不贅述。周蒙書佚文，僅存三條已見上文。

---

① 王承略、劉心明主編《二十五史藝文經籍志考補萃編》第6卷，清華大學出版社2011年版，第539—540頁。
② 王承略、劉心明主編《二十五史藝文經籍志考補萃編》第6卷，清華大學出版社2011年版，第178頁。
③ 余嘉錫著《四庫提要辨證》第3冊，中華書局1980年版，第858頁。

伏侯書與崔氏書的混淆問題，纔是最需要加以明斷的。對此，余嘉錫首先通過細緻考辨，認定"今本猶是崔豹原書，蓋無疑義"①，然後區別伏氏、崔氏兩書云："諸書所引《伏侯古今注》，所記皆朝章國故，及災異祥瑞之類，（茆泮林《十種古佚書》内有輯本，雖搜採未廣，體例尚可考見。）與崔書名同而實異"，"徵文考獻，故爲雜史之類，而崔氏書則意在釋古今事物之名義，爲多識之助，故爲雜家者流。以此考之，不難分別，檢諸書所引《古今注》，其不見於今本者，大率皆伏氏書"②。最後他詳細考辨了伏氏、崔氏兩書内容在《太平御覽》等宋人類書中的混亂情況。

又因上文所述理由，《後漢書注》中所引《古今注》内容爲《伏侯注》，在唐代類書中伏氏、崔氏兩書并未出現張冠李戴的現象，所以兩書的文本範圍還是比較清晰的。首先，掌握兩大原則：今本崔豹《古今注》爲原書，那麼祇要有與之重合的内容全屬崔書；其他不見於今本崔豹《古今注》者，如内容爲"朝章國故，及災異祥瑞"者則屬於伏氏書。其次，具體對每條佚文再做細緻的文獻考辨，孤證不立，不妄下結論。

四　《伏侯古今注》輯文校正

《伏侯古今注》的三個主要輯本爲茆泮林《十種古逸書》輯本③、馬國翰《玉函山房輯佚書》輯本與黄奭的《黄氏逸書考》（亦名《漢學堂叢書》）輯本，以時代論，茆氏本最早，黄氏本最晚；以體例論，茆氏本、黄氏本門類比較清晰，馬氏本不分類；以内容論，茆氏本與黄氏本最爲豐富、準確，馬氏本不僅漏輯了三條先秦史料而且混入了李賢注引用的他書内容（如"黄帝占""巫咸曰""郗萌占"等）。黄氏本藉鑒茆氏本，内容基本全同茆氏本，祇是在體例上更爲完善，將茆氏本原屬《補遺》《又補遺》中内容全部歸入正文門類中。因此本輯文取茆

---

① 余嘉錫著《四庫提要辨證》第3册，中華書局1980年版，第860頁。
② 余嘉錫著《四庫提要辨證》第3册，中華書局1980年版，第861—862頁。
③ （清）茆泮林輯《十種古逸書》第2册，清道光二十二年（1842）茆氏梅瑞軒刻本5册，國家圖書館藏。

泲林輯本之内容、黄奭輯本之體例，參照《北堂書鈔》①《藝文類聚》②《後漢書注》③《史記索隱》④《開元占經》⑤《太平御覽》⑥《孔子集語》⑦《玉海》⑧《泉志》⑨《路史》⑩《古微書》⑪《皇霸文紀》⑫等，校正如下。

茆氏根據需要添加的内容標以"（）"，茆氏及《後漢書注》更正的字詞標以"〔〕"，茆氏本對帝號和年號一般承前省略，黄氏本沿襲之，現皆據其引用文獻原文予以恢復。另，茆氏本將《後漢書注》引用的同類文獻，依照時間順序單獨分段，本輯文做了部分合并。

孔子生

孔子生之夜，有二蒼龍自天而下，有二神女擘香露于空中，以沐徵在。先是，有五老列于庭前，則五星之精，有麟吐玉書于闕里人家，云水精之子繼商周而素王出，故蒼龍繞室，五星降庭。徵在知其爲異，乃以繡紱繫麟角而去。至敬王末，魯哀公十四年，魯人鉏商田于大澤，得麟，以示夫子，夫子知命之終，乃抱麟解紱而去，涕泗焉。

孫轂《古微書》卷八、卷三十兩處徵引，皆云出自《伏侯（伏無忌）古

---

① （隋）虞世南撰，（清）孔廣陶校注《北堂書鈔》，學苑出版社 2003 年版，據首都圖書館藏清光緒十四年南海孔氏三萬有三萬卷堂影刊本印製。
② （唐）歐陽詢撰，汪紹楹校《藝文類聚》，中華書局 1965 年版；《宋本藝文類聚》，上海古籍出版社 2013 年版。
③ （南朝宋）范曄撰，（唐）李賢等注《後漢書》，中華書局 1965 年版。
④ （漢）司馬遷撰，（宋）裴駰集解，（唐）司馬貞索隱，（唐）張守節正義《史記》（點校本），中華書局 2013 年版。
⑤ （唐）瞿曇悉達著《開元占經》，文淵閣四庫全書排印本，九州出版社 2011 年版。
⑥ （北宋）李昉等撰《太平御覽》，中華書局 1960 年版。
⑦ （南宋）薛據輯《孔子集語》，景印文淵閣四庫全書第 709 册，臺灣商務印書館 2008 年版。
⑧ （南宋）王應麟輯《玉海》廣陵書社 2016 年版（據清光緒九年浙江書局刊本影印）。又參合璧本，日本京都中文出版社影印宋元刊本。
⑨ （南宋）洪遵撰，（明）胡震亨、毛晉同訂《泉志》，明萬曆刻秘册匯函本。
⑩ （南宋）羅泌撰《路史》四部備要本，上海中華書局排印。
⑪ （明）孫轂著録《古微書》，嘉慶對山問月樓藏刻本，山東友誼書社 1990 年影印。
⑫ （明）梅鼎祚録《皇霸文紀》，景印文淵閣四庫全書第 1396 册，臺灣商務印書館 2008 年版。

今注》①。茆、黃輯本有此文，馬氏輯本無。"示夫子"，茆、黃本俱作
"告夫子"，據《古微書》改。"香露"，茆、黃本俱作"香霧"，據《類
説》改。《孔子集語》卷下亦載，稱"伏侯古今注"，文同《古微書》②。
《皇霸文紀》卷五亦載，文字簡略而稍異，亦作"示夫子"，"庭"後無
"前"字，"魯哀公十四年"訛爲"魯定公二十四年"③。曾慥《類説》（宋
紹興六年，1136）載此文，文字與今本《拾遺記》相類而簡，但未標明
出處。無名氏《錦繡萬花谷》（宋淳熙十五年，1188）、祝穆《古今事文
類聚》（宋淳祐六年，1246）與謝維新《古今合璧事類備要》（宋寶祐五
年，1257）亦載，文稍短且異，但稱出自王嘉（王子年）《拾遺記》，彭
大翼《山堂肆考》沿襲其説。薛據（《孔子集語》書成於薛據早期）生卒
不詳，但他師從楊簡（1141—1226），淳祐年間（1241—1252）出仕已是
晚年（《浙江通志》），應晚於曾慥，約與無名氏、祝穆等同時。孫毂已明
言，《拾遺記》藉鑑《伏侯古今注》再加以神化（《古微書》卷八），齊治
平也持此説（《拾遺記》卷三）④。可知，王嘉藉鑑了《伏侯注》中"孔
子生"的故事梗概，添加了一些傳説後收入《拾遺記》中，之後這一故
事在兩部著作中分別流傳，學者收録時未作考辨，所以才有不同來源。

秦錢

　　秦錢半兩，徑一寸二分，重十二銖。榆莢錢重三銖。

《史記·平準書索隱》引用時祇稱《古今注》，未指明著者⑤；洪遵
《泉志·正用品上》："伏無忌曰：'漢鑄莢錢，重三銖。'"⑥ "一寸"，茆、
黃本皆無"一"字，據《史記》增。洪遵博通文史，與兄洪适、弟洪邁
同時以文章馳名，世稱"三洪"。《泉志》成書於紹興十九年（1149），
號稱考訂審慎，引文均注明詳細出處。兩處文獻合觀，可確知《伏侯

---

① （明）孫毂著録《古微書》，嘉慶對山問月樓藏刻本，山東友誼書社 1990 年影印，第
　　616—617 頁。
② 《孔子集語》，第 349 頁。
③ 《皇霸文紀》，第 59 頁。
④ （晉）王嘉撰，（梁）蕭綺録，齊治平校注《拾遺記》，中華書局 1981 年版，第 71 頁。
⑤ 《史記》第 4 册，第 1712 頁。
⑥ （宋）洪遵撰，杜斌校注《泉志》，山東畫報出版社 2013 年版，第 13 頁。

注》有此佚文。

蒲脯

　　秦二世時，丞相趙高用事，乃先獻蒲脯。

　　《北堂書鈔》卷一四五《酒食部·脯十六》引文但稱《古今注》，并且《書鈔》沒有嚴格區分伏、崔二書，在無其他文獻佐證的情況下，無法確知此佚文所屬，存疑。但據余嘉錫所説："蓋伏氏書意在徵文考獻，故爲雜史之類，而崔氏書則意在釋古今事物之名義，爲多識之助，故爲雜家者流。以此考之，不難分別，檢諸書所引《古今注》，其不見於今本者，大率皆伏氏書"①，則此佚文當歸屬《伏侯注》。

天文②

　　（光武）建武六年九月丙戌，月犯太微西藩。十一月辛亥，月犯軒轅。七年九月庚子，土入鬼中。

　　"建武六年九月丙戌"，《後漢書·天文志》校勘按語：是年九月丁酉朔，無丙戌，當有訛。

　　光武建武八年三月庚子夜，月暈五重，紫微青黃似虹，有黑氣如雲，月星不見，丙夜乃解。中元元年十一月甲辰，月中星齒，往往出入。

　　"中元元年"條，茆氏、黃氏輯本因誤將"月中星齒"訛爲"日中星齒"，而收入《日變》篇。

　　（十年）正月壬戌，月犯心後星。閏月庚辰，火入輿鬼，過軒北。庚申，月在斗，赤如丹者也。

---

①　余嘉錫著《四庫提要辨證》第3冊，中華書局1980年版，第861—862頁。
②　本篇佚文凡僅見於《後漢書·天文志注》或《後漢書·五行志注》者，不一一注明。

“閏月庚辰火入輿鬼過軒北庚申月在斗”，《後漢書·天文志》校勘按語：此注繫於建武十年三月之後，查建武十年無閏，十一年閏三月，辛未朔，有庚辰、庚寅而無庚申，注有訛。

（十二年正月）丁丑，月乘軒轅大星。二月辛亥，月入氐，畢珥圍角、亢、房。其年七月丁丑，月犯昴頭兩星。八月辛酉，水見東方翼分。九月甲午，火犯輿鬼。十月丁卯，大星流，有光，發東井西行，聲隆隆。十三年二月乙卯，火犯輿鬼西北。

“九月甲午火犯輿鬼十月丁卯大星流”，《後漢書·天文志》校勘按語：建武十二年九月壬戌朔，無甲午，十月壬辰朔，無丁卯，注有訛。

十六年四月，土星逆行。十七年三月乙未，火逆行，從東門入太微，到執法星東，己酉，南出端門。十八年十二月壬戌，月犯木星。十九年閏月戊申，火逆（行），從氐到亢。二十一年七月辛酉，月入畢。二十三年三月癸未，月食火星。

“十七年三月乙未”，《後漢書·天文志》校勘按語：建武十七年三月丙申朔，乙未爲二月晦，注有訛。

（三十一年七月）戊申，月犯心後星。
（中元）元年三月甲寅，月犯心後星。
（明帝永平元年）閏九月辛未，火在太微左執法星所，光芒相及。十一月辛未，土逆行，乘東井北軒轅第二星。二年十二月戊辰，月食火星。

“閏九月辛未”，《後漢書·天文志》校勘按語：此注繫永平元年下，查永平元年無閏，是年九月乙卯朔，有辛未，“閏”字當衍。

（三年六月丁卯）彗長三尺所見三十五日乃去。《後漢書·明帝紀注》

（七年）三月庚戌，客星光氣二尺所，在太微左執法南端門外，凡見七十五日。

（八年）十二月戊子，客星出東方。

（九年正月戊申，客星）歷斗、建、箕、房，過角、亢至翼，芒東指。

十年七月甲寅，月犯歲星。十一年六月壬辰，火犯土星。

（十三年）十一月，客星出軒轅四十八日。十二月戊午，月犯木星。

（十六年）正月丁未，月犯房。

（章帝建初元年二月）甲申，金入斗魁。

"甲申金入斗魁"，《後漢書·天文志》校勘按語：建初二年九月乙未朔，無甲申，注有訛。

五年二月戊辰，木、火俱在參，五月戊寅，木、水在東井。六年七月丁酉，夜有流星起軒轅，大如拳，歷文昌，餘氣正白句曲，西如文昌，久久乃滅。

"五年二月戊辰"，《後漢書·天文志》校勘按語：建初五年二月庚辰朔，無戊辰，注有訛。"五月戊寅"，校勘按語：汲本、殿本"五月"作"三月"。

（和帝永元元年正月辛卯，流星）大如拳，起參東南。癸亥，鎮在參。又有流星大如桃，色赤，起太微東蕃。（三月）戊子，土在參。（丙辰，流）星大如桃，起天津，東至斗，黃白頻有光。（壬戌，流星起天將軍，東北行）色黃，無光。十一月壬申，鎮星在東井。

"癸亥鎮在參"，《後漢書·天文志》校勘按語：注繫永元元年正月之後，查是年正月戊子朔，無癸亥，注有訛。

（二年正月）丙寅，水在奎，土在東井，金在婁，木、火在昴。

三月甲子，火在亢南端門第一星南。乙亥，金在東井。（四月）丁丑，火在氐東南星東南。

“丁丑火在氐東南星東南”，《後漢書·天文志》校勘按語：注繫於永元二年四月之後，查是年四月辛巳朔，無丁丑，注有訛。

（五年）正月甲戌，月乘歲星。（四月）木在輿鬼。

六年六月丁亥，金在東井。閏月己丑，流星大如桃，起參北，西至參肩南，稍有光。

八年九月辛丑，夜有流星，大如拳，起婁。

（十一年）六月庚辰，月入畢中。

（十三年）正月辛未，水乘輿鬼。十二月癸巳，犯軒轅大星。

十四年正月乙卯，月犯軒轅，在太微中。二月十日丁酉，水入太微西門。十一月丁丑，有流星大如拳，起北斗魁中，北至閣道，稍有光，色赤黃，須臾西北有雷聲。

“二月十日丁酉”，《後漢書·天文志》校勘按語：“十日”二字當衍。既書丁酉，不當更書某日，且永元十四年二月壬申朔，丁酉爲二十六日，非十日也。“十一月丁丑”，校勘按語：永元十四年十一月戊戌朔，無丁丑，注有訛。

（殤帝延平元年）七月甲申，月在南斗中。

（安帝永初二年）四月乙亥，月入南斗魁中。八月己亥，熒惑出入太微端門。

“四月乙亥”，《後漢書·天文志》校勘按語：注繫永初二年下，查永初二年四月丙申朔，無乙亥，注有訛。“八月己亥”，校勘按語：是年八月甲子朔，無己亥，注有訛。

（三年）三月壬寅，熒惑入輿鬼中。五月丙寅，太白入畢中。

“五月丙寅”，《後漢書·天文志》校勘按語：注繫永初三年下，查永初三年五月庚寅朔，無丙寅，注有訛。

（四年）二月丙寅，月犯軒轅大星。
（元初六年十二月戊午朔）星盡見。

此條佚文，馬氏輯本收入《日變》篇，輯文爲“（元初六年十二月戊午朔，日有蝕之）星盡見。”

（延光）元年四月丙午，太白晝見。

“元年四月丙午”，《後漢書·天文志》校勘按語：延光元年四月乙亥朔，無丙午，注有訛。

（四年）四月甲辰，（太白）入（輿鬼中）。
（順帝）永建元年二月甲午，客星入太微。五月甲子，月入斗。
（二年二月）丁巳，月犯心，七月丁酉，犯昂。其年九月戊寅，有白氣，廣三尺，長十餘丈，從北落師門南至斗。三年二月癸未，月犯心後星。六月甲子，太白晝見。四年二月癸丑，月犯心後星。五年閏月庚子，太白晝見。六年，彗星出於斗、牽牛，滅於虛、危。虛、危爲齊，牽牛吳、越，故海賊浮於會稽，山賊捷於濟南。五年夏，熒惑守氐，諸侯有斬者，是冬班始腰斬馬市。

“丁巳月犯心”，《後漢書·天文志》校勘按語：注繫永建二年二月下，查永元（珊按：“永元”或爲“永建”之訛）二年二月丁丑朔，無丁巳，注有訛。“三年二月癸未”，校勘按語：永建三年二月辛丑朔，無癸未，注有訛。

（陽嘉）二年四月壬寅，太白晝見，五月癸巳，又晝見，十一月辛未，又晝見。十二月壬寅，月犯太白。三年十二月辛未，太白晝見。四月乙卯，太白、熒惑入輿鬼。永和元年正月丁卯，太白犯牽牛大星。

黃氏按：《漢書・順帝紀》，陽嘉四年後改元永和，《天文志注》引《古今注》年失載。其云"四月乙卯"，在陽嘉三年十二月之後，永和元年之前，自當是四年四月事，備考。①"二年四月壬寅"，《後漢書・天文志》校勘按語：陽嘉二年四月辛未朔，無壬寅，注有訛。"五月癸巳"，校勘按語：陽嘉二年五月庚子朔，無癸巳，注有訛。"十一月辛未"，校勘按語：陽嘉二年十一月戊戌朔，無辛未，注有訛。"十二月壬寅"，校勘按語：陽嘉二年十二月丁卯朔，無壬寅，注有訛。"四月乙卯"，校勘按語：不當置於"十二月辛未"之後，或"四月"上脫"四年"二字，然陽嘉三年四月乙丑朔，四年四月庚申朔，皆無乙卯，注顯有訛。

（二年）九月壬午，月入畢口中。

"九月壬午"，《後漢書・天文志》校勘按語：注繫於永和二年下，查永和二年九月丙午朔，無壬午，注有訛。

（三年八月）己酉，熒惑入太微。十二月丁卯，月犯軒轅大星。
（六年）五月庚寅，太白晝見。十一月甲午，太白晝見。
（漢安）元年二月壬午，歲星在太微中。八月癸丑，月犯南斗，入魁中。

"元年二月壬午"，《後漢書・天文志》校勘按語：漢安元年二月庚戌朔，無壬午，注有訛。

（漢安二年五月）丙辰，月入斗中。

"丙辰月入斗中"，《後漢書・天文志》校勘按語：注繫於漢安二年五月之後，查漢安二年五月癸酉朔，無丙辰，注有訛。

---

① （清）黃奭輯民國江都朱氏刻本《黃氏逸書考》第89冊，《伏侯古今注》第7頁。

（沖帝）建康元年九月己亥，太白晝見。

（質帝本初元年）三〔二〕月丁丑，月入南斗。

郡國①

（光武）建武十一年十月，西河上郡屬（魏）。

建武十八年，使中郎將耿遵築（春陵）城。

又見於《玉海》卷一百七十三，徵引稱“古今注”，文同②。

建武二十七年七月，（代郡）屬幽州。

（明帝）永平十年，作常山呼沱河蒲吾渠，通漕船也。

永平十年置益州西部都尉，居𥂕唐，鎮尉哀牢人楪榆蠻夷。

又見於《後漢書·西南夷列傳注》，文字略簡，無“鎮尉哀牢人楪榆蠻夷”③。

劉盆子 附

（枯樅山）本傳赤眉立（劉）盆子於鄭北，《古今注》曰在此山下。

伏無忌記戶口及墾田大數 附

李賢注云：“伏無忌所記，每帝崩，輒最戶口及墾田大數，今列于後，以見滋減之差焉。”④可見《古今注》原書體例或與茆、黃輯本不同。

光武中元二年，戶四百二十七萬九千六百三十四，口二千一百萬七千八百二十。

明帝永平十八年，戶五百八十六萬五百七十三，口三千四百

---

① 本篇佚文凡僅見於《後漢書·郡國志注》者，不一一注明。
② （南宋）王應麟輯《玉海》第6冊，廣陵書社2016年版（據清光緒九年浙江書局刊本影印），第3206頁。
③ 《後漢書·西南夷列傳注》，《後漢書》第10冊，第2849頁。
④ 《後漢書·郡國志注》，《後漢書》第12冊，第3534頁。

一十二萬五千二十一。

　　章帝章和二年，戶七百四十五萬六千七百八十四，口四千三百三十五萬六千三百六十七。

　　和帝元興元年，戶九百二十三萬七千一百一十二，口五千三百二十五萬六千二百二十九，墾田七百三十二萬一百七十頃八十畝百四十步。

　　安帝延光四年，戶九百六十四萬七千八百三十八，口四千八百六十九萬七百八十九，墾田六百九十四萬二千八百九十二頃一十三畝八十五步。

　　順帝建康元年，戶九百九十四萬六千九百一十九，口四千九百七十三萬五百五十，墾田六百八十九萬六千二百七十一頃五十六畝一百九十四步。

　　沖帝永嘉元年，戶九百九十三萬七千六百八十，口四千九百五十二萬四千一百八十三，墾田六百九十五萬七千六百七十六頃二十畝百八步。

　　質帝本初元年，戶九百三十四萬八千二百二十七，口四千七百五十六萬六千七百七十二，墾田六百九十三萬一百二十三頃三十八畝。

帝號 ①
光武帝秀
　　秀之字曰茂。伯、仲、叔、季，兄弟之次。長兄伯升，次仲，故字文叔焉。
孝明帝莊
　　莊之字曰嚴。
孝章帝炟
　　炟之字曰著，音丁達反。
孝和帝肇
　　肇之字曰始。肇音兆。

---

① 本篇佚文凡僅見於《後漢書》各帝“紀”注者，不一一注明。

茆氏按：李賢《漢書注》引《古今注》云伏侯"肇音兆"，許慎《説文》"肇火可反，上諱也"。伏侯、許慎并漢時人，而帝諱不同，蓋應别有所據。何義門《讀書記》云："案今徐鼎臣所校定《説文》直去火可之音，又無一語證明，後此字書亦遂仍之，恐昧多聞闕疑之意。"

《後漢書·孝和帝紀注》文"肇音大可反"，校勘按語：《集解》引錢大昕説，謂《説文》無反切，乃後人所增益。今本《説文》用孫愐《唐韻》切音，讀肇爲直小切，與兆音同，疑"大可"即"直小"兩字之訛。

> 孝殤帝隆
>
> 　　隆之字曰盛。
>
> 孝安帝祜
>
> 　　祜之字曰福。
>
> 孝順帝保
>
> 　　保之字曰守。
>
> 孝沖帝炳
>
> 　　炳之字曰明。
>
> 孝質帝纘
>
> 　　纘之字曰繼。
>
> 孝桓帝志
>
> 　　志之字曰意。

《後漢書·孝桓帝紀注》失所引書名，胡三省《資治通鑑·孝桓帝紀注》稱云"伏侯古今注"[1]。

> 孝靈帝宏
>
> 　　宏之字曰大。

《後漢書·孝靈帝紀注》，稱云"伏侯古今注曰"；又胡三省《資治

① （宋）司馬光編著《資治通鑑》第 4 册，中華書局 1956 年版，第 1744 頁。

通鑑·孝靈帝紀注》，稱云"伏侯古今注"①。

孝獻帝協
　　協之字曰合。

《後漢書·孝獻帝紀注》失所引書名，胡三省《資治通鑑·孝獻帝紀注》，稱云"古今注"②。

陵寢③
　　光武原陵，山方三百二十三步，高六丈六尺。垣四出司馬門。寢殿、鐘虡皆在周垣內。隄封田十二頃五十七畝八十五步。

"隄封"，《後漢書·禮儀志》校勘按語：汲本、殿本"隄"皆作"提"。

　　明帝顯節陵，山方三百步，高八丈。無周垣，爲行馬，四出司馬門。石殿、鐘虡在行馬內。寢殿、園省在東。園寺吏舍在殿北。隄封田七十四頃五畝。
　　章帝敬陵，山方三百步，高六丈二尺。無周垣，爲行馬，四出司馬門。石殿、鐘虡在行馬內。寢殿、園省在東。園寺吏舍在殿北。隄封田二十五頃五十五畝。

《孝和帝紀注》引《古今注》曰："（敬）陵周三百步，高六丈二尺"④。

　　和帝慎陵，山方三百八十步，高十丈。無周垣，爲行馬，四出司馬門。石殿、鐘虡在行馬內。寢殿、園省在東。園寺吏舍在殿

---

① 《資治通鑑》第4冊，第1840頁。
② 《資治通鑑》第5冊，第1949頁。
③ 本篇佚文凡僅見於《後漢書·禮儀志注》者，不一一注明。
④ 《後漢書·孝和孝殤帝紀注》，《後漢書》第1冊，第166頁。

北。隄封田三十一頃二十畝二百步。

殤帝康陵，山周二百八步，高五丈五尺。行馬四出司馬門。寢殿、鐘虡在行馬中。因寢殿爲廟。園寺吏舍在殿北。隄封田十三頃十九畝二百五十步。

安帝恭陵，山周二百六十步，高十五丈。無周垣，爲行馬，四出司馬門。石殿、鐘虡在行馬内。寢殿、園吏舍在殿北。隄封田一十四頃五十六畝。

《孝安帝紀注》引《伏侯古今注》曰："陵山周二百六十丈，高十五丈"①。

順帝憲陵，山方三百步，高八丈四尺。無周垣，爲行馬，四出司馬門。石殿、鐘虡在司馬門内。寢殿、園省寺吏舍在殿東。隄封田十八頃十九畝三十步。

沖帝懷陵，山方百八十三步，高四丈六尺。爲寢殿行馬，四出門。園寺吏舍在殿東。隄封田五頃八十畝。

《孝質帝紀注》引"（懷陵）高四丈六尺，周百八十三步"②。

質帝靜陵，山方百三十六步，高五丈五尺，爲行馬，四出〔司馬〕門。寢殿、鐘虡在行馬中，園寺吏舍在殿北。隄封田十二頃五十四畝。因寢爲廟。

"四出〔司馬〕門"，《後漢書·禮儀志》校勘語：據《集解》引黃山説補。

光武崩 附
（中元二年崩）是歲在丁巳。《後漢書·光武帝紀注》

---

① 《後漢書·孝安帝紀注》，《後漢書》第 1 册，第 242 頁。
② 《後漢書·孝順孝沖孝質帝紀注》，《後漢書》第 2 册，第 277 頁。

祭祀①

（光武建武二年正月，立高廟）於雒陽校官立之。

又見於杜佑《通典》卷四十九《禮九》，文同②；《玉海》卷九十七稱“古今注”，同卷引《古今注》文“顧成廟有三玉鼎，二真金鑪，槐木悉爲扶橑、鉤欄，畫雲氣、龍虎于上”③，收入今存本崔豹《古今注》。《玉海》中伏氏書與崔氏書混淆不清。馬氏輯文作“故孝武廟於雒陽校官立之”④。

建武十八年七月，使中郎將耿遵治皇祖廟舊盧稻田。

又見於《玉海》卷一百七十六，引云“《祭祀志注》‘《古今注》曰’”⑤。可知，《玉海》所引此條《古今注》內容來自《後漢書注》而非《古今注》原書。

建武二十一年二月乙酉，徙立社稷上東門內。

又見於《玉海》卷九十九，稱“古今注”，文同⑥。

（章帝）元和三年，初爲郡國立〔社〕稷及祠（社）靈星禮（器）也。

“初爲郡國立〔社〕稷及祠（社）靈星禮（器）也”，《後漢書·祭祀志》校勘語：據盧校改。又見於《玉海》卷九十九，稱“古今注”，“立”後文爲“稷及祀社靈星禮器”⑦。

---

① 本篇佚文凡僅見於《後漢書·祭祀志注》者，不一一注明。
② （唐）杜佑撰，王文錦等點校《通典》，中華書局 1988 年版，第 1368 頁。
③ 《玉海》第 3 冊，第 1792、1794 頁。
④ （清）馬國翰輯《玉函山房輯佚書》第 3 冊，上海古籍出版社 1990 年版，第 2736 頁。
⑤ 《玉海》第 6 冊，第 3264 頁。
⑥ 《玉海》第 3 冊，第 1831 頁。
⑦ 《玉海》第 3 冊，第 1839 頁。

漢制^①

　　（高帝七年）群臣始朝十月。《史記·高祖紀索隱》

　　（武帝）常以春分行部，郡國各遣一吏迎界上。《後漢書·百官志注》

　　武帝天漢四年，令諸侯王大國朱輪，特虎居前，（虛）〔左〕兕右麋。小國朱輪，畫特熊居前，寢麋居左右，卿車者也。

"（虛）〔左〕兕右麋"，《後漢書·輿服志》校勘語：據汲本、殿本改。又見於《通典》卷六十五《禮二十五》，引文作"左兕右麋"，"小國"下無"朱輪畫"三字，"寢麋"作"麋皆"，無"卿車者也"四字^②；《玉海》卷七十八，亦作"左兕右麋"，無"卿車者也"四字^③。

　　成帝鴻嘉三年，令吏民得買爵，級千錢。

　　（光武）建武六年三月，令郡太守、諸侯相病，丞、長史行事。十四年，罷邊郡太守丞，長史領丞職。

又見於《通典》卷三十三《職官十五》，引文作"守相病，丞、長史行事，後罷邊郡太守丞，而長史領丞職"^④。

　　六年八月，省都尉官。

又見於《玉海》卷一百四十四，文同。

　　建武六年，初令關內侯食邑者俸月二十五斛。

又見於《玉海》卷一百三十四，"俸"作"奉"^⑤。

---

① 本篇佚文凡僅見於《後漢書·百官志注》者，不一一注明。
② 《通典》，第1823頁。
③ 《玉海》（文淵閣四庫全書本）第945冊，第179頁。慶元路儒學，至元六年刻本，嘉靖萬曆遞修本《玉海》同。廣陵書社本此卷缺佚。
④ 《通典》，第911頁。
⑤ 《玉海》第5冊，廣陵書社2016年版，第2516頁。

建武八年立春，賜（束帛）公十五匹，卿十匹。

又見於《後漢書·禮儀志注》,《玉海》卷八十二、卷一百一，文同;《御覽》卷二十，引文作"建武八年立春敕賜公十匹，卿七匹也"①。

建武十三年，初令令長皆小冠。《後漢書·輿服志注》
建武十四年九月，開平城門。

又見於《玉海》卷一百六十九，引文作"（平城門）建武十三年九月開"②。

（十四年封孔子後志爲襃城侯）志時爲密令。《後漢書·光武紀注》

茆氏案:《（後）漢書注》稱引自《古今志》，疑《志》即《古今注》也，故并載之。茆氏推測有理，"古今志"或因孔志名致誤，而且《後漢書注》稱引《古今志》者僅此一處。

（二十年四月庚辰，大司徒戴涉）坐入故太倉令奚涉罪（下獄死）。《後漢書·光武紀注》
建武二十六年四月戊戌，增吏奉如此，志例以明也。

又見於《玉海》卷一百三十五，王應麟曰：以此詔（建武二十六年正月詔有司增百官奉）參之志（《百官志》），比六百石，月五十斛，此增其五斛，四百石四十五斛，比四百石四十斛，此各增其五斛，所謂增者止此，他皆舊數。……《漢紀》（《光武帝紀》）云正月，《古今注》云四月戊戌，未知孰是。或以爲正月下詔，四月定制③。

---

① 《太平御覽》第 1 册，第 98 頁。
② 《玉海》第 5 册，第 3137 頁。
③ 《玉海》第 5 册，第 2550 頁。

（明帝）永平元年六月乙卯，初令百官貙腰，白幕皆霜。《後漢書·禮儀志注》

永平二年十一月，初作北宮、朱爵、南司馬門。

又見於《玉海》卷一百六十九，文同。

永平十五年，更作太尉、司徒、司空府開陽城門內。

又見於《玉海》卷一百五十九、卷一百六十六，文同。王應麟曰：“漢宮掖七門，《古今注》中載二門，其餘日月皆靡記”[1]。

（章帝）建初七年七月，爲大司農置丞一人，秩千石，別主幣藏。

又見於《玉海》卷一百二十三，文同。

（和帝）永元三年七月，增尚書令史員。功滿未嘗犯禁者，以補小縣，墨綬。

又見於《玉海》卷一百二十三，引文無“未嘗犯禁者以”六字[2]。

（十二年封思王鈞弟）番爲陽都鄉侯，千秋爲新平侯，參爲周亭侯，壽爲樂陽亭侯，寶爲博平侯，旦爲高亭侯。《後漢書·孝明八王列傳注》

（安帝永初）六年正月甲寅，（皇太后率大臣命婦）謁宗廟。《後漢書·孝安帝紀注》

（建光元年）置（漁陽）營兵千人。《後漢書·孝安帝紀注》

---

① 《玉海》第 5 册，第 3137 頁。
② 《玉海》第 4 册，第 2335 頁。

又見於《玉海》卷一百三十七，稱引自《伏侯古今注》，文同①。

　　（順帝）永和三年，初與河南尹及雒陽員吏四百二十七人奉，月四十五斛。
　　漢安元年七月，置承華厩令，秩六百石。

又見於《玉海》卷一百二十三，文同；又卷一百四十八，無"秩六百石"四字②。

災異③
旱
　　武帝元封六年五月旱，女及巫丈夫不入市也。《後漢書·禮儀志注》
　　（光武）建武三年七月，雒陽大旱，帝至南郊求雨，即日雨。
　　建武六年六月，九年春，十二年五月，二十一年六月，明帝永平元年五月，八年冬，十一年八月，十五年八月，十八年三月，并旱。
　　（章帝）建初二年夏，雒陽旱。四年夏，元和元年春，并旱。
　　（和帝）永元二年，郡國十四旱。十五年，（丹）〔雒〕陽郡國二十二并旱，或傷稼。
　　（安帝）永初元年，郡國八旱，分遣議郎請雨。
　　三年，郡國八，四年、五年夏，并旱。

"三年郡國八"，《後漢書·五行志》校勘按語：殿本"八"下有"旱"字。

　　建光元年，郡國四旱。延光元年，郡國五并旱，傷稼。
　　（沖帝）本初元年二月，京師旱。

---

① 《玉海》第 5 册，第 2586 頁。
② 《玉海》第 5 册，第 2749 頁。
③ 本篇佚文凡僅見於《後漢書·五行志注》者，不一一注明。

火

（光武）建武六年十二月，雒陽市火。二十四年正月戊子，雷雨霹靂，火災高廟北門。明帝永平元年六月己亥，桂陽見火飛來，燒城寺。章帝建初元年十二月，北宮火燒壽安殿，延及右掖門。元和三年六月丙午，雷雨，火燒北宮朱爵西闕。

（安帝）永初元年十二月，河南郡縣火，燒殺百五人。二年，河南郡又失火，燒五百八十四人。

（順帝永建）二年五月戊辰，守宮失火，燒宮藏財物盡。四年，河南郡縣失火，燒人六畜。

（陽嘉元年）十二月，河南郡國火燒廬舍，殺人。

（永和）六年十二月，雒陽酒市失火，燒肆，殺人。

（漢安元年三月甲午，雒陽失火）火或從室屋閒物中，不知所從起，數月乃止。十二月，雒陽失火。

水

光武建武四年，東郡以北傷水。七年六月戊辰，雒水盛，溢至津城門，帝自行水，弘農都尉治（折）〔析〕爲水所漂殺，民溺，傷稼，壞廬舍。二十四年六月丙申，沛國睢水逆流，一日一夜止。章帝建初八年六月癸巳，東昏城下池水變赤如血。

"弘農都尉治（折）〔析〕爲水所漂殺"，《後漢書·五行志》校勘語：據《集解》本改。按語：《校補》謂據《前書（漢書）·地理志音義》正。又《校補》引錢大昭説，謂《前志》弘農有析縣，《續志》析屬南陽，然《前志》弘農無都尉，"析"下亦不言都尉治，建武六年已省諸郡都尉，不應弘農獨存。且《本紀》但云"是夏連雨水"，亦無車駕親往行水之事。疑《古今注》誤。又按："所"原訛"沂"，逕改正。

安帝延平六年，河東水化爲血。

《御覽》卷五十九稱"《古今注》曰"，《開元占經》卷一百稱"《古今注》曰"，文同[1]。余嘉錫説："《御覽》所引崔豹《古今注》，不見今本

① 《開元占經》，第988頁。

者，凡十有三條，其中九條記災異祥瑞之事，皆《伏侯注》之誤"①，更何況本條《御覽》稱引時并未標明作者，此條佚文當屬《伏侯注》。

元初二年，潁川襄城（臨）〔流〕水化爲血〔不流〕。

"（臨）〔流〕水化爲血〔不流〕"，《後漢書·五行志》校勘語："臨"汲本、殿本作"流"。今據改。又《集解》引惠棟説，謂"血"下脱"不流"二字。今據補。又見於《御覽》卷五十九，引文作"臨水化爲血，不流"，緊接上條佚文之後，明顯引自同一書②。

雨

　　光武建武六年九月，大雨連月，苗稼更生，鼠巢樹上。十七年，雒陽暴雨，壞民廬舍，壓殺人，傷害禾稼。

雹

　　光武建武十年十月戊辰，樂浪、上谷雨雹，傷稼。十二年，河南平陽雨雹，大如杯，壞敗吏民廬舍。十五年十二月乙卯，鉅鹿雨雹，傷稼。（和帝）永平三年八月，郡國十二雨雹，傷稼。十年，郡國十八或雨雹，蝗。

　　（安帝元初四年）樂安雹如杅，殺人。

　　順帝永建五年，郡國十二雨雹。六年，郡國十二雨雹，傷秋稼。

"順帝永建五年郡國十二雨雹"，《後漢書·五行志》校勘按語：汲本、殿本"五"作"三"。

蝗

　　（光武）建武二十二年三月，京師、郡國十九蝗。二十三年，京師、郡國十八大蝗，旱，草木盡。二十八年三月，郡國八十蝗。二十九年四月，武威、酒泉、清河、京兆、魏郡、弘農蝗。三十年

---

① 《四庫提要辨證》，第862頁。
② 《太平御覽》第1册，第285頁。

六月，郡國十二大蝗。三十一年，郡國大蝗。中元元年三月，郡國
十六大蝗。（明帝）永平四年十二月，酒泉大蝗，從塞外入。

"二十八年三月郡國八十蝗"，《後漢書·五行志》校勘按語：《校
補》謂光武時郡國九十三，如八十蝗，蝗幾往徧全國矣。桓、靈之末，
無此奇災，況中興盛時，何宜有此。"八十"蓋是"十八"誤倒。

（安帝永初六年）郡國四十八蝗。

蛾 附

　　蛾飛廣五六丈。

《藝文類聚》卷九十七稱"古今注曰"。又今存本崔豹《古今注》
無此條，關於"蛾"的條目僅有"飛蛾，善拂燈，一名火花，一名慕
光"①，此條當屬《伏侯注》。茆氏按：《漢書》"元帝建昭元年秋八月，有
白蛾群飛蔽日，從都門至軹道"，《類聚》引《漢書》，更引《古今注》，
年失載，想即建昭時事歟？

疫②

　　光武建武十三年，揚徐部大疾疫，會稽江左甚。

茆氏按：何義門《讀書記》云："《漢光武帝紀》十四年，是歲會稽
大疫"，《古今注》以爲十三年。考《後漢書·漢光武帝紀》，會稽大疫
在建武十四年③，與《古今注》相左，不知孰是。

　　二十六年，郡國七大疫。

日變④

　　（光武）建武元年正月庚午朔，日有蝕之。

---

① （晉）崔豹撰，牟華林校箋《古今注校箋》，綫裝書局 2014 年版，第 141 頁。
② 本篇佚文凡僅見於《後漢書·五行志注》者，不一一注明。
③ 《後漢書》第 1 册，第 64 頁。
④ 本篇佚文凡僅見於《後漢書·五行志注》者，不一一注明。

　　四年五月乙卯晦，日有蝕之。

　　"四年五月乙卯晦日有蝕之"，《後漢書·五行志》校勘語：依當時行用之曆（後簡稱時曆），建武四年五月庚戌晦，非乙卯。今推是年六月合朔在庚戌晨夜，日蝕不能見。《古今注》誤。

　　（七年四月丙寅）時日加卯，西面東面有抱，須臾成暈，中有兩鉤，（征）〔在〕南北面，有白虹貫暈，在西北南面，有背在景，加巳背解也。

　　"（征）〔在〕南北面"，《後漢書·五行志》校勘語：據汲本、殿本改。

　　九年七月丁酉，十一年六月癸丑，十二月辛亥，并日有蝕之。

　　上文，《後漢書·五行志》校勘按語：依時曆，建武九年七月辛亥朔，無丁酉。今推是年八月合朔己卯，即時曆七月晦，日蝕可見。十一年六月己亥朔，癸丑非朔日。今推是年七月合朔戊辰，即時曆六月晦晨夜，日蝕不能見。又是年十二月丁酉朔，辛亥亦非朔日。今推是月合朔丙申，時曆十一月晦，日蝕可見。此處《古今注》皆誤。

　　二十六年二月戊子，日有蝕之，盡。

　　"二十六年二月戊子日有蝕之"，《後漢書·五行志》校勘按語：依時曆，建武二十六年二月甲辰朔，無戊子。今推是年二、三月均無日蝕，《古今注》誤。

　　（明帝永平）四年八月丙寅，時加未，日有蝕之。五年二月乙未朔，日有蝕之，京師候者不覺，河南尹、郡國三十一上。六年六月庚辰晦，日有蝕之，時雒陽候者不見。

"六年六月庚辰晦日有蝕之"，《後漢書·五行志》校勘按語：依時曆，永平六年丁巳朔，丙戌晦，庚辰二十四日。今推是年七月合朔丙戌，即時曆六月晦晨夜，日蝕不能見，《古今注》誤。

（八年）十二月（日有蝕之）。

《後漢書·五行志》文"古今注曰十二月"，校勘按語：志文作"八年十月壬寅晦"，《明帝紀》同。今推永平八年十月壬寅晦日蝕，與志、紀合，《古今注》訛。

（十三年）閏八月（日有蝕之）。

《後漢書·五行志》文"十三年十月甲辰晦日有蝕之"，校勘語：《明帝紀》作"十月壬辰晦"，注引《古今注》作"閏八月"。按語：依時曆，是年閏七月，十月甲辰爲朔，非晦，亦無壬辰。今推是年八月合朔甲辰，即時曆閏七月晦，日蝕可見。紀、志與《古今注》皆誤。

章帝建初元年正月壬申，白虹貫日。五年七月甲寅，夜白虹出乙丑地西北曲入。七年四月丙寅，日加卯，西面有抱，須臾成暈，有白虹貫日。殤帝延平元年六月丁未，日暈上有半暈，暈中外有儵，背兩珥。十二月丙寅，日暈再重，中有背儵。順帝永建二年正月戊午，白虹貫日。三年正月丁酉，日有白虹貫交暈中。六年正月丁卯，日暈兩珥，白虹貫珥中。永和六年正月己卯，暈兩珥，中赤外青，白虹貫暈中。

（章帝）元和元年九月乙未，日有蝕之。

（安帝永初）三年三月，日有蝕之。

"三年三月日有蝕之"，《後漢書·五行志》校勘按語：今推是年三月合朔辛卯，無日蝕，《古今注》誤。

劉昭《後漢書·律曆志》注云："案《五行志》，章和元年訖漢安二年，日變二十三事，《古今注》又長一。"①但據《古今注》以上佚文，僅記日變二十三事，比劉昭所見缺一。又從《校勘記》可知，《古今注》所記日變訛誤者多達九事，或爲傳抄所致。

天變②

　　漢武帝元朔四年，雨土。

《御覽》卷八百七十七，稱"伏侯古今注曰"③。

　　武帝征和四年大雪，松柏皆折。

見於《書鈔》卷一百五十二《天部·雪篇》，稱引自《古今注》，原引文"年"作"月"，"皆折"作"拆斯"，據孔注及馬氏輯本改④。茆氏輯本無"武帝征和四年"六字，據《書鈔》及馬氏本增。今存本崔豹《古今注》無此文，當屬《伏侯注》。

　　昭帝始元元年，雨土。

見於《路史注》卷三十三"發揮二""雨粟説"稱《古今注》元鳳三年伏侯占元朔四年⑤。茆氏：詹主事汝諧曰"漢昭帝始元元年二月并雨土"。羅泌《路史》"雨粟説"與元朔、元鳳二條并引注文，惟一言《古今注》，一言《伏侯占》，豈無忌别有占驗書，抑注中載占候事，故有是名歟？又云注中虚危爲齊等語，亦似占驗中語。原輯闕"始元元年雨土"一條，今補入，因并其語書之以備考。

　　昭帝始元二年，雨土，晝昏。

---

① 《後漢書》第 11 册，第 3037 頁。
② 本篇佚文凡僅見於《後漢書·五行志注》者，不一一注明。
③ 《太平御覽》第 4 册，第 3896 頁。
④ （隋）虞世南撰，（清）孔廣陶校注《北堂書鈔》，學苑出版社 2003 年版，據首都圖書館藏清光緒十四年南海孔氏三十有三萬卷堂影宋刊本印製，第 529 頁。
⑤ 《路史》，第 245 頁。

見於《御覽》卷八百七十七，稱"又曰"①，緊接"元朔四年"條。

　　漢昭帝元鳳三年，天雨黃土，晝夜昏霾。

見於《御覽》卷十五，稱"崔豹《古今注》曰"②。今存本崔豹《古今注》未有此條，當屬《伏侯注》。

　　宣帝地節元年，上都沙中，夜風，有火如粟。

見於《御覽》卷七十四，稱"古今注曰"③。又卷八百六十九同引《古今注》文，"都"作"郡"，"夜"後有"中"字，句末多"出不熱"三字④。

　　元帝建昭四年，雨土。

見於《御覽》卷八百七十七，稱"又曰"⑤，緊接"元鳳三年"條下。

　　漢元帝竟寧元年，大霧，樹皆白。

見於《御覽》卷十五，稱"伏侯古今注曰"⑥。

　　成帝建始三年七月，夜有黃白氣，長十餘丈，明照地。或曰天裂，或曰天劍。

見於《御覽》卷二，稱"伏侯古今注曰"⑦。

---

① 《太平御覽》第 4 册，第 3896 頁。
② 《太平御覽》第 1 册，第 78 頁。
③ 《太平御覽》第 1 册，第 348 頁。
④ 《太平御覽》第 4 册，第 3854 頁。
⑤ 《太平御覽》第 4 册，第 3896 頁。
⑥ 《太平御覽》第 1 册，第 78 頁。
⑦ 《太平御覽》第 1 册，第 9 頁。

　　成帝建始四年，無雲而風，天雷如擊連鼓，音可四五刻，隆隆如車聲。

　　見於《御覽》卷十三，稱"伏侯古今注曰"①；又見於《事類賦注》卷三注文，句末多"不能絕"②三字。

　　光武建武七年，遼東冬雷，草木實。

　　"光武建武七年遼東冬雷"，《後漢書·五行志》校勘按語：汲本、殿本"七"作"十"。

　　明帝永平七年十月丙子，越巂雷。
　　章帝建初四年五月戊寅，潁陰石從天墜，大如鐵鑕，色黑，始下時聲如雷。
　　順帝永和四年四月戊午，雷震擊高廟、世祖廟外槐樹。

物異③
　　成帝建始元年六月，蒼蠅萬數集白虎門朝坐處，蔽地。

　　見於《開元占經》卷一百二十，稱"古今注曰"④。此條諸輯本皆未收。

　　成帝建始二年，太原祁安縣民石臼中水出如流狀，稍益至滿臼，民夜謠曰：水大出，走上城。後三年，女子陳持弓聞謠言大水至，走入掖門，至省中，官吏大驚，上城。

　　見於《開元占經》卷一百一十四，稱"伏候〔侯〕古今注曰"⑤。

---

① 《太平御覽》第 1 冊，第 66 頁。
② （宋）吳淑撰注，冀勤等點校《事類賦注》，中華書局 1989 年版，第 62 頁。
③ 本篇佚文凡僅見於《後漢書·五行志注》者，不一一注明。
④ 《開元占經》，第 1145 頁。
⑤ 《開元占經》，第 1082—1083 頁。

此條諸輯本皆未收。《開元占經》引《古今注》五處，僅此處全稱"伏侯〔侯〕古今注"，其他四處均簡稱《古今注》。

　　哀帝大〔太〕初三年，長安巇生兩頭三目，一目在項中。

見於《開元占經》卷一百一十九，稱"古今注曰"[①]。此條諸輯本皆未收。

　　漢哀帝大〔太〕初四年中，張幼卿有馬生子，一身三頭九口，各有言，民皆書之戶上。

見於《開元占經》卷一百一十八，稱"古今注曰"[②]。此條諸輯本皆未收。

　　平帝元始三年，延陵西園神寢内，御戶座前大鏡皆清液，如汗水出狀。

見於《御覽》卷七百一十七，稱"古今注曰"[③]，今存本崔豹《古今注》未有此條，當屬《伏侯注》。

　　光武建武六年，山陽有小蟲，皆類人形，甚衆。明日皆懸樹枝而死，乃大蟻也。

見於《御覽》九百四十七，稱"伏侯古今注曰"。又卷九百四十四，稱"崔豹古今注"，無"乃大蟻也"四字[④]。據余嘉錫所説，今存本崔豹《古今注》未有此條，此條佚文當屬《伏侯注》。

---

① 《開元占經》，第 1128 頁。
② 《開元占經》，第 1120 頁。
③ 《太平御覽》第 3 冊，第 3178 頁。
④ 《太平御覽》第 4 冊，第 4205、4192 頁。

建武九年，六郡八縣鼠食稼。

章帝建初三年，丹陽宛陵民掘地得甲一。

　　　見於《御覽》卷三百五十六，稱"伏侯古今注曰"[①]，今存本崔豹《古今注》未有此條，當屬《伏侯注》。

建初五年，東海、魯國、東平、山陽、濟陰、陳留民訛言相驚有賊，捕至京師，民皆入城也。

和帝永元七年三月，江夏縣民舍柱生兩枝，其一長尺五寸，分爲八枝，其一長尺六寸，分爲五枝，皆青也。

（安帝永初二年）時州郡大飢，米石二千，人相食，老弱相棄道路。《後漢書·孝安帝紀注》

（殤帝延平元年五月，河東垣）山崩長七丈，廣四尺。《後漢書·孝殤帝紀注》

瑞應
甘露

光武建武二十年，甘露下日南朱梧，積四十五日。

　　　見於《藝文類聚》卷九十八，稱"古今注曰"[②]。今存本崔豹《古今注》未有此條，當屬《伏侯注》。

（章帝）元和二年，甘露降河南。

　　　見於《後漢書·班固傳注》，此條佚文後還有"三足烏集沛國"一句[③]，茆氏本將此句列入"三足烏"條。

①《太平御覽》第 2 冊，第 1635 頁。
②《宋本藝文類聚》下冊，第 2510 頁。
③《後漢書》第 5 冊，同上，第 1383 頁。

雨粟

　　　武帝建元四年，天雨粟。

　　見於《藝文類聚》卷八十五，稱"古今注曰"[①]；又見於《御覽》卷八百四十，文同。

　　　宣帝地節三年，長安雨黑粟。

　　見於《藝文類聚》卷八十五，緊接上條佚文後；又見於《御覽》卷八百四十，文同。

　　　宣帝元康四年，長安雨黑黍粟，如禾。

　　見於《藝文類聚》卷八十五，稱"古今注曰"，無"如禾"二字[②]；據《御覽》卷八百四十二補，《御覽》稱"崔豹古今注"[③]。今存本崔豹《古今注》未有此條，當屬《伏侯注》。

　　　元帝竟寧元年，南陽山都縣雨粟，色青黑，味苦，大者如小豆，小者如麻子，赤黃，味如麥。

　　見於《藝文類聚》卷八十五，稱"古今注曰"，無"元帝"二字、"赤黃味如麥"五字[④]，據《御覽》卷八百四十補，《御覽》"山都縣"作"山郡縣"[⑤]。今存本崔豹《古今注》未有此條，當屬《伏侯注》。

　　　光武建武二十年，清河廣川雨粟，大如莧實，色黑。

---

① 《宋本藝文類聚》下冊，第 2169 頁。
② 《宋本藝文類聚》下冊，第 2166 頁。
③ 《太平御覽》第 4 冊，第 3764 頁。
④ 《宋本藝文類聚》下冊，第 2169 頁。
⑤ 《太平御覽》第 4 冊，第 3756 頁。

見於《御覽》卷八百四十，稱"古今注曰"①。緊接上條佚文之後。

（章帝）建初二年，九江壽春雨粟。

見於《御覽》卷八百四十，稱"古今注曰"，在上條佚文之前。

雨米

　　惠帝三年，桂宮、陽翟俱雨稻米。

見於《五色線》卷上②，稱"伏虔古今注"。同卷又有佚文"漢帝永和年，長安雨綿，皆白"，亦稱出自"伏虔古今注"，茆氏本未收，黃氏本將此條單列爲"雨綿"條。《五色線》爲北宋人著作，其書佚文收入《津逮秘書》，書目見於明人毛晉《汲古閣書跋》③。考諸史志目錄，并無伏虔《古今注》，疑"虔"爲"侯"之訛。

雨豆

　　宣帝元康四年，南陽雨豆。

見於《藝文類聚》卷八十五，稱"古今注曰"④；又見於《御覽》卷八百四十一，稱"古今注曰"，文同⑤。今存本崔豹《古今注》未有此條，當屬《伏侯注》。

① 《太平御覽》第 4 冊，第 3756 頁。
② （明）毛晉編《五色線》，國家圖書館藏善本書號 A02842，毛氏汲古閣明崇禎刻本，第 88 冊第 2 頁。
③ （明）毛晉撰，潘景鄭校訂《汲古閣書跋》，古典文學出版社 1958 年版，第 19 頁："《五色線》：考《中興館閣書目》，稱不知作者。摭百家雜事記之爲類門，舊跋亦不著年月姓氏，因批閱所載，多密藏異跡，雖不逮容齋五筆，亦迥出雲仙諸册矣。亟訂梓之，凡我同好，勿與《碧雲騢》共置，幸甚。"又第 132 頁："《五色線》凡三卷，先君所藏止上下二卷，遂刊入《津逮秘書》。辛酉夏日，余訪書于章邱李氏（中麓先生之後）。于亂帙中得冀京兆刻本，乃有中卷者，其序述原委甚明，喜而攜歸，已十年矣。兹因上伏曝書，令鈔入家刻中，并録其序，且附冀公事略于後，以見其人之足重如此。但此版當年分授先兄，已質他所，不得補刊與世共之，爲可惜爾。庚辰六月毛扆識。"
④ 《宋本藝文類聚》下册，第 2170 頁。
⑤ 《太平御覽》第 4 冊，第 3760 頁。

　　明帝永平十八年，下邳雨大豆，似槐實。

　　見於《御覽》卷八百四十一，在上條佚文之後，同出《伏侯注》。

嘉禾

　　和帝元年，嘉禾生濟陰城陽，一莖九穗。

　　見於《藝文類聚》卷八十五，稱"古今注曰"[1]；又見於《御覽》卷八百三十九，稱"古今注曰"，文同[2]；又見於《玉海》卷一百九十七，稱"古今注曰"，文同[3]。今存本崔豹《古今注》未有此條，當屬《伏侯注》。

　　和帝元興元年，黑黍穗，一禾二實，或三四實，生任城，得粟三斛八斗，以薦宗廟。

　　見於《藝文類聚》卷八十五，稱"古今注曰"，"斛""斗"均作"升"[4]，據《御覽》卷八百四十二改，《御覽》稱"崔豹古今注曰"[5]。《初學記》卷二十七同引，稱"古今注曰"，文爲"和帝元興元年，黑黍穗禾二實生任城，得米三斗八升，以薦宗廟"[6]。今存本崔豹《古今注》未有此條，當屬《伏侯注》。

　　安帝延光二年，嘉禾生九真，百五六十本，七百六十八穗。

　　見於《藝文類聚》卷八十五，稱"古今注曰"[7]；又見於《御覽》卷八百三十九，稱"古今注曰"，"二年"作"三年"，"七百六十八"作

---

① 《宋本藝文類聚》下册，第 2163 頁。
② 《太平御覽》第 4 册，第 3748 頁。
③ 《玉海》第 6 册，第 3635 頁。
④ 《宋本藝文類聚》下册，第 2166 頁。
⑤ 《太平御覽》第 4 册，第 3764 頁。
⑥ （唐）徐堅等著《初學記》下册，中華書局 1962 年版，第 662 頁。
⑦ 《宋本藝文類聚》下册，第 2163 頁。

"一百六十八"①；又見於《玉海》卷一百九十七，稱"古今注曰"，年下有"六月"字，作"九真言嘉禾生，百十六本"②。

旅豆

　　光武建武三年春，縑一匹易一斗豆。夏野生旅豆，民收取之。

　　見於《御覽》卷八百四十一，稱"古今注曰"③，緊接"南陽雨豆"條下，當屬《伏侯注》。

嘉瓜（此條佚文茆氏與黃氏本皆單列一題）

　　孝平帝元年，武陵縣生瓜，花如蕙，紫色，實如小麥，墮地復生。

　　見於《御覽》卷九百七十八，稱"伏侯古今注"④。今存本崔豹《古今注》未有此條，當屬《伏侯注》。

野蠶

　　元帝永元四年，東萊郡東牟山，有野蠶爲繭，繭生蛾，蛾生卵，卵著石，收得萬餘石。民以爲蠶絮。

　　見於《藝文類聚》卷六十五，稱"古今注曰"⑤；又見於《御覽》卷八百一十九，稱"古今注曰"，"永元"作"永光"，"繭"均寫作"蠒"，"民"作"民人"，"蠶絮"作"絲絮"；又卷八百二十五同引，無"繭生蛾蛾生卵卵著石"九字，"民"作"民人"，"蠶絮"作"絲絮"⑥；又見於《玉海》卷一百九十九，引文無"繭生蛾"以下云云，稱

---

① 《太平御覽》第 4 冊，第 3748—3749 頁。
② 《玉海》第 6 冊，第 3635 頁。
③ 《太平御覽》第 4 冊，第 3760 頁。
④ 《太平御覽》第 4 冊，第 4334—4335 頁。
⑤ 《宋本藝文類聚》下冊，第 1753—1754 頁。
⑥ 《太平御覽》第 4 冊，第 3643、3676 頁。

"古今注"①。今存本崔豹《古今注》未有此條，當屬《伏侯注》。

雨綿

    漢安永和年，長安雨綿，皆白。

見於《五色線》卷上，見"雨米"條輯文。

雨絮

    （元帝）五年，長安雨絮，垣屋上皆白，民衣之。

見於《御覽》卷八百一十九，稱"古今注曰"②。今存本崔豹《古今注》未有此條，當屬《伏侯注》。

芝

    漢武時，甘泉殿房内産芝，九莖連葉，作芝房之歌。

見於《御覽》卷八百七十三，稱"古今注曰"③。今存本崔豹《古今注》未有此條，當屬《伏侯注》。

    孝哀帝元嘉元年，芝生後庭木蘭樹上。

見於《藝文類聚》卷八十九，稱"古今注"④。今存本崔豹《古今注》未有此條，當屬《伏侯注》。

    （章帝）建初五年，芝出潁川，常以六月中生一葉，五歲五重，春青夏紫，秋白冬黑色，十月後黄氣出，上尺五寸。

---

① 《玉海》第 6 册，第 3682 頁。
② 《太平御覽》第 4 册，第 3643 頁。
③ 《太平御覽》第 4 册，第 3874 頁。
④ 《宋本藝文類聚》下册，第 2295 頁。

　　見於《藝文類聚》卷九十八，稱"古今注"[①]；又見於《御覽》卷九百八十六，稱"崔豹古今注"，"章帝"作"成帝"，無"五歲五重"四字，"黑"後無"色"字，"十月後"作"十月復"[②]。今存本崔豹《古今注》未有此條，當屬《伏侯注》。

　　　　章帝元和二年芝生沛，如人冠，大坐狀。又生章武，如人抱三子狀。

　　見於《後漢書・班固傳注》引芝生沛有"大坐"二字；又見於《藝文類聚》卷九十八，稱"古今注"，僅引至"如人冠"[③]；又見於《御覽》卷九百八十六，稱"崔豹古今注"，文爲"元和二年芝生沛，如人冠狀，又如章武，如人抱三子狀"[④]。今存本崔豹《古今注》未有此條，當屬《伏侯注》。

　　桐枝
　　　　昭帝元鳳三年，馮翊人獻桐枝，長六尺，九枚，三葉也。

　　見於《藝文類聚》卷八十八，稱"古今注"[⑤]，原文作"丹鳳"，據《御覽》卷九百五十六改作"元鳳"；《御覽》稱"伏侯古今注"，"九枚三葉也"作"九枝枝一葉"[⑥]。今存本崔豹《古今注》未有此條，當屬《伏侯注》。

　　黃龍
　　　　高祖五年，黃龍見華陽池十餘日。

---

① 《宋本藝文類聚》下冊，第 2513—2514 頁。
② 《太平御覽》第 4 冊，第 4366 頁。
③ 《宋本藝文類聚》下冊，第 2513 頁。
④ 《太平御覽》第 4 冊，第 4366 頁。
⑤ 《宋本藝文類聚》下冊，第 2270 頁。
⑥ 《太平御覽》第 4 冊，第 4245 頁。

見於《藝文類聚》卷九十八，稱"古今注曰"[①]；又見於《玉海》卷一百九十八，稱"古今注"，文同[②]。今存本崔豹《古今注》未有此條，當屬《伏侯注》。

> 九年，又見長安。
>
> 五鳳四年，黃龍出廣漢。
>
> 甘露元年，黃龍見新豐。
>
> 二年，龍見上郡。騰躍五色升天，丞相以下上壽。

并見《藝文類聚》卷九十八，緊接"高祖五年"佚文之下。又并同見於《玉海》卷一百九十八，引文簡省，或省"龍"或省"黃龍"字，緊接"高祖五年"佚文之下。今存本崔豹《古今注》未有此條，當屬《伏侯注》。

> 章帝建初三年，黃龍見汝南項氏田廬中，長五丈餘，高二丈，光耀廬舍及樹皆黃。

見於《藝文類聚》卷九十八，緊接以上佚文之下[③]。今存本崔豹《古今注》未有此條，當屬《伏侯注》。

> （五年，有八黃龍）見零陵泉陵湘水中，相與戲。其二大如馬，有角；六枚大如駒，無角。

見於《後漢書·孝章帝紀注》，又見於《玉海》卷二百，稱"伏侯古今注"，文同；又卷一百九十八同引，無"相與戲"以下云云[④]。

> （元和二年）黃龍見洛陽元延亭部。

---

① 《宋本藝文類聚》下册，第 2518 頁。
② 《玉海》第 6 册，第 3657 頁。
③ 《宋本藝文類聚》下册，第 2518—2519 頁。
④ 《玉海》第 6 册，第 3689、3657 頁。

見於《後漢書·孝章帝紀注》，又見於《玉海》卷二百，稱"古今注云"①。

　　哀帝永元十年，黄龍見潁川定陵民家井中，色黄，目如鏡。又見巴郡宕渠，草木色皆黄。

見於《藝文類聚》卷九十八，稱"古今注曰"，緊接"黄龍見汝南項氏"佚文之下②。今存本崔豹《古今注》未有此條，當屬《伏侯注》。

黄鵠

　　漢惠帝五年七月，黄鵠二，集蕭池。

見於《藝文類聚》卷九十，稱"古今注曰"③；又見於《御覽》卷九百一十六，稱"伏侯古今注"，無"帝"字④；又見於《玉海》卷一百九十九，引文無"漢"及"二"字，稱"古今注"⑤。今存本崔豹《古今注》未有此條，當屬《伏侯注》。

白烏

　　成帝河平四年，白烏集孝文廟殿下，黑烏從之。

見於《藝文類聚》卷九十九，稱"古今注"⑥；又見於《御覽》卷九百二十，稱"古今注曰"，文同⑦；又見於《玉海》卷一百九十九，稱"古今注"，引文爲"河平四年，白烏集孝文廟下"⑧。今存本崔豹《古今注》未有此條，當屬《伏侯注》。馬氏輯本此條佚文之下，還有"日

① 《玉海》第 6 册，第 3689 頁。
② 《宋本藝文類聚》下册，第 2519 頁。
③ 《宋本藝文類聚》下册，第 2322 頁。
④ 《太平御覽》第 4 册，第 4064 頁。
⑤ 《玉海》第 6 册，第 3671 頁。
⑥ 《宋本藝文類聚》下册，第 2528 頁。
⑦ 《太平御覽》第 4 册，第 4084 頁。
⑧ 《玉海》第 6 册，第 3674 頁。

中無光者，日中烏也。日中烏若去，即天下烏去也"①，茆氏本、黄氏本無。參考《白氏六帖事類集》卷二十九（文同馬氏輯文）②，和《爾雅翼》卷二十一"兔"條："漢元帝永光元年，日中無光，其日長安無烏。"③今存本崔豹《古今注》未有此條，當屬《伏侯注》。

　　和帝元興元年，白烏一，見廬江，足皆赤。

見於《藝文類聚》卷九十九，稱"古今注"④；又見於《御覽》卷九百二十，稱"古今注曰"，文同⑤。今存本崔豹《古今注》未有此條，當屬《伏侯注》。

三足烏
　　章帝元和二年，三足烏集沛國。

見於《後漢書·班固傳注》，見上文；又見於《藝文類聚》卷九十九，緊接"白烏集孝文廟"佚文之後。今存本崔豹《古今注》未有此條，當屬《伏侯注》。

　　三年，代郡高柳，烏子生三足，大如雞，色赤，頭上有角，長寸餘。

見於《藝文類聚》卷九十九，緊接"三足烏集沛國"佚文之後。今存本崔豹《古今注》未有此條，當屬《伏侯注》。

　　所謂赤烏者，朱烏也，其所居高遠。日中三足烏之精，降而生。三足烏何以三足？陽數奇也。是以有虞至孝，三足集其庭。曾參鋤

---

① （清）馬國翰輯《玉函山房輯佚書》第 3 册，上海古籍出版社 1990 年版，第 2743 頁。
② （唐）白居易撰《白氏六帖事類集》第 6 册，文物出版社 1987 年影印紹興册本，第 51 頁。
③ （宋）羅願撰，石雲孫點校《爾雅翼》，黄山書社 1991 年版，第 222 頁。
④ 《宋本藝文類聚》下册，第 2528 頁。
⑤ 《太平御覽》第 4 册，第 4084 頁。

瓜，三足萃其冠。

見於《初學記》卷三十，引"曾參"以下語，稱"伏侯古今注"①，據《藝文類聚》卷九十二補，《藝文》稱"古今注"②；又見於《御覽》卷九百二十，稱"古今注"，無"降而生"三字，"是以"作"以是"③。又見於《玉海》卷一百九十九，稱"古今注抱朴子"（疑"抱朴子"三字誤衍），文爲"虞舜至孝，三足集其庭"，後又引"陽數奇"等數條④。今存本崔豹《古今注》未有此條，當屬《伏侯注》。

五色雀

　　孝哀帝初元三年，泰時殿中，有雀五色，頭有冠，長寸餘，大似雀。始到時，鳥環其旁。

見於《藝文類聚》卷九十九，稱"古今注曰"，宋本無"元"字⑤；又見於《御覽》卷九百二十二，稱"崔豹古今注"，"初"作"太初"，"殿"後無"中"，"頭"後無"有"字，無"大似雀"三字，句末有"也"字⑥。今存本崔豹《古今注》未有此條，當屬《伏侯注》。"初元"與"太初"皆非漢哀帝年號，疑爲"建平"之訛。

鳩

　　平帝元始三年，濟南鳩生白子。

見於《藝文類聚》卷九十九，稱"古今注曰"⑦；又見於《御覽》卷九百二十一，稱"崔豹古今注曰"，"三年"作"二年"⑧。今存本崔豹《古今注》未有此條，當屬《伏侯注》。

---

① 《初學記》下册，第732頁。
② 《宋本藝文類聚》下册，第2369頁。
③ 《太平御覽》第4册，第4083頁。
④ 《玉海》第6册，第3669頁。
⑤ 《宋本藝文類聚》下册，第2530頁。
⑥ 《太平御覽》第4册，第4093頁。
⑦ 《宋本藝文類聚》下册，第2531頁。
⑧ 《太平御覽》第4册，第4088頁。

麟

　　（章帝）元和二年，麒麟見陳，一角，端如蔥葉，色赤黃。

　　見於《後漢書·班彪列傳注》[①]，又見於《玉海》卷一百九十八，稱"古今注"，無"一角"以下九字[②]。今存本崔豹《古今注》未有此條，當屬《伏侯注》。

一角獸

　　建初二年，北海得一角獸，大如麕，有角在耳間，端有肉。

　　見於《後漢書·班彪列傳注》，又見於《玉海》卷一百九十八，稱"古今注"，無"有角"下八字[③]。

白虎

　　（章帝）元和三年，白虎見彭城。

　　見於《後漢書·班彪列傳注》。

鹿

　　漢明帝永平九年，三角鹿出江陵。

　　見於《初學記》卷二十九，稱"伏侯古今注"，文同[④]；又見於《藝文類聚》卷九十五，稱"古今注"，"九年"作"中"[⑤]；又見於《御覽》卷九百零六，稱"伏侯古今注"，文同[⑥]。又見於《白氏六帖事類集》卷二十九，此句後尚有"兩角間有道家七星符，其祖名字、鄉里、年月存

　　① 《後漢書》第 5 冊，第 1383 頁。
　　② 《玉海》第 6 冊，第 3660 頁。
　　③ 《玉海》第 6 冊，第 3660 頁。
　　④ 《初學記》下冊，第 715 頁。
　　⑤ 《宋本藝文類聚》下冊，第 2440 頁。
　　⑥ 《太平御覽》第 4 冊，第 4018 頁。

焉，遂斷射獵"等二十三字①，或爲抄漏書名而致混淆（此條佚文《初學記》引自劉敬叔《異苑》②，并見於今傳本《異苑》卷八）。今存本崔豹《古今注》未有此條，當屬《伏侯注》。

　　孝和帝永元中，豫章徐汗，得白鹿，高丈九寸。

　　見於《藝文類聚》卷九十五，緊接上條佚文之後；又見於《御覽》卷九百零六，緊接上條佚文之後，"中"作"十二年"，"徐汗"作"餘干"③；又見於《玉海》卷一百九十八，稱"伏侯古今注"，"徐汗"作"餘干"，"九寸"作"九尺"④。今存本崔豹《古今注》未有此條，當屬《伏侯注》。

　　白兔
　　　　成帝建平元年，山陽得白兔，目赤如朱。

　　見於《藝文類聚》卷九十九，稱"古今注"⑤；又見於《初學記》卷二十九，無"成帝"二字⑥；又見於《御覽》卷九百零七，稱"古今注曰"，文同⑦；又見於《玉海》卷一百九十八，稱"古今注"，無"目赤如朱"四字⑧。

　　　　章帝元和二年，白兔見。

　　見於《玉海》卷一百九十八，緊接上條佚文之後。

---

① （唐）白居易撰《白氏六帖事類集》第6冊，文物出版社1987年影印紹興冊本，第65頁。
② 《初學記》下冊，第715頁。
③ 《太平御覽》第4冊，第4018頁。
④ 《玉海》第6冊，第3659頁。
⑤ 《宋本藝文類聚》下冊，第2534頁。
⑥ 《初學記》下冊，第716頁。
⑦ 《太平御覽》第4冊，第4023頁。
⑧ 《玉海》第6冊，第3660頁。

九尾狐

　　章帝元和二年，白狐九尾見信都。

　　見於《藝文類聚》卷九十九，稱"古今注"[①]；又見於《御覽》卷九百零九，稱"崔豹古今注曰"，文同[②]。今存本崔豹《古今注》未有此條，當屬《伏侯注》。

玉珪

　　章帝建初七年，玉珪出弘農華陰。

　　見於《藝文類聚》卷八十三，稱"古今注"[③]；又見於《玉海》卷八十七，稱"古今注"，文同[④]。今存本崔豹《古今注》未有此條，當屬《伏侯注》。

明珠

　　章帝元和元年，明珠出館陶，大如李，有光耀。

　　見於《初學記》卷二十七，稱"伏無忌古今注"，文同[⑤]；又見於《御覽》卷八百零三，稱"古今注曰"，"光耀"作"明耀"[⑥]；又見於《玉海》卷一百九十六，稱"伏無忌古今注"，文同[⑦]。

　　　三年，明珠出豫章海底，大如雞子。圍四寸八分。

　　見於《初學記》卷二十七，稱"伏無忌古今注"[⑧]，緊接上條佚文之下；又見於《御覽》卷八百零三，緊接上條佚文之下，"明珠"作"明

① 《宋本藝文類聚》下冊，第 2534 頁。
② 《太平御覽》第 4 冊，第 4030 頁。
③ 《宋本藝文類聚》下冊，第 2139 頁。
④ 《玉海》第 3 冊，第 1634 頁。
⑤ 《初學記》下冊，第 648 頁。
⑥ 《太平御覽》第 4 冊，第 3566 頁。
⑦ 《玉海》第 6 冊，第 3632 頁。
⑧ 《初學記》下冊，第 648 頁。

月珠"，"底"作"昏"。又見於《玉海》卷一百九十六，稱"伏無忌古今注"，無"海底大如雞子"六字，緊接上條佚文之下。

　　　章和元年，鬱林大珠，圍三寸。

見於《御覽》卷八百零三，緊接上條佚文之下。

　　　和帝永元五年，鬱林降人得大珠，圍五寸七分。

見於《初學記》卷二十七，稱"伏無忌古今注"[1]；又見於《御覽》卷八百零三，緊接上條佚文之下，"五年"作"十五年"，"降人"作"降民"，"七分"作"徑寸七分"；又見於《玉海》卷一百九十六，稱"伏無忌古今注"，無"降人"二字[2]。

銅酒爵
　　　章帝章和年，銅酒爵出河內泌水。

見於《御覽》卷七百六十，稱"古今注曰"[3]。今存本崔豹《古今注》未有此條，當屬《伏侯注》。疑有脫文，"年"前脫"元"或"二"。

五　《伏侯古今注》佚文輯考

　　上節的輯文校正，是對《伏侯古今注》佚文進行的全面細緻的考辨，提供了目前學界最好的輯本。本節以其他諸輯本爲比較，再簡單地總結一下在上節輯本中增删的主要條目，并予以詳盡考辨。
　　首先，補輯佚文三條。

　　1. 成帝建始元年六月，蒼蠅萬數集白虎門朝坐處，蔽地。(《開

---

① 《初學記》下册，第 648 頁。
② 《玉海》第 6 册，第 3632 頁。
③ 《太平御覽》第 4 册，第 3376 頁。

元占經》卷一百二十）①

　　2. 哀帝大〔太〕初三年，長安劇生兩頭三目，一目在項中。（《開元占經》卷一百一十九）②

　　3. 漢哀帝大〔太〕初四年中，張幼卿有馬生子，一身三頭九口，各有言，民皆書之戶上。（《開元占經》卷一百一十八）③

　　以上三條佚文，都出自《開元占經》，諸輯本皆未收錄，也不見於今傳本崔豹《古今注》與馬縞《中華古今注》。《開元占經》的撰者是唐代瞿曇悉達，書成於 718—729 年之間，屬於唐玄宗開元時期，與《初學記》同時。雖然三條佚文不見其他文獻徵引，但沒有理由懷疑其引文的真實性。《開元占經》引《古今注》文共五條，內容全屬災異類，四條僅見此書，上三條之外還有一條（"成帝建始二年，太原祁安縣民石曰中水出如流狀，稍益至滿曰，民夜謠曰：水大出，走上城。後三年，女子陳持弓聞謠言大水至，走入掖門，至省中，官吏大驚，上城"④），第五條（"安帝延平六年，河東水化爲血"⑤）與《太平御覽》引文相同。根據《伏侯注》的體例，在沒有反證的情況下，上述佚文歸屬《伏侯注》的可能最大。

　　其次，刪除存疑佚文三條。

　　1. 孝桓帝志

　　志之字曰意。（胡三省《資治通鑑‧孝桓帝紀注》，稱云"伏侯古今注"。）⑥

　　2. 孝靈帝宏

　　宏之字曰大。（《後漢書‧孝靈帝紀注》，稱云"伏侯古今注曰"；胡三省《資治通鑑‧孝靈帝紀注》，稱云"伏侯古今注"。）⑦

---

① （唐）瞿曇悉達著《開元占經》，文淵閣四庫全書排印本，九州出版社 2011 年版，第 1145 頁。
② （唐）瞿曇悉達著《開元占經》，第 1128 頁。
③ （唐）瞿曇悉達著《開元占經》，第 1120 頁。
④ （唐）瞿曇悉達著《開元占經》，第 1082—1083 頁。
⑤ （唐）瞿曇悉達著《開元占經》，第 988 頁。
⑥ （宋）司馬光編著《資治通鑑》第 4 冊，中華書局 1956 年版，第 1744 頁。
⑦ （宋）司馬光編著《資治通鑑》第 4 冊，中華書局 1956 年版，第 1840 頁。

3.孝獻帝協

協之字曰合。（胡三省《資治通鑑·孝獻帝紀注》，稱云"古今注"。）①

以上 3 條佚文，都出自胡三省的《資治通鑑注》。根據上文所引李賢注所云"其書上自黃帝，下盡漢質帝"，漢質帝爲《伏侯注》記事的下限，而桓帝、靈帝、獻帝都在質帝之後，與李賢所見八卷本《伏侯古今注》矛盾。

《後漢書注》引用"志之字曰意""協之字曰合"兩條佚文時均未稱引書名，而《後漢書·孝靈帝紀注》在"宏之字曰大"前有"伏侯古今注曰"六字②，其校勘語云："據《集解》引沈宇説刪。按：沈氏謂據《伏湛傳》注，章懷親見伏侯《古今注》，其書終於質帝，不及桓帝，今桓、獻二《紀》俱無此六字，此傳寫者妄增。"③胡三省注文不知爲何妄增書名，亦或妄增者并非胡氏本人？又有以訛傳訛者，導致諸輯本皆將此三條收入《伏侯注》，當刪。

六　結語

《伏侯古今注》的"注"，其體例正如余嘉錫所總結的那樣"首句舉其事物，以爲之題目，次句以下，解説其名義"④（卷一五）。上文是余嘉錫以崔豹書爲例總結的"注"體特徵，以《伏侯注》所存佚文衡之，并不完全符合。但《伏侯注》畢竟是以"注"名書，又不依賴於解經的最早專著。《伏侯注》之前或同時，"注"體書或爲解經，或爲專記君王、宮禁之日常起居（《漢武禁中起居注》《顯宗起居注》）。伏無忌不僅開了博物類著作中"注"體的先河，促生了一大批以"注"爲題的獨立著作，而且將子書與紀事相結合，拓寬了子書創作的領域。他在篇題中，將諸子所論之"理"換成所明之"事"，從行文結構上將子書的論理與紀事相勾連，強調了論理與紀事的同體性。另外，《伏侯注》對後世學者喜愛"自注"其書的風氣，也不無啓發與影響。

───────────

① （宋）司馬光編著《資治通鑑》第 5 冊，中華書局 1956 年版，第 1949 頁。
② （南朝宋）范曄撰，（唐）李賢等注《後漢書》第 2 冊，中華書局 1965 年版，第 360 頁。
③ （南朝宋）范曄撰，（唐）李賢等注《後漢書》第 2 冊，中華書局 1965 年版，第 327 頁。
④ 余嘉錫著《四庫提要辨證》第 3 冊，中華書局 1980 年版，第 858 頁。

第二章 《闚子》考略

《漢志》縱橫家書《闚子》與李善《文選注》稱引的《闞子》有無關係？《闚子》與《闞子》爲同書異名，還是異書異名？蕭繹的《補闕子》與《闚子》之間有無關係？馬國翰輯本《闚子》最能反映其書原貌嗎？清代學者對於前兩個問題都有討論，如馬國翰和姚振宗認爲《闚子》與《闞子》爲同一部書，《闞子》爲《闚子》之誤，但論證不甚充分。現當代學者對這一問題認識比較模糊，在引述時不免以偏概全。《補闕子》與《闚子》的關係，則少人問津，嚴可均與姚振宗均祇一筆帶過。馬氏輯文的可靠性問題學者屢有質疑，但尚無詳細考辨。因此本文就這幾個問題做了些探索，希望有助於澄清一二。

一 書名考辨:《闚子》還是《闞子》

《闚子》一書著録於《漢志》縱橫家，[①] 應劭《風俗通義》亦徵引《闞子》，稱其著者爲"闞黨童子"的後人。[②] 《闚子》的題名原無疑義，但在《藝文類聚》[③] 與李善《文選注》[④] 中《闚子》與《闞子》兩名已難分

---

① 《漢志》:"《闚子》一篇"，（漢）班固撰，（唐）顏師古注《漢書》第 6 册，中華書局 1962 年版，第 1739 頁。

② 《風俗通義·佚文》:"闞氏，古闞者，官爲姓。承闞黨童子之後，縱橫家有闞子著書，漢有荆州刺史闞翮"。（漢）應劭撰，王利器校注《風俗通義校注》，中華書局 1981 年版，第 553 頁。

③ 《闚子》曰：宋之愚人，得燕石於梧臺之東，歸而藏之以爲寶。周客聞而觀焉，主人齋七日，端冕玄服以發寶，革匱十重，縑巾十襲。客見之，掩口而笑曰："此特燕石也，其與瓦甓不殊。"（卷六）（唐）歐陽詢，汪紹楹校《藝文類聚》上册，中華書局 1965 年版，第 108 頁。

④ 《文選注》中，兩次引用《闚子》，兩次引用《闞子》，分别見於：左思《吳都賦》劉良注（《六臣注文選》，中華書局 2012 年版，113 頁；中華書局 1977 年胡刻（轉下頁注）

彼此。唐宋以後的類書和其他雜著中《闕子》與《闚子》混淆的情況更加嚴重，有些書只見《闕子》而不見《闚子》。

嚴可均與姚振宗都相信《漢志》著録《闕子》的真實性，馬國翰也據《漢志》正誤，他説："《闕子》一卷，撰人名字里爵皆無考。……《文選注》《太平御覽》或引作《闚子》，誤也。"①

筆者推測，"闕"與"闚"最初因形近致誤，遂致《闕子》《闚子》同書而異名，後世不加辨別而因循不改。當前學界對於這個問題尚未達成共識，依然把《闕子》混同於《闚子》。如楊明照注《文心雕龍·情采》："固知翠綸桂餌，反所以失魚"，據《太平御覽》卷八三四引作《闚子》文。② 其實《太平御覽》引此書共六節，其中三節稱《闕子》，三節稱《闚子》。

詹鍈注《文心雕龍·知音》："魏民以夜光爲怪石，宋客以燕礫爲寶珠"云：梅《注》："《闚子》曰：'宋之愚人得燕石於梧臺之東……'"按："《水經·淄水注》謂'古梧宮之臺東，即《闚子》所謂宋愚人得燕石處。'《玉函山房輯佚書》據以輯入《闚子》，謂《太平御覽》卷五十一誤作'《闕子》'。然《文選》應璩《百一詩》注及《藝文類聚》卷六《石部》引均作《闕子》，當以'《闕子》'爲是。"③ 詹鍈根據《文選注》和《藝文類聚》批駁馬國翰，但事實上，《文選注》引此書共四節，兩節稱《闕子》，兩節稱《闚子》；《藝文類聚》引此書共三節，其中兩節稱《闕子》。上述兩位學者無論言稱《闕子》或《闚子》，都不是在全面辨證《闕子》與《闚子》的大背景下，因此對於此問題有必要

（接上頁注④）本李善注《文選》同；朝鮮正德本無。）；枚乘《七發》李善注（《六臣注文選》，639頁；中華書局1977胡刻本李善注《文選》同；朝鮮正德本無。）；應璩《百一詩》李善注（《六臣注文選》卷二十一，399頁；中華書局1977胡刻本李善注《文選》同；朝鮮正德本（卷十一）："宋人遇周客，慚愧靡所知。"良曰：宋有愚人，得燕石於梧臺之東，以爲大寶而藏之。周客聞而觀焉，掩口盧胡而笑："此燕石也，與瓦礫不殊。"）；鮑照《擬古》其一李善注（《六臣注文選》卷三十一，586頁；中華書局1977胡刻本李善注《文選》同；朝鮮正德本（卷十六）：良曰：宋景公使工人造弓，弓成。景公登武圍之臺射之，逾于彭城，矢有餘勁，飲羽於石樑也。）。

① （清）馬國翰輯《玉函山房輯佚書》第3冊，上海古籍出版社1990年版，第2715頁。
② （南朝梁）劉勰撰，楊明照校注《文心雕龍校注拾遺補正》，江蘇古籍出版社2001年版，第303頁。
③ （南朝梁）劉勰撰，詹鍈義證《文心雕龍義證》下册，上海古籍出版社1989年版，第1844、1846頁。

進一步澄清。

肯定《關子》一名的文獻有《漢志》《風俗通義》和《水經注》，這三部文獻相比《藝文類聚》《文選注》等年代都早，但後世學者之所以還要質疑，可能是因李善的《文選注》在後世的影響比較大。其實李善自注也是《關子》與《闕子》兩説皆有，可見李善也未能仔細考辨。

《水經注》徵引《闕子》文獻也不止詹鍈所舉《淄水》^①一例，《睢水》與《泗水》兩次引用"宋景公使弓人爲弓"一事，前詳後簡，^②後一條没有重復書名。《水經注》引用"燕石"與"爲弓"兩事，均言稱《闕子》，這兩條在《文選注》中却全部誤作《關子》文（應璩《百一詩》注、鮑照《擬古》其一注）。

成書於隋、唐之際的《北堂書鈔》徵引《闕子》三節，包括"爲弓"與"烹鼃鼈"兩事，都注明出自《闕子》，^③不見《關子》之名。唐代，同樣徵引《闕子》的還有《初學記》："'或有以桂爲餌，鍜黄金之鉤，錯以銀碧，垂翡翠之綸'，已上魯人釣，見《關子》。"^④

要之，以唐爲界，唐前文獻皆只言稱《關子》，唐代文獻中稱引《闕子》者多於《關子》，但宋元以後的類書雜著中，稱引《闕子》與《關子》的頻次相當。^⑤唐前史料，并未有《闕子》一書的著録，也就是説《關子》與《闕子》爲同書異名，這一現象開始於唐代。究其原因，除去"關""闕"二字的形近致誤外，因爲《關子》一書亡佚，宋

---

① 《淄水》："臺東即《闕子》所謂宋愚人得燕石處。"（卷二十六）（北魏）酈道元著，（清）王先謙校《合校水經注》，中華書局 2009 年版，第 401 頁。

② 《睢水》：余按《闕子》稱：宋景公使工人爲弓，九年乃成。公曰："何其遲也？"對曰："臣不復見君矣，臣之精盡于弓矣！"獻弓而歸，三日而死。景公登虎圈之臺，援弓東面而射之，矢踰于孟霜之山，集于彭城之東，餘勢逸勁，猶飲羽于石梁。（卷二十四）《泗水》：（吕梁）昔宋景公以弓工之弓，彎弧東射，矢集彭城之東，飲羽于石梁。（卷二十五）（北魏）酈道元著，（清）王先謙校《合校水經注》，中華書局 2009 年版，第 361、385 頁。

③ 分别爲卷一百二十五《武功部一·弓四十六弓》兩節，載"爲弓"事；卷一百四十二《酒食部》，載"烹鼃鼈"事。

④ （唐）徐堅等著《初學記》第 3 册，中華書局 1962 年版，第 544 頁。

⑤ 如（宋）潘自牧《記纂淵海》、（元）劉履《風雅翼》、（明）陳耀文《天中記》、（明）彭大翼《山堂肆考》、（明）董説《七國考》、（清）張英等《御定淵鑑類函》、（清）陳厚耀《春秋戰國異辭》與（清）蔣溥《欽定盤山志》等，均只稱引《闕子》。

以後的類書編纂者多據《文選注》《後漢書注》與唐代類書等，^① 無暇詳加考辨，又因代代承襲，以訛傳訛。第三，闕姓的"闕黨童子"及《闕子》作者，生平無所考，在二人之後没有出現什麼著名人物。而春秋時的闕止、三國時的闞澤都是闞姓的著名人物，影響遠超闕姓。兩題名出現混亂時，選擇其中比較熟悉和可能者，也是符合情理的。

　　爲進一步落實《闞子》的書名，不妨勘對一下較早幾部稱引《闞子》的文獻。

　　《文選注》中稱引《闞子》者有兩條，一條是："宋景公使工人爲弓，九年乃成。公曰：'何其遲也？'工人對曰：'臣不復見君矣，臣之精盡於此弓矣！'獻弓而歸，三日而死。景公登虎圈之臺，援弓東面而射之，矢踰於西霜之山，集于彭城之東，其餘力逸勁，猶飲羽于石梁。"^②（卷三十一）此條爲李善注鮑照《擬古》詩其一時徵引。但他在注左思《吳都賦》與枚乘《七發》時又兩次徵引此事，却皆稱引自《闞子》，李善失考。而酈道元《水經注·雎水》《北堂書鈔·弓部》《後漢書·蔡邕傳注》引此事，皆稱引自《闞子》。可證，此處《闕子》當爲《闞子》之誤。

　　另一條爲："宋之愚人，得燕石於梧臺之側，藏之以爲大寶。周客聞而觀焉，主人齋七日，端冕玄服以發寶，革匱十重，巾十襲。客見，俛而掩口，盧胡而笑曰：'此特燕石也，其與瓦甓不殊。'主人大怒曰：'商賈之言，醫匠之心。'藏之愈固，守之彌謹。"^③（卷二十一）此條酈道元《水經注·淄水》《後漢書·應劭傳注》稱《闞子》，《藝文類聚》稱《闕子》文，以時代早晚論當以《水經注》爲信。《太平御覽》沿襲《藝文》《文選注》之誤。

　　《後漢書注》中可能稱引《闞子》者僅一條："魯人有好釣者，以

————————

① 《藝文類聚》引用"燕石"一節和"釣魚"恰爲《文選注》《後漢書注》云徵引自《闞子》的條目；《太平御覽》引用亦引此兩條，唯"西施"一條，未見以前文獻徵引。宋元類書雜著轉相傳抄的不出這樣幾條。

② （唐）李善等注《六臣注文選》，中華書局 2012 年版，第 586 頁；1977 中華書局胡刻本李善注同。

③ （唐）李善等注《六臣注文選》，中華書局 2012 年版，第 299 頁；1977 中華書局胡刻本李善注同；朝鮮正德本（卷十一）劉良注引此條，但未注書名。

桂爲餌，鍛黄金之鉤，錯以銀碧，垂翡翠之綸。"①此處原文爲"（闕）
《〔闚〕子》"，是中華書局校點時改正的，因無《校勘記》不知其改正
依據爲何，但可知其依據底本商務印書館印南宋紹興本原文作"闕子"。
此條徐堅等《初學記》著録云："'或有以桂爲餌，鍛黄金之鉤，錯以
銀碧，垂翡翠之綸'，已上魯人釣，見《闕子》。"②《太平御覽》兩次徵
引書名各異：卷八百三十四引作《闕子》，卷九百五十七引作《闚子》，
兩處文字僅詳略有別，不足以作兩書看。

　　上述可知，《闕子》與《闚子》爲同一部書的可能性更大，而言稱
《闚子》者或因未辨"闕"與"闚"形近致訛。

二　《闕子》的時代和作者

　　《漢志》縱横家書，《闕子》前有《蘇子》《張子》《龐煖》，後有
《國筮子》《零陵令信》《蒯子》《鄒陽》等。③蘇秦、張儀和龐煖都是
戰國時人物，"國筮子"不知何許人，"零陵令信"據《零陵令信》後
小注可知與秦相李斯同時。推知《闕子》著者或爲六國時人。《漢志》
没有注明《闕子》著者，應劭認爲是"闕黨童子之後"，當是他的推
測。④"闕黨"是孔子居處及講學處。應劭云"闕氏"以官名爲姓，皇
侃認爲"闕"爲"黨"之名，⑤與應劭説法不違背。兩人説法稍有差别，
但"闕黨童子"爲"闕"姓之始則比較可信。

　　"闕黨童子"見於《論語》，《憲問》篇云："闕黨童子將命。或問之
曰：'益者與？'子曰：'吾見其居於位也，見其與先生并行也。非求益
者也，欲速成者也。'"⑥"闕黨"使童子"將命"即"傳賓主之言"，人

① （南朝宋）范曄撰，（唐）李賢等注《後漢書》第 5 册，中華書局 1965 年版，第
　1351 頁。
② （唐）徐堅等著《初學記》下册，中華書局 1962 年版，第 544 頁。
③ 《漢志》："《闕子》一篇"，（漢）班固撰，（唐）顔師古注《漢書》第 6 册，中華書局
　1962 年版，第 1739 頁。
④ 《風俗通義·佚文》："闕氏，古闕者，官爲姓。承闕黨童子之後，縱横家有闕子著
　書，漢有荆州刺史闕翊。"（漢）應劭撰，王利器校注《風俗通義校注》，中華書局
　1981 年版，第 553 頁。
⑤ 皇疏："五百家爲黨，此當名闕，故云闕黨也。"程樹德撰，程俊英、蔣見元點校《論
　語集釋》，中華書局 1990 年版，第 1046 頁。
⑥ 程樹德撰，程俊英、蔣見元點校《論語集釋》，中華書局 1990 年版，第 1045 頁。

見童子傳言，就問孔子：這個童子是不是以此道追求進取？孔子答曰：他不是誠心進取的人，袛是急於成人罷了。夫子認爲童子的行事違背了長幼之序，不合禮教。由此可知，"闕黨童子"爲"闕黨"中一名未成年的童子，并非孔門弟子。朱熹根據《孔子家語》推測爲叔仲會，[①]是誤解了文意。

至於《闕子》是否爲"闕黨童子"的後人，因爲文獻不足不敢定論，應劭之説不失爲一家之言。

三　《闕子》的佚文

嚴可均在《鐵橋漫稿》中稱自己輯《闕子》文五節[②]，但其輯文不見於今本《全上古三代秦漢三國六朝文》中。馬國翰輯文六節，收入《玉函山房輯佚書》。馬國翰説："兹從《藝文類聚》《御覽》諸書輯録六節，其宋景公使弓工爲弓，及宋之愚人得燕石二事，酈道元《水經注》引之，似是原書，而諸所引徵，率多缺略。兹并互校訂正，使首尾完具。此外四節未知出於原書，抑爲梁帝所補，然詞義頗古，決非唐以後人所能擬也。"[③]馬氏認爲《水經注》所載兩節引自《闕子》原書，其他不見於《水經注》者身份可疑，但從詞義看，并非唐人擬作。從其傳世佚文看，馬説可信。

馬氏輯文以《藝文類聚》《御覽》爲本，參以他本互校補足。《水經注》時代最前，更具有校勘價值，但當《水經注》文與他書出現異文時，馬氏却多取後者。虞世南的《北堂書鈔》載録了"爲弓"一事，相比《御覽》文字爲優，而且其成書在隋代，應更接近原貌，馬氏依然捨《書鈔》而取《御覽》。在《藝文類聚》與《御覽》出現異文時，馬氏也是捨前而取後。鑑此，筆者認爲馬氏輯文還不夠完善。筆者以馬氏輯文爲本，參以《水經注》《北堂書鈔》《藝文類聚》《文選注》《後漢

---

① "抑《家語》記叔仲會少孔子五十歲，與孔璇年相比，每孺子之，執筆記事于夫子，二人迭侍左右。所謂闕黨童子，豈即斯人也歟？"（宋）朱熹撰，黃坤校點《四書或問》之《論語或問》，上海古籍出版社 2001 年版，第 354 頁。

② （清）嚴可均著《鐵橋漫稿・闕子叙》曰："今散見於各書者，凡十九事，省并復重，僅得五事。"續四庫第 1489 册第 9 頁。

③ （清）馬國翰輯《玉函山房輯佚書》第 3 册，上海古籍出版社 1990 年版，第 2715 頁。

書注》、《初學記》和《白孔六帖》等書，勘録佚文如下：

宋景公使弓工（“弓工”，《水經注·睢水》作“工人”；《書鈔》作“工”；《御覽》作“弓人”；此處馬氏據《水經注·泗水》文。）爲弓，九年乃成，來見（《水經注·睢水》無“來見”二字；《書鈔》作“九年來見”；《後漢書·蔡邕傳注》作“九年，來見公”。），公曰：“爲之亦遲矣。”（《水經注·睢水》《文選注》皆引作“何其遲也？”《書鈔》《御覽》皆引作“爲弓亦遲矣。”或因所據版本不同而異文。）工人（“工人”二字諸書皆無，唯《文選注》卷三一有此二字。筆者以爲“工人”不必有，且輯文前稱“弓工”，此稱“工人”，馬氏失考。）對曰：“臣不得復見君矣。”（《水經注·睢水》《文選注》卷三一作“臣不復見君矣，臣之精盡於此弓矣”；《書鈔》作“臣恐不得見公矣”；《御覽》作“臣不得見公矣”。）公曰：“何也？”曰：“臣之精盡於此弓矣。”（《後漢書注》《御覽》皆無“此”字。）獻弓而歸，三日而死。公張弓，登虎圈之臺，東面而射（《水經注·睢水》《六臣注文選》卷三一，“公”後無“張弓”二字，“東面”前有“援弓”二字；《水經注·泗水》作“彎弧東射”，輯文同《書鈔》《御覽》。），矢踰西霜之山（“西霜”，《水經注·睢水》《書鈔》《藝文類聚》皆作“孟霜”；《文選注》《後漢書注》《御覽》諸書皆作“西霜”。當以“孟霜”爲是。），集（《水經注·睢水》《文選注》卷三四李善“集”後有“於”字；《書鈔》《文選》劉良注、《後漢書注》《御覽》無。）彭城之東，其餘力逸勁（“力”，《水經注·睢水》作“勢”；其他諸書皆作“力”。），猶飲羽於石梁。（唯《水經注·睢水》《六臣注文選》卷五有“猶”字，他書皆無。）夫精盡於一弓而身爲天死，況治天下，奈何其獨也。（此句《書鈔》作“夫精盡於一弓而自爲天死，況治天下，奈何其獨也”；馬氏輯文同《御覽》，他書皆無。）（《玉函》2715頁）

本節佚文，諸書徵引主要異文有三處。第一處爲宋景公的話，一云“爲之亦遲矣”，一云“何其遲也”，依照輯佚盡量選取年代較早文獻的原則，當取“何其遲也”。這句話表現出宋景公的强烈不滿和質疑，在文意上比"爲之亦遲矣"略勝。當然，因爲年代久遠，酈道元與虞世南所據的文本有差異，兩人的是非可不論。第二處異文爲"孟霜之山"和"西霜之山"，既然年代靠前的三種文獻都作"孟霜"，馬氏輯文不該依照後世文獻作"西霜"。第三處異文爲末句，把《書鈔》與《御覽》引文對比之後，當取"奈何其精也"。從文意看，"奈何其精也"，"精"作動詞用。此句感慨治天下者如宋景公之流精力如此旺盛，而"精盡"而亡的匠人只因爲專心於製一張弓罷了。治天下與製弓孰難？身爲縱橫家的鶡子看來，當然天下難治。但治天下者與製弓者居然會有生猛與死亡兩種截然不同的結果，這鮮明的反差直指治天下者不用心的真相。"奈何其獨也"，則無論如何解釋，都不能使上下文義圓通。

　　　　宋之愚人，得燕石於梧臺之東，歸而藏之，以爲大寶。（"大寶"，《藝文類聚》無"大"字；輯文同《文選注》《後漢書注》《御覽》。）周客聞而觀焉（"焉"，唯《後漢書注》作"之"。），主人齋七日（諸書唯《御覽》無"齋七日"三字；《後漢書》作"父齋七日"，"父"疑爲"大"之訛。），端冕元服以發寶。（"元"，諸書皆作"玄"；"端冕玄服以發寶"，《後漢書注》作"端冕之衣，釁之以特牲"。）革匵十重，緹巾十襲（《文選注》無"緹"字；《白氏六帖》"十重"作"千重"；《御覽》"革匵"作"華匵"。）。客見之，俛而掩口，盧胡而笑（《藝文類聚》《白氏六帖》皆作"掩口而笑"；《後漢書注》，"俛"作"俯"；《御覽》無"俛而掩口"，輯文同《文選注》。）曰：'此特燕石也，其與瓦甓不殊。'（《白氏六帖》無"特"字，餘同；《後漢書注》無"特""其"二字，餘同；《御覽》兩處引用皆無"特""其"二字，但"殊"字一作"異"（卷五十一），一作"差"（卷四百九十九）；《文選》劉良注，"瓦甓"作"瓦礫"。）主人大怒曰：'商賈之言，醫匠之心。'（此句只見於《文選注》與《後漢書注》，唯《後漢書注》"醫匠"作"豎匠"，《御覽》"之心"作"之口"。）藏之愈固，守之彌謹。"（《御覽》無"守之彌謹"四字，輯文同《文選注》《後漢書注》。）（《玉函》2715頁）

此事《水經注》雖也提及，但沒有援引原文，只說："（古梧宮之臺）臺東即《鶡子》所謂宋愚人得燕石處。"① 此節諸書徵引的主要異文有三處：一處異文爲"端冕玄服以發寶"和"端冕之衣，釁之以特牲"，馬氏選取時代靠前的文獻，比較合理。一處異文爲"俛而掩口，盧胡而笑"和"掩口而笑"，據《後漢書·應劭傳》載："宋愚夫亦寶燕石，緹緼十重。夫睹之者掩口盧胡而笑"② 看，顯然前一句更接近，而且刻畫人物也更生動。第三處異文爲"醫匠之心"和"豎匠之心"，雖然李善注在李賢注之前，但兩人所見《鶡子》文本優劣不會太過懸殊。"醫"和"豎"兩字形相近，訛誤的可能較大。據文意判斷，"商賈"在此處爲偏義復詞，在重農輕商的春秋時期，無論指行商還是坐賈都帶有貶義。"匠"指手藝人，當時的身份與商賈相當。醫生在戰國時雖然地位不能與"士"相比，但其地位也要高於純粹的"勞力"者，從扁鵲和諸侯國君的交際可以推知。"醫匠"不能作偏義復詞用，"豎"有明顯的貶義，與"匠"構成偏義復詞則可與"商賈"對稱，淋漓地表達出"愚人"對周客的詆毀。

西施自窺於井，不恃其美，猶佐湯沐；堯、舜自窺於世，不恃其美，猶須才德。況中庸而拒諫！嫫母自窺於井，以爲媚於西施；桀、紂自窺於世，以爲賢於堯、舜。（馬氏輯文同《御覽》，他書皆無。）（《玉函》2715-2716 頁）

《劉子·心隱》云："是以嫫母窺井，自謂媚勝西施"③，此"劉子"無論是劉勰還是劉晝，都能證明這則故事有其源頭，不是唐人僞造的。但不知《御覽》所據何書，難道宋初尚有《鶡子》殘本傳世？

任公子冬羅鯉於山阿，衆人皆以爲惑。既而鷾鴯擊黃雀，觸公子羅者千萬數。（馬氏輯文同《御覽》，他書皆無。）（《玉函》2716 頁）

---

① （北魏）酈道元著，（清）王先謙校《合校水經注》，中華書局 2009 年版，第 401 頁。
② （漢）應劭《上〈漢儀〉奏》云，見（南朝宋）范曄撰，（唐）李賢等注《後漢書》第 6 冊，中華書局 1965 年版，第 1614 頁。
③ （北齊）劉晝著，傅亞庶校釋《劉子校釋》，中華書局 1998 年版，第 218 頁。

這條佚文也僅見於《御覽》。

　　　魯人有好釣者，以桂爲餌，黃金之鉤（"之鉤"，《藝文類聚》
《御覽》卷九百五十七作"爲鉤"；《後漢書注》此句作"鍛黃金之
鉤"；《初學記》此句爲"鍜黃金之鉤"；馬氏輯文同《御覽》卷
八百三十四），錯以銀碧，垂翡翠之綸。其持竿處位即是，然其得
魚不幾矣。故曰："釣之務不在芳餌，事之急不在辯言。"（"餌"，
《御覽》作"飾"。）（《玉函》2716 頁）

　　這節諸書徵引的主要異文有兩處：首句，從句式結構的一致性看，
或當從《藝文類聚》作"黃金爲鉤"①，或當從《後漢書注》②與《初學
記》作"鍛黃金之鉤"（《初學記》中的"鍜"疑爲"鍛"之訛）③，而
不當作"黃金之鉤"。如按文獻時代先後，則當依《類聚》作"黃金爲
鉤"。《御覽》兩處引文已不同，馬氏未辨。
　　"故曰"後爲總結性話語，如用"芳餌"則只能概括魯人"以桂爲
餌"一項，而用"芳飾"則能概括"以桂爲餌，黃金爲鉤，錯以銀碧，
垂翡翠之綸"等數項裝備漁具而不得其要的做法，文意以《御覽》原
文爲勝。④馬氏未按原文照錄，或許爲所見《御覽》版本不同，或許謄
錄致誤。

　　　義渠之人烹罷鱉，（《書鈔》"烹"前有"合"，輯文同《御
覽》。）不熟，臊穢腥臭，中國之民雖飢餓，（《書鈔》"之民"前有

---

① "魯人有好釣者，以桂爲餌，黃金爲鉤。"（卷八十九）（唐）歐陽詢撰，汪紹楹校
　《藝文類聚》，中華書局 1965 年版，第 1537 頁。
② 《後漢書·班固傳》載《兩都賦》："揄文竿，出比目。"（李賢注：文竿，以翠羽爲
　文飾也。（闕）《〔闕〕子》曰："魯人有好釣者，以桂爲餌，鍛黃金之鉤，錯以銀碧，
　垂翡翠之綸。"）（南朝宋）范曄撰，（唐）李賢等注《後漢書》第 5 冊，第 1348、
　1351 頁。
③ "或有'以桂爲餌，鍛黃金之鉤，錯以銀碧，垂翡翠之綸'，已上魯人釣，見《闕
　子》。"（唐）徐堅等著《初學記》下冊，中華書局 1962 年版，第 544 頁。
④ "魯人有好釣者，以桂爲餌，黃金之鉤，錯以銀碧，垂翡翠之綸。其持竿處位即是，
　然其得魚不幾矣。故曰：釣之務不在芳飾，事之急不在辯言。"（卷八百三十四）（北
　宋）李昉等撰《太平御覽》，中華書局 1960 年版，第 3722 頁。

"火食"，輯文同《御覽》。）三日不啓口，至死弗食也。吴章莊告
受而和之，（章莊告，《書鈔》作"章莊先"，《御覽》作"章莊吉"。
下同）病人食之，爲之輕體；萬乘飲之，爲之解怒。（飲，《書鈔》
作"食"，輯文同《御覽》。）故：黿至腥臊不可加，然而病者爲之
輕體，萬乘爲之解怒。何也？吴章莊告之調存也。（"故"一句《書
鈔》無；"病者"，《御覽》作"病之"。）（《玉函》2716 頁）

這節主要異文有四處，馬氏輯文捨《書鈔》而取《御覽》，擇取欠
精。《書鈔》作"章莊先"，[①]《御覽》作"章莊吉"，[②]皆爲孤證，不知孰
是。但輯文中之"告"，則顯然爲"吉"之訛，馬氏未辨，或許馬氏所
據《御覽》版本不同亦未可知。

"義渠之人"，據《史記》載爲山戎部落，不善烹飪，與習慣於"火
食"的中原人相比差距很大。"火食"在文中顯得很有必要，強調"中
國人"與"義渠人"飲食習慣的差異，也以《書鈔》文優。

"病人"與"萬乘"所服食的是同一食物，作者意在排比兩種身份
懸殊的人都能從中受益，強調其同，因此行文没有必要前者用"食"，
後者用"飲"。而且可"飲"者爲液體，難道意指病人吃肉，萬乘喝湯
不成？此處佚文當從《書鈔》作"食"。

最大的異文爲"故"一句，《書鈔》無，《御覽》有，不能據《書
鈔》來否定《御覽》，反之亦不當，存疑。

《鶡子》佚文，還有兩節唯見於明代董説《七國考》，一節爲"趙簡
王好獵"，[③]一節爲"楚笙冠中國"[④]。《七國考》共引"《鶡子》"文三節，
其中"景公登虎圈之臺"[⑤]爲《鶡子》佚文。但《七國考》文獻的可信度
有待考證，所以其他兩節佚文存疑。

---

① （隋）虞世南撰，（清）孔廣陶校注《北堂書鈔》卷一百四十二，中國書店 1989 年
版，第 592 頁。
② （北宋）李昉等撰《太平御覽》，中華書局 1960 年版，第 3749 頁。
③ （明）董説著《七國考》卷六《趙群禮》"謚法"之"追侯"條，中華書局 1956 年點
校本，以守山閣叢書本爲主，另以吴興劉氏嘉業堂刊本參校，第 216 頁。
④ （明）董説著《七國考》卷七《楚音樂》之"楚笙"條，中華書局 1956 年點校本，
以守山閣叢書本爲主，另以吴興劉氏嘉業堂刊本參校，第 235 頁。
⑤ （明）董説著《七國考》卷四《田齊宮室》之"九重臺"條，中華書局 1956 年點校
本，以守山閣叢書本爲主，另以吴興劉氏嘉業堂刊本參校，第 157 頁。

四　《闕子》與《補闕子》

　　《隋志》在《鬼谷子》後注云："梁有《補闕子》十卷，《湘東鴻烈》十卷，并元帝撰，亡。"① 新、舊《唐志》縱橫家均載梁元帝《補闕子》十卷，緊接在《鬼谷子》後。《玉海》也稱："'縱橫家'，自《鬼谷子》至《補闕子》，四家，四部，十五卷。"② 四書都以《補闕子》爲縱橫家，但似乎忽略了它與《闕子》的關係。今本《梁書·元帝紀》僅載蕭繹著《補闕子》十卷，無《湘東鴻烈》一書。

　　事實上，《補闕子》一書雖署名蕭繹，却由鮑泉執筆。蕭繹本人在《金樓子》中交代得很清楚，《著書》篇云："《補闕子》一秩，十卷。原注：金樓爲序，付鮑泉東里撰。"③《湘東鴻烈》見於《金樓子·立言》篇，云："所以隆暑不辭熱，凝冬不憚寒，著《鴻烈》者，蓋爲此也。"④ 兩書都屬縱橫家，但一爲蕭繹親著，一則爲鮑泉代著，可見蕭繹對兩書的態度有差別。

　　蕭繹在其《金樓子·序》中宣稱自己的著述從不讓下屬插手，還附帶嘲諷了呂不韋和劉安："常笑淮南之假手，每蚩不韋之託人。"⑤ 但《補闕子》却祇由他作序，鮑泉操筆，説明蕭繹没有視之爲自己的代表作。而且他在自注中明確説明是鮑泉執筆，他無奪人之美的企圖，這點與呂不韋、劉安大不同。綜覽《金樓子·著書》，甲（經）部四書均爲蕭繹自著，而乙（史）部十一書中有四書是他的下屬應命而作，⑥ 丙（子）部

---

① （唐）魏徵等撰《隋書》，中華書局 1973 年版，第 1005 頁。

② （宋）王應麟撰，武秀成、趙庶洋校證《玉海藝文校證》中册，鳳凰出版社 2013 年版，第 889 頁。

③ （梁）蕭繹撰，許逸民校箋《金樓子校箋》下册，中華書局 2011 年版，第 1025 頁。以下凡引《金樓子》內容，均出此書。

④ （梁）蕭繹撰，許逸民校箋《金樓子校箋》下册，中華書局 2011 年版，第 811 頁。

⑤ （梁）蕭繹撰，許逸民校箋《金樓子校箋》上册，中華書局 2011 年版，第 1 頁。

⑥ 《忠臣傳》原注：金樓自爲序（1003 頁）。根據蕭繹原注體例，蕭繹但凡祇云自己作序者，一般爲假手他人。如：《研神記》，原注：金樓自爲序，付劉毅纂次（1009 頁）。《晉仙傳》原注：金樓使顏協撰（1010 頁）。《繁華傳》原注：金樓使劉緩撰。（1011 頁）但蕭繹在《上忠臣傳表》中説："臣連華霄漢，馮暉日月。三握再吐，夙奉紫庭之慈；春《詩》秋《禮》，早蒙丹扆之訓。宣帝襃德麟閣，畫充國之形；顯宗念功雲臺，圖仲華之象"（1046 頁）。似乎此書是他親著，存疑。

十八書中有九書是下屬應命而作，^①集部等不論。其他親著者，均簡要注明。^②所謂"付某某作""使某某作"者，意爲蕭繹授意，親自作序，有些素材可能還是蕭繹提供的，蕭繹組織的這些著書活動得益於他的豐富藏書。所以蕭繹授意、下屬操筆的這些著作，在《梁書·元帝紀》或《隋志》中絕大多數歸屬蕭繹名下。

《湘東鴻烈》與《金樓子》兩書，僅從書名都可看出兩書思想對於蕭繹本人的代表性。《補闕子》爲《闕子》之"補"，重要性自然趕不上《金樓子》與《鴻烈》兩書。《漢志》著録《闕子》爲一篇，或許劉向所見已非完秩。《闕子》在梁代有"補"之必要，説明原書亡佚或殘缺。鮑泉或據《漢志》補著，或據《闕子》殘書補全，但居然能補到十卷，可見鮑泉下了多少文獻的功夫。其書竟也不傳，元帝的文治功業難以懸想！

據嚴可均、馬國翰云，今存《闕子》佚文，語言古樸，不似梁人補録文字，從而推測唐代所傳之《闕子》爲原本《闕子》而非鮑泉增補之《闕子》。^③其實所謂"補"，不一定要改變原來文字内容，更可能是從其他文獻中搜羅佚文補全之。《隋志》注云"梁有《補闕子》三卷"，則可知唐代鮑泉所補之書已亡，見於《文選注》《後漢書注》等書徵引内容與酈道元《水經注》所載幾事内容相符，可證其所見確爲古本。

鮑泉，字潤岳，東海（今山東郯城）人，父幾（一云機），湘東王諮議參軍。泉博涉史傳，兼有文筆，少事元帝爲國常侍，早見擢任。梁元帝承制，累遷至信州刺史。《梁書·鮑泉傳》稱"泉於《儀禮》尤明，撰《新儀》四十卷，行於世。"（《梁書》卷三十）《隋志》與《通

---

① 《奇字》原注：金樓付蕭賁撰（1020頁）。《長洲苑記》原注：金樓與劉之亨等撰（1021頁）。《玉子訣》原注：金樓付劉緩撰（1022頁）。《寶帳仙方》原注闕，詳情不知（1023頁）。《食要》原注：金樓付虞預撰（許逸民以爲"虞預"當爲"虞荔"，《南史》有傳）（1024頁）。《辯林》原注闕失，但《隋志》與兩《唐志》均作蕭賁撰，姚振宗也以爲原注闕（1024頁）。《藥方》原注闕，不知撰人（1025頁）。《譜》原注：金樓付王兢撰（1027頁）。《夢書》原注：金樓使丁覘撰（1027頁）。

② 其中《語對》（或云《語麗》）《江州記》兩書，因注文殘闕，不知歸屬。（《金樓子校箋》1016、1020頁）

③ （清）嚴可均著《鐵橋漫稿·闕子叙》曰："諸引皆稱《闕子》，不稱《補闕子》。劉逵注《吳都賦》、酈元注《水經·睢水》并采用之，當是先秦古書，非梁補也。"續四庫第1489册第9—10頁。

志》皆著録《鮑泉集》一卷。新《唐志》著録鮑泉《新儀》三十卷。

可惜蕭繹的《補闕子·序》失傳，無法得知補書之意旨。但鮑泉明《儀禮》，專長不在諸子，撰《補闕子》純屬奉命行事。從《補闕子》佚文看，其所記多爲怪奇不經之事，在經國之用方面無法與經部和史部著述相比，可能爲滿足蕭繹"好奇"之需，如同《金樓子·志怪》一樣。這也與南朝"志怪"風氣盛行有關。

明代胡應麟曾提及《補闕子》，談及此書與《闕子》之間的關係，但云"《闕子》一篇。縱橫家，梁武有《補闕子》當補此"，[①] 却是張冠李戴。

北魏酈道元《水經注》三次引《闕子》書，已見上文，他著《水經注》時居北地，應見到《闕子》原書。此後劉勰《文心雕龍》中兩次使用《闕子》事典，如《情采》篇云："固知翠綸桂餌，反所以失魚"，[②]《知音》篇云："魏民以夜光爲怪石，宋客以燕礫爲寶珠"。[③] 庾信《三月三日華林園馬射賦（并序）》："欲使石梁銜箭，銅山飲羽。"[④] 此賦作於南地，也使用《闕子》事典。《劉子·九流》所列縱橫家中有"闕子"，也許是讀《漢志》所得知識。但《劉子·心隱》云："是以嫫母窺井，自謂媚勝西施"，[⑤] 也可能出自《闕子》。

上述可見《闕子》一書在南北朝時期的流傳非常廣泛，因此其故事爲眾多文人所熟悉，此書蕭梁時并未亡佚，可能有殘闕，所以蕭繹才命鮑泉補作。

---

① （明）胡應麟著《少室山房筆叢》上冊，中華書局 1958 年版，第 46 頁。

② （南朝梁）劉勰著，詹鍈義證《文心雕龍義證》中冊，上海古籍出版社 1989 年版，第 1166 頁。

③ （南朝梁）劉勰著，詹鍈義證《文心雕龍義證》下冊，上海古籍出版社 1989 年版，第 1844 頁。

④ （北周）庾信撰，（清）倪璠注，許逸民校點《庾子山集注》上冊，中華書局 1980 年版，第 15 頁。

⑤ 傅亞庶校釋《劉子校釋》，中華書局 1998 年版，第 218 頁。

第三章 《苻子》輯文校正

　　《苻子》(《符子》) 一書唐末亡佚，清代有多位學者對此書進行輯佚，如周廣業《意林附編》(輯得佚文 46 條，收入《聚學軒叢書》第五集，或爲今存最早輯本。每條下注有出處，但不錄原書卷次，偶有周氏校語、案語。)[①]，馬國翰《玉函山房輯佚書‧子編道家類》，嚴可均《全晉文》卷一五二，王仁俊《玉函山房輯佚書續編‧子編道家類》(王仁俊從宋本《意林》卷六採得 "水生于石"[②] 一條，爲馬氏所未及採，但嚴氏輯本已收。)，新美寬編、鈴木隆一補《本邦殘存典籍による輯佚資料集成》(僅輯存三條佚文："苻子流乎楚" 條引自《秘府略》卷八百六十八，"夏王使羿射于方尺之皮" 條引自《三教指歸覺明注》上之下，"老氏之師" 條引自《義楚六帖》卷二，其中僅 "苻子流乎楚" 一條不見於其他輯本[③])。

　　《苻子》主要的兩個輯本分別爲，嚴可均《全上古三代秦漢三國六朝文》本[④] 與馬國翰《玉函山房輯佚書》本[⑤]。嚴氏輯本有輯文 50 條 (比周氏本多出 "志存四海之外" "老氏之師" "秦穆公伐晉" "荊山不貴玉" 四條，但嚴氏將 "吾與玄子觀東海" 一條拆作了兩條，因此嚴氏

---

① （民國）劉世珩校刊，周廣業輯《意林注》附《逸文》，清光緒貴州劉氏刻本。周氏案稱："《苻子》早入《道藏》，其書在明世宜尚有存者。" 而《道藏索引》并無《苻子》，嚴可均稱《苻子》亡於唐末，在缺乏更多文獻支撑的情況下，暫持此說。
② （清）王仁俊輯《玉函山房輯佚書續編三種》，上海古籍出版社 1989 年版，第 209 頁。
③ 顧觀光輯本不曾刊佈，北京圖書館（現國家圖書館文津館）僅有一抄本，詳見下頁注。顧氏輯本是否收此條，待考。
④ （清）嚴可均輯《全上古三代秦漢三國六朝文》第 3 冊，中華書局 1965 年版，第 2335—2338 頁。
⑤ （清）馬國翰輯《玉函山房輯佚書》第 3 冊，上海古籍出版社 1990 年版，第 2647—2652 頁。

輯本僅有 49 條），有《方外》《家策》二篇名（《太平御覽》卷八三四
有 "符子方外曰" 字樣，足證篇名。但嚴氏題爲《家策》之一條，《北
堂書鈔》卷一〇一作 "符子云"，卷一二二作 "符朗子云"，《太平御
覽》卷三四四作 "符朗子曰"，并無 "家策" 字樣，未知嚴氏何所據，
爲誤題，詳見下文。）。馬氏輯本有輯文 44 條（馬氏年輩略晚於嚴氏，
據《全上古》之王毓藻序，可知馬氏生前，嚴氏書尚未刊刻，故馬氏未
及見嚴氏之書。較之嚴氏本，闕 "老氏之師""晉之相者桓氏""夏王
使羿射於方矢之皮" 三條，多出 "楚成王生太子商臣" 一條，出自《太
平御覽》卷七三一，馬氏云出自卷七二一。嚴氏漏輯此條，或因所用版
本不同。據張元濟《跋》可知，南宋蜀本原闕多卷，第七二四至七三八
全卷闕失。宮內廳本《御覽》闕卷八九六、八九八部分與卷八九七全
部），有《方外》一篇名，其中 "楚成王生太子" 一節爲嚴氏本所闕。①
又袁敏從唐人李匡乂《資暇集》（卷中）輯得佚文一條："齊有好卜者，
十而中五。鄰人不好卜，常反之，亦十中五。與不卜等耳。"②《符子》
一書雖早些年就列入國務院《古籍整理出版規劃，1982—1990》③，但至
今未見相關成果出版。今存佚文，總計五十二條，校正如下。

　　嚴、馬兩輯本皆有所本，且在刊刻流傳中又有訛誤，導致一些文
本錯亂嚴重，因此本校正以《北堂書鈔》④《宋本藝文類聚》⑤《初學記》⑥

---

① 孫啓治云："顧觀光所輯較備，大抵馬、嚴二家皆不出其外也"，參見《中國古佚書輯
　本目錄解題》，上海古籍出版社 2009 年版，第 251 頁。顧氏輯本不曾布，孫啓治
　當據北京圖書館（現國家圖書館文津館）藏抄本而言，從 "大抵" 二字看，似乎孫
　氏也未親見其本，或不曾一一比對。顧氏之後，尚有海外文獻回歸，即使顧氏本比
　較嚴、馬兩家爲備，亦不完美。顧觀光的《武陵山人遺稿》之 "古書逸文"，叢書集
　成初編 0365《武陵山人雜著》未收錄。《稀見清代民國叢書五十種》68，收錄《武陵
　山人遺書》。該《遺書》八冊，但其中并無 "古書逸文"。
② 袁敏著《東晉氏族苻朗及其寓言體子書〈符子〉》，《民族文學研究》2010 年第 2 期。
　陶宗儀《説郛》徵引李濟翁《資暇錄》的引文同《資暇集》。
③ 國務院古籍整理出版規劃小組編製《古籍整理出版規劃，1982—1990》，第 90 頁。
④ （隋）虞世南撰，（清）孔廣陶校注《北堂書鈔》，學苑出版社 2003 年版，據首都圖
　書館藏清光緒十四年南海孔氏三十有三萬卷堂影宋刊本印製。
⑤ （唐）歐陽詢撰《宋本藝文類聚》，上海古籍出版社 2013 年版；（唐）歐陽詢撰，汪紹
　楹校《藝文類聚》，中華書局 1965 年版。
⑥ （唐）徐堅等著《初學記》，中華書局 1962 年版。并參考，日本宮內廳書陵部藏，宋
　紹興十七年（1147）東陽崇川余四十三郎宅刊本。

《太平御覽》[①]等爲本，又參照嚴氏、馬氏兩輯本校正；參校文獻一般依時代先後爲序，如早前文獻所引文本過簡，則後置；輯校文本編排，暫依嚴氏輯本次序；"〔 〕"內爲增補內容或異文，嚴、馬兩輯本異文，一般不出現在正文中，重要異文僅在文下説明；《太平御覽》等文獻中所有寫作"符子"者，皆逕改作"苻子"，不再説明。

方外

太公涓〔一本無"涓"字〕釣於隱溪，五十有六年矣，而未嘗得一魚。魯連〔《路史注》作"季連"，下同〕聞之，往而觀其釣焉〔一作"魯連聞觀"〕。太公涓跪〔宮內廳本《太平御覽》、《路史注》皆作"跽"〕石隱崖，不餌而釣，仰詠俯吟，及暮而釋竿〔一作"暮則釋竿"〕。其膝所處石皆若白，其跗觸崖若路。魯連曰："釣所本以在魚，無魚何釣？"太公曰："不見康王父之釣邪？念蓬萊釣巨海，摧岸投綸，五百年矣，未嘗得一魚。方吾猶一朝耳。"

《御覽》卷九百三十五"魚上"，無"年矣"二字，文字最詳[②]。又《御覽》卷八百三十四"釣"，引文至"釋竿"句，"釣"後無"於"，"矣"作"焉"，"觀其釣"後無"焉"，"隱崖"後有"且"[③]。宋岳珂《愧郯錄》卷九《禮殿坐像》，稱引《苻子》，僅至"其跗觸崖若路"，且省魯連情節。馬端臨《文獻通考》卷四十四，《春秋釋奠行禮》，引文與岳珂同。嚴氏輯本"摧岸"作"摧竿"，不知何據。這是現存《苻子》佚文，唯一有篇目者。太公涓，周廣業注引《路史》云："吕涓，字子牙，爲太公望師尚父。"[④]

① （北宋）李昉等撰《太平御覽》（用上海涵芬樓影印宋本復製重印），中華書局 1960 年版。并參照日本宮內廳書陵部圖書寮文庫藏宋刊《太平御覽》所録《苻子》。
② 《太平御覽》第 4 册，第 4155 頁。
③ 《太平御覽》第 4 册，第 3722 頁。
④ 王天海、王韌撰《意林校釋》下册之附録《意林附編》，中華書局 2014 年版，第 682 頁。參見（南宋）羅泌著，（明）吳弘基訂《重訂路史全本》（卷前鐫"賦秋山彙評路史前紀全本"），明末武林化玉齋刊本，卷之四第十頁，文爲"吕涓，字子牙"。景印文淵閣四庫本《路史》作"吕渭"，訛，參見第 383 册第 104 頁。

朗家楚〔《天中記》"家楚"作"家雁楚"〕，朗棄千金之劍，抱《苻子》而趨。〔疑脫問者〕曰："何夫子棄大而存小乎？"〔朗答〕曰："夫千金利〔《天中記》作"之"〕劍，剖〔《天中記》作"利"〕割之所存焉；《苻子》之書，大道之所居焉。"

　　《書鈔》卷一百零一"載書負書二十七"，又卷一百二十二"劍三十四"，"苻"皆作"符"①，《御覽》卷三百四十四并引，三處文獻互校補訂如上。如依嚴、馬輯本編排，問者的話是前後矛盾的，孔廣陶也稱："此條有脫漏，故文義不完。"苻朗投南，棄劍抱書，表面看是"棄大存小"，所以遭人詰難。但苻朗一番話，顛覆了詰難者的價值觀，書雖"小"却爲"大道"所居，劍雖"大"却只有切割之"小用"，究竟孰大孰小，不言自明。至此，文義完足，苻朗的精神也得到展現。這段話不僅與葛洪無關，而且連"抱朴子"也當爲"抱苻子"之訛。《書鈔》"載書負書"篇原本無誤，在"劍篇"才出現訛誤，《御覽》以訛傳訛。遺憾的是，孔廣陶居然以訛校正："'抱符'當作'抱朴'，本鈔一百廿二'劍篇'引可證也。"嚴氏儘管懷疑，却只云："此抱朴子非葛洪也，葛洪與苻朗不相值。"又《書鈔》與《御覽》皆無篇題，嚴氏輯本題作《家策》。今按：孔融《與諸卿書》曰："郊天鼓必麒麟之皮，寫《孝經》當曾子家策乎？"孔融原意在批評鄭玄：如依鄭玄臆説，則《孝經》應當是曾子的"家策"，因爲曾子顯然以孝行著稱的。但從此可見"家策"的内容，當爲本人行事規範或其核心思想的真實寫照，唯有如此才值得傳家，此條内容明顯不符。此處"家策"爲"家楚"之訛，嚴氏失考。後文"苻子流乎楚"一條，更能證明"家楚"爲正。嚴氏將此條佚文前置，也因有篇題之誤。至於《御覽》所引"苻朗不應"一句，不知何據，嚴氏既將問、答合二爲一，又將此四字置於章末，表現苻朗的尷尬；馬氏輯本將此四字插入問、答之間，也是將苻朗答語，誤以爲詰難者之言。《天中記》卷三十七"諸子"載，文簡略，也作"抱《苻子》而趨"②。周氏《意林附編》"家楚"作

---

① 《北堂書鈔》第 2 册，第 142、279 頁。
② （明）陳耀文撰《天中記》，景印文淵閣《四庫全書》，上海古籍出版社 1985 年版，第 966 册第 708 頁。

"家焚"，不知何據，或因形近而訛。①

已下篇名闕（共 49 加 2 加 1 條）

　　黃帝將適昆吾〔《御覽》作"虞"〕之丘，中路逢容成子，乘翠華之蓋，建日月之旗，驂紫虯，御雙鳥。黃帝命方明避路，謂容成子曰："吾將釣于一壑，棲于一丘。"

　　《書鈔》卷十六"巡行五十三"，僅有"黃帝驂紫虯"與"適昆吾之丘"②兩目，稱出自《符子》，無具體文本；《御覽》卷七十九"黃帝軒轅氏"③載。嚴氏、馬氏據《御覽》輯，唯"雙鳥"嚴氏本作"雙烏"，"驂紫虯"馬氏本作"驂參虯"，或有訛。

　　黃帝謂其友無爲子曰："我勞天下矣，疲於形役，請息駕於玄圃，子且代之。"無爲子曰〔此四字據嚴、馬輯本補〕："焉能棄我之逸，而爲君之勞哉。"乃攀龍而俱去。

　　《書鈔》卷十二"慕道四十五"，僅有"息駕玄圃"一目④，無具體文本。《御覽》卷七十九"黃帝軒轅氏"，無"無爲子曰"四字⑤。"子且"，嚴氏本作"子宜"，馬氏本作"子直"，或有訛。

　　堯以天下讓巢父，巢父曰："君之牧天下，亦猶予之牧孤犢，君牧天下〔此句疑衍〕，是各有其所牧矣。君焉用惝惝然，以所牧而與余，余無用天下爲也。"於是牽犢而去。

　　《藝文類聚》卷九十四"牛"⑥載。馬氏本"然"作"焉"，嚴氏本

① 王天海、王韌撰《意林校釋》下冊之附錄《意林附編》，中華書局 2014 年版，第 675 頁。
② 《北堂書鈔》第 1 冊，第 185 頁。
③ 《太平御覽》第 1 冊，第 370 頁。
④ 《北堂書鈔》第 1 冊，第 168 頁。
⑤ 《太平御覽》第 1 冊，第 370 頁。
⑥ 《宋本藝文類聚》下冊，第 2410 頁。

前句作"以所牧而與之余"，多一"之"字，後無"余"字。

　　　許由謂堯曰："坐于華殿之上，面雙闕之下，君之榮願，亦已足矣夫。"堯曰："余坐華殿之上，森然而松生於棟。余立櫺扉之內，霏焉而雲生於牖。雖面雙闕，無異乎崔嵬之冠蓬萊。雖背墉塽，無異乎迴巒之縈崑侖。余安知其所以榮。"

　　《御覽》卷八十"帝堯陶唐氏"，"余安知其所以榮"句"榮"前衍一"不"字①。又《書鈔》卷十二"慕道四十五"，僅有兩句"坐華殿，森然如松生於棟"，"面雙闕，無異崔巍之冠蓬萊"②。《藝文類聚》卷十一"帝堯陶唐氏"，僅有"堯曰"之後文字，"郭"作"槨"③。嚴氏輯本"坐"後有"于"，"立"後有"于"，"墉塽"作"墉郭"（《路史注》"後紀"之"陶唐氏"引《先聖本紀》亦作"郭"），"迴"作"回"，馬氏輯本同。

　　　虞帝遜禹於洞庭，張樂成於洞庭之野，於是望韶石而九奏。

　　《路史·發揮五》"辯宰舜冢"④（文淵閣《四庫全書》本"宰"作"帝"），嚴氏案："《路史》有多出之句，文亦不同，未詳所本。"按：《路史》爲南宋羅泌撰，南宋羅蘋注，四庫館臣云其書成於乾道庚寅年（1170年），稱讚其引據浩博，考證辯難亦皆精核。《御覽》卷八十一"帝舜有虞氏"，引文僅有"舜禪夏禹於洞庭之野"⑤九字，馬氏本據此輯。

　　　禹讓天下於奇子，奇子曰："君言〔《路史注》作"之"〕佐舜勞矣，鑿山川，通河漢〔《路史注》作"濟"〕，首無髮，股無毛，

---

① 《太平御覽》第1冊，第375頁。
② 《北堂書鈔》第1冊，第167頁。
③ 《宋本藝文類聚》上冊，第342—343頁。
④ （南宋）羅泌著，（明）吳弘基訂《重訂路史全本》（卷前鐫"賦秋山彙評路史前紀全本"），明末武林化玉齋刊本，卷之十六第五十七頁。
⑤ 《太平御覽》第1冊，第379頁。

故舜也以勞報子。我生而逸，不能爲君之勞矣。"乃從去之。〔末句據《路史注》補〕

《藝文類聚》卷十一"帝夏禹"①載。《御覽》卷八十二"夏帝禹"②，文同《藝文》。又卷四百二十四"讓下"，"言"作"之"③，嚴氏輯本同，馬氏本"言""之"兩存。《路史注》"後紀"之"夏后氏"載，"君之勞"作"人子之勞"，多出"乃從去之"④。

務光自投盧〔《事類賦注》"盧"後有"川"〕，盧川之伯以赤鯉送之。

《御覽》卷九百三十六"鯉魚"⑤載。嚴氏輯本"盧"作"河"，"盧川"作"盧奴"。馬氏輯本"盧川"作"盧江"。《事類賦注》卷二十九"魚"載⑥，周廣業參照輯録。

太〔《路史注》作"泰"〕伯將讓其國於季曆，謂其傅曰："太〔《路史注》作"泰"〕王欲以一國之事而以嗣〔《路史注》作"屬"〕我，我其羞之。吾聞至人也，不君一世，而萬世以之君；不貴一代，而萬代以之貴。吾焉能貴乎一國，而賤乎萬代哉。"乃去其國。〔末句據《路史注》補〕

《藝文類聚》卷二十一"讓"⑦載。《御覽》卷四百二十四"讓下"，"太王"作"大王"，"曆"作"歷"⑧。馬氏輯本"焉"作"安"。《路史

---

① 《宋本藝文類聚》上册，第 349 頁。
② 《太平御覽》第 1 册，第 381 頁。
③ 《太平御覽》第 2 册，第 1957 頁。
④ （南宋）羅泌著，（明）吳弘基訂《重訂路史全本》（卷前鐫"賦秋山彙評路史前紀全本"），明末武林化玉齋刊本，《路史·後紀》卷之十三第三十五頁。
⑤ 《太平御覽》第 4 册，第 4159 頁。
⑥ （宋）吳淑撰，吳淑注《事類賦注》，宋紹興十六年刻本（愛如生中國基本古籍庫收）。
⑦ 《宋本藝文類聚》上册，第 589 頁。
⑧ 《太平御覽》第 2 册，第 1957 頁。

注》"國名紀"之"高辛氏後"載，多出"乃去其國"①。

　　武王以天下讓歧封子，歧封子曰："孰匆匆然以天下爲事乎，君往矣，余不忍聞之。"

　　《御覽》卷四百二十四"讓下"②載。嚴氏輯本"歧"作"岐"，"孰"作"敦"。馬氏輯本"歧"作"岐"，"匆匆"作"匆匆"。按：匆匆，猶勉勉也（見《禮記·禮器》"匆匆乎其欲饗之也"鄭玄注），不必改作"匆匆"，或誑。

　　漢王聞宋勝子方牧羊于巨澤，鼓而歌《南風》之詩，使者進謂宋勝子曰："漢王聞先生之賢，使使者致命于先生，而委國政焉。"宋勝子瞿然而顧，謂使者曰："是何言歟？今漢王待四海之士，與十群之羊，其於職司也，奚以異乎？而大王廢牧羊之任，委以四海之政，是錯亂天位，倒置人倫。勝不願爲也。"乃逃于陰山之陽。

　　《御覽》卷八百三十三"牧"③載。馬氏輯本"宋勝子"作"宋朦子"，或誑。

　　志存四海之外。

　　《書鈔》卷十二"慕道四十五"載，稱出自《苻子》④，在"坐華殿，森然如松生於棟"句前。

　　堯舜之智，桀紂以爲不智，堯舜以爲智。惡知堯舜之非桀紂，桀紂之非堯舜乎？

---

① （南宋）羅泌著，（明）吴弘基訂《重訂路史全本》（卷前鐫"賦秋山彙評路史前紀全本"），明末武林化玉齋刊本，《路史·國名紀》卷之三第四十八頁。
② 《太平御覽》第二册，第1957頁。
③ 《太平御覽》第四册，第3719頁。
④ 《北堂書鈔》第一册，第167頁。

《藝文類聚》卷二十一"智"①載。

邦〔《初學記》作"朔"〕人獻燕昭王以大豕者，曰："於今百二十歲，邦人謂之豕仙。"曰："養奚若？"使曰："豕也非大圍不居，非人便不珍。"王乃命豕宰養，六十五年，大如沙墳，足如不勝其體。王異之，令衡官橋而量之，折十橋，豕不量。又命水官舟而量之，其重千鈞〔一本後有"其巨無用"四字〕，其群臣言於昭王曰："是豕無用。"燕相謂王曰："奚不饗之？"王乃命宰夫膳之〔宋紹興十七年（1147）東陽崇川余四十三郎宅刊本（宋刻本配抄補）《初學記》作"宰天而膳之"〕。豕既死，乃〔一本後有"夕"字〕見夢于燕相曰："造化勞〔一作"營"〕我以豕形，食我以人穢，吾患其生久矣。今仗君之靈而化吾生也，始得爲魯津之伯，而浮舟者食我以粳〔一作"稉"〕糧之珍，而欣君之惠，將報子〔一本後有"死"字〕焉。後燕相游〔一作"涉"〕于魯津，有赤龜銜夜光〔一作"奉璧"〕而獻之。

《藝文類聚》卷九十六"龜"②，無昭王與獻者的問答、餵養和稱重等情節。《初學記》卷二十九"豕第九"下"魯津伯"③，無昭王與獻者、群臣和燕相等人的對話及餵養和稱重等情節，也無以珠報德之事。《白孔六帖》卷九十八（《白氏六帖事類集》卷二十九）"豬"下"夢"條④，引文與《初學記》相近，衹是受獻者爲燕相而非燕昭王。《御覽》卷九百三"豕"，引文最爲詳盡，衹是語義錯亂⑤。又卷九百三十一"龜"，記載托夢和以珠報德之事，但無餵養和稱重等情節，"朔人"作"邦人"，後無"有"⑥。《御覽》比唐代類書記載更詳細，情節更曲折，或另有所本。

---

① 《宋本藝文類聚》上冊，第 592 頁。
② 《宋本藝文類聚》下冊，第 2470 頁。
③ 《初學記》下冊，第 711 頁。
④ （唐）白居易原本，（宋）孔傳續撰《白孔六帖》，景印文淵閣《四庫全書》，第 892 冊第 586 頁。
⑤ 《太平御覽》第 4 冊，第 4007 頁。
⑥ 《太平御覽》第 4 冊，第 4139 頁。

〔《御覽》有"心能"二字，《天中記》有"心"〕善知人者如
明鏡，善〔《天中記》無"善"字〕自知者如淵蚌〔《天中記》作
"蚪"，下同〕。鏡以曜明，故鑑人也；蚌以含珠，故内照。

《藝文類聚》卷七十"鏡"①，袛有明鏡句，無淵蚌句，"如"前多一
"看"字。《御覽》卷七百一十七"鏡"②載。嚴氏、馬氏輯本皆有"心
能"二字，嚴本"淵蚌"作"蚌鏡"。《天中記》卷四十九"鏡"載③，
文稍異，爲周廣業所參照。

齊景公好馬，命善畫者〔《御覽》作"畫工"〕圖之，訪似者
〔《御覽》作"圖而訪之"〕。殫百乘之價，期年而不得，像過實也。
今使愛賢之君，考古籍以求其人，雖期百年，亦不可得也。

《藝文類聚》卷九十三"馬"，"命"後多一"使"字④，引文簡略，
無描述細節以及轉折語詞。《御覽》卷八百九十七"馬五"，引文詳
盡⑤。嚴氏輯文綜合兩書，馬氏據《御覽》輯。

觀於龍門，有一魚，奮鱗鼓鰭而登乎龍門，而爲龍。又一術
士，凌波蹈流而不陷，搖鈴行歌，飄浪於龍門，而〔"而"字疑衍〕
終日棲遲而不化。苻子曰："彼同功而事異，迹一而理二，夫何哉？
無乃魚以實應，而人以僞求乎？"

《藝文類聚》卷九十六"魚"⑥載。嚴氏輯本首有"苻子"二字，
"蹈"作"泝"，"搖鈴"作"挂鈴"。馬氏輯本無"苻子曰"三字。

---

① 《宋本藝文類聚》下册，第 1837 頁。
② 《太平御覽》第 3 册，第 3177 頁。
③ （明）陳耀文撰《天中記》，景印文淵閣《四庫全書》，上海古籍出版社 1985 年版，
　　第 967 册第 373 頁。
④ 《宋本藝文類聚》下册，第 2397 頁。
⑤ 《太平御覽》第 4 册，第 3981 頁。
⑥ 《宋本藝文類聚》下册，第 2475 頁。

　　東海有鼈焉，冠蓬萊而〔《御覽》有"浮"字〕游於滄海，騰躍而上則干雲之峰，類邁〔《事類賦注》作"峻極"〕於群岳；沉没而下，則隱天之丘，潛嶠於重川〔《藝文》作"重泉"〕。有紅〔《御覽》《事類賦注》皆作"䖆"〕蟻者，聞而悦之，與群蟻相要乎海畔，欲觀鼈焉。月餘日〔"日"疑衍〕，鼈潛未出，群蟻將反，遇長風激浪，崇濤萬仞，海水沸，地雷震〔《事類賦注》無此前六字〕，群蟻曰："此將鼈之〔"將"與"鼈之"疑倒〕作也。"數日，風止〔《事類賦注》作"出"〕雷默，海中隱淪如嶽〔《藝文》作"㟮"〕，其高棨天，或游而西。〔"海中"至"蟻曰"，《事類賦注》僅有"隱如岳峙"四字〕群蟻曰："彼之冠山，何異乎我之載粒〔《御覽》《事類賦注》皆作"戴粒"〕也？逍遥壤封〔《御覽》《事類賦注》皆作"封壤"〕之巔，歸服〔《御覽》《事類賦注》皆作"伏"〕乎窟穴之下。此乃物我之適，自己而然，我何用數百里勞形而觀之乎。"

　　《藝文類聚》卷九十七"蟻"[1]載。《御覽》卷九百四十七"蟻"[2]載。嚴氏輯本"相要"作"相邀"，"欲觀鼈焉"作"欲觀鼈之行焉"。《事類賦注》卷三十"蟻"載，文稍異，無末句[3]，爲周廣業所參照輯録。

　　晉公子重耳奔齊，與五臣游乎大澤之中，見蜘蛛布〔原作"而"，據《御覽》改〕網曳繩〔《御覽》作"布其網，曳其綱"，下同〕，執豸而食。公子重耳乃撫僕之手，駐駟而觀之，顧〔《御覽》有"謂"字〕其臣咎犯曰："此蟲也，智之〔《藝文》衍"德"字〕薄者矣，而猶役其智，布其網，曳其繩，執豸以食之，況乎人之有智，而不能廓垂天之網，布絡地之繩，以供方丈之御。是曾不如蜘蛛之智，孰〔《藝文》衍"不"字〕可謂之人乎？"咎犯曰："公子慎勿言也。君〔《御覽》無"君"字〕終行之，則有邦有嗣也〔《御覽》作"矣"〕。"

---

[1] 《宋本藝文類聚》下册，第 2498 頁。
[2] 《太平御覽》第 4 册，第 4205 頁。
[3] （宋）吳淑撰，吳淑注《事類賦注》，宋紹興十六年刻本（愛如生中國基本古籍庫收）。

　　《藝文類聚》卷九十七"蜘蛛"①載。《御覽》卷九百四十八"蜘蛛"②載。嚴氏輯本"君終行之"作"若終行之"。

　　　　不安其昧而樂其明，是猶飛〔《御覽》作"夕"〕蛾去暗，赴燈而死〔《御覽》作"亡"〕也。

　　《藝文類聚》卷九十七"蛾"③載。《御覽》卷八百七十"燈"④，又卷九百五十一"蛾"⑤載。馬氏輯本"不安"作"下安"，"昧"作"寐"。嚴、馬兩輯本結尾俱作"者也"。

　　　　楚之交子，魯之周子，齊之狂子〔《御覽》此後有"三子"兩字〕，相與居乎泰〔《御覽》作"太"〕山之陽，處乎環堵之室，蓽户不扉〔《御覽》作"蓽門不扇"〕，蓋茨不翳，而高〔《御覽》作"弦"〕歌不輟。

　　《初學記》卷十八"貧第六"下"蓽户"⑥載，《御覽》卷四百八十五"貧下"⑦載。嚴氏輯本"交子"作"文子"。

　　　　至人之道也如鏡，有明有照，有引有致。

　　《書鈔》卷一百三十六"鏡六十五"，"如"前衍一"不"字，稱引自《莊子》。孔氏案："陳本及《初學記》皆作《苻子》。"⑧《初學記》卷二十五"鏡第九"下⑨，稱引自《苻子》，宋本亦同。《白孔六帖》卷

---

① 《宋本藝文類聚》下册，第 2500 頁。
② 《太平御覽》第 4 册，第 4207 頁。
③ 《宋本藝文類聚》下册，第 2494 頁。
④ 《太平御覽》第 4 册，第 3856 頁。
⑤ 《太平御覽》第 4 册，第 4224 頁。
⑥ 《初學記》下册，第 444 頁。
⑦ 《太平御覽》第 3 册，第 2223 頁。
⑧ 《北堂書鈔》第 2 册，第 395 頁。
⑨ 《初學記》下册，第 608 頁。

十三"鏡"下,"如"前亦衍"不"字,稱引自《符子》①。今按:《白氏六帖事類集》卷四"鏡二十六",引文同《白孔》,亦稱引自《莊子》②,則稱"《符子》者"應爲白、孔合編時改動。今本《莊子》無此文。明人徐元太《喻林》(卷一百十三)轉引《初學記》文,康熙的《御定淵鑑類函》(卷三百八十)也稱此文引自《符子》,雖然不能證明此文必爲《符子》佚文,至少説明南宋以降,學界對此條佚文的歸屬看法比較一致。嚴、馬與周氏輯本皆以爲《符子》佚文。

　　　有驢仙者,享五百歲,負乘而不輟,歷無定主,大驛於天下。

　　《初學記》卷二十九"驢第六"③載,宋本《初學記》"五"下雙行小字"百貟",或爲俗字。《白孔六帖》卷九十七"驢"下"五百歲"條,"仙"後無"者"字,"享"後有"年"字④。《白氏六帖事類集》卷二十九"驢六十五",引文同《白孔》,唯"主"作"至"⑤,白、孔兩書合編時有改動。《御覽》卷九百一"驢"⑥,文同《初學記》。

　　　老氏之師,名釋迦文佛。

　　見於釋道世《法苑珠林》卷六十九,又見於釋神清的《北山録》卷一,文爲"老子之師名釋迦文"⑦。文後有小字注文:"符朗,字元達,符堅從弟,爲青州牧,爲謝玄所降。歸晉後爲王國寶譖而殺之。有識度,

---

① (唐)白居易原本,(宋)孔傳續撰《白孔六帖》,景印文淵閣《四庫全書》,第891冊第218頁。
② (唐)白居易編《白氏六帖事類集》第1冊,文物出版社1987年版,第85頁。
③ 《初學記》下冊,第707—708頁。
④ (唐)白居易原本,(宋)孔傳續撰《白孔六帖》,景印文淵閣《四庫全書》,第892冊第583頁。
⑤ (唐)白居易編《白氏六帖事類集》第6冊,文物出版社1987年版,第67頁。
⑥ 《太平御覽》第4冊,第3998頁。
⑦ (唐)神清撰,(宋)慧寶注,(宋)德珪注解,富世平校注《北山録校注》上冊,中華書局2014年版,第63頁。《説郛》(卷三十二下)徵引闕名《北山録》文爲:"《符子》云:老子之師名釋迦佛。符子者,名朗,字元達,符堅從弟,著書數篇,號《符子》。"(《四庫》本877—727)《説郛》引文雖與傳世本不盡同,"又"當爲"文"之訛,且誤把注文混入正文,但可見其徵引是有文獻依據而可信賴的。

善別味。著書數篇，號《符子》。"馬氏輯本無此佚文。

　　盛魄重輪，六合俱照，非日月能乎。

《御覽》卷三"日上"①載，嚴氏、馬氏兩輯本皆同。

　　水生於石，未有居山〔一作"居石"〕而溺者；火生於木，未有抱樹〔一作"抱木"〕而焦者。

《御覽》卷五十一"石上"，無兩"於"字②。又卷九百五十二"木上"，"居山"作"居石"，"抱樹"作"抱木"③。又見於《意林》卷六，王仁俊據此採輯，收入《續編》，"抱樹"作"抱木"④。

　　桀觀炮烙於瑤臺，謂〔《路史·發揮》作"顧"〕龍逢曰："樂乎?"龍逢曰："樂。"桀曰："觀刑曰〔《路史·發揮》作"而"〕樂，何無惻怛之心焉?〔《路史·發揮》此句作"何無惻隱乎"〕"龍逢曰："刑固苦矣〔此句據《路史·發揮》補〕。然〔據《路史·發揮》補〕天下苦之，而君以爲樂〔《路史·發揮》作"而君樂之"〕，君心也〔此句據《路史·發揮》補〕，臣爲君〔《路史·發揮》無"君"字〕股肱，孰有心悅而股肱不悅乎〔《路史·發揮》作"者"〕。"桀曰："聽子諫。諫得，我功之；〔一有"諫"字〕不得，我刑之。"〔此句《路史·發揮》作"聽汝之諫，得，我攻（當爲"功"訛）之；不得，我刑之。"〕龍逢曰："臣嘗觀君之冕，非冕也，冕危石也。觀君之履，非履也，履春冰也。〔此句《路史·發揮》作"觀君之冠危石，而履春冰也。"〕未有冠危石而不壓，蹈〔《路史·發揮》作"履"〕春冰而不陷也〔後兩字《路史·發揮》作"陷者"〕。"桀笑〔一作"歎"〕曰："是日亡則與俱亡，子知我

_____

① 《太平御覽》第1冊，第16頁。
② 《太平御覽》第1冊，第250頁。
③ 《太平御覽》第4冊，第4227頁。
④ 《玉函山房輯佚書續編三種》，同上，第209頁。

之亡，而不自知乎亡。〔此句《路史·發揮》作"汝知我亡，而不自知其亡。"〕子〔《路史·發揮》作"請"〕就炮烙之刑〔《路史·發揮》無"之刑"兩字〕，使〔據《路史·發揮》補〕吾觀子〔《路史·發揮》作"汝"〕亡，以〔據《路史·發揮》補〕知我〔《路史·發揮》此前有"之"〕不亡。"龍逢行歌〔一作"歌趨"，《路史·發揮》作"乃歌"〕曰："造化〔一作"造作"〕勞我以生，息〔一作"休"〕我以炮烙〔此句《路史·發揮》作"休哉。造化者勞我以生，而休我以炮烙也。"〕。故涉新我樂，人不知。〔此句《路史·發揮》無〕"乃赴火而死〔此句《路史·發揮》作"遂赴炮烙"〕。

《御覽》卷八十二"帝桀"，無"是日亡則與俱亡"與"故涉新我樂，人不知"句[1]。又卷六百四十七"雜死刑"，文稍簡，而且頗多異文，"觀刑"後無"曰樂"[2]二字。卷六百八十六"冤"[3]，僅有龍逢的諫言。《路史·發揮六》"關龍逢"載，文稍異[4]。

　　魯侯〔《天中記》有"時"字〕欲以孔子爲司徒，將召三桓而議之，乃謂左丘明曰："寡人欲以孔子爲司徒，而授以魯政焉，寡人將欲詢諸三子。"左丘明曰："孔丘，聖人與。夫聖人在政，過者離位焉。君雖欲謀，其罪弗合乎?"魯侯曰："吾子奚以知之?"丘明曰："周人有愛裘而好珍羞，〔宮內廳本《御覽》、《天中記》皆有"欲"字〕爲千金之裘，而與狐謀其皮，欲具少牢之珍，而與羊謀其羞。言未卒，狐相率逃於重丘之下，羊相呼藏於深林之中。故周人十年不制一裘，五年不具一牢，何者? 周人之謀失之矣。今君欲以孔丘〔《天中記》作"子"〕爲司徒，召三桓而議〔《天中記》作"謀"字〕之，亦以狐謀裘，與羊謀羞哉。"於是魯侯遂不與三桓

① 《太平御覽》第 1 册，第 386 頁。
② 《太平御覽》第 3 册，第 2897 頁。
③ 《太平御覽》第 3 册，第 3061 頁。
④ （南宋）羅泌著，（明）吳弘基訂《重訂路史全本》（卷前鐫"賦秋山彙評路史前紀全本"），明末武林化玉齋刊本，《路史·發揮》卷六第三十二至三十三頁。

謀，而召孔丘爲司徒。

《御覽》卷二百零八"司徒下"[①]載。又卷六百九十四"裘"[②]，僅有與狐謀皮一句。馬氏輯本"罪"作"遂"，不知何據。《天中記》卷五十四"羊"載，文甚簡，僅有左丘明所云與狐謀皮故事[③]。此條亦見於《繹史》卷八十六之一，爲周廣業所參考輯錄。

秦穆公伐晉，及河，將勞師，而醪惟飲一鍾，蹇叔曰："一米可投河而釀也。"穆公乃以一醪投河，三軍醉矣。

《御覽》卷二百八十一"撫士下"[④]載，嚴氏輯本"一米可投河而釀"作"一醪可投河而飲"，馬氏輯本同《御覽》。

爲道者，日損而月章；爲名者，日章而月損。

《御覽》卷四百三"道德"[⑤]載，嚴氏、馬氏兩輯本皆同。

玄冥子謂由有子曰："子有師乎?"由有子曰："吾將以萬物爲師矣。"

《御覽》卷四百四"師"[⑥]載，嚴氏輯本同此，馬氏輯本"玄"作"元"。

《春秋華林傳》曰："不知不言，其所以仁。"

---

① 《太平御覽》第 2 册，第 998 頁。
② 《太平御覽》第 3 册，第 3099 頁。
③ （明）陳耀文撰《天中記》，景印文淵閣《四庫全書》，上海古籍出版社 1985 年版，第 967 册第 578 頁。
④ 《太平御覽》第 2 册，第 1308 頁。
⑤ 《太平御覽》第 2 册，第 1862 頁。
⑥ 《太平御覽》第 2 册，第 1871 頁。

《御覽》卷四百十九"仁德"[①]載，嚴氏、馬氏兩輯本皆同。

> 惠子家窮，餓數日，不舉火，乃見梁王，王曰："夏麥方熟，請割以與子，可乎？"惠子曰："施方來，遇羣川之水長，有一人溺流而下，呼施救之。施應曰：'吾不善游，方將爲子告急於東越之王，簡其善游者以救子，可乎？'溺人曰：'我得一瓢之力則活矣，子方告急於東越之王，簡其善游者以救我，是不如求我於重淵之下，魚龍之腹矣。'"

《御覽》卷四百八十六"餓"[②]載，嚴氏輯本"施方來"作"施來方"，馬氏輯本"請割以與子"作"請以割子"，或訛。此條文本，明顯脫胎於《莊子·外物》的莊周貸粟故事，衹是人物角色不同。

> 鄭人有逃暑於孤林之下者，日流影移，而徙衽以從陰。及至暮，反席於樹下。及月流影移，復徙衽以從陰，而患露之濡於身。其陰逾去，而其身逾濕。是巧於用晝，而拙於用夕。奚不處曤而辭陰，反林息露，此亦愚之至也。

《御覽》卷四百九十九"真愚"[③]載，嚴氏、馬氏兩輯本"反林息露"作"反林自露"，馬氏輯本"日流影移"作"其儀自移"。周氏《意林附編》"息露"作"避露"。[④]

> 陶之富者朱公，喪其中子，鄰人往弔之。朱文公〔《御覽》作"朱公"〕方擁膝嵎蹲〔《御覽》作"蹲踞"〕，遣徹〔《御覽》作"捧頭"〕而笑。鄰人曰："聞有喪，將唁子之哀。"朱公曰："生不致哀，死而唁，何鄰人之不通也！"

---

① 《太平御覽》第2冊，第1932頁。
② 《太平御覽》第3冊，第2228頁。
③ 《太平御覽》第3冊，第2281頁。
④ 王天海、王韌撰《意林校釋》下冊之附錄《意林附編》，中華書局2014年版，第682頁。

《書鈔》卷八十五“弔十四”，引文僅至“而笑”[①]，但文淵閣四庫本已將此段補全。《御覽》卷五百六十一“弔”[②]，嚴氏、馬氏兩輯本同《御覽》，唯“陶之富者”嚴氏作“陶朱富者”。

　　　　有澤父者，冠葭蘆之笠，納蒹〔《御覽》作“藨”〕□〔《御覽》作“之屨”〕，莎裳褐衣，緩步而去矣。

《書鈔》卷一百二十九“裳二十一”，“蒹”後闕一字[③]。《御覽》卷六百九十三“褐”，僅至“莎裳褐衣”[④]。嚴氏輯本同《御覽》，唯“藨”作“□鹿”，“屨”作“履”。馬氏輯本“藨”作“鹿”，“屨”亦作“履”。

　　　　晉之相者桓氏，世傳于楚，善以道假乎射焉。常以其所不射而〔疑脫“射”字〕之，患晝之不足以卒歲，故以夜而燭之。

《御覽》卷七百四十五“射中”[⑤]載。嚴氏輯本“不射而之”作“不射而射之”。

　　　　〔《路史》承前省“羿”字〕嘗從吳賀北游，見雀焉，賀命之射，羿曰：“生乎？其殺之乎？”賀請左目，羿中厥右，恥之。繇是每進妙中，高出天下，迨事夏王。〔此前皆據《路史》補〕夏王使羿射於方矢之皮，征寸〔兩字《路史》作“征南”〕之的，乃命羿〔《路史》無此三字〕曰：“子射之中，則賞子以萬金之賞；不中，則削子以十邑之地。”〔《路史》此句作“中之，賞子萬金；不中，則削十邑。”〕羿容無定色，氣戰於胸中，乃援弓而射之，不中，更射之，又不中。〔《路史》此句作“羿援矢而色蕩，射之，矢逸，再之，又不中焉。”〕夏王謂傅弥〔《路史》作“彌”，下同〕

---

① 《北堂書鈔》第2冊，第35頁。
② 《太平御覽》第3冊，第2536頁。
③ 《北堂書鈔》第2冊，第329頁。
④ 《太平御覽》第3冊，第3095頁。
⑤ 《太平御覽》第4冊，第3309頁。

仁曰："斯羿也，發無不中，而與之賞罰，則不中的者，何也？"
〔"而"字後《路史》作"今也不中，何以？"〕傅弥仁曰："若羿也，
口〔疑爲"喜"之訛〕懼爲之災，萬金爲之患矣。人能遺其喜〔此
後《路史》有"懼之私"字〕，去其萬金〔此後《路史》有"之患"
兩字〕，則天下之人，皆不愧於羿矣。〔《路史》此句作"則天下亡
愧於羿矣。"〕"夏王曰："善〔據《路史》補〕。人聞子之言，始得
無欲之道。〔《路史》此句作"吾乃今知亡欲之道矣。"〕"

《御覽》卷七百四十五"射中"①，緊接上條佚文之後。嚴氏輯本
"方矢"作"方尺"（周廣業《意林附注》同），"征寸"作"徑寸"（周
廣業《意林附注》同），"十邑"作"千邑"，"弥"作"彌"，"口"作
"喜"，"遺其喜"作"遺其喜懼"，"人"作"□人"。馬氏輯本無此條。
《路史》後紀"夏后紀下"之"夷羿傳"載，多有異文②，周廣業《意林
附編》據此補録。

　　荆山不貴玉，鮫人不貴珠。

《御覽》卷八百零五"玉下"③載，嚴氏、馬氏兩輯本皆同。

　　天羅廓矣，野人猶有罩罬之勤。

《御覽》卷八百三十四"罩"④載，馬氏輯本同。嚴氏輯本"羅"作
"雖"。

　　顏子有疾，三日不食，問之曰："吾師食非丹不飡，茹非芝不
食，故七百歲。〔案：疑脱"問者曰"〕子何不吮瑶以延生，咀藥

① 《太平御覽》第4册，第3309—3310頁。
② （南宋）羅泌著，（明）吴弘基訂《重訂路史全本》（卷前鐫"賦秋山彙評路史前紀全
本"），明末武林化玉齋刊本，《路史·後紀》卷之十四第十二至十三頁。
③ 《太平御覽》第4册，第3576頁。
④ 《太平御覽》第4册，第3725頁。

以養齡也。”

《御覽》卷八百四十九“食下”^①載，嚴氏輯本同，唯“師”後有“也”字。嚴氏輯本“問之”前有“人”字，“不湌”作“不食”，“不食”作“不茹”，“蘂”作“蕊”。

　　　　吾與玄子觀東海，釋駟而升乎峴山，未中路而忘〔疑爲“亡”之訛〕馬。符子使人求之，不獲，使鬼索之而獲。符子曰：“六合不可忘，故良馬在其中矣。請以六合之觀觀之也。”

《御覽》卷八百九十七“馬五”^②載。嚴氏輯本，“玄子”作“玄朱”，“駟而升乎峴山”作“四馬乎峴山”，“未”作“玄朱”，前“忘”作“亡”，後“忘”作“妄知”，且將“符子曰”之後內容獨立，另作一條佚文。馬氏輯本無此條。《事類賦注》卷二十一“馬”載，文同《御覽》^③，周氏輯本有參考。

　　　　魏文侯見宋陵子三仕不顧〔疑爲“富”之訛〕，文侯曰：“何貧？”子曰：“王〔疑爲“臣”之訛〕見楚富者，牧羊九十九而願百。嘗訪邑里故人，其鄰人貧，有一羊，富者拜之曰：‘吾羊九十九，今君之一，盈我成百，則牧數足矣’。鄰者與之。從此觀焉，富者非富，貧者非貧也。”

《御覽》卷九百零二“羊”^④載，嚴氏輯本同。嚴氏輯本，“顧”作“富”，“子曰”前有“宋陵”二字，“王見”作“臣見”，“觀焉”作“觀之”，末句作“焉知富者非貧，貧者非富也”。

　　　　齊景公謂晏子曰：“寡人既得寶千乘，聚萬駟矣，方欲珍懸黎，

① 《太平御覽》第 4 册，第 3795 頁。
② 《太平御覽》第 4 册，第 3981 頁。
③ （宋）吳淑撰，吳淑注《事類賦注》，宋紹興十六年刻本（愛如生中國基本古籍庫收）。
④ 《太平御覽》第 4 册，第 4003 頁。

會金玉，其得之邪奚若？"晏嬰曰："臣聞琬琰之外有鳥焉，曰金翅，民謂爲羽豪。其爲鳥也，非龍肺不食，非鳳血不飲。其食也，常飢而不飲。其飲也，常渴而弗充。生未幾何，天其大〔疑爲"天"之訛〕年而死。金玉之珍，非乃爲君之患矣？"

《御覽》卷九百二十七"金翅鳥"[①]載。嚴氏輯本"大"作"天"，末句作"乃非爲君之患也"。馬氏輯本"琬琰"作"琬玉"，"大"亦作"天"，末句作"金玉之非珍，乃爲君之患矣"。

齊魯争汶陽之田，魯侯有憂色。魯隱者周豐往觀曰："臣嘗晝寢，愀然聞群虱之鬪乎衣中，甘臣膏腴之肌，珍臣項臂之膚，相與樹黨争之，日夜不息，相殺者太半。虱父止之曰：'我與汝廬不過縫，所飡食不過容口，奚用竊乎交戰爲哉？'群虱止。今君以七百里地爲君之城，亦以足矣，而以汝汶陽數步之田感君之心，曾不如一虱之知，竊爲君羞之。"魯侯曰："善。"

《御覽》卷九百五十一"虱蟣"[②]載。嚴氏輯本異文較多，"觀"後有"焉"字，"太半"作"大半"，虱父所言兩句并作"我與爾所慮不過容口"一句，"竊乎"作"竊争"，"爲君之城"作"爲之君臣"，"亦以足矣"作"亦以爲足矣"，"汶陽"前無"汝"字，"感"作"惑"。馬氏輯本"隱者"前有"有"字，虱父所言兩句亦并作"我與爾所慮不過容口"一句，"竊乎"亦作"竊争"，"汶陽"前亦無"汝"字，"感"亦作"惑"，"竊爲"作"竊謂"。

木生蝎，蝎盛而木枯；石生金，金曜而石流。

《御覽》卷九百五十二"木上"[③]載。今按：蝎，《説文》云蠹蟥。嚴氏輯本"蝎"作"蠍"，"曜"作"曜"。馬氏輯本"蝎"亦作"蠍"，

---

① 《太平御覽》第 4 册，第 4119 頁。
② 《太平御覽》第 4 册，第 4222 頁。
③ 《太平御覽》第 4 册，第 4227 頁。

但小注云一作“木生蝎”。

　　苻子與〔《事類賦注》此處有“玄”字〕子登乎太〔《事類賦注》作“泰”〕山，下臨千仞之淵，上蔭百丈之松，蕭蕭然神王乎一丘矣。言不出乎耒耜，心不過乎俗人，其猶木犬守脂〔《御覽》作“守戶”〕，瓦雞司〔宮內廳本《御覽》作“伺”〕晨矣。

　　《御覽》卷九百五十三“松”載，稱云“苻子曰”，“守脂”作“守戶”[①]。又《書鈔》卷一百三十五“脂五十九”，僅引末二句“其猶木犬守脂，瓦雞司晨”[②]。嚴氏輯本“登乎太山”前僅有“苻子”二字，“耒耜”作“耒相”，“守脂”下小注云“《御覽》作‘守夜’，誤”。馬氏輯本“子”作“元子”，“之淵”作“木淵”。嚴、馬兩輯本“木犬”皆訛爲“木大”。《事類賦注》卷二十四“松”載至“一丘矣”[③]，無“言不出乎”句，周廣業輯本將此條拆分爲兩條。

　　趙之相者曰林氏，有九子皆賢，國人美而稱之，號曰九德之父，十德之門。趙王疾之，乃使擇其果之繁〔“繁”原作“煩”，據嚴氏輯本改〕者伐之。其父曰：“果之茂者猶伐之，況其人乎？吾將以尒爲累矣。去之則免。”乃攜老持子，逃趙相於白雲之巖，終身不返，趙人思之。

　　《御覽》卷九百六十四“果”[④]載。嚴氏輯本、周氏《意林附編》，“逃”“於”之間無“趙相”二字，“尒”作“爾”；馬氏輯本“乃使”作“王乃使人”，“繁”作“煩”。

　　鄰人謂展禽曰：“魯聘夫子，夫子〔周廣業注：疑脫“無喜色”

---

①　《太平御覽》第 4 冊，第 4232 頁。
②　《北堂書鈔》第 2 冊，第 390 頁。
③　（宋）吳淑撰，吳淑注《事類賦注》，宋紹興十六年刻本（愛如生中國基本古籍庫收）。
④　《太平御覽》第 4 冊，第 4277 頁。

三字①〕三黜無憂色，何？”禽曰：“春風鼓，百草敷蔚，吾不知其茂。秋霜降，百草零落，吾不知其枯。枯茂非四時之悲欣，榮辱豈吾心之憂喜？〔末句據宋本《事類賦注》補〕”

《御覽》卷九百九十四“草”②載。嚴氏、馬氏兩輯本皆同。《事類賦注》卷二十四“草”載，多出“枯茂非四時”③句，周廣業據補④。

　　楚成王生太子商臣，乃召楚之善相者相之。楚巫相之，已而言於楚王曰：“子吉矣，而王不吉。臣聞鴟梟者食母而飛，非其子之不吉，但其母爲之災。今太子非子之不吉，但其王爲之災耳。”楚王怒而殺之。

《御覽》卷七百三十一“相下”，稱“符子曰”⑤。此條佚文，馬氏本有而嚴氏本無。馬氏輯本“已而”前衍一“曰”字。

補：

　　符〔“符”當作“苻”，下同〕子流乎楚，安異而不伐心，衣錦而晝行。楚人相顧而指之曰：“吾聞之衣錦晝行者，其唯故鄉乎？斯土也飄流矣而不哀，別類矣而無感，何士之無心也。”符子乃撫駟而聽之，言掇〔疑“掇”爲“輟”訛〕而召之曰：“爾獨不知安伐音乎？夫嘗適者未嘗不適，不適者未嘗有適所，故衣錦晝行未嘗有適，故終年而抱戚。子之滯名教久矣，奚足以語大方而論至極哉！”

此條見於《秘府略》卷八百六十八⑥，原將“伐、心”二字合寫成

---

① 王天海、王韌撰《意林校釋》之附錄《意林附編》，中華書局 2014 年版，第 682 頁。
② 《太平御覽》第 4 冊，第 4399 頁。
③ （宋）吳淑撰，吳淑注《事類賦》，宋紹興十六年刻本（愛如生中國基本古籍庫收）。
④ 但周氏輯本文稍異，其末句作“榮辱豈知吾心之憂喜？”，多一“知”字，或據清本《事類賦注》，參見王天海、王韌撰《意林校釋》下冊之附錄《意林附編》，中華書局 2014 年版，第 682 頁。
⑤ 《太平御覽》第 3 冊，第 3243 頁。
⑥ 《叢書集成續編》第 18 冊，上海書店 1994 年版，第 1036 頁。

一字，據後文苻子所云“安伐”改。《秘府略》是平安時代前期公元
831 年（天長 8 年）編成的日本最早的百科事典，其中引用中國書籍
1500 種，全書 1000 卷，現僅存 2 卷（卷八六四百穀部中和卷八六八布
帛部三）。據學者研究，《秘府略》一書内容爲藉鑑北齊祖珽等編修的
《修文殿御覽》（編成於公元 572 年）而成，較現存其他類書時代最早。
《叢書集成續編》第 18 册收録的二卷本，爲羅振玉據其日本友人内藤
湖南博士所收藏的舊鈔本影印。此條佚文，照應了“家楚”一條。嚴
氏、馬氏等諸輯本皆無此條佚文。

　　　　齊有好卜者，十而中五。鄰人不好卜，常反之，亦十中五。與
　　不卜等耳。

　　此條袁敏引自《資暇集》（卷中）①。《資暇集》爲唐人李匡乂（吴
企明點校本作“李匡文”）著雜考類著作，《四庫全書》收入子部雜家，
據四庫館臣的考證，李匡乂字濟翁，宋時爲避太祖諱而題書其字。《提
要》雖指出《資暇集》的一些不足，但也説其中有些考證爲焦竑所未
見。此條佚文，又見於陶宗儀《説郛》（卷十四下），稱引自李濟翁《資
暇録》，文同上。嚴氏、馬氏兩輯本皆無此條佚文。
　　上述兩條佚文皆不見於傳世的唐代類書中，如《北堂書鈔》《藝文
類聚》《初學記》與《白氏六帖》等，説明這些保存了《苻子》佚文的
早期文獻（如《修文殿御覽》②《資暇集》等），也可能是宋代學者閲讀
與引用《苻子》的來源之一。那麽，上文中涉及的一些佚文（《北堂書
鈔》《藝文類聚》與《太平御覽》同載者），《御覽》所記文本明顯更加
詳盡，就不能僅僅視作《御覽》的改編與發揮。

附：

皮日休《皮子文藪·雜著》，其“無項託”章云：“苻朗著《苻子》，

---

①　袁敏著《東晉氏族苻朗及其寓言體子書〈苻子〉》，《民族文學研究》2010 年第 2 期。
②　許多學者認爲宋初編《太平御覽》是參考過《修文殿御覽》的，見於劉全波《〈修文
　　殿御覽〉編纂考》，《敦煌學輯刊》2014 年第 1 期。

言項託詆訕夫子之意者，以吾道將不勝於黄老。"① 皮日休駁斥《苻子》所稱之"項託"并非孔子弟子，而是虛構人物，其假言手法如同莊周虛構盜跖和漁父"以詆訕孔子之徒，以明老子之術"（《史記·老子韓非列傳》）。項託即項橐，《戰國策·秦策》與《史記·甘茂列傳》皆引甘羅語"項橐生七歲爲孔子師"事，後世成爲早慧兒童的代表。據此可知《苻子》有藉項託詆訕孔子的内容，亦或爲佚文。

---

① （唐）皮日休著，蕭滌非、鄭慶篤整理《皮子文藪》，上海古籍出版社 1981 年版，第 70 頁。此條也爲《說郛》卷二十六下之《文藪雜著》徵引（《四庫》本第 877 册第 477 頁）。

第四章 《苻子》動物寓言中的庶民情趣

　　中國文學中，藉動物來談人生、論哲學是個傳統，但是能把人生與哲學談得通透，故事又編得有趣好玩的，在莊子、韓非之後，怕是要數東晉的苻朗。有學者說苻朗的思想源於《莊子》，沒錯；說他的故事很多是模仿莊子，也有理。但他們只關注苻朗與莊子的同，却忽視了兩人的異。

　　《莊子》寓言裏的動物派係很鮮明：鯤、鵬、鵷鶵與鳳凰屬"高雅派"，斥鷃、鴟鴉、蜩與學鳩屬"庸俗派"。"高雅派"身上體現出的高、冷、遠、大精神特質是莊子所嚮往的，這些特質也同樣體現在他推崇的大椿與大瓠上。他對"庸俗派"的不屑與鄙夷，也是溢於言表，因此在它們身上不取分毫。《苻子》寓言中的動物也有兩隊：大龜與金翅鳥屬"高雅派"，豕、驢、螞蟻與虱等屬"庸俗派"。"庸俗派"身上體現出的低、溫、俗、小精神特質是苻朗所肯定的。但"庸俗派"中用污穢與不堪換取的長生，與"高雅派"因精緻與苛求而導致的短命，都為苻朗所厭棄。

　　低、溫、俗、小是苻朗動物故事主角的精神內涵，而對人生意義的熱切追索與理性反省則是這些主角的日常面貌，這些特質讓他講的故事抖落出一股溫熱的、幽默的塵土味道，帶有苻朗所特有的哲學追求與審美趣味。

大豕化生

　　　　邦〔《初學記》作"朔"〕人獻燕昭王以大豕者，曰："於今百二十歲，邦人謂之豕仙。"曰："養奚若?"使曰："豕也非大圍不居，非人便不珍。"王乃命豕宰養，六十五年，大如沙墳，足如不

勝其體。王異之，令衡官橋而量之，折十橋，豕不量。又命水官
舟而量之，其重千鈞〔一本後有"其巨無用"四字〕，其群臣言
於昭王曰："是豕無用。"燕相謂王曰："奚不饗之？"王乃命宰夫
膳之〔宋紹興十七年（1147）東陽崇川余四十三郎宅刊本（宋刻
本配抄補）《初學記》作"宰天而膳之"〕。豕既死，乃〔一本後有
"夕"字〕見夢于燕相曰："造化勞〔一作"營"〕我以豕形，食我
以人穢，吾患其生久矣。今仗君之靈而化吾生也，始得爲魯津之
伯，而浮舟者食我以粳〔一作"秭"〕糧之珍，而欣君之惠，將報
子〔一本後有"死"字〕焉。後燕相游〔一作"涉"〕于魯津，有
赤鼈銜夜光〔一作"奉璧"〕而獻之。①

　　這個故事中的大豕，"大而無用"，就像大椿、大瓠，但它住的是廁
所，吃的是大便，都是人間最污穢的東西，它無法感知生的樂趣，以死
爲解脫。給人做食物，是大豕在世時唯一的"用"，如按莊子的觀點，
因它這一"用"將給自己帶來人類施加的戕害，大豕的故事無疑該是個
悲劇。但在《苻子》中，人類"戕害"的結果却是皆大歡喜——"受害
者"大豕做了河伯，吃上了人間稻米；"主謀"燕相不僅良心受到撫慰，
而且獲得了物質的饋贈。這個故事與莊子講的不一樣，它蓋上了苻朗的
印章。
　　苻朗講述這個故事，大量使用誇張手法，如："非大圊不居，非人
便不珍"，渲染大豕生存環境之污穢不堪；"今年百二十矣，邦人謂之豕
仙"，渲染大豕之長壽；"令衡官橋而量之，折十橋，豕不量。又命水官
舟而量之，其重千鈞"，渲染大豕之肥重，營造滑稽的喜劇效果。但可
笑中含蘊悲涼，驚嘆中暗喻譏諷。
　　一頭豕，居然會思考。怎不引人發笑？人以爲他施與豕的是它最需
要的，但在豕自己看來，人之施與是痛苦的根源，人之戕害反而是解
脫。怎不令人悲涼？人怎麼看豕，與豕怎麼看豕，居然有這麼大的反
差！所以這裏，苻朗其實是重申惠施的"子非魚"觀點，委婉地批駁了
莊子的任性。

---

① 尹玉珊著《〈苻子〉輯文校正》，《古籍研究》2023 年第 1 期。

　　從故事的結局看是個喜劇，但喜劇中包含着的悲劇因素讓人後背發冷：決定大豕命運的僅在於兩句話，一句是使者説的"非大圍不居，非人便不珍"，一句是燕相説的"奚不饗之"。前一句決定了它的現世人生模式，後一句決定了它的化生。幸與不幸，大豕完全不由自主。因爲大豕不是無知無識的，所以它在現世的豕生也和蘇格拉底的人生一樣痛苦！

群虱止戈

　　齊魯爭汶陽之田，魯侯有憂色。魯隱者周豐往觀曰："臣嘗畫寢，愀然聞群虱之鬬乎衣中，甘臣膏腴之肌，珍臣項膂之膚，相與樹黨爭之，日夜不息，相殺者太半。虱父止之曰：'我與汝廬不過縫，所飡食不過容口，奚用竊乎交戰爲哉？'群虱止。今君以七百里地爲君之城，亦以足矣，而以汝汶陽數步之田感君之心，曾不如一虱之知，竊爲君羞之。"魯侯曰："善"。①

　　這個故事的確很像莊子講的"蝸角之爭"，尤其是群虱"日夜不息，相殺者大半"與莊子所寫蠻、觸氏"伏尸數萬，逐北旬有五日而後反"②，極爲相似。但值得注意的是，黨爭者是虱，止爭者亦是虱。虱群矛盾的解決能做到緣於是，而止於是，無須藉助他者。這是一種可貴的自省精神，是直面而不逃避的入世態度。

　　故事中對虱的生活環境描寫"甘臣膏腴之肌，珍臣項膂之膚"與"我與爾廬不過縫"，使用人類與虱自身兩個視角，既生動地反映出他與我的差異，也表現出虱群的理性認知。藉一群小虱來講哲學，不是苻朗的首創。司馬遷在《項羽本紀》中曾記載宋義的言論"搏牛之蝱不可以破蟣蝨"③，説牛虻進攻的物件在牛不在虱，還是很瞧不起虱之用。嵇康在《養生論》中説"蝨處頭而黑"④，他省略了的内容當是"蝨處身而

---

① 尹玉珊著《〈苻子〉輯文校正》，《古籍研究》2023 年第 1 期。
② （清）郭慶藩撰，王孝魚點校《莊子集釋》下册，中華書局 1961 年版，第 891—892 頁。
③ （漢）司馬遷撰《史記》（點校本二十四史修訂本）第 1 册，中華書局 2013 年版，第 390 頁。
④ （三國魏）嵇康著，戴明揚校注《嵇康集校注》上册，中華書局 2014 年版，第 253 頁。

白”，意爲生活在人頭上的虱子是黑色的，而生活在人身體上的虱子是白色的，藉小虱揭示個體與環境的依存關係。阮籍在《大人先生傳》中說：“且汝獨不見乎蝨之處乎褌中，逃乎深縫、匿乎壞絮，自以爲吉宅也。行不敢離縫際，動不敢出褌襠，自以爲得繩墨也。飢則囓人，自以爲無窮食也。”① 他對於小虱卑賤生活的描述非常真切，說它們以人的破棉絮爲豪宅，以人血爲珍饈，身處人的褌襠之中循規蹈矩地生活着，從不知道褌襠之外還有世界！語言異常犀利，甚至惡毒。阮籍筆下，小虱作爲禮法之士的替身，碌碌而委瑣的形象非常生動。但阮籍和宋義、嵇康一樣，都是以居高臨下的態度俯瞰群虱，沒有給虱個體自我審視的機會，就像全知全能的上帝俯瞰着無知無識的人類。苻朗寫虱的寓言，因襲前人又頗能出己新意，他與阮籍都堪稱是寫虱寓言的妙手。

群蟻觀鼇

> 東海有鼇焉，冠蓬萊而〔《御覽》有“浮”字〕游於滄海，騰躍而上則干雲之峰，類邁〔《事類賦注》作“峻極”〕於群岳；沉没而下，則隱天之丘，潛崎於重川〔《藝文》作“重泉”〕。有紅〔《御覽》《事類賦注》皆作“蚳”〕蟻者，聞而悦之，與群蟻相要乎海畔，欲觀鼇焉。月餘日〔“日”疑衍〕，鼇潛未出，群蟻將反，遇長風激浪，崇濤萬仞，海水沸，地雷震〔《事類賦注》無此前六字〕，群蟻曰：“此將鼇之〔“將”與“鼇之”疑倒〕作也。”數日，風止〔《事類賦注》作“出”〕雷默，海中隱淪如嶽〔《藝文》作“岊”〕，其高槩天，或游而西。〔“海中”至“蟻曰”，《事類賦注》僅有“隱如岳峙”四字〕群蟻曰：“彼之冠山，何異乎我之載粒〔《御覽》《事類賦注》皆作“戴粒”〕也？逍遙壞封〔《御覽》《事類賦注》皆作“封壤”〕之巔，歸服〔《御覽》《事類賦注》皆作“伏”〕乎窟穴之下。此乃物我之適，自己而然，我何用數百里勞形而觀之乎。”②

這個故事也模仿了《莊子》的鯤、鵬和蜩與學鳩的故事，然而在故

---

① 陳伯君校注《阮籍集校注》，中華書局 1987 年版，第 165—166 頁。
② 尹玉珊著《〈苻子〉輯文校正》，《古籍研究》2023 年第 1 期。

事結尾，苻朗没有站在群蟻身後，伸出一根指頭戳它們的脊梁骨，嘲笑它們不知"小大之辯"，而是用群蟻的話"此乃物我之失，自己而然"作總結，也爲他自己代言。

苻朗對大鼇出遊的描寫也使用人了與蟻兩個視角："東海有鼇焉，冠蓬萊而浮游於滄海。騰躍而上，則干雲之峰，邁類于群岳；沉没而下，則隱天之丘，潛嶠於重泉"是人類的視角，爲紅蟻所耳聞者；"長風激浪，崇濤萬仞，海中沸，地雷震"與"海中隱淪如岊，其高槩天，或游而西"是蟻的視角，爲群蟻所目睹者。如果説在人類視角中，大鼇的出遊還有些逍遥的態勢，比如"冠蓬萊而浮游於滄海"，但在群蟻的視角中大鼇的出遊只是範圍大、聲音響、歷時久而已，鼇的"冠山"同於蟻之"載笠"，鼇的"干雲之峰"同於蟻之"逍遥乎壤封之巔"，鼇的"潛嶠於重泉"同於蟻之"歸伏乎窟穴之下"。群蟻站在齊物論的至高境界上，取消了莊子"小大之辯"的哲學意義。有趣的是，苻朗的東海之鼇身上也有莊子東海之鱉的影子，但莊子的故事中，東海之鱉痛快地嘲笑了埳井之蛙後完勝而歸。苻朗的故事中，東海之鼇始終是個配角，祇是群蟻思考人生的媒介罷了。苻朗好似專門跟莊子作對，把莊子塑造的高大上貶作了路人。

金翅夭亡

　　齊景公謂晏子曰："寡人既得寶千乘，聚萬駟矣，方欲珍懸黎，會金玉，其得之邪奚若？"晏嬰曰："臣聞琬琰之外有鳥焉，曰金翅，民謂爲羽豪。其爲鳥也，非龍肺不食，非鳳血不飲。其食也，常飢而不飽。其飲也，常渴而弗充。生未幾何，夭其大〔疑爲"天"之訛〕年而死。金玉之珍，非乃爲君之患矣？"①

這只金翅鳥"非龍肺不食，非鳳血不飲"，就像莊子的鵷鶵："非梧桐不止，非練實不食，非醴泉不飲"②。但莊子只講述了追逐理想的過程，苻朗則連帶了結果："生未幾何，夭其天年而死"，揭露了莊子理想

① 尹玉珊著《〈苻子〉輯文校正》，《古籍研究》2023年第1期。
② （清）郭慶藩撰，王孝魚點校《莊子集釋》中冊，中華書局1961年版，第605頁。

的華而不實，與現實生活的格格不入。在前面三則故事中，苻朗對莊子思想的批駁比較婉轉，在這則故事裏却表達得很直白。

苻朗生活在東晉，但不論是來自歷史的莊子，還是來自現實的玄學，都沒能讓他臣服。他執着於爲現實人生找一個安身立命之處，不發超塵之言、虛妄之談。他既不要污穢腐臭地活，也不要高貴孤獨地死。他的實用人生哲學，只有藉助這些卑微的動物才能落實。因此，莊子的鯤、鵬、鷯鶏與鳳凰們象徵着精英們的精神超脱，而苻朗的豕、驢、螞蟻與虱們，體現的則是庶民的思想解放。

第五章 論蘇時學《爻山筆話》《墨子刊誤》對子書的整理與校釋

蘇時學是廣西藤縣人，清道光時期著名的 "鐔津三蘇"（蘇時學與其子蘇念禮、女蘇念淑）之一。他的詩作因被同爲桂籍的民國學者陳柱收入《粤西十四家詩鈔》中，而爲當代學者關注，對其整理的專著有《寶墨樓詩册校注》，還有專章研究的學位論文。據載，蘇時學尚有學術著作三部：《爻山筆話》（文中簡稱《筆話》）①、《墨子刊誤》（文中簡稱《刊誤》）② 與《鐔津考古録》（失考）。《筆話》内容比較龐雜，綜論經、史、子、集四部文獻，清人鄭獻甫稱自己初得此筆記時 "戁然喜"，閲後則 "確然信"（《筆話序》）。許維遹在《吕氏春秋校釋》中把《筆話》作爲他 "引用諸書" 之一，藉鑑了蘇氏關於此書的所有考辨成果。《墨子刊誤》一書，在道光年間爲蘇時學贏得了 "全國性聲譽"。清人陳澧稱讚它："正訛字，改錯簡，涣然冰釋，怡然理順……爻山乃能取其長，探其奥，真善讀古書者"（《刊誤·跋》）。孫詒讓在《墨子閒詁》中藉鑑或採納蘇氏《刊誤》多達 400 條，稱其書爲 "專門之學"。岑仲勉《墨子城守各篇簡注·凡例》中列出蘇時學《刊誤》爲參考文獻，正文中引用蘇氏校勘内容達 23 條。③ 蘇氏的墨學影響可見一斑。梁啓超在《中國近三百年學術史》中曾比較畢沅《墨子注》、蘇時學的《刊

---

① 《爻山筆話》現有國家圖書館藏同治三年（1864）刻本，羊城味經堂刻，4 册，十四卷，另《四庫未收輯刊》子部 07 輯 11 册也收録此書十四卷。文中引用《爻山筆話》内容均出《四庫未收書輯刊》本，不一一出注。
② 《墨子刊誤》，現國家圖書館藏清同治 6 年（1867）刻本，羊城客寓校刊，二卷。本文所引《墨子刊誤》文皆出此本，不一一出注。
③ 岑仲勉著《墨子城守各篇簡注》，中華書局 1958 年版。

誤》與孫詒讓《墨子閒詁》，稱畢沅“僅據善本讎正，略釋古訓”，而蘇氏“始大膽刊正錯簡”，孫詒讓則兼具畢沅之“識”與蘇氏之“膽”，才成就了不朽名作①。陳柱雖曾批評蘇氏考辨有兩“鉅失”和諸多“校勘之疏”②，但他親著《〈墨子刊誤〉刊誤》，表明自己對蘇氏墨學成果的發揚。至現、當代，蘇氏的子學成就却不爲學者們所重視。或因地方學風所漸，或因陳柱在《墨學十論》中對蘇時學有所批評，或是關注他的人不習子學。總之，無論是出於對晚清子學成果的總結，還是對廣西歷代學術貢獻的清理，蘇時學的子學整理與研究的成績都應納入當代學術研究視野中來③。

一　蘇時學對多部子書的綜合考辨成果

蘇時學對子部諸家的綜合考辨主要見於《筆話》，《刊誤》中也有一些專對墨家的考辨成果。從《筆話》内容可見，蘇氏對子書涉獵廣泛，陰陽、農家之外的諸子都是他研讀的對象，其時代跨越先秦至隋代，他對存世著作重視其記載的内容考辨與著者的思想解讀，對佚著則重視其書目著録與佚文搜輯。他既不輕率疑古，也没有厚古薄今的偏見，尤其可貴的是不迷信經、史權威，所以往往能獨抒己見。

（一）蘇時學對先秦子書的考辨成績

1. 蘇時學對儒家子書的考辨

《筆話》中談到的儒家文獻有《論語》《孔子家語》（文中簡稱《家語》）、《曾子》、《子思子》、《世子》、《宓子》、《漆雕子》、《公孫尼子》、《孟子外書》、《荀子》、《董子》、《晏子春秋》（文中簡稱《晏子》）、《寧越》等，其中對《晏子》考辨最爲細緻，其次是《論語》和《孟子》。比較難得的是，他不僅極力維護《家語》的真書身份，而且大量引用此書内容作爲立論依據。下面就幾部着力較多的儒家子書，談談他的發現。其他儒家子書，考辨較淺且簡單者也略作介紹。

---

① 梁啓超著《中國近三百年學術史》，河北人民出版社 2004 年版，第 247 頁。
② 陳柱著，張峰校注《墨學十論》，華東師範大學出版社 2015 年版，第 191—192 頁。
③ 鄭傑文先生的《中國墨學通史》，把蘇時學的《墨子刊誤》置於“清後期的《墨子》刊刻與整理”中，但未做專門介紹。

（1）蘇時學對《論語》的考辨要績

第一，《論語》的人物事跡，經他仔細辨析的有公冶長、孟敬子、南宮适、羿、稷、卞莊子、三桓子孫、少連與周之"八士"等人。皇侃《論語義疏》祇説有部題名《論釋》的書記載公冶長的事跡非常詳盡，再無此書的其他介紹。蘇氏推斷該書即《隋志》著録的姜處道《論釋》，而公冶長擅解鳥語一事，是皇侃引自姜氏書。蘇氏詳細引述了公冶長解鳥語的故事，認爲此事爲漢、晉間人撰述，但所解的鳥語詞甚古奧，或爲古舊相傳，可備異聞。劉寶楠《論語正義》未採此事，程樹德《論語集釋》全文轉引皇侃《疏》，并稱："公冶逸事賴此而傳，雖係雜書，終是漢魏小説，彌可寶貴。邢《疏》以其不經不取，如是則古書之亡佚多矣。此邢《疏》所以不及皇《疏》也"①；孟敬子，蘇氏以爲即《説苑》中探望曾子的"孟儀"，據馬融與鄭玄注可知他爲孟武伯之子，名捷，字儀。蘇氏説同劉寶楠，但考辨較爲細緻；南宮适（又作括）有三位，出自《尚書》、《吕覽》與《論語》，皆爲周武王時人。蘇氏的考辨最爲完備；蘇氏以爲"羿、稷"皆爲官名，一主射，一主稼穡，不是人名，所以堯、夏皆有羿，神農子柱、帝嚳子棄都是稷。劉寶楠、程樹德亦以"羿"爲古射官名，後世襲其職或以官爲氏②；卞莊子之勇，見於《論語》、《荀子》與《史記》，皇侃《義疏》載卞莊子刺虎一事極爲詳細，蘇氏引録了這件事但質疑其出處不明。劉寶楠對卞莊子事跡考辨較蘇氏更詳，但没談及刺虎一事。《戰國策》載"管莊子"刺虎事，此"管莊子"即"卞莊子"，蘇氏百密一疏遺漏了此條。劉寶楠認爲此"卞莊子"即《左傳》中的"孟莊子"，各文獻記載姓名不同，爲傳聞之異③。但程樹德以爲孟莊子與卞莊子應爲兩人④；《論語》中孟敬子爲"三桓子孫"，其他的孟氏、季氏與叔孫氏子孫分别爲《墨子》中的孟伯常、《禮記·檀弓》中的季孫紹、《孟子》中的費惠公、《戰國策》

① 程樹德撰，程俊英、蔣見元點校《論語集釋》第 1 册，中華書局 1990 年版，第 287 頁。
② 劉寶楠撰，高流水點校《論語正義》下册，中華書局 1990 年版，第 558 頁；程樹德撰，程俊英、蔣見元點校《論語集釋》第 3 册，中華書局 1990 年版，第 956 頁。
③ 劉寶楠撰，高流水點校《論語正義》下册，中華書局 1990 年版，第 567 頁。
④ 程樹德撰，程俊英、蔣見元點校《論語集釋》第 3 册，中華書局 1990 年版，第 970 頁。

中的鄒費郊邳等人。蘇氏子、史互證，對三氏子孫考辨甚詳；蘇氏以
爲"少連"之"少"不是姓，姓氏之書多謬説。程樹德云"少連事不可
考"①，并没有否認蘇説；"八士"的身份衆説紛紜，蘇氏據《逸周書》之
《和寤》與《武寤》篇以爲"八士"皆武王時人，又以其《君奭》《克
殷》兩篇與《論語》互證，明確"八士"即伯達、伯适、仲突、仲忽、
叔夜、叔夏、季隨、季騧皆出尹氏，以居南宫而稱之。世人對周之"三
仁""十亂"非常熟悉，唯獨對"八士"認識模糊得很，蘇氏對此頗不
滿。他以爲閲《論語》而知其名，讀《逸周書》而明其時，兩書對辨明
"八士"身份貢獻甚巨。蘇氏還批駁了包咸論"八士"之"一母四乳而
生八子"説，他認爲《論語》書紀賢不録異，包氏所言無據。雖然孔廣
森《經學卮言》早在蘇氏之前，已援引《逸周書》證明"八士"，但蘇
氏從保存上古文獻的角度强調《逸周書》與《論語》的貢獻，還是頗有
創見的。

　　第二，《論語》中的概念與思想的考辨。蘇氏解"巧言、令色"云：
"蓋剛毅者必不能令色，木訥者必不能巧言"，抓住夫子對"近仁"與
"鮮矣仁"的論斷，在兩對概念間建立了聯繫；解"原思爲之宰"的
"宰"，當爲夫子家中之宰，使之主一家之事，義同《家語》中的"使
爾多財，吾爲爾宰"；解君子儒、小人儒云："志其大者、遠者爲君
子，志其小者、近者爲小人。故明乎修齊治平者君子之儒也，安於卑
瑣齷齪者小人之儒也"；總結夫子的"三慎"爲："齋必明衣""齋必變
食""祭如在""祭神如神在"表現夫子對齋祭之慎，"不教民戰，是謂
棄之""暴虎馮河，死而無悔者，吾不與也。必也，臨事而懼，好謀而
成者也"表現夫子對戰争之慎，"丘之禱久矣""康子饋藥，曰：'丘未
達，不敢嘗'"表現夫子對疾病之慎。既能全書貫通，又非常精準，表
現出蘇氏對《論語》的涵泳功夫；解"三年學，不至於穀"云："三
年之久，而所學者不及于穀焉。斯其淡于榮利可知矣。蓋當時干禄者
多，故夫子言此而深嘆之。"楊伯峻釋義爲"讀書三年并不存做官的
念頭，這是難得的"②，與蘇氏暗合而義淺；解"子疾病，子路使門人

---

① 程樹德撰，程俊英、蔣見元點校《論語集釋》第 4 册，中華書局 1990 年版，第
　1285 頁。
② 楊伯峻譯注《論語譯注》，中華書局 2006 年版，第 94 頁。

爲臣""顏淵死,門人欲厚葬之"兩句中的"門人"云:"一則欲隆禮以尊其師,一則欲仗義以助其友"。揭示出在平淡的叙事文本中掩藏的對夫子門人高尚德操的讚美,也有對夫子育人成就的讚美;解"四十、五十"云:"蓋君子疾没世而名不稱焉",挖掘這些年齡數字背後的儒家理想;解"寢衣"時,他在綜合比較諸家説法後認爲"中衣也,言寢必有衣以護其體,不可裸露,其長止半身""蓋即今之短衣"更準確。劉寶楠認同王引之説,也認爲寢衣當至膝①。

（2）蘇時學對《晏子春秋》的考辨要績

第一,劉向《叙録》中"長社尉臣參"當爲杜參。他引《漢書·藝文志》著録的"博士弟子杜參賦二篇"以及注文"劉向《別録》云'臣謹與長社尉杜參,校中秘書。'劉歆又云'參,杜陵人,以陽朔元年病死,時年二十餘'"。張純一《晏子春秋校注》（文中簡稱《校注》）援引俞樾的《諸子平議》,以爲此"參"爲"富參"②,顯然失考。吳則虞《晏子春秋集釋》（文中簡稱《集釋》）則吸收了蘇氏的成果,糾正了俞、張二人錯誤;第二,"司馬子期問晏子"中的"司馬子期"當爲楚平王子公子結,官司馬,字子期。因爲晏子曾經出使楚國,因此有機會晤面。張純一引孫星衍説,以爲"姓司馬,字子期"③,吳則虞則援引蘇氏説。《左傳》與《國語》皆記公子結做大司馬事,且《説苑》也稱其爲司馬子期,蘇氏考辨不誤;第三,指出《史記·十二諸侯年表》本於《晏子》所載的"天下大國十二,皆曰諸侯"。他説:"景公時,晉、秦、齊、楚、吳、越最爲大國,次則魯、衛、宋、鄭、陳、蔡亦名邦也,故於諸國中獨舉十二爲言。"（400頁）指明了《史記》對諸子史料的藉鑑;第四,據"晏子使吳見夫差"事,指出此書中的不實之辭大多是"好事者爲之",這與學界認爲《晏子》一書具有"小説家"意味一致。他考辨道:"夫差之立當定公十五年,上距齊靈之卒已六十年,距晏子居父喪之歲則六十二年。晏子當齊靈世早已知名,必非弱小者,藉使定、哀之世巋然尚存,又豈能以大耋之年遠使異國乎?"（402頁）根

---

① 劉寶楠撰,高流水點校《論語正義》上册,中華書局1990年版,第397頁。
② 張純一撰,梁運華點校《晏子春秋校注》之《晏子春秋總目》,中華書局2014年版,第6頁。
③ 張純一撰,梁運華點校《晏子春秋校注》,中華書局2014年版,第356頁。

據晏子年歲否定他見吳王夫差的可能，考辨有理有據，氣勢充沛。

（3）蘇時學對《孔子家語》的考辨要績

《家語》是一部早在乾隆時期已被普遍證僞的文獻，蘇氏却能超越當時的疑古之風，大膽論證其真。他的論據大致有四個：第一，《家語》所載事件大多與《論語》相符，内容可信。僅在《筆話》中，他考校其他子書時，引用《家語》内容作爲論據者就達八處；第二，歷代治《家語》者少，長期輾轉傳抄而致文獻增損較多，增損部分極易被當作偽書證據；第三，傳世《家語》與《漢志》著録篇數不合，因當時傳書章句互異的情況普遍存在，《家語》也不應例外；第四，《家語》中有明顯與《論語》不符處，王肅都有注釋説明，如果爲王肅偽造，他爲何不造得與《論語》一致？這樣的例子他能舉出十餘條。雖然蘇氏也是通過記載内容的真偽論證《家語》爲真，與證偽者方法雷同，結果很可能是各執一詞，誰也説服不了誰。但在衆口一詞中他能逆潮流發聲，也屬難能可貴。而且隨着出土文獻的發掘，論證《家語》爲真的呼聲越來越高，警示我們學術争鳴之可貴和疑古不可過度！

（4）蘇時學對《孟子》及《孟子外書》的考辨要績

蘇氏對《孟子》一書的考辨主要圍繞這幾方面問題：歷史事件，如齊宣王伐燕、鄒穆公的德行與政績、齊人築薛、孟子在薛、魯穆公尊禮子思、周家享國之年、湯十一征、伐奄三年討其君、舜卒於鳴條等；人物事跡，如孟子遊歷諸國的時間及次序、樂正子、滕定公、廪文公、曹交、白圭、盆成括、公都子、高堂生等；地名與器物，僅有“畢郢”與“杯”兩條。考辨比較精彩者，如引《竹書紀年》與《孟子》文論證齊宣王伐燕在“周赧王元年，爲宣王七年”，而《史記·十二諸侯年表》有誤；引《竹書紀年》證“齊人築薛”之“薛”爲田嬰封國而非奚仲封國，也是孟子所在之“薛”；引《竹書紀年》與《孟子》文證“周家享國凡七百四十年”，《漢書·律曆志》與金履祥《通鑑前編》均誤增；引《竹書紀年》與《孟子》文證孟子遊歷諸國的次序爲滕、梁、齊、魯，《史記》云先梁後齊與史實不符；引《竹書紀年》文云“帝舜四十九年，帝居於鳴條，五十年帝陟”與《孟子》文相合，證明舜卒於鳴條。上述精彩考辨，離不開蘇氏對《孟子》與《竹書紀年》二書内容的精熟。

《孟子外書》現有題"熙時子"注本收入《續修四庫全書》，被清代學者（翟灝、丁傑等）斷爲僞書。蘇氏《筆話》三處談及此書。他在"樂正子"條云："《孟子外書》言公都子名彧，又言樂正克爲樂正子春之孫。此亦足備異聞者。但其書詞多淺近，殊不類乎七篇爾。得毋《內篇》爲孟子自著，而《外書》則門人附益之辭歟？"（《筆話》卷一）（378頁）蘇氏懷疑《外書》出自孟子門人之手。後又強調此書爲記載"公都子"姓名的唯一文獻，質疑世人對《外書》的全不信任。第三處是蘇氏舉出此書記載失實的例子，大多出自人們的想像，如"《孟子外書》言孫卿子見孟子"，爲"出於人心之欲以爲然，而質之當年之事，則實有不然者也。"因爲沒有更多文獻佐證，此書真僞難斷，但正如許多"僞書"都夾雜了"真文"一樣，我們對此書也可在仔細甄別後加以使用。

（5）蘇時學對《荀子》的考辨要績

蘇氏對《荀子》的考辨成績，主要在於辨明三個問題：第一，荀子與秦昭王、趙孝成王、楚考烈王同時，劉向《荀子序》稱荀子在齊威、宣王時始來遊學爲謬説。一因荀子晚孟子百餘年，二因春申君死時荀子尚存；第二，荀子主"隆禮"同於仲弓之"居敬"，《荀子》書中所云之"子弓"即爲仲弓，他是孔子之外最受荀子敬重的人；第三，荀子因思想不盡精純才有韓非、李斯這樣的法家學生，但正如曾子之有吴起、子夏之有莊周一樣，三子不精純的表現相似，不應荀子獨受後人詬病。蘇氏爲荀子鳴不平，反映出其時學界對荀子的偏見。

其他如談到《曾子》《子思子》，蘇氏既能注意到大、小戴對於二書的保存貢獻，也注意到曾子、子思子傳《禮》之功當不在高堂伯、后蒼之下，體現蘇氏重視學術脈絡的梳理。蘇氏對《世子》《宓子》《漆雕子》《公孫尼子》《寧越》等書，僅引述《漢志》著録情況和《論衡》《韓非子》等書的記載做一些簡略介紹。《董子》，蘇氏云其書爲戰國董無心作，不要誤作漢人董仲舒，并引《論衡·福虚》篇記載的董氏與墨家的纏子辯難的故事，肯定"堯舜不賜年，桀紂不夭死"之説出自董無心。

蘇氏對儒家子書的考辨也有失考處。如論《論語》的篇目。他僅根據王充《論衡·正説》所説的"至武帝發取孔子壁中古文，得二十一篇，齊、魯二，河間九篇，三十篇"①，就推測漢代《論語》應有三十篇。而據很多漢代學者的文獻記載看，我們僅知《古論》分《子張》篇爲二，故有二十一篇。《齊論》，班固自注云多出《問王》（一作《問玉》）《知道》兩篇，也僅有二十二篇。黃暉推斷，或許王充所見的《論語》本與班固注本不同②。孤證不立，蘇氏僅據王氏一説就下斷語，失之粗疏。皇侃《義疏》引張憑語以"鄉原"爲原壤，蘇氏以爲如此則"'原'作如字讀"，與《孟子》所言不相合，可備一説。關於"鄉原"的解釋歧説紛紜，程樹德認爲是古代俗語，以朱熹的解釋最爲準確："鄉人之願者也。蓋其同流合汙以媚於世，故在鄉人之中，獨以願稱。夫子以其似德非德，而反亂乎德，故以爲德之賊而深惡之。"③蘇氏未做精辨，一味地推崇皇侃《疏》，失察。另外，蘇氏在研讀《晏子》時，忽視了王念孫《讀書雜志》與盧文弨《群書拾補》的已有成果，做了些重復勞動，而且不利於他取得更多更精的成績。

2. 蘇時學對道家子書的考辨

《筆話》中談到的道家文獻有《老子》《列子》《莊子》《楊朱》等，不似對儒家子書關注得多，這與蘇氏本人的崇儒思想有關。而且在莊、列二子中，蘇時學有意强調列子地位，比如列子對老子思想的繼承以及列子時代先於莊子等。之所以如此强調，一方面出於蘇氏的學術喜好，另一方面也是他摘除《列子》僞書標籤的自覺努力。總體來看，蘇氏對道家子書的考辨成績主要體現在以下幾方面。

第一，作者、注者的問題。蘇氏竭力維護《列子》的真書身份，嚴屬地批評了姚際恒的《古今僞書考》，他説："《列子》一書精深微妙，求之周秦以前尚罕有其匹，而漢後人乃能爲之？且深自隱匿不露姓名，斯其識力之高，真曠世以來所絶無而僅有者。斯何人歟？斯何人歟？"（459 頁）他還把《列子》樹立爲談玄的典範，這與《左傳》《公羊》《國策》之分別作爲叙事、詁經、遊説的典範地位相同（461 頁）。蘇氏以《老子》河上公注本爲僞書，因爲其詞鄙淺、時有謬誤，不似得老子親傳者。河上公注本的成書年代最早不早於西漢，其注者必不得老子親

---

① 黃暉撰《論衡校釋》第 4 册，中華書局 1990 年版，第 1136 頁。
② 黃暉撰《論衡校釋》第 4 册，中華書局 1990 年版，第 1138 頁。
③ （宋）朱熹撰《四書章句集注》，中華書局 1983 年版，第 179 頁。

傳，蘇氏推斷無誤。劉向稱列子爲鄭繆公時人，蘇氏考《史記》只有"繻公"而無"繆公"，推斷《史記》之"繻"當爲"繆"之訛。世人皆據《史記》證劉向有誤，蘇氏爲劉向鳴不平。

第二，文本的問題。《老子》五十四章"修之于國"之"國"原作"邦"，因避高祖劉邦名諱而改，下文用"國"字而不押韻的例子同此。《列子》中"'蘭子'義未詳，舊注釋'蘭'爲'妄'，亦未了了。今世俗謂無賴子爲爛仔，其義疑本於此"，楊伯峻《列子集釋》雖也引用蘇氏此説，但他以爲"蘭"爲"欄"之通假字，更認同應劭的釋義"以技妄游者"①。根據"蘭子"在文中表現看，似是以雕蟲小技混跡江湖之人。"爛仔"在粵方言中指小流氓、小混混，這些人也多有一技之長，類似《水滸傳》中的高俅之輩。蘇氏釋義較應劭更形象;《莊子》言鵬即鳳，蘇氏云："竊謂莊叟雖屬寓言，然亦必有依據而爲之説。唯鳳爲百鳥王，是鳥之大當無過鳳者，是鵬即爲鳳，非鳳外更有鵬也"（435頁）。郭慶藩徵引的文獻也證明了蘇氏釋義準確②。

第三，繼承與流傳的問題。"老子爲清浄之教，初不聞以符籙名也，而世之言符籙者宗焉。鬼谷子爲縱橫之學，初不聞以占卜名也，而世之言占卜者宗焉。豈世愈遠而傳之者愈失其真歟，亦竊其名而不知求其實者之患也?"（434頁）蘇氏以老子與鬼谷子兩人爲例，揭示因世俗對歷史人物的附會，導致其形象和思想的失真現象。蘇氏云："老子之有列、莊，猶孔子之有顔、孟也，而論者多言莊而舍列"（434頁），他認爲列子勝過莊子，但少有人能理解。蘇氏還以爲楊朱之學即老子之學，孔子既然問禮於老子，一定不會排斥楊朱。蘇氏對列子與楊朱的肯定評價，與他的崇儒思想相關，但上述看法大多比較宏觀而且能獨出己見。

3. 蘇時學對墨家子書的考辨

《筆話》中談到的墨家子書有《墨子》《尹佚》（又作《尹逸》）。蘇氏以爲劉向《説苑·政理》中"威王問政于尹逸"的記載內容，是《漢志》墨家書《尹佚》的遺言。向宗魯也以爲或爲《周書》佚文，或本

① 楊伯峻撰《列子集釋》，中華書局1979年版，第254頁。
② （清）郭慶藩撰，王孝魚點校《莊子集釋》，中華書局1961年版，第3頁。

《尹佚書》①。蘇氏對墨子其人其書的考辨主要集中在《刊誤》中，《筆話》中也略有涉及，他的考辨有這樣幾個特點。

（1）他重視墨子的時代問題，反復論證墨子在孟子之前，并且認爲《墨子》之書不必爲墨子親著。如《所染》篇"宋康染于唐鞅、田不禮"，蘇氏按語："宋康之亡，當楚頃襄王十一年，上去楚惠王之卒一百四十三年，此不獨與墨子時世不值，且與中山之亡相距止數年，而皆在孟子之後，孟子言方千里者九，則中山未亡。言宋王行仁政，則宋亦未亡。若此書爲墨子自著，則墨子時世更在孟子之後，不知孟子之辟墨子，正在墨學方盛之時，其必不然也審矣。"蘇氏以爲，既然孟子激烈地批判墨子，墨子當不在孟子之後。而孟子時，宋與中山兩國尚存，因此"宋康之亡"只能發生在墨子之後。《墨子》書記載宋康王逃亡事，不可能是墨子親著；他在《非攻中》"雖北者且不一著何"句後按語："中山之亡當魏文侯世，墨子與子夏子門人同時，此事猶當及見之。"又在《非攻下》"昔者熊麗始詩"句後按語："墨子當春秋後，其時越方强盛，而晉尚未亡，故以荆、越、齊、晉爲四大國，不數秦者，時秦方衰亂故也。此可徵墨子在孔子後，而未及戰國也。凡書中涉及戰國時事者，皆其徒爲之爾。"墨子稱"荆、越、齊、晉"爲四大國，與戰國時勢不符，因此蘇氏以爲墨子只能生活在孔子之後而未及戰國。蘇氏考辨甚爲詳盡，可信。當今學界對墨子生世也大致確定爲春秋、戰國之際。

《耕柱》篇"子夏之徒問於子墨子"，蘇氏按語："據此則墨子在七十子後可爲確證。"《貴義》篇"獻惠王以老辭"，蘇氏按語："楚惠王以周敬王三十二年立，卒于考王九年，始癸丑，終庚寅，凡五十七年。墨子之游，蓋當其暮年，故以老辭。"蘇氏抓住"老"字，展開對楚惠王的時代考辨，再次印證了他對墨子時代的認識。蘇氏確認墨子時代在七十子後，孟子之前。因此，但凡《墨子》書中涉及戰國時事，都是墨子弟子所記。蘇氏的這些認識都是經得起推敲的，因此至今都爲學界所認可。

（2）他不回避《墨子》記載與史實的出入，大膽駁斥《墨子》中的

---

① （漢）劉向撰，向宗魯校證《説苑校證》，中華書局 1987 年版，第 153 頁。

不實之辭。如《明鬼下》寫周武王"折紂而繫之赤環，載之白旗，以爲天下諸侯僇"，畢沅引《太平御覽》文證"赤環"作"赤轅"，孫詒讓云"無考"，又引《逸周書·克殷》篇以證"白旗"①。畢、孫二人僅重視瑣碎文辭的校勘，并不考辨事實真僞。蘇氏則大膽地質疑："此事大抵戰國誣罔之詞，質之後世，則雖虐如聰、虎，鷙如裕、溫，橫如闖、獻，其所爲尚不至此。顧反以此頌武王焉，悖矣！"蘇氏認爲《墨子》記載的周武王虐待商紂王之事過於殘暴，歷代暴君和以蠻橫聞名的起義領袖尚且不至於此，怎麼可能發生在爲儒、墨所頌揚的周武王身上呢！因此，他認爲書中所記與情理不合，應非史實。這應該就是蘇氏爲梁啓超所讚譽的"膽"。

《非儒下》説孔子"知白公之謀，而奉之以石乞，君身幾滅，而白公僇"，畢沅引《孔叢子·詰墨》篇證白公之亂在孔子卒後，孫詒讓云"此事不可信"②，但保持自己的懷疑。蘇氏則云："此誣罔之辭，殊不足辨。唯據白公之亂在景公卒後十二年，而晏子之卒更在景公之先，又安能預知後事，而先與景公言之？"蘇氏以爲晏子卒於景公之前，而"白公之亂"發生於景公卒後，晏子不可能預知身後之事，只能是《墨子》記載失實。

《非儒下》記"孔乃恚怒于景公與晏子，乃樹鴟夷子皮于田常之門"，蘇氏憤怒地指斥："據《史記》，范蠡亡吳後，乃變易姓名適齊，爲鴟夷子皮。然亡吳之歲乃孔子卒後六年，景公卒後十七年，又安知蠡之適齊而樹之田氏之門乎？此與莊周所言孔子見盜跖無異，真齊東野人之語也。"畢沅缺乏蘇氏的批駁勇氣，孫詒讓則引用蘇説，後云"蓋戰國時有此誣妄之語"③，顯然也是繼承了蘇氏觀點。但據向宗魯考辨，此處"鴟夷子皮"并非范蠡，而是田成的死黨，其行污下④。如此的話，蘇氏的質疑就要被質疑了。

（3）他還注意利用《墨子》的記載，糾正正史之誤與流傳之謬説。如《非攻中》的"計莒之所以亡于齊、越之間者"，蘇云："《史記》云

---

① （清）孫詒讓撰，孫啓治點校《墨子閒詁》上冊，中華書局2001年版，第248頁。
② （清）孫詒讓撰，孫啓治點校《墨子閒詁》上冊，中華書局2001年版，第298頁。
③ （清）孫詒讓撰，孫啓治點校《墨子閒詁》上冊，中華書局2001年版，第301頁。
④ （漢）劉向撰，向宗魯校證《説苑校證》，中華書局1987年版，第50頁。

'楚簡王元年，北伐滅莒'。據此，則莒實爲齊滅，故其地在戰國屬齊。"孫詒讓引《戰國策·西周策》"邾、莒亡于齊"①，也證明《墨子》所記屬實，而《史記》有誤。

又如《親士》篇"西施之沉其美也"，蘇氏按："《吳越春秋》逸篇云：'吳亡後，越浮西施于江，令隨鴟夷以終。'其言與此合，是吳亡西施亦死也。墨子書記當時事必有據，後世乃有五湖隨范蠡之説，誣矣。"蘇氏能引《吳越春秋》逸篇佐證《墨子》所載，涉獵廣博。孫詒讓云此逸文又見於楊慎《丹鉛録》引《修文殿御覽》②，可見蘇氏引證文獻的可靠。

（4）他認爲墨子之學出於晏子，孔子曾稱讚晏子之賢，因此孔子也當不排斥墨家學説。而孟子之所以批墨，是出於尊"聖人之道"的不得已，唯恐墨家"近似而太亂真"（《筆話》卷二《楊墨》）。這當然可見他在極力維護孟子的道統地位，但他總結出諸子之説與其"時"的緊密聯繫，也極爲精當。

蘇氏對《墨子》的考辨也有失誤，比如《親士》篇"吳起之裂"句，蘇氏按語："墨子嘗見楚惠王，而吳起之死當悼王二十一年，上距惠王之卒已五十一年，疑墨子不及見此事"。孫詒讓謂蘇氏考辨不準確，因爲《魯問》云墨子見齊太公田和，而田和在楚悼王十六年受命爲諸侯，距離吳起之死僅五年③，墨子有可能目睹吳起之死；《貴義》篇"墨子南游于楚見獻惠王"，蘇氏據此云："獻惠王即楚惠王也。蓋當時已有兩字之譌。"孫詒讓則認爲此文脱佚甚多，余氏本止作"惠王"，此"獻惠王"疑作"獻書惠王"④。這樣的話蘇氏"兩字之譌"的推測就無本可依了；又如他説丞尉、三老、五大夫等都是秦時官制，所以《號令》篇記載的也是秦時法令，是商鞅等人所作而被採入《墨子》書的。經孫詒讓考證，篇中所言官制并存于商鞅前，蘇氏有誤；蘇氏説春秋時"子西"有三個：鄭公孫夏、楚鬬宜申、楚公子申，《所染》篇的"子

---

①　（清）孫詒讓撰，孫啓治點校《墨子閒詁》上冊，中華書局 2001 年版，第 133 頁。

②　（清）孫詒讓撰，孫啓治點校《墨子閒詁》上冊，中華書局 2001 年版，第 5 頁。

③　（清）孫詒讓撰，孫啓治點校《墨子閒詁》上冊，中華書局 2001 年版，第 5 頁。

④　（清）孫詒讓撰，孫啓治點校《墨子閒詁》下冊，中華書局 2001 年版，第 440 頁。

西"是鬭宜申^①。孫詒讓引《論語》馬融注，稱此篇"子西"爲楚公子申，蘇氏誤；蘇氏云泰顚與太公爲一人（《尚賢上》），馬融、鄭玄皆以爲二人，孫詒讓引《周書·克殷》篇同時記載泰顚、尚父兩人，證蘇氏之誤^②等。

4.蘇時學對法家子書的考辨成果

《筆話》中談到的法家子書有《管子》《慎子》《李子》《商子》與《韓非子》（皆見《筆話》卷八）。蘇時學對法家子書的考辨成績主要體現在以下幾個方面。

第一，作者的問題。蘇氏根據《管子》文詞樸茂的特點，推測其爲"齊、魯間人習遺書而談王伯者"所作；《李子》作者是李悝；《韓非子·儲說》內、外篇中的"一曰"部分，不是韓非所著，而是校書者附注的內容。對《管子》一書作者的論爭非常激烈，司馬遷與劉向等認爲是管仲親作，但遭到後世很多人的質疑。蘇氏觀點，當代表其中一派。截至目前，學界基本認同了葉適的"非一人之筆，亦非一時之書"^③的看法；關於《韓非子·儲說》內、外篇中"一曰"部分的作者，也有數種看法：太田方、梁啓雄、鄭良樹與周勛初（《周勛初文集》）等人都認爲韓非自著，陳奇猷認爲"當係另一人手筆"^④，陳啓天則認爲是韓非後學增補了韓非授課時所說的奇聞逸事。顧廣圻與蘇氏均認爲是校書者校語或附注，而最後校定此書的是劉向，所以有學者就直言爲劉向增補^⑤。

第二，文獻的流傳與影響。《漢書·食貨志》載李悝"盡地力之教"近三百言，《呂覽·任數》篇引用李子（李悝）的話"非狗不得兔，兔化而狗則不爲兔"，許維遹認同蘇氏觀點^⑥；《慎子》中"不聰不明不能王，不瞽不聾不能公"，爲劉熙《釋名》"不瘖不聾不成姑公"與唐人"不瘖不聾不作阿翁"俗語所宗；袁枚《來文端公傳》載來保相馬，與《韓非子·解老》篇載"詹何聞聲識牛"故事，有異曲同工之妙。這些

① （清）孫詒讓撰，孫啓治點校《墨子閒詁》上册，中華書局 2001 年版，第 19 頁。
② （清）孫詒讓撰，孫啓治點校《墨子閒詁》上册，中華書局 2001 年版，第 48 頁。
③ （宋）葉適著《習學記言序目》下册，中華書局 1977 年版，第 663 頁。
④ （戰國）韓非著，陳奇猷校注《韓非子新校注》上册，上海古籍出版社 2000 年版，第 573 頁。
⑤ 徐敏著《〈韓非子〉的流傳與編定》，《社會科學戰線》1982 年第 1 期。
⑥ 許維遹撰，梁運華整理《呂氏春秋集釋》下册，中華書局 2009 年版，第 449 頁。

成果雖比較零碎，但可見出蘇氏博覽群書的功夫。

第三，對諸子思想的批評。他批評商鞅的"三軍"法，編壯女與男女之老弱者入伍爲"甚不仁"；據《韓非子》"商君教秦孝公……燔詩書而明法令"，辨明商鞅爲焚書的始作俑者。王應麟曾以《史記》不載商鞅焚書，質疑韓非之説。陳奇猷考證，此事當爲史書失載。據陳奇猷《校注》，清代學者李賡芸讀此，已有"秦燔書不待始皇"[1]之嘆。蘇氏或未見李氏之説，所以才會竭力爲李斯申辯；他拈出《管子》所云"國之四維"——禮、義、廉、恥——對於齊家、治國、平天下的重要。他還批評韓非傲慢不遜，在書中絶不提自己的老師荀卿；批評韓非能發現古今之人情物理的相同，却竭力反對行"先王之道"，如此矛盾的思想實在令人不解；蘇氏專論商、韓之慘刻，爲"小人之剛者也"，其目的在於"利"。這也是以儒家强調"君子"之進德在於"義"，爲衡量標準的。

5. 蘇時學對雜家子書的考辨成果

《筆話》中談到的雜家子書僅有《吕氏春秋》。蘇時學對《去私》《下賢》《先識》《應言》《愛類》篇中的九個問題進行考辨與校釋，成果全部爲許維遹採用到《吕氏春秋集釋》中[2]。

第一，他梳理了《去私》篇中的錯簡。他認爲黄帝所言的"六禁"内容與前後文意不蒙，應爲《重己》篇混入此篇。

第二，考辨《下賢》篇的魏文侯因俘虜齊侯獻給天子而受賞一事的時間。蘇時學據《竹書紀年》記載的"王命韓景子、趙烈子及我師伐齊，入長垣"與此書所記魏文侯"東勝齊于長城"爲同一事，推斷出此事發生於威烈王十八年至二十三年之間。而《淮南子》所記載的"三國伐齊，圍平陸"一事，正是俘虜齊侯的實事。三部書中所記均爲韓、魏、趙三家伐齊并因俘虜齊侯而聞名，被周天子封爲列侯，事實一致。但他質疑：此時的齊國已在宣、康之世，受制於田氏，周天子爲何會命三家討伐？蘇氏的考辨甚詳，不知者闕疑，態度審慎。

第三，辨析《先識》篇記載周威公與晉太史屠黍論亡國之先後及原

---

① （戰國）韓非著，陳奇猷校注《韓非子新校注》上册，上海古籍出版社2000年版，第277頁。

② 參見許維遹撰，梁運華整理《吕氏春秋集釋》，中華書局2009年版，第29、373、397、473、502、503、595—596頁。

因一事。蘇氏云此事所云之"晉亡"，不指三家分晉，而是指晉幽公之亂。舊注以爲是晉出公時事，蘇氏通過對魏文侯平亂、中山之滅亡等史實，糾正其謬誤。蘇氏同時依據周威公與魏文侯同時，趙武靈王與晉滑王同時，考證此事所言之"中山"是爲魏文侯所滅之中山，下文白圭所辭讓之"中山"是爲趙武靈王所滅之中山。蘇氏外證與内證結合，考辨史實清楚詳實。

第四，《審應》篇公子食我所言之"出公""聲氏"，史書失載，衆口莫辯。高誘以爲韓國君、孫志祖以爲衛國君，蘇氏以爲晉國君。孫詒讓徵引《古文苑》所載劉歆《遂初賦》爲旁證，確認蘇氏所言極是 [①]。

第五，《應言》篇所言魏王不用孟卯一事，蘇氏釋"臧"云："臧獲也。甚賤之之詞。言雖用臧獲之賤，猶勝於用卯也。"又釋"令負牛書與秦"云："言令牛負此書以致於秦也。牛雖賤畜，秦猶善之，豈卯之賤而不逮一畜乎？"蘇氏解釋明白暢曉，駁斥了舊注以"臧"與"負牛"爲二臣之名的謬讀。

第六，《愛類》篇，蘇氏解釋匡章對惠施的詰問云："時惠施相魏，則齊之王必魏令惠施致之，故匡章以此語詰之，謂其言行顛倒也。"（595 頁）齊國稱王是惠施促成的，這與惠施一貫主張的"去尊"相違背，因此才有匡章詰問。蘇氏釋"不與"爲"否歟"，爲表示轉詰之詞，糾正舊注以"與"爲"如"之誤。他對於惠施所舉"以石代愛子頭"的比喻，闡釋得尤爲通俗明白："惠子意，齊王所以用兵而不休者，亦欲成霸王之名耳，今以王之虛名奉之，而可以免民之死，是亦以石代子頭之説也，何爲不可乎？""石"指王位，"子頭"指百姓的性命。齊王用兵稱霸必然損傷民命，而"霸王"不過虛名，兩害相權取其輕，正是惠施之意，經蘇氏解釋後可謂渙然冰釋。

蘇氏對於《吕氏春秋》的考釋雖然條目較少，但他所解決的問題都是此書中比較敏感且容易混淆的問題，經他解讀之後，很多問題迎刃而解，顯示出他高超的文獻釋讀功力。

6.蘇時學對縱橫、兵、小説諸家子書的考辨

縱橫家中，蘇時學僅關注了《鬼谷子》一書。他對此書評價較高，

---

① 許維遹撰，梁運華整理《吕氏春秋集釋》，中華書局 2009 年版，第 473—474 頁。

認爲其書行文"誠汪洋奇恣，善反覆馳騁，與時上下，不可方物"。他認爲此書充分展示了"遊説家詭變之情狀"（436頁）。雖然他不認爲此書爲"鬼谷子"所撰，但不否認其内容與語言的真實性，判斷爲後人採輯《蘇秦》書中的精要部分而成。蘇氏對《鬼谷子》一書的判斷，受到自隋人（或唐初）樂壹即開始流行的"蘇秦假託説"影響。但學界對《鬼谷子》的基本看法是："鬼谷先生"實有其人，此書爲戰國縱横家的理論著作，既有他親著篇目，也有後學及其他戰國行人著作篇目。《鬼谷子》自《鬼谷子》，《蘇子》自《蘇子》，不當兩書混同。但蘇氏所言，其書内容爲"遊説家詭變之情狀"則非常恰切。

蘇氏所論兵家之書唯有《司馬法》一部。他以爲此書爲成周大司馬之遺法，而不是齊人司馬穰苴所作。他認爲此書"其辭簡奥，有三代之遺，往往與《周官戴記》相近，殆非孫吴以下所能幾也。《博物志》謂周公所作，近矣。"（432頁）司馬遷在《太史公自序》與《司馬穰苴列傳》中三次提及此書，對其淵源叙述得比較清楚，但蘇氏堅持己見，難免偏執。學術界比較一致的看法是，傳世本《司馬法》包括兩部分内容：《古本司馬法》與《司馬穰苴兵法》，而《古本司馬法》西周之前即已存在。所以蘇氏所云"其辭簡奥"部分實際出自《古本》，此書爲司馬之官治軍用兵的法典，如蘇氏所云"大司馬之遺法"。蘇氏批評姚際恒懷疑一切古籍的態度時説："後人傳録失真之處誠亦有之，要未足害其全體"（459頁），其實他本人面對古籍成書的複雜情況，有時也難免以偏概全。

蘇時學比較重視對《司馬法》《世子》《漆雕子》《董子無心》《慎子》《李子》等散佚子書進行集中考辨外，還注意到對諸子文獻的輯佚，如他在勘校《説苑》時，就舉出《尹佚》《宓子》《寧越》《師曠》《楊朱》與《曾子》等書的逸篇。這些都説明蘇氏對子部古籍的珍視。

（二）蘇時學對秦漢以後子書的考辨成果

蘇氏關注的秦漢以後子書有《孔叢子》《新序》《説苑》《法言》《論衡》《牟子》《抱朴子》《中説》等，考辨中涉及的漢代子書有《賈子新書》《桓子新論》兩部。蘇氏對劉向著作比較欣賞，因見顧廣圻注《列女傳》而不聞注《新序》《説苑》者，所以才決心勘校二書，爲後人鋪路。

《孔叢子》，蘇氏斷言此書爲依託，是"雜採諸子之言"而歸諸孔氏（433頁）。《筆話》中駁斥了此書兩處記載的失實，一爲"言孟子見子思"，一爲"子思居衛，魯穆公卒"。但他承認此書依然有可信賴的内容，而且還能根據内容綫索追蹤到它所採輯之書。他舉出了道士學長生、邯鄲民獻雀於越王與子順議歸屍賛齊三件事，分別採自《列子·説符》與《吕氏春秋》，只是文本稍異。蘇氏一向對辨僞不以爲然，而《孔叢子》是他唯一認定的僞書。雖然當今學界對《孔叢子》一書的認識早已超越了真僞之辨，從對先秦學術傳統的傳承角度關注此書的價值，但其内容爲先秦記載"傳聞異辭"①的結論與蘇氏所云"雜採諸子之言"差别不大。

蘇氏對《説苑》一書的考辨與校勘約有105條，他的考辨成績大約有以下幾個。

1. 追蹤《説苑》所據文獻的來源。如云《君道》篇"湯問伊尹"内容出自《伊尹》書，但蘇氏未辨别其書爲道家還是小説家；《政理》篇"成王問政于尹逸"内容，出自墨家之《尹逸》（《尹佚》）書；《政理》篇"宓子賤治單父"内容，出自儒家之《宓子》書；《政理》篇管仲論城狐、社鼠之患，《權謀》篇"叔向殺萇宏（今本《説苑》與《韓非子》俱作"弘"）"，本自《韓非子》；《尊賢》篇"周威公問于寧子"内容，出自儒家之《寧越》書；《正諫》篇"魯襄公朝荆"章，本於《國語》；《善説》篇"叔向之弟羊舌虎善樂達"，本自《左傳·襄二十一年》；《權謀》篇記載的楊朱事，爲《列子·楊朱》篇遺文；《説叢》篇曾子言鷹隼、魚鱉一章出自《大戴禮》，而此篇的其他兩章與《雜言》篇一章所記曾子"言"出自《曾子》逸篇。蘇氏所云逸篇，已爲王永輝、高尚舉收入《曾子輯校》中②；《辨物》篇晉平公問師曠事，出自小説家之《師曠》書；《君道》《建本》兩篇記載河間獻王"言"四章，出自河間獻王的《對上下三雍宫》。

2. 人物考辨。周太史州黎，《君道》篇載"云如飛鳥，夾日而飛"事，《左傳·哀公六年》也記載此事但未提太史姓名，蘇氏據此引證其

---

① 詳見孫少華著《〈孔叢子〉與秦漢子書學術傳統》，中國社會科學出版社2015年版。
② 王永輝、高尚舉輯校《曾子輯校》，中華書局2017年版。

名；司城子罕，《君道》載其"相宋"事，蘇氏説是戰國的皇喜，不是春秋時的樂喜。顧廣圻只説不是春秋樂喜，梁玉繩説是戰國皇喜。蘇氏綜合了二家之説，可惜的是不見其考辨過程。向宗魯則認同高誘注，以爲子罕乃戴公子孫①。至今未有定論；子（盧文弨校作"于"）義獲，見《臣術》篇，蘇氏以爲人名，事跡不詳；損頗，見《臣術》篇，蘇氏以爲人名，爲屈春之友；晉平公，《建本》篇載他對師曠説自己"年七十"。經蘇氏考證，平公年歲不過四十，而自稱"七十"，當爲妄語；蒼梧嬈，《建本》篇只載有"蒼梧之弟"，不提其姓名，蘇氏據《家語》文作"蒼梧嬈"。盧文弨也引《家語》作證，向宗魯又引《中論》文，以"嬈"爲是②；又如對《尊賢》篇周威公、寧越的身份考辨，《正諫》篇晉平公不當與咎犯同時，同篇楚莊王時之椒舉當爲伍參，同篇"田常果攻宰予於庭"之"宰予"當爲闞止，同篇"子服景伯"當作"子服惠伯"，《權謀》篇之"楊子"爲楊朱，同篇之"石乞"爲白公臣，"屈建"爲屈到之子，字子木。《權謀》篇之"公儀休"爲魯穆公時人（413頁）。《雜言》篇的"四子身死牧之野"之"四子"爲費仲、惡來革、長鼻決耳、崇侯虎等（414頁）。

3. 史事考辨。《君道》篇"韓武子田"記韓武子與欒懷子論范氏之亡，經蘇氏考辨：韓武子在春秋後，上距欒懷子幾百年，而范氏之亡又晚於韓武子近六十年，此處記事非常荒謬；《君道》篇"齊人弑其君"，蘇氏云即崔杼弑齊莊公，在魯襄公二十五年。向宗魯亦云爲齊崔杼弑莊公事③；《立節》篇載狐突自殺事，蘇氏據《左傳》知狐突於魯僖公二十三年爲懷公所殺，上距獻公卒約十五年，此處記載失實。盧文弨云因《左傳》在劉向時尚不流行，所以記載失實。向宗魯意見同蘇氏，但未引蘇氏語④；《復恩》篇載管仲哭鮑叔，蘇氏以《管子》《列子》和《莊子》皆記載管子卒在鮑叔前，此書明顯錯誤。向宗魯稱《初學記》引用的《韓詩外傳》文本同此書，而黃震質疑《列》《莊》所記爲

---

①　（漢）劉向撰，向宗魯校證《説苑校證》，中華書局1987年版，第32頁。
②　（漢）劉向撰，向宗魯校證《説苑校證》，中華書局1987年版，第71頁。
③　（漢）劉向撰，向宗魯校證《説苑校證》，中華書局1987年版，第30頁。
④　（漢）劉向撰，向宗魯校證《説苑校證》，中華書局1987年版，第82頁。

寓言，不可當真①。但《史記》與劉向《管子序録》也説管子早卒於鮑叔，蘇氏理由更充分；又如考辨《尊賢》篇的城濮之戰，當在成王時而非平王時等。上述可見，蘇氏對《説苑》的考辨成果很豐富。

蘇氏對《説苑》的考辨也有不足，簡述如下：《臣術》篇"楚令尹死"，蘇氏云景、成都是楚國氏族而僭稱"公"，并據下文言稱"鴟夷子皮"推斷令尹死於楚惠王世。向宗魯以爲此文中之鴟夷子皮并非范蠡，稱"子皮"者三人，范蠡之外還有一人爲田常死黨，一人即此文之子皮，他與成公朝同時，在楚平王世②。既然如此，蘇氏據范蠡生平推斷的令尹死時也就難以服人了；蘇氏云《反質》篇"子貢問子石"之"子石"爲孔子弟子公孫龍（414頁），雖然他没有説是否爲談"堅白"之公孫龍，但極易令人混淆。向宗魯以爲或作"公孫礱"，引梁玉繩《史記志疑》及《人表考》證公孫龍有二，此公孫龍與子思玄孫孔穿同時，不是談"堅白"的那一個③。

其他幾部子書的考辨較簡略，蘇氏關注的是這樣幾個方面的問題。

1.對作者的評價，一般以是否符合儒家思想爲標準。蘇氏對揚雄和王通的批評非常犀利，把《法言》《中説》定性爲"儒家之僞"。蘇氏以爲揚雄就是孔子批評的"色取仁而行違者"，是"中無所得而藉乎外以聞"的沽名釣譽者，不是儒家德操的踐行者。蘇氏對揚雄批評苛刻，主要是不滿他對王莽的依附，揚雄評價莊子"少欲"但不明"君臣之義"，蘇氏以爲在"君臣之義"方面，揚雄比莊周要低下得多。蘇氏抓住《法言》中"周公以來，未有漢公之懿"一句，痛斥揚雄對王莽諂媚之甚，甚至把《法言》等同於揚雄給王莽的勸進表。蘇氏對揚雄及其《法言》的批評顯然帶有強烈的感情色彩，不是理性思考的結果（436—437頁）。蘇氏説葛洪雖生於晉，因祖父仕吳，書中言及吳主皆尊舉其號，這説明葛洪心存故國之義。歐陽修先祖曾仕南唐，但他毫不以爲意。蘇氏揚葛洪抑歐陽，也是以儒家君臣之義爲尺規。

2.真僞之辨。牟子《理惑論》的作者，《弘明集》題著者爲漢太尉牟融，附注又云蒼梧牟子博。蘇氏從此書所言佛經"卷以萬計、言以

① （漢）劉向撰，向宗魯校證《説苑校證》，中華書局1987年版，第132頁。
② （漢）劉向撰，向宗魯校證《説苑校證》，中華書局1987年版，第50頁。
③ （漢）劉向撰，向宗魯校證《説苑校證》，中華書局1987年版，第412頁。

億數"的情況看,否定作者爲靈帝時人,而認爲是"六朝佞佛者"爲之(437頁)。梁啓超斷言此書爲東晉劉宋時的僞作(《飲冰室合集》第十四冊),與蘇氏、顧廣圻比較一致。學界對《理惑論》作者尚無定論,大約可分爲漢魏説與兩晉説兩派。但比較一致的看法是,《理惑論》不是《漢志》所載《牟子》,作者既非牟融也不是牟子博(蘇氏疑其爲一人之名和字),但此書在中國佛教史上具有重要地位。蘇氏的考辨可作爲一家之言。

3. 作者言行與其書内容的矛盾。《抱朴子·内篇》言神仙,仿佛葛洪爲一個真的仙者,其實蘇氏考辨葛洪生年不足五十,連長壽都不能算,何談成仙?另外,葛洪《内篇》言神仙之必有,而《外篇》又言壽命難期,也是自相矛盾。

4. 文辭的繁簡。蘇氏一方面替《論衡》鳴不平,認爲世人對其批評太過,其書也有"精確而不可易者",所以"未可以盡廢";另一方面,蘇氏也批評《論衡》文辭繁冗,連篇累牘,不合聖人"辭達"之旨。《論衡》之書用語通俗,内容或有重復處,王充同時的人已有批評,王充爲自己辯解道"事衆文饒,水大魚多……書雖文重,所論百種。"[1]蘇氏的批評比較公允。

蘇氏考辨諸子時,擅長子、史互證,也重視不同時代的子書、同時代的子書之間互證,子書不同篇章之間的互證,手法多樣,精彩之處與不足皆如上述。成功之處,源於他開闊的眼光、可嘉的勇氣與對子、史文獻的精熟。史書方面,蘇氏非常重視對《竹書紀年》《逸周書》《左傳》《戰國策》《國語》《吳越春秋》等材料的使用,尤其重視前兩部書的文獻記載和一些逸篇、逸文的使用;子書方面,蘇氏尤其重視對《列子》《孟子》《家語》《賈子新書》中材料的使用,不爲學界疑古之風所限制。不足之處有三:第一,因爲考辨所依據的文本校勘不精,易出現誤判,比如對"兩字之謁"的判定;第二,因爲珍惜傳世古籍而過於信賴,比如對古文《尚書》的多次使用。第三,由於他對於子、史兩種著述體例不做區分,以對史書的"實録"標準審視子書,忽視了子書中説理對史實的主宰作用,導致他對《孟子》《墨子》等内容失真的不解。

---

[1] 黄暉撰《論衡校釋》第4冊,中華書局1990年版,第1202頁。

但總體上來說，蘇氏對諸子的考辨成果或成爲學界共識，或自成一家之説，推動了晚清的子學發展，在子學研究領域可占一席之地。

二　蘇時學對四部子書的校勘與釋讀成績

《墨子刊誤》代表了蘇時學子部文獻校勘整理的最高成績，時人的重視如開篇所述。《筆話》中也有他針對《墨子》《晏子春秋》《新序》《説苑》等書進行校釋的成績。針對《新序》《説苑》的全面校釋，由蘇氏較早開創，尤以《説苑》校釋爲代表，緊承盧文弨之後到達一個新的高度。筆者以四部文獻爲中心，分別闡述蘇氏的校釋成績。

（一）校釋《墨子》的成績

陳澧認爲經過蘇氏刊誤後的《墨子》文句"渙然冰釋，怡然理順"，蘇氏解讀《墨子》時能"取其長，探其奧"，前一句肯定其成績，後一句肯定其膽識。梁啓超也高度讚揚了蘇氏刊誤《墨子》之膽量。陳柱則批評蘇氏校勘有兩"鉅失"：篤信僞古文《尚書》，據此而誤解《墨子》；因不擅長小學，字詞的校釋不甚恰當①。爲糾正蘇氏校勘的失當，陳柱還專著《〈墨子刊誤〉刊誤》。陳澧、梁啓超兩人的稱讚比較宏觀概括，不似陳柱的批評具體，而且《〈墨子刊誤〉刊誤》更是立足於對其文本的精細耙梳。所以，有必要細讀文本，把蘇氏對《墨子》的校釋成績落到細緻切實處。蘇氏略去《墨子》之《經》與《經説》篇，集中精力用心勘校最難釋讀的、爲人所輕視的《備城門》之後十餘篇，開啓岑仲勉《墨子城守各篇簡注》②之先河，顯示出他的獨特學術個性。

1. 藉助史書勘定了書中涉及的歷史人物

蘇氏勘定的歷史人物有祭公敦、巫馬期（當爲施）、季康子、孟武伯之後、告子等。《所染》篇"幽王染于傅公夷、蔡公穀"，蘇氏云："蔡公穀，《呂覽》作'祭公敦'，竊謂當從《呂覽》作'祭公'爲是。祭爲周畿内國，周公少子所封，自文公謀父以下，世爲卿士于周，隱元

---

① 陳柱著，張峰校注《墨學十論》，華東師範大學出版社 2015 年版，第 193 頁。
② 岑仲勉著《墨子城守各篇簡注》，中華書局 1958 年版。岑仲勉在此書《自序》中説"蘇時學、吳汝綸等人認爲這十一篇是漢人作品。"因此，爲人輕視。《再序》中直接援引蘇時學《墨子刊誤》中關於《號令》篇的話。

年所書'祭伯來'者，即其後也。若蔡，當幽王時唯有釐侯所事，不聞更有名穀者。"《耕柱》篇"巫馬子謂子墨子曰"，蘇氏按："巫馬子爲儒者也，疑即孔子弟子巫馬期（當爲施），否則其後。"孫詒讓引蘇説，并從年歲上推測此"巫馬子"或爲巫馬施子[1]。

《耕柱》篇"季孫紹與孟伯常治魯國之政"，蘇氏云："季孫紹與孟伯常不見於春秋，當爲季康子、孟武伯之後，與墨子同時者也。"孫詒讓引蘇説并云當爲昭子（季康子曾孫）、敬子（孟武伯之子）之子若孫[2]。《公孟》篇"二三子復於墨子曰：告子曰"，蘇氏按："此告子自與墨子同時，後與孟子問答者，當另爲一人。"認爲這個與墨子同時的告子，不是孟子那名叫告子的學生。孫詒讓從年代考辨，否定了趙岐、王應麟與洪頤煊之説，支持蘇氏的兩"告子"説[3]。還有唯一一處使用本校法的例子，《公孟》篇"子墨子謂程子曰"，蘇氏案："程子，即程繁也。見《三辯篇》。"

2. 字詞解釋與文句大意的疏通

文句大意的疏通離不開正確的句讀，蘇氏在這方面很下了一番功夫，尤其是對《備城門》之後十餘篇中很多段落都標明了句讀。其中比較突出的，如《非樂上》篇"昔者齊康公興樂萬"一段錯亂嚴重，蘇氏參照《太平御覽》文本校云："愚謂正文當以'興樂萬'爲句，而'萬人'當屬下爲句。蓋'萬'不可以數言，當爲萬舞之萬。萬人猶舞人也，'興樂萬'猶興樂舞也。斯於事義爲協。若以數言，則樂至萬萬人，雖傾國之力不足以供之，雖至無道之君，不聞有此。審爾，則墨子當先以爲譏，而篇中尚無此意，則'萬'非人數曉然矣。"孫詒讓同意蘇説，并引《周禮》的《鄉大夫》《舞師》文本及鄭玄注證之[4]。

蘇氏的釋義也很精彩，其中以《備城門》之後十餘篇中爲最多。《耕柱篇》"吾以爲古之善者則誅（蘇氏按：當爲述）之，今之善者則作之，欲善之益多也。"蘇氏釋義："此言述、作不可偏廢，皆務爲其善

---

① （清）孫詒讓撰，孫啓治點校《墨子閒詁》下册，中華書局 2001 年版，第 422 頁。

② （清）孫詒讓撰，孫啓治點校《墨子閒詁》下册，中華書局 2001 年版，第 437 頁。

③ （清）孫詒讓撰，孫啓治點校《墨子閒詁》下册，中華書局 2001 年版，第 463—464 頁。

④ （清）孫詒讓撰，孫啓治點校《墨子閒詁》上册，中華書局 2001 年版，第 254 頁。

而已。述主乎因，故以古言；作主乎創，故以今言。述而又作，則善益多矣。"畢沅理解爲：古之善者多，所以只要述而行之即可，今之善者少，才須作。兩相比較，孫詒讓認爲蘇氏釋義更準確①。

《備城門》篇"城小人衆，葆離鄉老弱國中及他（一作也）大城"，蘇釋云："城小人衆，則不可守，宜遣其老弱葆於國中及他大城。"孫詒讓（525頁）與岑仲勉（111頁）皆從其説；《備穴》篇"城上爲爵穴，下壘三尺，廣其外"，蘇氏釋義："此言爵穴之法，廣外則狹内，令下毋見上，上見下也。"孫詒讓（530頁）與岑仲勉（34頁）皆從其説；《備城門》篇"樓四植，植皆爲通舄"，蘇釋云"'四植'即四柱，舄同碼，柱下石也。"孫詒讓（504頁）與岑仲勉（28頁）皆從其説；又《備城門》篇"爲卒乾飯，人二斗，以備陰雨，而使積燥處"，蘇釋云"言陰雨不能舉火，爲乾餱以備也"，孫、岑皆無異義。

《備穴》篇"勿爲陛與石，以縣陛上下出入"，蘇釋云"言穴中勿爲陛階，出入者縋而上下也。"孫詒讓云："此皆備敵人之集吾穴也。"（554頁）岑仲勉云："掘穴愈深，上下愈不便，但苟作階級或堆石以備升降，萬一敵人攻入，反被利用，故特聲明'勿爲陛與石'。縣陛之制，必利用縪法爲之，有事時易於破壞也。"（63頁）可見孫氏藉鑑蘇氏，岑氏藉鑑之後又有發揮。

《備蛾傅》篇的"縣脾"之法，蘇氏釋云"此言設縣脾多寡之數，蓋疏數視敵爲之。"孫詒讓、岑仲勉皆認同，岑氏更具體解釋爲"非戰綫所在則二十步一懸脾，戰綫（攻隊）所在則六步一懸脾，視敵之攻勢而增減之"（76頁）。

《迎敵祠》篇"壞其牆，無以爲客菌（一作囷）"，蘇氏釋云"意言城外有牆，是令敵人得障蔽以避矢，宜急壞之"。雖然三人對文本作"菌"或"囷"的認識有異，但在詞語的釋義上孫詒讓（577頁）與岑仲勉（87頁）皆從蘇説。諸如此類的例子太多，就不一一枚舉了。

3. 文本校勘上的成績

蘇氏注意援引子、史材料作爲他校之依據之外，還特别注重使用本校以糾正文本之誤。因爲時人非常輕視《備城門》之後的十餘篇，這些

---

① （清）孫詒讓撰，孫啓治點校《墨子閒詁》下册，中華書局2001年版，第435頁。

篇章文本混亂較爲嚴重，蘇氏對此下的功夫也就比較足。

（1）錯簡的編排。

蘇氏整理編排的嚴重錯簡有十餘處，大多爲孫詒讓《墨子閒詁》與岑仲勉《墨子城守各篇簡注》所吸收藉鑒，以下擇要論述。

《尚同中》篇"其爲正長若此，是故上者天鬼有厚乎其爲政長也，下者萬民有便利乎其爲政長也。天鬼之所深厚，而能强從事焉，則天鬼之福可得也。萬民之所便利，而能强從事焉，則萬民之親可得也。其爲政若此，是以謀事得，舉事成，入守固，出誅勝者，何故之以也？曰：唯以尚同爲政者也。故古者聖王之爲政若此。今天下之人曰：方今之時，天下之正長猶未廢乎天下，而天下之所以亂者，何故之以也？"先有王念孫父子校文，蘇氏説同王氏，孫詒讓《閒詁》全部遵照乙正 ①。

《備城門》篇"爲之且內弩以應之"。蘇云："此數語當入《備穴》篇，而錯出於此者。"孫詒讓（498 頁）與岑仲勉（23 頁）皆認同蘇説，認爲這是抵禦敵人穴攻的方法；同篇"此十四者具，則民亦不宜上矣，然後城可守。十四者無一，則雖善者不能守矣"，蘇氏以爲當在"不然，則賞明可信而罰嚴足畏也"之後，孫詒讓（494 頁）認同蘇説，岑仲勉未直接引用蘇説，但文本與蘇校同（5 頁）。

還有《備城門》篇"爲之奈何……爲高樓以謹"二十四字，蘇氏以爲當是《備穴》篇文。孫詒讓依王引之、蘇氏校，移至《備穴》篇首（549 頁），岑仲勉直接移至《備穴》篇（55 頁）；同篇"侯望敵人"，蘇氏以爲此下至"諸做穴者五十人，男女相半"數百言皆是《備穴》篇錯簡，而且當上接"爲之奈何……爲高樓以謹"二十四字。孫詒讓云畢沅與蘇氏校出的錯簡者有三百九十四字，并移至《備穴》篇（555 頁）。岑仲勉也把此段移至《備穴》篇，但文本次序稍異（65 頁）。

（2）字詞嚴重訛、脱、倒、衍的勘校。

蘇氏校出的訛、脱、倒、衍之例太多，不便一一枚舉，僅以其中情況比較混亂者談談其成績。《雜守》篇"爲解車以枱，城矣"，蘇云："此句錯誤不可讀。'解車'疑即'軺車'，據下文是言車之載矢者。'城矣'二字，或即'載矢'之訛，下'以'字衍。"孫氏按："蘇説近

---

① （清）孫詒讓撰，孫啓治點校《墨子閒詁》上册，中華書局 2001 年版，第 82 頁。

是，但下‘以’字非衍。"（636 頁）岑仲勉吸收了蘇、孫二人看法，校文云 "爲輷車以枙，盛矢以輷車"，説此句是介紹 "作載矢用的輷車之製法"（155 頁）。

《號令》篇 "令其人各有以記之。事以，各以其記取之。事爲之券，書其枚數"，蘇校云："‘事以’當作‘事已’。‘各’下脱‘以’字。‘事爲之券’，當作‘吏爲之券’，叓，古‘事’字，與吏‘近’也。"孫詒讓（617 頁）、岑仲勉（133 頁）皆從蘇氏句讀與校釋。

《號令》篇 "牧粟米、布錢金，出内畜產，皆爲平直其賈"，蘇校云："‘牧’疑當作‘收’，‘布’下疑脱‘帛’字，‘出内’即‘出納’。"蘇氏校文前半部分與王引之同，後半部獨抒己意，孫詒讓（610 頁）、岑仲勉（127 頁）并據補正。

《備城門》篇 "五步一罌，盛水。有奚，奚蠡大容一斗"，蘇云："下言木罌容十升以上者，五十步而十，是五步一罌也。"又云："‘奚’下脱‘蠡’字。《説文》：‘奚，大腹也’。蠡音黎，瓠瓢也。《漢書·東方朔傳》‘以蠡測海’是也。"孫詒讓引王引之語也説脱 "蠡"字（514 頁），而以蘇氏校釋最詳。岑仲勉校文、釋義皆同蘇氏（11 頁）。

值得肯定的是，在校勘訛誤之時，蘇氏還善於總結歸納《墨子》慣常使用的通假字。如納假藉爲内，太假藉爲大，又如狹與陝、丌與其、導與道、避與辟、征與正、抑與意、智與知、疲與罷、闓與辟、憚與譚、怨與冤、彈與單、欲與由、猶與由、絮與緒、傑與桀、背與倍、向與鄉、恭與共、臂與辟、鑰與籥、睥睨與俾倪、埋與貍、桔橰與頡皋、埏與筵、三與參、縱與從、磏與烏、禦與圉、銳與兑、徑與經、摻與三、情與請、梱與菌、供與共、沽與酤、價與賈、購與構、仿與放、蔓與曼、警與驚、複與復、怠與殆、梯與弟、鉅與距、繕與善、墟與虛等。

同時，蘇氏還對古通用字現象進行了考察與歸納。如，滋與兹通用，筦（管）與關通用，又如左與佐、即與則、征與政、尚與上、樹與杵、廡與甒、予與與、循與徇、已與以、陳與田等。

蘇氏還總結出《墨子》書中常混用的字，如宫常寫作官，毋常寫作母，收常寫作牧，瓦常寫作月，堞常寫作壤，敵常寫作適，戒常寫作蓋、猝常寫作卒、人常寫作入、隧常寫作隊（遂）等。

　　蘇氏校釋的失誤，孫詒讓、陳柱與岑仲勉都曾提及，筆者擇其重點説説。孫詒讓指出蘇氏校釋的明顯失誤，如《備城門》篇"凡守圍城之法，厚以高。濠也深以廣"，蘇云："'厚'上當脱'垣墉'二字，'也'當作'池'"。孫詒讓按："厚"上當有"城"字，疑本作"凡守圍之法，城厚以高"。今本"圍"訛爲"圍"，又移"城"字著"之法"上，遂不可通。後守法章云"城小大，以此率之，乃足以守圍"，"圍"亦訛"圍"，即其證也（493頁）。孫氏考證嚴密，蘇氏云脱"垣墉"二字，顯然不當。蘇氏校"也"當作"池"不誤，但畢沅與王引之校文早已明言；又同篇"五十步一樓扡，扡勇勇必重。"蘇稱"重"屬下"土"字讀，云："'扡'義未詳，或誤衍，'勇'疑'樓'字之誤，'重土'即'重'字之誤也。當言'五十步一樓，樓必重'，重平聲，《備穴篇》言'再重樓'是也。"孫詒讓案："扡"疑當爲"撕"，草書相近而訛。上文云"樓撕揗"，即此。又按：此當作"樓撕必再重"，即上文所云"屬城爲再重樓"也。今本"樓再"二字并誤爲"勇"，又倒亂失次耳。"土"當屬下"樓"字讀，蘇説失之。《備蛾傅》篇云"隅爲樓，樓必曲裏"，亦再重之訛（520頁）；又如《雜守》篇的"睨者"，蘇氏以之爲"兒童"之訛。但孫詒讓據《孟子》《説文》等書以爲"睨"即"婗"之假字，指年十四歲以下（不滿五尺）的兒童（636頁）。岑仲勉以爲即《孟子》書中"反其旄倪"之"倪"，指身高不足的兒童不能服兵役，只能做吏胥（154頁）；蘇氏對句意理解無誤，但對"睨"字來源失考。陳柱的《〈墨子刊誤〉刊誤》[①]指出《國學月刊》本《墨子刊誤》的明顯失誤源於排印，并非蘇氏致誤，如卷二"夏蓋其上""與其進左右所宜處""凡絫輕重所爲，吏人各得其任""徧下，令耳其内"四句中的"其"字，皆當作"丌"。"丌"爲"其"的異體字。蘇氏在《刊誤》卷二中已有總結，他説："'丌'與'其'通，書中'其'多作'丌'"（見《雜守》篇"材之大小長短及凡數"句下）。岑仲勉對蘇氏之説也多有否定，如《號令》篇的"坐擊正期"蘇氏改作"坐擊鼓整旗"。岑仲勉反駁云："斥兵坐郭門外内，雖見前文，但寇既逼城，情勢已異，不必限定'坐而擊鼓'。考鼓旁作'壴'，省寫形近於'坐'，兩

---

　　①　載陳柱著，張峰校注《墨學十論》，華東師範大學出版社2015年版，第240—264頁。

字復誤倒，故變‘坐擊’。此言城上見寇逼近，即用旌旗指麾斥兵，於是擊鼓、整旗，豫備作戰，都依城上的指麾而動作。正期與整旗古音、粵音均相同”①；又如《旗幟》篇中“女子爲梯末之旗”，蘇氏疑“梯”當作“枯楊生稊”之“稊”。岑仲勉以爲“姊妹”舊作“梯末”，以形似而訛，蘇氏大錯②；又蘇氏釋《備穴》篇之“廡”爲罌，岑仲勉以爲非是，他據《漢書注》釋作“門屋”③，與它可用來藏工具的功能相符。

（二）校釋《晏子春秋》的成績

蘇時學在《筆話》卷四（400—404頁）中對《晏子》作了細緻的校釋，民國學者張純一的《校注》忽視了它們，吳則虞的《集釋》慧眼識珠，吸收了蘇氏的校釋精華。蘇氏的校釋成績，比較突出地體現在以下一些內容中。

1. 大意的疏通

（1）逢于何請求爲父母合葬時，他回答晏子的話，經蘇氏校對的文字爲“夫君子則有以却我者，吾儕小人，將左手擁格，右手梱心，立餓枯槁而死”，“君子”謂景公，釋義“合葬之請，君如見却，則吾儕小人當以死殉之”；吳氏校同張氏本“夫君子則有以，如我者儕小人，吾將左手擁格，右手梱心，立餓枯槁而死”④，“君子”謂晏子，理解爲以晏子的有爲比照自己的無奈。筆者認爲，因前文晏子已答應了逢于何，自己一定向景公轉達他合葬的請求，繼而追問的應是萬一景公不答應，他將如何處置？所以逢于何答語中的“君子”當指景公，比較符合上下語境，蘇氏的釋義似乎要明達通暢。（2）如“彼鄒、滕雉奔而出其地，猶稱公侯”，蘇氏釋義云：“鄒、滕小國，雖雉奔可出其境，甚言疆土之狹也。然春秋之國，無不稱某公某侯者，故鄒、滕雖小，其稱公侯，與齊、魯同。”蘇氏釋義準確，而且在俞樾、黃以周之前。（3）“故嬰非特食饋之長也”，蘇氏云：“言授餐於我，而無所裨益，是以我爲供具飲食之人也。”吳氏引用了蘇氏與劉師培的釋義，未下己意。張氏則僅引

① 岑仲勉著《墨子城守各篇簡注》，中華書局1958年版，第132頁。
② 岑仲勉著《墨子城守各篇簡注》，中華書局1958年版，第91頁。
③ 岑仲勉著《墨子城守各篇簡注》，中華書局1958年版，第70頁。
④ 吳則虞集釋《晏子春秋集釋》上冊，中華書局1962年版，第149頁。

劉氏釋義:"'長'與'主'同,言非彼主食之人。"①蘇氏釋義比較劉氏,更能顯出晏嬰言辭中的鋒芒,表達他對高糾庸碌無爲的嚴厲批評。(4)"東方之聲薄,西方之聲揚",蘇氏釋:"'薄',猶'迫'也。室東坐而西向,則東實而西虛;實故其聲迫,虛故其聲揚。"張氏以爲"西方之聲較東方之聲高"②,吳氏以爲"天地氣厚於西北,而下於東南,故西北地高,東南地下,'薄''揚'亦言其高下也"③。聯繫上下文,"室夕"當如蘇氏解"據下文所云,是言室偏向西,日夕則返照,故謂之夕",蘇氏的釋義也更恰當。(5)"子何必患若言而教寡人乎",蘇氏云:"案此景公責晏子之詞,意謂盆成适所言,在晏子却之無難,何必聞之於我。"張氏未作解釋,吳則虞引蘇氏釋義。(6)"夫何密近,不爲大利變",蘇氏云:"言左右近習之人,未有不爲利所動,而能導君於義者。"張氏引蘇輿言以爲"何"通"可",釋義與蘇氏相似④。(7)"有納書者",蘇氏云:"言人惡晏子,因上書景公以毀之。"張氏未作解釋,吳則虞引蘇氏釋義,并據《御覽》校爲"有納書景公者"⑤。(8)"有妻而可去,有子而可怒",蘇氏云:"妻至於去,子至於怒,似無可願,'可'之云者,極言其順乎我也。"張氏釋"去"爲"藏","怒"通"努",謂有妻設不願相偕,即可自由離去⑥。吳則虞引蘇氏釋義。盧守助釋"去"爲"驅,驅使",句義爲"我希望有君主可以輔佐,有妻子可以役使,有兒子可以教勉"⑦,相較各家解釋,句義比較明白。蘇氏所説的"順"指"役使""教勉"的結果,亦通。(8)"築蹊徑、急門閭之政",蘇氏云"築蹊徑以防踰越,急門閭以嚴出入,皆備奸盜也",釋義準確。(9)"入不相削行",蘇氏云"削"猶切磋之意。張氏釋云"規過"⑧,與"切磋"義相近。

---

① 張純一撰,梁運華點校《晏子春秋校注》,中華書局 2014 年版,第 273 頁。
② 張純一撰,梁運華點校《晏子春秋校注》,中華書局 2014 年版,第 282 頁。
③ 吳則虞集釋《晏子春秋集釋》下册,中華書局 1962 年版,第 381 頁。
④ 張純一撰,梁運華點校《晏子春秋校注》,中華書局 2014 年版,第 349 頁。
⑤ 吳則虞集釋《晏子春秋集釋》下册,中華書局 1962 年版,第 483 頁。
⑥ 張純一撰,梁運華點校《晏子春秋校注》,中華書局 2014 年版,第 381 頁。
⑦ 盧守助譯注《晏子春秋譯注》,上海古籍出版社 2012 年版,第 212 頁。
⑧ 張純一撰,梁運華點校《晏子春秋校注》,中華書局 2014 年版,第 272 頁。

2.字詞嚴重訛、脱、衍的勘校

蘇氏糾正字詞訛誤比較精彩的例子很多，如"丁公伐曲沃，勝之"中的"曲沃"爲"曲城"之訛。雖然王引之在蘇氏之前已考證"曲沃"爲"曲城"之訛，但他引《漢書·地理志》與《史記·齊世家》①論證此事之不可能，比較迂迴。蘇氏指出《竹書紀年》載"成王十四年，齊師圍曲城，克之"即"丁公伐曲城，勝之"事，蘇氏的正訛更直接、準確；"逢于何"，蘇氏據《禮記》孔疏校"何"作"阿"；"特禄之臣也"，蘇氏云"禄"當作"持"；"若部婁之未登"，蘇氏云"部婁"即"培塿"。

對脱文的校勘。"君夜發不可以"，蘇氏云"以"下脱"朝"字，校同盧文弨；"昔吾先君得衆若何"，蘇氏云"吾"下當脱"子之"二字，觀下文晏子之對可證；"請問莊公與今孰賢"，蘇氏云"今"下脱"君"字，指景公；"不知以告晏子"，蘇氏云"不知"上當有"公"字；"發其視之"，蘇氏云"其"下當有脱字，或當爲"而"；"今封易嬰之師"，蘇氏云"封"上脱"以"字；"況乎處君之中乎"，蘇氏云"君"下脱"子"。

對衍文的校勘。"梁邱據局入歌人虞"，蘇氏云"局"字因上"杜局"而誤衍；"臣不敢不知也"，蘇氏云下"不"字衍；"臣聞見不足以知之者智也"，蘇氏云"不"字誤衍；"盛爲聲樂，以淫愚其民"，蘇氏云"其"字誤衍；"必據處此一心矣"，蘇氏云"據"字誤衍。以上校勘範例，可見出蘇氏對於本校、他校和理校的綜合運用功力。"元陽生而長，國人戴之"，蘇氏校作"陽生長而國人戴之"，孫本重"生"字亦是。這是蘇氏唯一使用對校的例子。

3.對通假字、通用字的歸納

"再琴使僻""不辟君所愛"中的"僻""辟"與"避"通假。"則齊君何以共其社稷"中的"共"與"供"通。"願載一願"，蘇氏云載、再古通用。

4.專名的落實

"自吾先君定公至今"，蘇氏云"齊之定公，不見傳記，蓋丁公也。

---

①　張純一撰，梁運華點校《晏子春秋校注》，中華書局 2014 年版，第 76 頁。

丁公始居齊，故以爲言，‘定’與‘丁’聲近，蓋古字通用。又二謚并見謚法，豈‘丁’本謚‘定’，後省而爲‘丁’歟。”張氏亦以“定公”爲“丁公”[①]；“越王好勇”，蘇氏云“‘越王’，謂勾踐也。”張氏引《墨子》文，亦以文中“越王”爲勾踐[②]。

蘇氏校勘《晏子》也有不足。早在蘇時學之前，《晏子》的校勘成果已有王念孫《晏子春秋雜志》、盧文弨的《晏子春秋拾補》與洪頤煊《讀書叢録》等，但蘇氏忽視了這些成果，僅據孫星衍《晏子春秋音義》與其他本（據其校勘記，他所依據之本似乎還有元刻本《晏子春秋》）進行刊誤。雖然也能有所發明，但難免重復勞動。另外，有些釋讀因爲文本校勘不精確，距離本義偏差較大。如對“五尺童子操寸之煙、天下不能足以薪”句，蘇氏云：“即一星之火可以可（當作燎）原之意”。不但沒有校出此處“煙”爲“煙”之訛[③]，反勉强以“一星之火”作解；又如“昔者晏子辭黨以正君”，蘇氏云“辭黨”謂不立黨。張氏校本作“賞”[④]，吳則虞引蘇輿言云:《拾補》‘黨’作‘賞’，旁注:“‘黨’字.’作‘賞’是,‘黨’乃誤文。”[⑤]銀雀山竹簡本也作“賞”[⑥]，可證蘇氏之誤。

（三）校釋《新序》的成績

蘇氏對劉向的著作非常看重，肯定了《新序》、《説苑》與《列女傳》對於先秦文獻的採集與保存之功，但也批評其内容蕪雜，暴露了劉向“嗜奇愛博”之病。因《列女傳》有顧廣圻注，《新序》《説苑》尚無注本，他才致力於糾正二書中最爲“乖異”的内容。對兩書的全面校釋以蘇氏爲最早。蘇氏校釋《新序》的條目僅有二十二條（《筆話》卷五，407—408 頁），雖然一些刊誤與釋讀有與前人偶合處，但也是他自己的發現，更有超出前人之處。蘇氏的校釋成果收入《筆話》中，沒有單行本，學術影響不如《墨子刊誤》廣泛。比較奇怪的是，石光瑛注意到了

---

① 張純一撰，梁運華點校《晏子春秋校注》，中華書局 2014 年版，第 316 頁。
② 張純一撰，梁運華點校《晏子春秋校注》，中華書局 2014 年版，第 343 頁。
③ 吳則虞集釋《晏子春秋集釋》上册，中華書局 1962 年版，第 99 頁。
④ 張純一撰，梁運華點校《晏子春秋校注》，中華書局 2014 年版，第 394 頁。
⑤ 吳則虞集釋《晏子春秋集釋》下册，中華書局 1962 年版，第 523 頁。
⑥ 駢宇騫校釋《晏子春秋校釋》，書目文獻出版社 1988 年版，第 90 頁。

蘇氏的校釋成果，但他的《新序校釋》只在《節士》篇"魯宣公者，魯文公之弟"條下，駁斥了蘇氏校對"弟"爲"子"的説法①，其餘校釋内容即使僅爲蘇氏的獨家發現，他也乾脆忽視，不免有掩美之嫌。

　　蘇氏對《新序》的校釋，多有自己的發現。首先，對《新序》文本的追根溯源。他以爲"孫卿與臨武君議兵"章前半段出自《荀子·議兵》篇，有闕文，而且"昔者齊魏爲與國"以下乃唐且説秦救魏之事，當自爲一章。"梁嘗有疑獄"事出自《賈子》，文中所云"陶之朱公"爲范蠡，但他懷疑記載與史實不符。其次，對《新序》各章之間或與諸書所記傳聞異辭的揭示。如他考辨"晉文公逐麋問農夫"事與上章"晉文公出田與漁者問答"爲同本一事而傳聞異詞；晉桓公出遊見郭氏之墟事，蘇氏以爲"此論郭氏之亡，由於善善不能用，惡惡不能去。與下章晉文公田於虢一章語意相同，蓋一事而傳聞異詞者。'虢'、'郭'音同字異，郭公即虢公也。考虢之故墟在晉不在齊，則此事屬之晉文爲是。"然後批評劉向不能審定，故有兩存之誤；有人饋魚鄭相一事，蘇氏考辨云："此即魯相公儀休事而誤傳者，以鄭子産亦有饋魚事故也。"一件事，却衍生爲三件事。最後，對人名訛誤的考校。蘇氏據《賈子》文考辨，"宋昭王出亡"當作"宋昭公出亡"，因爲當時宋未稱王；蘇氏以爲"武王薨，共王即位"中，"共王"當作"文王"，因爲文王緊承武王之後；蘇氏認爲，孟獻子與孔子之徒顔回不應同時，孟獻子所説的顔回或爲同名者；他還以葉公諸梁與梁王鮒不同時，而駁斥葉公諸梁與梁王鮒問答之事；"文公恐歸，遇欒武子"中"武子"當作"貞子"；"梁惠王謂孟子曰：'寡人有疾，寡人好色'"中的"梁惠王"當作"齊宣王"；"燕易王時，國大亂。齊閔王興師伐燕"，蘇氏以爲此"燕易王"即燕王噲，"齊閔王"當作"齊宣王"；"智伯罃之時"，蘇氏作"智伯瑶之時"，瑶、罃因聲近而訛。石光瑛校釋與蘇氏或觀點同，或證據同，却不提蘇氏一字，令人費解。

　　還有些校釋成果雖偶與前人暗合，但也不能抹殺蘇氏的旁證作用。如他考辨"楚共王有疾"當爲"楚文王有疾"，"楚威王問宋玉"當作

---

① （漢）劉向編著，石光瑛校釋，陳新整理《新序校釋》，中華書局2001年版，第882頁。

"楚襄王問宋玉"，又考辨"袁目"爲"袁（爰）旌目"均與盧文弨同，說明他考辨的功底比較深厚。考辨"秦欲伐楚，使使欲觀楚之寶器"爲《國語》所載王孫圉事附會於昭奚恤者，與曹之升同。曹氏之書是他在校勘時明言的論據，但盧氏《拾補》在當時影響較大，却爲蘇氏忽略，不能不説是一大失誤。

當然蘇氏校釋也有不當之處。如"田贊衣儒衣而見荆王"中，蘇氏校"儒衣"爲"補衣"，實則以"儒衣"爲是①；蘇氏以爲"宋昭公"爲景公樂之後，名爲"得"，非是。據石光瑛考辨，此"宋昭公"當爲元公曾庶孫，又名"特"②；"胡亥下階"事，蘇氏僅據《賈子》書校云"狀"作"杖"，"踐"作"殘"，失考③；蘇氏以爲卞和獻玉故事中的"厲王"爲蚡冒，也爲石光瑛所證謬④；"魯宣公者，魯文公之弟"條下，蘇氏校"弟"爲"子"，爲石光瑛所駁斥⑤。

（四）校釋《説苑》的成績

蘇氏的《説苑》校釋比《新序》更詳盡，大約有一百零八條，占《筆話》卷五的大部分篇幅（409—414頁）。向宗魯雖然在《説苑校證·序言》中駁斥了蘇氏對《説苑》一書思想傾向的認識，但在校證時却非常注意吸取蘇氏的精華。以下就詳細談談蘇氏校釋《説苑》的精彩之處。

1. 指出傳聞異辭，或用他校，或用本校

《君道》篇"師經鼓琴，魏文侯起舞"事，蘇氏引《韓非子》文記爲晉平公與師曠事。向宗魯亦引《韓非子》等文附注，指出文本差異；《臣術》篇"田子方渡西河造翟黄"章，蘇氏云與同篇"李克論相"章略同，

① （漢）劉向編著，石光瑛校釋，陳新整理《新序校釋》，中華書局2001年版，第701頁。
② （漢）劉向編著，石光瑛校釋，陳新整理《新序校釋》，中華書局2001年版，第739頁。
③ （漢）劉向編著，石光瑛校釋，陳新整理《新序校釋》，中華書局2001年版，第742頁。
④ （漢）劉向編著，石光瑛校釋，陳新整理《新序校釋》，中華書局2001年版，第783頁。
⑤ （漢）劉向編著，石光瑛校釋，陳新整理《新序校釋》，中華書局2001年版，第882頁。

只是變李克論作翟黃語;《復恩》篇載舟之僑事，蘇氏引《春秋》與《左傳》證舟之僑無"去虞"而但有"去虢"，賦《龍蛇》事更是把介子推事歸於舟之僑。盧文弨只云是介子推事，向宗魯引《左傳》證"去虞"當作"去虢"①，據此可知蘇氏的確未見盧氏的《群書拾補》;《復恩》篇的靈輒鬬死事，蘇氏指出其因祈彌明而誤，是又一個張冠李戴的案例。向宗魯說同蘇氏，但亦不引蘇說②;《政理》篇誤把子產相鄭事套到景差頭上，向宗魯看法同蘇氏，又引王應麟同說③;其他又如《政理》篇的管仲論城狐、社鼠事，與《晏子》載桓公問晏子爲傳聞異辭;同篇"景公好婦人而丈夫飾"，與《晏子》載靈公事爲傳聞異辭;《尊賢》篇"晉文侯登隧"事，與《新序》之"趙簡子上羊腸之阪"爲傳聞異辭;《敬慎》篇誤以魯昭公奔齊事作哀侯事，《善說》篇誤以監河侯向魏文侯貸粟作莊子貸粟，同篇齊景公問子貢與子貢見太宰嚭、趙簡子問子貢二章也是同一事而傳聞互異。蘇氏指出這樣的例子甚多，就不一一枚舉了。

2. 字詞訛誤

《臣術》篇"子（盧文弨校作"于"）義獲天下之至憂也，而子以爲友"，蘇氏以爲"憂"當作"愚"。玩其文意，成公乾意欲通過比較景公與屈春交友之愚賢，說明二人高下，所以拿子（"于"）義獲之愚和鷗夷子皮、損頗之智對比，"憂"作"愚"則文意較通暢;《立節》篇"佛肸播而之"句，盧文弨據《御覽》校爲"佛肸止之"，向宗魯作"佛肸播而止之"④。蘇氏引《新序·義勇》作"佛肸脫屨而生之"（410頁）。石光瑛批評《說苑》文本"文勢訛謬不可讀"，他認爲用"生"字文意上雖也通暢，但不如"佛肸脫屨而止之"更恰切⑤。石氏結論顯然優於蘇氏，但青出於藍，或許也吸收了蘇氏成果;《貴德》篇子路曰"善古者固以善之，不善古者固以自衛"，盧氏與蘇氏皆云二"古"字當作"吾"，向宗魯又引《韓詩外傳》作證⑥;《政理》篇"仲尼見梁君"，蘇

① （漢）劉向撰，向宗魯校證《說苑校證》，中華書局1987年版，第122—123頁。
② （漢）劉向撰，向宗魯校證《說苑校證》，中華書局1987年版，第128頁。
③ （漢）劉向撰，向宗魯校證《說苑校證》，中華書局1987年版，第165頁。
④ （漢）劉向撰，向宗魯校證《說苑校證》，中華書局1987年版，第88頁。
⑤ （漢）劉向編著，石光瑛校釋，陳新整理《新序校釋》，中華書局2001年版，第1032頁。
⑥ （漢）劉向撰，向宗魯校證《說苑校證》，中華書局1987年版，第112—113頁。

氏據《家語》作“宋君”。俞樾説同蘇氏，但向宗魯引俞不引蘇[①]；校
《尊賢》篇“李克”當作“李兑”，同盧氏；《辨物》篇“福名有見”，當
作“福兆有見”，蘇氏據《晏子》文考校：“兆”誤爲“召”，“召”再誤
爲“名”（414頁）。盧文弨校同蘇氏，向宗魯後引《晏子》證之[②]。這些
字詞校勘，均可見出蘇氏的文獻功力。

3. 人稱不當

《臣術》篇“爲我浮桓子”，蘇氏云當時陳無宇尚在世，不應以謚
號稱呼，又引《晏子》文證“桓子”當作“無宇”。向宗魯引劉台拱觀
點同蘇氏，也引《晏子》文證之[③]。劉台拱在蘇氏之前，蘇氏或未聞劉
氏説；《立節》篇載孔子見齊景公，蘇氏以爲孔子對弟子言説景公時當
稱他爲“齊君”而不是“景公”。盧文弨引《家語》亦作“齊君”，但
向宗魯説古籍中稱在世者謚號的例子太多，不必改[④]。當以盧氏、蘇氏
之校更精準；蘇氏還指出《權謀》篇，屈宜咎以謚號稱在世的韓國君
（413頁）；《至公》篇“辛櫟之言，小人也，子無復道”，蘇氏云南宮邊
子爲魯大臣，不宜稱穆公爲“子”，當稱“君”（413頁）。

4. 語句錯亂者

如《敬慎》篇“盜怨主人，民害其貴”，當作“盜憎主人，民怨其
上”；“君子知天下之不可蓋也，故後之、下之，使人慕之，執雌持下，
莫能與之爭者”當作“君子知天下之不可上也，故下之；知衆人之不可
先也，故後之。温恭慎德，使人慕之；執雌持下，人莫踰之”，蘇氏據
《家語》和《左傳》校定（411頁）。盧文弨與日本學者關嘉僅引《家
語》爲證[⑤]，不及蘇氏全面。

5. 總結古通用字

如《雜言》篇“齊景公爲路寝之臺，成而不通”，蘇氏以爲“通”
當從《晏子》作“踴”，古字通用。王念孫亦以爲當作“踴”，向宗魯
引《公羊傳》何休注，釋踴爲上，不踴即不登[⑥]。

① （漢）劉向撰，向宗魯校證《説苑校證》，中華書局1987年版，第153頁。
② （漢）劉向撰，向宗魯校證《説苑校證》，中華書局1987年版，第449頁。
③ （漢）劉向撰，向宗魯校證《説苑校證》，中華書局1987年版，第49頁。
④ （漢）劉向撰，向宗魯校證《説苑校證》，中華書局1987年版，第79頁。
⑤ （漢）劉向撰，向宗魯校證《説苑校證》，中華書局1987年版，第258頁。
⑥ （漢）劉向撰，向宗魯校證《説苑校證》，中華書局1987年版，第448—449頁。

陳柱批評蘇氏不擅長小學，我想在很多時候蘇氏憑藉深厚的文獻功夫，多少彌補了自己小學的短板。

當然，蘇氏校釋的不足也同樣存在。首先，蘇氏校勘與盧文弨多有雷同，引證的文獻也有重合。說明蘇氏所見與盧氏偶同，如能在藉鑑盧氏成果之上再做精校則更易出精品。如《尊賢》篇“介子推行年十五而相荆”，盧氏據《家語》作“荆公子年十五而攝相事”，《北堂書鈔》引文亦作“荆公子”①，荆即楚。蘇氏未能校定其文字，所以頗感迷惑（411 頁）；《修文》篇“齊景公登射”，蘇氏以爲“射”當作“榭”，古字通用（414 頁）。吳則虞以爲“射”字不誤，此爲諸侯大射禮。後句作“晏子修食禮而侍”，即指射日陳燕具席位諸事②。蘇氏校文不確，失考。

總的來看，蘇時學對這四部子書的校釋以《墨子》與《說苑》的成果最爲豐碩，具有鮮明的學術個性，雖有不盡人意之處，但也代表了當時學界的最高成就。

三　結語

蘇時學在子學整理與研究上的成績，不僅爲桂籍學者在學術領域開闢了一塊陣地，而且推動了晚清的子學發展。他開創了大膽而集中地考校《墨子》與《說苑》等書的先河，很多在當代影響顯著的子學名著都產生於蘇氏之後，它們對蘇氏等人的考校成果或藉鑑或批判，從而形成了精品。這既可看作是蘇氏的學術貢獻，也可視爲他的遺憾。如果蘇氏在對各部子書開展專門的考校之前，廣泛流覽并吸收前人（如盧文弨、王念孫父子、劉台拱、洪頤煊等）既有成果的話，那麼傳播甚廣的精品可能出自蘇氏之手。同樣令人遺憾的是，張純一的《晏子春秋校注》、石光瑛的《新序校釋》、向宗魯的《說苑校證》和岑仲勉的《墨子城守各篇簡注》等在學界都享有盛譽的著作，或未能充分利用蘇氏考校的優秀成果，或利用而未能言明。這種現象告誡我們，文獻整理離不開對學術史全面的、有深度的認識，只有站得更高、看得更遠才能做得更好。

---

① （漢）劉向撰，向宗魯校證《說苑校證》，中華書局 1987 年版，第 193 頁。
② 吳則虞集釋《晏子春秋集釋》上册，中華書局 1962 年版，第 171 頁。

第六章　李軌注《法言》的特點及其成就

　　《法言》作爲揚雄的重要著作，其學術地位與影響不必贅言，歷代注解其書的學者衆多，尤其是趙宋一朝最爲鼎盛。歷代注家既有因承，亦有革新，他們的成果共同構建了《法言》學術史的發展鏈條。遺憾的是，《法言》的早期注家，因爲年代久遠、文獻亡佚，已難窺其貌，如漢之侯芭（苞）注文全佚，吳之宋衷注文僅餘數條。與侯、宋二人同時是否還有其他注者，則不得而知。幸運的是，東晉的李軌雖晚於侯、宋等人，其注解亦有散亡，但傳世者近九百條，其主體得以保存，概貌可見，因此成爲《法言》早期注家的代表。

　　宋代學者司馬光編著《法言集注》時，即將李注作爲第一家，與柳宗元、宋咸、吳祕等注與無名氏《音義》合稱“五家注”。汪榮寶在《法言義疏·自序》中曾論及李注的價值道：“古言古義往往而在，有不可廢者”[1]，肯定其不可替代的學術史地位。鑑於《法言》及李注的重要學術價值，劉師培曾對李軌注文進行過輯佚與梳理[2]。但是對《法言》李軌注的研究工作尚未開展，目前學界的少量成果也僅限於據《經典釋文》的收錄，從文字學角度談李軌音注的成就[3]。

　　僅從現存佚文看，李軌在注解《法言》時有自己的思想與特點，其中一個思想貫穿始終，即《法言》文本寄託着揚雄的“微言大義”：揚雄内心反對王莽篡漢，他對王莽的附庸只是“形屈”，精神上、道義上并不屈服，所以借《法言》一書曲折地表達着對王莽及其政權的不滿。

---

① 汪榮寶撰，陳仲夫點校《法言義疏》上册，中華書局 1987 年版，第 1 頁。
② 詳見劉師培撰《楊子法言校補》與《法言補釋》，見載於《法言義疏》附錄一、二。
③ 如吳萍著《東晉李軌音切研究》，貴州大學 2006 年，碩士；簡啓賢著《李軌音注考》，《雲南教育學院學報》1993 年第 3 期。

這一思想被胡玉縉總結爲"刺莽說"（《法言義疏·序》），是比較恰當的。"刺莽說"在李軌的《法言》注文中，圍繞以下幾個層次鋪展開。

一　尊聖人而抑諸子

這是李注對揚雄思想基調的第一解。這個思想基調李軌時刻强調，他在注解時又通過三個角度將之細化。第一，以聖人之大道爲最高學習目標，諸子之說次之，只能爲其輔助。第二，發揮揚雄"睎驥之馬，亦驥之乘也。睎顏之人，亦顏之徒也"①的理論，時時將孔子與揚雄并舉，暗喻揚雄的"聖人"身份與《法言》比"經"的地位。第三，以學做符合儒家道德規範的"君子"，爲《法言》全書所標榜的修身目標。

第一，以聖人之大道爲最高學習目標，諸子之說次之，只能爲其輔助。這樣的認識源于李軌對《法言》文本的忠實理解，因此解說時，每每以諸子與聖人對照。如揚雄云："仰天庭而知天下之居卑也哉"，李注曰："睹聖道然後知諸子之淺小。"②正文無一字涉及聖道與諸子的比較，但是李軌却吃透了《學行》篇所云："視日月而知衆星之蔑也，仰聖人而知衆說之小也"③，與《君子》篇所云："聖人之書、言、行，天也"④，切中揚雄的思想基調，以天庭喻聖道，以卑居喻諸子。又如揚雄云："由其大者，作正道；由其小者，作奸道"，李注曰："大者，聖人之言；小者，諸子之言。"⑤揚雄旨在比較禮樂與刑名雖皆爲自然之道，但其作用却有大小之分，即司馬光所云："禮樂可以安固萬事，所用者大；刑名可以偷功一時，所用者小"⑥，李注以聖人與諸子對比，文雖減省却深得其精華。

這樣的解讀範例很多，如揚雄論"道"之"通"，李注云："言道既可以通中國而適夷狄，學亦可以統正典而兼諸子也"⑦，歸結爲聖道與諸

---

① 汪榮寶撰，陳仲夫點校《法言義疏》上册，中華書局 1987 年版，第 28 頁。
② 汪榮寶撰，陳仲夫點校《法言義疏》上册，中華書局 1987 年版，第 91 頁。
③ 汪榮寶撰，陳仲夫點校《法言義疏》上册，中華書局 1987 年版，第 21 頁。
④ 汪榮寶撰，陳仲夫點校《法言義疏》下册，中華書局 1987 年版，第 509 頁。
⑤ 汪榮寶撰，陳仲夫點校《法言義疏》上册，中華書局 1987 年版，第 132 頁。
⑥ 汪榮寶撰，陳仲夫點校《法言義疏》上册，中華書局 1987 年版，第 134 頁。
⑦ 汪榮寶撰，陳仲夫點校《法言義疏》上册，中華書局 1987 年版，第 109 頁。

子的比較；揚雄論中國與八荒之禮，李注云："譬八荒之於中國如彼，諸子之於聖人如是"①，他在解讀時，聯繫了後文揚雄就禮樂的態度對聖人與諸子進行比較；揚雄感慨時人罕見"假言"而好"邇文""邇言"，李注云："歎人皆好視聽諸子近言近説，至於聖人遠言遠義，則倜然而不視聽"②，也是以遐、邇爲聖人、諸子學説境界大小的比喻。

　　然後李注又將大賢排列于聖人之次，"次聖者，大賢也。高顯如山陵，通潤如川泉"③"言諸賢之有妙藝，猶百川之有四瀆，衆山之有五嶽，而川可度，嶽可登。高而且大者，惟聖人之道，如天不可升也"④，如聖人爲天，則大賢當爲五嶽、四瀆。李軌之所以能清晰地解讀《法言》文本中的比喻義，源於他對揚雄尊聖人、黜諸子基調的深刻領悟。

　　即使正文中有對諸子的肯定，李注也是先提升其思想高度，肯定他們"睎聖"的願望與追攀聖人的舉措，然後才將他們與大賢并舉。如揚雄論莊周、申不害與韓非"不乖寡聖人"，李注云："言此數子之才苟不乖少聖人之術，漸染其心於篇籍之中，以訓學徒，則顔、閔不能勝之"⑤；揚雄稱自己對老子思想有所取捨，李注云："老子之絕學，蓋言至理之極，以明無爲之本。斯乃聖人所同，子雲豈其異哉？夫能統遠旨，然後可與論道。悠悠之徒，既非所逮，方崇經世之訓，是故無取焉耳。無取焉何者？不得以之爲教也。"⑥前例强調莊周、申不害與韓非等人"不乖少聖人之術"，後例强調老子以探討"至理之極"爲終極目標，這是"乃聖人所同"，所以揚雄才會"有取焉"。

　　第二，發揮揚雄"睎驥之馬，亦驥之乘也。睎顔之人，亦顔之徒也"的理論，時時將孔子與揚雄并舉，暗喻揚雄的"聖人"身份和《法言》比"經"的地位。有些地方，正文純述揚雄理論，李軌却將孔、揚并舉例證，既强調二人地位之并重，又區別二人觀點上的細微差別。如注"人羨久生"章云："仲尼志道，朝聞夕死，楊子好學，不羨久生。"⑦

----

① 汪榮寶撰，陳仲夫點校《法言義疏》上册，中華書局 1987 年版，第 119 頁。
② 汪榮寶撰，陳仲夫點校《法言義疏》上册，中華書局 1987 年版，第 213 頁。
③ 汪榮寶撰，陳仲夫點校《法言義疏》上册，中華書局 1987 年版，第 282 頁。
④ 汪榮寶撰，陳仲夫點校《法言義疏》上册，中華書局 1987 年版，第 13 頁。
⑤ 汪榮寶撰，陳仲夫點校《法言義疏》上册，中華書局 1987 年版，第 134 頁。
⑥ 汪榮寶撰，陳仲夫點校《法言義疏》上册，中華書局 1987 年版，第 114 頁。
⑦ 汪榮寶撰，陳仲夫點校《法言義疏》上册，中華書局 1987 年版，第 5 頁。

正文并未提及孔子，李注却將孔子"朝聞夕死"與揚雄"不羨久生"同歸爲"志道"而"好學"的最高境界。又注"朋而不心，面朋也；友而不心，面友也"云："匿怨，仲尼之所耻；面朋，楊子之所譏。"① 李軌此條注文，很容易使人聯想到《論語·公冶長》的"匿怨而友其人，左丘明所耻，丘亦耻之"語，既體現了《法言》以《論語》爲榜樣的初衷，也體現出他本人藉孔尊揚的手法。

有些地方，他甚至牽合孔子的境遇以比擬揚雄。如對揚雄之子"童烏"章，兩處注云："童烏，子雲之子也。仲尼悼顏淵苗而不秀，子雲傷童烏育而不苗。"② "顏淵弱冠而與仲尼言《易》，童烏九齡而與楊子論《玄》。"③ 他以爲揚雄之感慨童烏，恰似孔子之感慨顏淵，只是顏淵"苗而不秀"，童烏是"育而不苗"，揚雄處境有悲於孔子之處。在注"或問'勇'"章時，云："或人之問勇，猶衛靈公之問陳也。仲尼答以俎豆，子雲應之以德義。"④ 雖然所問與所答的内容皆不同，但是孔、楊二人的根本教誨不離於禮教德義之大道。

其中最值得注意的是，他在注解"聖人有詘"這一段落時説："仲尼之敬陽虎，楊子之臣王莽，所詘者形也，於神何時撓哉？諸如此例，學者宜識其旨。"⑤ 他不但將揚雄臣王莽與仲尼敬陽虎相比擬，而且用之作爲"聖人有詘"的例證，更可以看出李軌對揚雄的拔高與抬舉。當然，這一點也是他跟揚雄學來的。揚雄以"詘身以通道"的理論，解讀孔子見南子、敬陽虎，兩件他本不欲爲而爲之事。⑥ 李軌發展爲"詘身不撓神"理論，用來解讀揚雄臣莽。

對於揚雄著作，李注雖未明言《法言》爲經，其實暗喻其意。如李注云："言昔老彭好述古事，孔子比之，但述而不作。今《太玄》非古事，乃自成一家之書，故作之也。或曰：'孔子述事者有矣，然何嘗

---

① 汪榮寶撰，陳仲夫點校《法言義疏》上册，中華書局 1987 年版，第 34 頁。
② 汪榮寶撰，陳仲夫點校《法言義疏》上册，中華書局 1987 年版，第 166 頁。
③ 汪榮寶撰，陳仲夫點校《法言義疏》上册，中華書局 1987 年版，第 166 頁。
④ 汪榮寶撰，陳仲夫點校《法言義疏》下册，中華書局 1987 年版，第 419 頁。
⑤ 汪榮寶撰，陳仲夫點校《法言義疏》上册，中華書局 1987 年版，第 249 頁。
⑥ 揚雄對孔子的解讀，并未得到廣泛認同，如朱熹説"無所詘也"，楊氏曰："揚雄謂孔子於陽貨也，敬所不敬，爲詘身以信道。非知孔子者。蓋道外無身，身外無道。身詘矣而可以信道，吾未之信也。"揚雄的是非，此處不做討論。見朱熹撰《四書章句集注》，中華書局 1983 年版，第 175 頁。

作書乎？’”① 汪榮寶懷疑“何嘗”下脱一“不”字，意指“孔子於事則述，於書則作，兼而有之，初不相悖。明子雲之於《玄》，亦猶孔子之爲。”② 《太玄》一書在桓譚《新論》中即稱爲《玄經》，依據揚雄闡述的“書不經，非書也；言不經，非言也”③ 理論，《法言》也可以經視之。

第三，以學做符合儒家道德規範的“君子”，爲《法言》全書所標榜的修身目標。首先體現在李軌對《君子》篇所做的題解：“夫君子之所以爲美，布護蔓延，在乎衆篇，豈惟於此？而表其篇目者，絶筆在乎《孝至》，無以加之而已。”④ 學做“君子”，是儒家聖賢對普通士人所提出的基本要求。所以，李軌認爲《法言》全書各篇，無不在闡述“君子”的行事規範，號召士人做“君子”。

李軌對“君子”的注解，除去少數帶有道家色彩（如“君子潛神重玄之域，世網不能制禦之”⑤ “君子行德俟命而已”⑥ “小有才，未聞君子之大道也。斯足以殺其軀而已，非長生久視之道”⑦），基本以儒家提倡的道德典範爲標準。如君子所崇尚的是“仁義”“貴純德”，君子的形象爲“文質彬彬”，君子的行事有“率禮以正其俗”“不器”“進退不失其正”“舉動則當蹈規矩”⑧ 等。因爲他對《法言》中的“君子”有立體、深入的理解，所以解讀揚雄文本中的比喻就非常精當，如“鷦明非竹實之絜不食，君子非道德之禄不居”⑨；“玉之瓏玲其聲，亦猶君子清泠其德音”。⑩

關於“君子”，儒家典籍與先秦諸子各家已有非常全面、系統的闡述，比如《禮記》與《論語》《孟子》等，揚雄爲何要重復這些傳統？李注也間接地作了解釋，他在注解“君子似玉”章時稱：“君子於玉比

① 汪榮寶撰，陳仲夫點校《法言義疏》上册，中華書局 1987 年版，第 164 頁。
② 汪榮寶撰，陳仲夫點校《法言義疏》上册，中華書局 1987 年版，第 166 頁。
③ 汪榮寶撰，陳仲夫點校《法言義疏》上册，中華書局 1987 年版，第 164 頁。
④ 汪榮寶撰，陳仲夫點校《法言義疏》下册，中華書局 1987 年版，第 496 頁。
⑤ 汪榮寶撰，陳仲夫點校《法言義疏》上册，中華書局 1987 年版，第 194 頁。
⑥ 汪榮寶撰，陳仲夫點校《法言義疏》下册，中華書局 1987 年版，第 491 頁。
⑦ 汪榮寶撰，陳仲夫點校《法言義疏》下册，中華書局 1987 年版，第 377 頁。
⑧ 汪榮寶撰，陳仲夫點校《法言義疏》，中華書局 1987 年版，第 63、99、97、412、497、512、573 頁。
⑨ 汪榮寶撰，陳仲夫點校《法言義疏》上册，中華書局 1987 年版，第 194 頁。
⑩ 汪榮寶撰，陳仲夫點校《法言義疏》上册，中華書局 1987 年版，第 267 頁。

德焉，《禮記》論之備矣"①。此後之注文無論是否有脫佚，皆可參照他在注文："夫齊者，交神明之至，故致齊三日，乃見所爲齊者"後所發的議論："《禮記》之論齊備矣，而發斯談者，有慨乎時人。"②據此，李注脫佚或省略的文意就可以補充爲：揚雄之所以在《法言》中要重述經典，拾人牙慧，反復強調做"君子"的重要，也是"有慨乎時人"③。揚雄原本有弘揚聖人之道、教人做君子的使命，受到時人修身怠惰的刺激，於是着力重申而努力延續儒家的道統。

李軌以爲，既然揚雄尊聖、希聖，以號召士人學做"君子"爲使命，那麼他與"篡漢"後的王莽自然志不同、道不合，這個高屋建瓴、理直氣壯的論證結果充滿了暗示，爲"刺莽説"做好鋪墊。

二　舉王莽及其政權的行事制度，證其不符聖人之道

揚雄的議論，或直抒胸臆，或借用歷史人物與事件闡發，文字上并不涉及王莽行事及新朝的政治制度，李軌注解時則往往會關聯王莽及其政權，體現李軌對其"刺莽説"的更深層與清晰的展示。

首先，在注解歷史事件及人物時，雖不指明爲微言，却往往附帶上王莽行事作例證。這樣的例子非常多。如注揚雄的"衣而不裳，未知其可也"這段文字，李注先解釋爲"有上無下，猶有君而無臣"，然後舉例云："三桓專魯，陳恒滅齊，王莽篡漢，三姦之興，皆是物也。"④再如揚雄批評齊桓、晉文以及秦之好用兵，李軌發揮道："秦以兵兼，而不以德；莽以詐篡，而不以道。言秦兵之無可觀，則莽之篡不言可知。"⑤又如揚雄批評暴秦，暗責漢不能用夏禮，李注云："暴秦之繼周，王莽之篡漢，臧獲猶將悼之，賢者能無慨嘆乎？"⑥這三個事例，都是牽合王莽行事，以迎合他"刺莽"之義。

---

① 汪榮寶撰，陳仲夫點校《法言義疏》下冊，中華書局 1987 年版，第 503 頁。
② 汪榮寶撰，陳仲夫點校《法言義疏》下冊，中華書局 1987 年版，第 525 頁。
③ 紀國泰以爲《法言·問道》"君子正而不它"句中"君子"絕非泛指，應當是專指擔有治國責任的君王和公卿大臣。見於紀國泰著《讀懂揚雄——關於揚雄及其〈法言〉》，《〈揚子法言〉今讀》，巴蜀書社 2010 年版，第 26 頁。
④ 汪榮寶撰，陳仲夫點校《法言義疏》上冊，中華書局 1987 年版，第 171 頁。
⑤ 汪榮寶撰，陳仲夫點校《法言義疏》上冊，中華書局 1987 年版，第 233 頁。
⑥ 汪榮寶撰，陳仲夫點校《法言義疏》上冊，中華書局 1987 年版，第 261 頁。

揚雄論堯設羲、和之官，李注云："堯有羲、和之官，王莽時亦復立焉。聖王之立重、黎、羲、和，考其所以重、黎、羲、和耳，非莽所立也。"① 有意批評王莽的設官，徒有復古之名；揚雄議論堯、舜、夏、商、周同遵大道，施政却各有不同，李軌先以"聖德同而禪伐異"進行總結，再詳注云："此又寄言以明其旨焉，五君應乎天，順乎人；王莽違乎人，逆乎天。"② 文中"寄言"即"微言"，意指揚雄明裏褒獎五君，暗裏批評王莽；揚雄區別君臣之義，李注先舉堯、舜二人作爲典範，然後發揮道："王莽之事漢，則傾覆其上；篡位居攝，則暴亂其下也"③；揚雄盛讚"漢德其可謂允懷"，李注云："明此奕世之所致，而莽一旦行詐以取之。"④ 李軌以爲揚雄文字，明是盛讚大漢疆域遼闊，感慨其來之不易，暗裏却責怪王莽將之毀於一旦。

其次，在介紹某些漢代人物時，也往往特意指明其與王莽政權之間的不睦。揚雄讚頌龔君賓、龔長倩與嚴遵的德能，李注介紹三人事跡時，却强調他們不爲王莽所用，反襯王莽政權不爲賢人君子所承認。如云："楚人龔君賓、龔長倩也。……王莽篡位之後，崇顯名賢，復欲用之，稱疾，遂終身不仕，絜清其志者也。"⑤ "蜀人，姓莊，名遵，字君平。……是故成、哀不得而利之，王莽不得而害也。"⑥ 揚雄正文的重心或許在於頌諸子之賢，李注的重心却在於揭王莽之短。又如，揚雄舉出顏淵、黔婁、四皓、韋玄成等人以樹立自己心目中"賢人"的榜樣，但未闡述理由。李注先是簡述他們的高尚行跡云："顏淵簞瓢，不改其操；黔婁守正不邪，死而益彰；四皓白首，高尚其事；韋玄，漢丞相賢之少子也，賢薨，玄當襲封，被髮佯狂，欲以讓兄。"緊接著又假藉"或曰"發問："擬人必於其倫，顏子至賢，其殆庶幾。黔婁、四皓，既非其儔，況以韋玄，不亦甚哉？"然後藉機揭示揚雄的"作旨"道："顏淵之賢，備體之賢。韋玄之賢，一至之賢。王莽篡天下，而韋玄讓一

① 汪榮寶撰，陳仲夫點校《法言義疏》下册，中華書局 1987 年版，第 309 頁。
② 汪榮寶撰，陳仲夫點校《法言義疏》下册，中華書局 1987 年版，第 534 頁。
③ 汪榮寶撰，陳仲夫點校《法言義疏》下册，中華書局 1987 年版，第 538 頁。
④ 汪榮寶撰，陳仲夫點校《法言義疏》下册，中華書局 1987 年版，第 546 頁。
⑤ 汪榮寶撰，陳仲夫點校《法言義疏》上册，中華書局 1987 年版，第 200 頁。
⑥ 汪榮寶撰，陳仲夫點校《法言義疏》上册，中華書局 1987 年版，第 200 頁。

家,於是乎賢耳。"①特別將韋玄成的"一至之賢"與"王莽篡天下"作對比,用後者的貪婪反襯前者的謙讓,既解釋了"四賢"并列的原因,又重申了"刺莽"的初衷。

在這一層次裏,李軌通過對王莽行事及新朝制度的批評,竭力證明其行事作爲與聖人之道相悖逆。聯繫他在第一層次中,充分論證了揚雄極力推尊聖人之道,那麼揚雄與"篡漢"後的王莽顯然"不相爲謀"。但鑑於王莽大權在握,揚雄在表面上迫於形勢,不得不屈服,那麼他在《法言》中藉"微言"以諷也就水到渠成。

三　明確標舉《法言》之"微言大義"

這是"刺莽説"的第三層論證,李軌以爲,揚雄之所以需藉"微言",正因他旨在"刺莽"。現存佚文中,李注三次直書"微言",而且處處指向王莽。第一處在注解"禹乎？盧乎？終始乎？"句時,李軌注云:"於是捨書而歎曰:'深矣！楊子之談也。王莽置義和之官,故上章寄微言以發重、黎之問,而此句明言真僞之分也。'"②揚雄以巫師多效"禹步"與醫生多自稱"盧人",説明作僞者大多依託真人（大禹、扁鵲）。李軌以爲,揚雄藉此暗諷王莽設置的義和之官,也是假託的冒牌貨。③第二處在注解"庫則秦、儀、鞅、斯亦忠嘉矣"時,李軌注云:"此所以微言貶乎漢臣而爲王莽之將相者"④揚雄論忠言、嘉謀之士,不滿意蘇秦、張儀、商鞅與李斯等人的言諫。李軌也指爲"微言",以爲揚雄暗諷附莽之漢臣。揚雄既然以"微言"暗諷附莽者,則自然不恥與之同列。第三處在注解"吾聞諸傳,老則戒之在得。年彌高而德彌邵者,是孔子之徒與"時,李軌注云:"王莽少則得師力行,老則詐僞篡奪,故楊子寄微言而歎慨焉"⑤。揚雄此句爲闡發《論語》所云"靡不有

---

① 汪榮寶撰,陳仲夫點校《法言義疏》下册,中華書局 1987 年版,第 399—400 頁。
② 汪榮寶撰,陳仲夫點校《法言義疏》下册,中華書局 1987 年版,第 317 頁。
③ 劉師培觀點不同,他説:"或以《重黎篇》義和爲莽官。今考《漢書・平帝紀》:'元始元年,置義和官,秩二千石。'楊子所云,即屬此秩,非王莽所改大司農也。"見於《法言義疏・附錄一》,第 605 頁。
④ 汪榮寶撰,陳仲夫點校《法言義疏》下册,中華書局 1987 年版,第 531 頁。
⑤ 汪榮寶撰,陳仲夫點校《法言義疏》下册,中華書局 1987 年版,第 540 頁。

初，鮮克有終”義，説的是人到暮年，應當更加謹慎修德，以成有終之
美。李軌注引王莽少年勤學修德，暮年篡漢之事，以爲揚雄在微言批評
王莽不能終美。三處《法言》正文皆不涉及王莽，但李注皆解作揚雄對
王莽的暗諷，尤其是直書“微言”，爲下一步還揚雄之清白做好充分的
準備。

　　據現存佚文看，注解中尚有不少李軌的感發與議論，也屬於“解”
揚雄之“旨”的部分。如“或者”問曰：“自此以下，凡論諸子，莫不
連言乎莊生者，何也？”李氏答云：“妙指非見形而不及道者之言所能
統，故每道其妙寄，而去其麤跡。一以貫之，應近而已。”① 又如分析揚
雄對老子思想的取捨時，李氏説道：“老子之絶學，蓋言至理之極，以
明無爲之本。斯乃聖人所同，子雲豈其異哉？夫能統遠旨，然後可與論
道。悠悠之徒，既非所逮，方崇經世之訓，是故無取焉耳。無取焉何
者？不得以之爲教也。”② 這些感發與議論不單是依賴正文的“注”，其
中或不乏對“微言大義”的揭示，可惜文獻闕失，只能見其鱗爪。

四　揚雄附莽爲“形屈”而非“神屈”

　　李軌發明“刺莽説”，終極目的或在於爲揚雄辯護。揚雄附庸王莽
新朝，并有《劇秦美新》作爲罪證，自顔之推（《顔氏家訓·文章》）
之後，歷代爲人所詬病，在宋代更是被冠上了“莽大夫”（朱熹《通鑑
綱目》）的稱號。同時代人對揚雄已有很深誤解，姑且不論王邑、嚴
尤與劉歆等人對其著作的鄙視，即使對揚雄的爲人也有譏諷，如《漢
書·揚雄傳》記載的“京師爲之語”曰：“惟寂寞，自投閣；爰清静，
作符命。”③ 所以李軌注《法言》時，才要發明“刺莽説”，將“揚雄臣
莽”強解爲“形屈”而非“神屈”，試圖洗清揚雄品德上的污點，同時
也抬高《法言》的地位。

　　李軌在注解“聖人有詘”這一段時説：“仲尼之敬陽虎，楊子之臣
王莽，所詘者形也，於神何時撓哉？諸如此例，學者宜識其旨。”④ 揚雄

　　① 汪榮寶撰，陳仲夫點校《法言義疏》上册，中華書局 1987 年版，第 103 頁。
　　② 汪榮寶撰，陳仲夫點校《法言義疏》上册，中華書局 1987 年版，第 114 頁。
　　③ 班固撰，顔師古注《漢書》第 11 册，中華書局 1962 年版，第 3584 頁。
　　④ 汪榮寶撰，陳仲夫點校《法言義疏》上册，中華書局 1987 年版，第 249 頁。

藉孔子行事，闡發聖人寧可"屈身"而不願"屈道"的大義，他發此言論時的心理背景難以揣摩還原。如果正文中的"或問"者純爲假設，只爲引發揚雄内心的議論，而李軌所云"而發斯談者，有慨乎時人"①也可用於此例，那麼李氏以爲揚雄附莽爲"形屈"而非"神屈"，也可視爲一家之言。退一步説，如果揚雄能原諒仲尼"敬陽虎"，爲何大家絶不能原諒揚雄"臣王莽"？

　　考察史書記載的揚雄行事，的確能體現他淡泊名利的品質，所以班固稱讚他"恬於勢利"，又稱他"實好古樂道"，而且在王莽篡漢以後"談説之士用符命稱功德獲封爵者甚衆，雄復不侯，以耆老久次轉爲大夫"②。揚雄與王莽及其政權的關係并不親密，以至於受到李尋、劉棻的牽連後，竟然投閣自殺。揚雄一向的淡泊名利，與他既有"附莽"之舉，并作"美新"之"諂文"，顯然矛盾。所以李軌倡"刺莽説"，意在爲這對矛盾提供一種解説方式。

　　但是，《法言》中還有一處易引人大誤解、大猜疑的地方。揚雄居然稱讚王莽説："周公以來，未有漢公之懿也，勤勞則過於阿衡。"對此李軌是如何解釋的呢？李注云："漢公，王莽也。或以此爲媚莽之言，或以爲言遜之謂也，吾乃以爲箴規之深切者也。稱其漢公，以前之美耳，然則居攝之後，不貶而惡可知，揚子所以玄妙也。發至言於當時，垂忠教於後世，言蔽天地而無慚，教關百代而不恥，何遜媚之有乎？"③李軌駁斥了前人對此句的兩種看法，以爲既不是揚雄示弱的遜辭，更不是諂媚之美辭，而是對王莽及後世的深切規諫。而且，這樣的解讀，也與揚雄在《法言·五百》篇所宣稱的"言蔽天地而無慚，教關百代而不恥"（今本作"關百聖而不慚，蔽天地而不恥"④）非常一致。因爲王莽居攝前曾自比於伊尹與周公，但是他徒有"安漢公"之美稱，"勤勞則過於阿衡"⑤，却并未能如伊尹、周公一般忠心輔佐幼主。揚雄對王莽的失望與嘲諷，都包含在這一句話中，所以李氏稱此手法爲"不貶而惡可

①　汪榮寶撰，陳仲夫點校《法言義疏》下册，中華書局 1987 年版，第 525 頁。
②　班固撰，顏師古注《漢書》第 11 册，中華書局 1962 年版，第 3583 頁。
③　汪榮寶撰，陳仲夫點校《法言義疏》下册，中華書局 1987 年版，第 559 頁。
④　汪榮寶撰，陳仲夫點校《法言義疏》上册，中華書局 1987 年版，第 255 頁。
⑤　汪榮寶撰，陳仲夫點校《法言義疏》下册，中華書局 1987 年版，第 559 頁。

知”。汪榮寶詳盡地羅列了前人的解釋，認爲此句正體現出揚雄的“立言之不苟”，然後引孟子之言“無伊尹之志，則篡也”[1]，支持李軌的解說。劉師培對李軌的解釋深表不滿，他説：“李注不察，以漢公爲稱其前美之詞，并雜引新事緣飾楊書，以爲慨寄微言，箴規深切。所謂本無其意，妄欲强合也。”[2]

李軌注《法言》之前，對揚雄自身行事及其身後的評價已有初步的認識，至於他對《法言》“微言大義”的解讀，是否專爲辯護揚雄而作，這個很難定論。但可以肯定的是，他本身對揚雄的遭遇抱有同情之好感。另外，史書對揚雄淡泊利禄的稱揚，揚雄生活實踐中的不慚貧賤，以及揚雄對儒家道統的維護和努力推廣此道統而做出的卓越學術成就，這些都與他附莽美新的行徑相矛盾。揚雄的附莽美新，成爲他一生最大的污點，爲後世的政統維護者所深惡痛絶，以至於幾乎遮蔽了他的成就。而上述的主、客觀原因，都會在不同程度上激勵李軌從《法言》中尋找合理答案。所以他在爲《法言》作注的過程中才會發明出“刺莽説”，以“微言大義”之法解讀《法言》，正如漢人以“微言大義”解讀《春秋》一般，促使當時及後世之人也能以同情之好感看待揚雄。

五　結語

刺莽説在後世得到很多學者的回應，如宋代大學者司馬光、曾鞏，清代學者俞樾，近代學者汪榮寶等，他們成爲了微言刺莽一派的中堅人物。司馬光説：“《法言》之成，蓋當平帝之世，莽專漢政，日比伊、周，欲興禮樂，致太平，上以惑太后，下以欺臣民。附己者進，異己者誅，何武、鮑宣以名高及禍，故楊子不得不遜辭以避害也。”[3]司馬光説“遜辭以避害”比較消極，但接近李軌的觀點。曾鞏説：“雄遭王莽之際，有所不得去，又不必死，辱於仕莽而就之，固所謂明夷也。……

---

① 汪榮寶撰，陳仲夫點校《法言義疏》下册，中華書局 1987 年版，第 562 頁。

② 汪榮寶撰，陳仲夫點校《法言義疏》下册，中華書局 1987 年版，第 604 頁。對《孝至》篇這段内容的解讀，也與揚雄“仕莽美新”一樣充滿爭議，貶斥派、理解派與肯定派的解讀與李軌都不同，參見紀國泰著《讀懂揚雄——關於揚雄及其〈法言〉》，《〈揚子法言〉今讀》，巴蜀書社 2010 年版，第 4—5 頁。

③ 汪榮寶撰，陳仲夫點校《法言義疏》下册，中華書局 1987 年版，第 559—560 頁。

不曰堅乎，磨而不磷；不曰白乎，涅而不淄。顧在我者如何耳。若此者，孔子所不能免。故於南子，非所欲見也；於陽虎，非所欲敬也。見所不見，敬所不敬，此《法言》所謂詘身所以伸道者也。然則非雄所以自見者歟?"(《答王深父論揚雄書》)^①他首先肯定了揚雄"詘身以通道"的理論，其次認清揚雄所處環境"有所不得去，又不必死"，與孔子相似，因此自然以孔子作爲行事榜樣。他的看法與李軌最爲一致。俞樾也認爲"楊子特著此文，蓋有微意矣。……若無此文，則前後文之微意皆不見矣。"^②"微意"與"微言"義同。因此，在審視揚雄"仕莽美新"這個衆説紛紜的歷史問題上，李軌被看作"否認派"的創始人。^③

  李軌首倡微言刺莽説，由此延伸出另一個問題:《法言》創作於王莽"篡漢"之前，還是之後？李氏顯然認爲作於王莽"篡漢"之後，汪榮寶稱引李氏觀點，并考證《法言》作年云:"弘範發揮本書微旨，多云病篡之辭，則以此書爲成於莽世。愚考子雲《自序》歷述生平著書，至撰《法言》而止，且此後更無它文，則《法言》必爲子雲晚年之作。其成書之年，去卒年當無幾。"^④然後，他從書中找到三條內證，證明《法言》作於天鳳元年（14 年）之後^⑤。司馬光以爲是平帝之世（平帝公元 1 年—5 年），但已是"莽專漢政"，揚雄作《法言》固當"遜辭以避害"。劉師培以爲《法言》作于平帝元始三年（3 年），他以爲《孝至》篇的"漢興二百一十載而中天"爲揚雄"自述其作書之歲"^⑥。上述可見，《法言》的作年雖未能落實，但可以肯定，當時王莽專政的局面已經定型。

---

① 曾鞏撰，陳杏珍、晁繼周點校《曾鞏集》，中華書局 1984 年版，第 265—266 頁。
② 汪榮寶撰，陳仲夫點校《法言義疏》下册，中華書局 1987 年版，第 561 頁。
③ 參見紀國泰著《讀懂揚雄——關於揚雄及其〈法言〉》。"尊雄派"在東漢已有一定規模，表現在桓譚、班固與張衡等學者對揚雄思想及其著作的稱揚中。但他們都沒有正面否認揚雄的"仕莽美新"。
④ 汪榮寶撰，陳仲夫點校《法言義疏》下册，中華書局 1987 年版，第 561 頁。
⑤ 劉保貞對汪氏所列三條證據一一批駁，證明《法言》完成于漢平帝時期王莽取得"宰衡"稱號不久。參見劉保貞著《從〈孝至〉後半篇看揚雄對王莽的態度》，《晉陽學刊》2003 年第 3 期。王莽受封"安漢公"而有"宰衡"之稱，也在漢平帝世。
⑥ 汪榮寶撰，陳仲夫點校《法言義疏》下册，中華書局 1987 年版，第 604 頁。紀國泰以"漢興二百一十載而中天"是漢平帝元始四年，即西元 4 年。參見紀國泰著《〈揚子法言〉今讀》，巴蜀書社 2010 年版，第 404 頁。

　　雖然李軌認定《法言》作於王莽"篡漢"之後，看法武斷，一些注解也有牽强之處。但是他注解《法言》文本的基本方法比較可靠，能把握揚雄滲透在《法言》中的思想主旨并以之統攝文本細節的解讀。揚雄始終保持着自己的獨立思想，即使在某些歷史時期，他的思想與王莽的執政理念有交集，甚至產生了共鳴[①]，但都不能證明他精神上對王莽的"附庸"，更説不上"神屈"。因此，李軌的微言刺莽不能不對後世的尊雄者産生深遠的影響，在揚雄及《法言》闡釋史上開一派之先。

---

① 參見紀國泰著《讀懂揚雄——關於揚雄及其〈法言〉》，《〈揚子法言〉今讀》，巴蜀書社 2010 年版，第 25—35 頁。

第七章　孟氏注《孫子兵法》的
特色及其成就

　　學界對銀雀山漢墓出土的《孫子》佚文五篇的研究發現，將《孫子兵法》的早期注解時期提前到了先秦，至遲是西漢初年，動搖了《曹注孫子》爲最早注本的結論。[①] 但是，因爲早期注本的亡佚，漢簡《孫子》佚文中的注釋内容又極其稀少，依據傳世文獻來評定，魏晉六朝在《孫子兵法》的注解史上，依然有着不可忽視的重要地位。《曹注孫子》是這個時期《孫子》注本的典型代表。曹操之外，魏晉六朝還有一些注家及其注本見載於各類目録著述[②]，其中南北朝（或爲梁）人孟氏的《孟氏解詁》（兩《唐志》題爲《孟氏解孫子》《孫子兵法孟氏注》）時代較早且有注文傳世，孟氏注自北宋末期即躋身於注《孫子》“十一家”之列，其地位與影響不能忽視。鑑於孟氏《孫子解詁》的地位及其存文數量，學界對其注解的評價過於籠統、浮泛，因此有必要對孟氏注的特色及其成就作一個較爲深入的梳理與評介。

　　孟氏注，《隋志》著録爲“梁有《孫子兵法》二卷，孟氏解詁”[③]。據此可知孟氏大概爲南北朝時期的人，名字不詳，事跡不詳。孫星衍校《十家注序》，以爲他是南朝梁人。孟氏注的單行本，宋以後，除《通志略》外，官私書目均不見著録，大約亡於南宋。《宋志》著録的《五家注孫子》三卷中有孟氏注，此三卷本亦亡佚。孟氏注文見於宋

---

①　熊劍平著《〈孫子兵法〉史話》，國家圖書館出版社 2018 年版，第 46—47 頁。
②　詳見于汝波著《魏晉南北朝時期〈孫子兵法〉流傳述論》，《軍事歷史研究》1995 年第 1 期；李零著《兵以詐立——我讀〈孫子〉》，中華書局 2006 年版；許秋月著《魏晉南北朝時期〈孫子兵法〉的傳播與接受研究》，河南師範大學碩士學位論文，2018 年。
③　（唐）魏徵等撰《隋書》第 4 册，中華書局 1997 年版，第 1012 頁。

本《十一家注孫子》，僅存文六十七條，似有佚失①。現存佚文并非孟氏注全貌，楊丙安稱其注"甚簡略"②（《宋本十一家注孫子及其流變（代序）》），李零說"比曹注更簡，話很少"③，在其注文殘佚的情況下，這些結論失之偏頗。而且，注解的目的在於闡釋正文大義，未必以細密爲美。明人談愷，謂孟氏、賈林、王晢、何延錫等人注文"雖言人人殊，而皆於觀者有所裨益"（《孫子集注·序》）④，態度則比較公允。趙國華以爲，孟氏注側重於文字訓詁，立足於因義釋文，確有一定的長處（《中國兵學史》）⑤，肯定其特色與價值，只是稍顯寬泛。從現存佚文看，孟氏注文中文字訓詁所占比例并不大，注文簡略却精當，不僅有自己的鮮明特色，而且也影響了後世注家，對《孫子兵法》的解讀與傳播有不可忽視的貢獻。

一　孟氏注的特點

據現存文獻看，孟氏注文努力追求簡明精當，這在注文中多有體現。此外，孟氏能把握孫子的核心思想，比如重人、重勢等，釋義時注意正文文本的前後關聯，重視思想的主次關係以及主導思想對局部觀點的指導作用。

（一）引用前人之說

孟氏注文指名引用了《太公兵法》《六韜》《司馬法》《左傳》《新訓》等五部文獻，共十條，《左傳》之外皆爲兵書或兵書注。

引自《左傳》的有二條，其一，"小不能當大也，言小國不量其力，敢與大邦爲讎，雖權時堅城固守，然後必見擒獲。《春秋傳》曰：'既

① 于汝波統計爲六十八條，詳見《魏晉南北朝時期〈孫子兵法〉流傳述論》，《軍事歷史研究》1995 年第 1 期，筆者詳核對楊丙安校理本與宋本，皆爲六十七條。
② （春秋）孫武撰，（三國）曹操等注，楊丙安校理《十一家注孫子校理》，中華書局 2012 年版，第 14 頁。
③ 三國以來，注釋《孫子》，有魏曹操，梁孟氏，吳沈友，隋張子尚、蕭吉。但沈友、張子尚、蕭吉的注都已失傳。見李零《兵以詐立——我讀〈孫子〉》，中華書局 2006 年版，第 20 頁。
④ （明）談愷刻本《孫子集注》，四部叢刊初編子部 077，上海商務印書館縮印。
⑤ 趙國華著《中國兵學史》，福建人民出版社 2004 年版，第 374 頁。

不能强，又不能弱，所以敗也。'"①引文見於《左傳·僖公七年》，"孔叔言于鄭伯曰……既不能强，又不能弱，所以斃也。"②"既不能强，又不能弱"，八個字就生動地突出孫子所云"小敵之堅"的尷尬處境。今傳本《左傳》作"斃"，孟氏引文作"敗"，或爲異文。其二，"虞，度也。《左傳》曰：'不備不虞，不可以師'，待敵之可勝也。"③引文見於《左傳·隱公五年》，"六月，鄭二公子以制人敗燕師于北制。君子曰：'不備不虞，不可以師'。"④可見，孟氏引用《左傳》時，着重追求其中義理精警之語。

　　孟氏稱引自《太公兵法》的五條，其一，"擊其空虛，襲其懈怠，使敵不知所以備也。故曰：兵者無形爲妙。太公曰：'動莫神於不意，謀莫善於不識。'"⑤見於《虎鈐經·五異第二十六》與《武編·前集》卷二，文本稍異，兩書皆作"動莫神於不意，勝莫大於不識"⑥。孫子原文講的是謀劃與出師的隱秘性，描述的是一個過程，而"勝莫大於不識"指向結果，因此"謀莫善於不識"更恰切。而且，孟氏注於南北朝，據《隋志》記載，當時尚有《太公兵法》單行本，《隋志》之後的目錄書已失載，相比宋人許洞所著《虎鈐經》（唐順之《武編》或抄襲《虎鈐經》）文本更可靠。另，今本《六韜·龍韜·軍勢》文本與孟氏引文同⑦。其二，"三軍之衆，疑其所任，惑其所爲，則鄰國諸侯因其乖錯，作難而至也。太公曰：'疑志不可以應敵。'"⑧引文見於今本《六韜·龍韜·立將》，"將已受命，拜而報君曰：'臣聞國不可從外治，軍不可從中禦；二心不可以事君，疑志不可以應敵。臣既受命專斧鉞之

① （春秋）孫武撰，（三國）曹操等注，楊丙安校理《十一家注孫子校理》，中華書局2012年版，第70頁。
② 楊伯峻編著《春秋左傳注》第1冊，中華書局1981年版，第315—316頁。
③ （春秋）孫武撰，（三國）曹操等注，楊丙安校理《十一家注孫子校理》，中華書局2012年版，第76頁。
④ 楊伯峻編著《春秋左傳注》第1冊，中華書局1981年版，第45頁。
⑤ （春秋）孫武撰，（三國）曹操等注，楊丙安校理《十一家注孫子校理》，中華書局2012年版，第24頁。
⑥ 魏鴻譯注《虎鈐經》，中華書局2017年版，第96頁。
⑦ 唐書文撰《六韜·三略譯注》，上海古籍出版社2012年版，第54頁。
⑧ （春秋）孫武撰，（三國）曹操等注，楊丙安校理《十一家注孫子校理》，中華書局2012年版，第75頁。

威，臣不敢生還。願君亦垂一言之命於臣。君不許臣，臣不敢將。'"①
《淮南子·兵略訓》亦載此段内容。"疑志不可以應敵"，指將士意志不
統一不可以應對敵軍，可謂《孫子》正文的恰當注脚。其三，"當見未
萌。言兩軍已交，雖料見勝負，策不能過絶於人，但見近形非遠。太公
曰：'智與衆同，非國師也。'"②引文見今本《六韜·龍韜·軍勢》，"智
與衆同，非國師也；技與衆同，非國工也。"③《虎鈐經·五異》引此句，
"國師"作"人師"，或有誤。智識超常的人，才符合《孫子》所稱的
善戰者，他們應有超前的預見性。其四，"太公曰：'仁義著，則賢者
歸之。'賢者歸之，則其間可用也。"④引文查無出處，今本《六韜·文
韜·文師》有"仁之所之，天下歸之……義之所之，天下赴之"，大意
與之相近，或爲異文。其五，"將之怯弱，志必生返，意不親戰，士
卒不精，上下猶豫，可急擊而取之。……太公曰：'失利後時，反受其
殃。'"⑤引文見今本《六韜·龍韜·軍勢》，"善戰者見利不失，遇時不
疑。失利後時，反受其殃。"⑥孟氏引太公之説，説明將之怯弱的嚴重
後果。

　　引自《新訓》者僅一條，"將之怯弱，志必生返，意不親戰，士卒
不精，上下猶豫，可急擊而取之。《新訓》曰：'爲將怯懦，見利而不能
進。'"⑦此處引文查無出處，《新訓》一書不知作者。陳皞注亦曾引《新
訓》一條，其文曰："地固斥澤，不生五穀"⑧，此條引文與主父偃《上書
諫伐匈奴》所云"地固澤鹵，不生五穀"稍異。主父偃爲漢武帝時人，
其上書所云或與《新訓》偶同，即使互有藉鑑，也很難排定其先後。孟

① 唐書文撰《六韜·三略譯注》，上海古籍出版社，2012 年版，第 48 頁。
② （春秋）孫武撰，（三國）曹操等注，楊丙安校理《十一家注孫子校理》，中華書局
　2012 年版，第 92 頁。
③ 唐書文撰《六韜·三略譯注》，上海古籍出版社，2012 年版，第 54 頁。
④ （春秋）孫武撰，（三國）曹操等注，楊丙安校理《十一家注孫子校理》，中華書局
　2012 年版，第 372 頁。
⑤ （春秋）孫武撰，（三國）曹操等注，楊丙安校理《十一家注孫子校理》，中華書局
　2012 年版，第 223 頁。
⑥ 唐書文撰《六韜·三略譯注》，上海古籍出版社 2012 年版，第 54 頁。
⑦ （春秋）孫武撰，（三國）曹操等注，楊丙安校理《十一家注孫子校理》，中華書局
　2012 年版，第 223 頁。
⑧ （春秋）孫武撰，（三國）曹操等注，楊丙安校理《十一家注孫子校理》，中華書局
　2012 年版，第 236 頁。

氏爲南北朝時人，陳皞爲晚唐時人，如兩人所引《新訓》爲同一文獻，則其作者或早于主父偃，或在主父偃與孟氏之間。令人費解的是，如《新訓》産生于主父偃之前，或在主父偃與孟氏之間，流傳於南北朝與晚唐之間，爲何《隋志》與兩《唐志》皆不著録，而且杜佑與杜牧等人也無引用。因此，陳皞注引用的《新訓》是否爲轉引，如爲轉引，則轉自孟氏注的可能性更大（其他注家皆不曾稱引《新訓》）。因文獻缺佚，只能存疑。此條引文，精準地詮釋了將帥"必生，可虜"的要義。

　　引自《六韜》與《司馬法》者各一條，《六韜》云："奇正發於無窮之源。"① 引文見今本《六韜·龍韜·軍勢》，"勢因於敵家之動，變生於兩陣之間，奇正發於無窮之源。"② 引文比孫子原文"奇正之變，不可勝窮也"，表達更顯精練。"《司馬法》曰：'新氣勝舊氣。'新氣即朝氣也。"③ 引文見於今本《司馬法·嚴位第四》，"凡戰，以力久，以氣勝。以固久，以危勝。本心固，新氣勝。以甲固，以兵勝。"④ 此條引文大義，與孫子所云"朝氣鋭"正相一致。

　　還有一些注文爲暗引，并未指明出處，考辨後發現多爲引自兵書、諸子中的論兵之篇與《左傳》中言兵的精警之語。其一，"臣之於君，下之於上，若子之事父，弟之事兄，若手臂之捍頭目而覆胸臆也。"⑤ 此段文字顯然引自《荀子·議兵》篇，文字稍異，"胸臆"（《宋本十一家注孫子》也作"胸臆"）當從《荀子》作"胸腹"⑥，以手臂之捍衛頭目與胸腹比喻臣君、下上的利害關係。其二，"故曰：兵者無形爲妙"⑦，或爲孟氏總結語，也可能是暗引某書，不能確指。其三，"安能動之"，

---

① （春秋）孫武撰，（三國）曹操等注，楊丙安校理《十一家注孫子校理》，中華書局2012年版，第113頁。
② 唐書文撰《六韜·三略譯注》，上海古籍出版社2012年版，第54頁。
③ （春秋）孫武撰，（三國）曹操等注，楊丙安校理《十一家注孫子校理》，中華書局2012年版，第188頁。
④ 駢宇騫等譯注《武經七書》，中華書局2020年版，第236頁。
⑤ （春秋）孫武撰，（三國）曹操等注，楊丙安校理《十一家注孫子校理》，中華書局2012年版，第188頁。
⑥ （清）王先謙撰，沈嘯寰、王星賢點校《荀子集解》下册，中華書局2013年版，第316頁。
⑦ （春秋）孫武撰，（三國）曹操等注，楊丙安校理《十一家注孫子校理》，中華書局2012年版，第24頁。

孟氏注云："攻其所必愛，出其所必趨，則使敵不得不相救也。"① 此段注文，則與曹操注文相同。其四，孟氏在注解《孫子》"三氣"時，暗引《左傳》"曹劌論戰"中的"三氣"説，"朝氣，初氣也；晝氣，再作之氣也；暮氣，衰竭之氣也。"② 他的觀點也與曹操相同。其五，他在注"君命有所不受"時云："無敵於前，無君於後，閫外之事，將軍制之"③，前半句見於《尉繚子·武議》，杜牧注明言引自《尉繚子》，又見於《淮南子·兵略訓》，原文作"無主於後"④，或爲孟氏改作"無君於後"。後半句見於《史記·張釋之馮唐傳》，馮唐稱引上古王者遣將時説的話："閫以内者，寡人制之；閫以外者，將軍制之。"⑤ 杜牧注引作黃石公語"閫外之事，將軍裁之"⑥，未必可信。但諸葛亮《將苑·出師》篇，稱古者出師之時，君授將曰："從此至軍，將軍其裁之。"（張澍本原注："從此至軍"一作"閫外無此"四字，"將軍其裁之"一無"其"字。）⑦ 可見此一説法，來源的確比較早。這些引文孟氏未寫明出處，或因文獻闕佚所致，或是他有意省略。

（二）援引戰史

孟氏在注"取敵之利者，貨也"時，援引了後漢荆州刺史度尚，巧妙地利用了士卒對敵人財貨的強烈佔有欲，大敗桂陽山賊卜陽、潘鴻的事例，有力證明了"取敵之利"的重要作用。這一戰例見於《後漢書·度尚傳》，杜牧注文同孟氏。又如注"善用兵者"可以不戰而屈人、拔城時，云："言以威刑服敵，不攻而取，若鄭伯肉袒以迎楚莊

---

① （春秋）孫武撰，（三國）曹操等注，楊丙安校理《十一家注孫子校理》，中華書局2012年版，第138頁。
② （春秋）孫武撰，（三國）曹操等注，楊丙安校理《十一家注孫子校理》，中華書局2012年版，第189頁。
③ （春秋）孫武撰，（三國）曹操等注，楊丙安校理《十一家注孫子校理》，中華書局2012年版，第217頁。
④ 劉文典撰，馮逸、喬華點校《淮南鴻烈集解》下册，中華書局1997年版，第519頁。
⑤ （漢）司馬遷撰，（唐）司馬貞索隱，（唐）張守節正義《史記》第9册，中華書局1982年版，第2758頁。
⑥ （春秋）孫武撰，（三國）曹操等注，楊丙安校理《十一家注孫子校理》，中華書局2012年版，第283頁。
⑦ （三國）諸葛亮著，段熙仲、聞旭初編校《諸葛亮集》，中華書局1960年版，第82、83頁。

王之類。"① 鄭伯肉袒事見《左傳·宣公十二年》(又見《公羊傳·宣公十二年》),楚莊王伐鄭,鄭伯肉袒牽羊迎接他,一番陳詞之後,楚莊王退兵三十里。而杜牧所舉司馬昭為諸葛誕、慕容恪討段龕,與王皙所舉"唐太宗降薛仁杲"的戰例,不如孟氏所云"以威刑服敵"更能體現孫子所說的"非攻"要義。

孟氏注"勇怯,勢也"云:"敵人見我欲進不進,即以我為怯也。必有輕易之心,我因其懈惰,假勢以攻之。龍且輕韓信,鄭人誘我師是也。"② 龍且與韓信的"濰水之戰",見載於《史記·淮陰侯列傳》,韓信的示怯堅定了龍且的輕敵,導致楚軍大敗。鄭人誘我師,見於《左傳·成公十六年》的"晉楚鄢陵之戰",鄭人伐宋以引誘晉國出兵,戰前楚強晉弱,戰後晉國鞏固了霸業。孟氏以精簡的語句介紹這兩個戰例,準確地闡釋"勢"對勇、怯的決定作用。

(三)舉例釋義

孟氏注文,不僅用語減省,有的舉例也非常簡明,如"諸侯之地三屬",曹注云:"我與敵相當,而旁有他國也",孟氏注云:"若鄭界於齊、楚、晉是也。"③ 以鄭國地理與齊、楚、晉三國接壤為例,既減省又生動形象。又如注"故上兵伐謀"云:"九攻九拒,是其謀也。"④ "九攻九拒",指的是公輸班與墨子在楚國的一場攻守演練,墨子以帶為城,公輸班攻打了九次都被墨子擊退,《墨子·公輸》與《吕氏春秋》《淮南子》皆有記載。孟氏的這個例子,正好與曹操注文"敵始有謀,伐之易也"意合,但釋義更生動,比較其他注家所舉例證又更精闢。

(四)以單字與對句釋義

孟氏偏愛以單字釋義,也體現他對注文簡明的追求。這樣的例子

---

① (春秋)孫武撰,(三國)曹操等注,楊丙安校理《十一家注孫子校理》,中華書局2012年版,第64頁。

② (春秋)孫武撰,(三國)曹操等注,楊丙安校理《十一家注孫子校理》,中華書局2012年版,第120頁。

③ (春秋)孫武撰,(三國)曹操等注,楊丙安校理《十一家注孫子校理》,中華書局2012年版,第295頁。

④ (春秋)孫武撰,(三國)曹操等注,楊丙安校理《十一家注孫子校理》,中華書局2012年版,第59頁。

有：虞，度也；碻，石也；趨，速。也有用雙音節，如：將，裨將也；十斛爲鍾；勇者，奮速也；怯者，淹緩也。

他還愛使用對句，如"兵有變化，地有方圓""兵法詭詐，以利動敵心；或合或離，爲變化之術""將之怯弱，志必生返，意不親戰，士卒不精，上下猶豫"①"寧違於君，不逆士衆""唯務行恩，恩勢已成，刑之必怨；唯務行刑，刑怨已深，恩之不附""得交則安，失交則危也"②"多設疑事，出東見西，攻南引北""不求其勝，而勝自得""意欲突圍，示以守固""以義制人，人誰敢拒"③，除去句尾的"也"等語氣詞，句式非常整齊，雖對仗不十分嚴謹，但也能反映出他的注釋風格與時代風氣的影響。

對句使用成功的例子較多，如孟氏注云："備人則我散，備我則彼分"，甚至比孫子原文："寡者，備人者也；衆者，使人備己者也"④還要精當。又如"故兵貴速勝，不貴久"句，孟氏注云："貴速勝疾還"，比較曹注："久則不利。兵猶火也，不戢將自焚也"⑤，表達十分凝練，要言不煩，所以張預也學習藉鑑他。

孟氏注文追求簡明精當的同時，在釋義時也非常注重前後的關聯。首先，孟氏注能聯繫前後文本，注重章節間的結構層次。如他注"故君之所以患於軍者"句時云："已下語是"⑥。其次，孟氏注尤其注重前後思想的關聯。如孟氏注"夫地形者，兵之助也"一句云："地利待人而險"⑦，讀此不能不拍案叫絕。《地形》篇主講地形的特點及其在作戰

---

① （春秋）孫武撰，（三國）曹操等注，楊丙安校理《十一家注孫子校理》，中華書局2012年版，第158、179、223頁。
② （春秋）孫武撰，（三國）曹操等注，楊丙安校理《十一家注孫子校理》，中華書局2012年版，第283、285、302頁。
③ （春秋）孫武撰，（三國）曹操等注，楊丙安校理《十一家注孫子校理》，中華書局2012年版，第305、311、323、325頁。
④ （春秋）孫武撰，（三國）曹操等注，楊丙安校理《十一家注孫子校理》，中華書局2012年版，第149、148頁。
⑤ （春秋）孫武撰，（三國）曹操等注，楊丙安校理《十一家注孫子校理》，中華書局2012年版，第49頁。
⑥ （春秋）孫武撰，（三國）曹操等注，楊丙安校理《十一家注孫子校理》，中華書局2012年版，第72頁。
⑦ （春秋）孫武撰，（三國）曹操等注，楊丙安校理《十一家注孫子校理》，中華書局2012年版，第282頁。

中的重要性，但是孟氏却能關聯到《計篇》《謀攻》等篇，以全書的主導思想統攝局部觀點，既使其思想上前後照應，并且主次分明。又如"知可以戰與不可以戰者勝"，孟氏注云："能料知敵情、審其虛實者勝也"①，用《虛實》《謀攻》等篇中具體的、鮮明的觀點，解釋此處抽象的、隱晦的思想。這樣的前後關聯，既完成了釋義任務，又闡明了《孫子》主導思想對各篇的指導作用。這樣的例子還有，注《謀攻篇》"不戰而屈人之兵，善之善者也"時，關聯到《始計篇》"重廟勝也"②；注《謀攻篇》"知彼知己者，百戰不殆"，關聯到《勢篇》"審知彼己强弱、利害之勢，雖百戰，實無危殆也"③。

二　孟氏注的貢獻與影響

孟氏注的貢獻與影響，主要體現在：保存了《孫子兵法》與其引用文獻（如《新訓》）的異文與佚文；銜接了三國至唐代的《孫子兵法》學術史④，對曹注既有藉鑑也有突破創新，其突破創新處又爲後世的注家所藉鑑。

僅據現存文獻看，孟氏注保存了《孫子兵法》的一條異文，其價值非常大。如"故可以與之死，可以與之生，而不畏危"一句，孟氏注云："一作'人不疑'，謂始終無二志也。一作'人不危'。"⑤漢簡本《孫子兵法》無"畏"字，曹注亦不釋"畏"字，《通典》引文亦無"畏"字。俞樾引《吕氏春秋·明理》"以相危"，高注訓"危"爲"疑"，云："蓋古有此訓，後人但知有危亡之義，妄加'畏'字於'危'字之

---

① （春秋）孫武撰，（三國）曹操等注，楊丙安校理《十一家注孫子校理》，中華書局 2012 年版，第 75 頁。
② （春秋）孫武撰，（三國）曹操等注，楊丙安校理《十一家注孫子校理》，中華書局 2012 年版，第 57 頁。
③ （春秋）孫武撰，（三國）曹操等注，楊丙安校理《十一家注孫子校理》，中華書局 2012 年版，第 79 頁。
④ 三國以來，注釋《孫子》，有魏曹操，梁孟氏，吳沈友，隋張子尚、蕭吉。但沈友、張子尚、蕭吉的注都已失傳。見李零著《兵以詐立——我讀〈孫子〉》，中華書局 2006 年版，第 20 頁。
⑤ （春秋）孫武撰，（三國）曹操等注，楊丙安校理《十一家注孫子校理》，中華書局 2012 年版，第 4 頁。

上，失之矣。"①可見孟氏注所引異文淵源有自，只可惜現存注文中僅有此一條。

　　孟氏注"非仁義不能使間"，稱引太公曰："仁義著，則賢者歸之。"②不見於傳世本《六韜》，或爲《太公兵法》的佚文。孟氏注又引《新訓》曰："爲將怯懦，見利而不能進"③，此條即爲《新訓》佚文，《新訓》爲兵書或兵書注，詳見上文。孟氏所引《春秋傳》曰："'既不能强，又不能弱，所以敗也。'"④今本《左傳》"敗"作"斃"，如非訛誤則爲異文。

　　孟氏注銜接了三國至唐代的《孫子兵法》學術史，前承曹操，後接李筌、杜佑與杜牧等唐代注家。孟注藉鑑曹注的例子較多，如注"故兵聞拙速，未睹巧之久也"，就藉鑑了曹注"雖拙，有以速勝"⑤，此條又爲杜佑所藉鑑（原文注：杜佑注同孟氏）。又如上文"安能動之""三氣說"兩例，都可以看到孟氏對曹操注釋的發揮。之後的注家對孟氏注文及其觀點，也有藉鑑與發揮。

　　僅僅就現存佚文看，十一家注文中，後世注文與孟氏注相同的共有七條，其中杜佑注一條（"故兵聞拙速，未睹巧之久也"條已見上文），杜牧注二條，陳皞注二條，梅堯臣注一條，王晢、何氏共一條。需要特別說明的是，杜佑不曾爲《孫子兵法》作注，宋人將《通典·兵典》中解《孫子》的內容收入"十一家"注中。但是《十一家注孫子》收錄《通典·兵典》時有刪節，并未將杜佑自注部分全部收入，因此不能準確反映出杜佑對前人的藉鑑。詳細對照《通典·兵典》中杜佑的自注與孟氏注文，發現杜佑藉鑑孟氏注文多達十七處。因爲杜佑在抄寫前人注文時，從不注明原注者，所以難以辨別其文獻來源。另外，我們在辨別杜佑所抄寫的孟氏注文時，只能參照"十一家"注中已收錄的孟氏注

---

① （清）俞樾著，李天根輯《諸子平議補錄》，中華書局1956年版，第6頁。
② （春秋）孫武撰，（三國）曹操等注，楊丙安校理《十一家注孫子校理》，中華書局2012年版，第372頁。
③ （春秋）孫武撰，（三國）曹操等注，楊丙安校理《十一家注孫子校理》，中華書局2012年版，第223頁。
④ （春秋）孫武撰，（三國）曹操等注，楊丙安校理《十一家注孫子校理》，中華書局2012年版，第70頁。
⑤ （春秋）孫武撰，（三國）曹操等注，楊丙安校理《十一家注孫子校理》，中華書局2012年版，第39頁。

文，而"十一家"注本形成在北宋末期，杜佑抄寫孟氏注文或依據中唐尚存的《孟氏解詁》本，因此《通典·兵典》中或許有"十一家"注本未收的孟氏注文，可惜已不得而知。

目前可以確認爲杜佑所藉鑑的^①十七條孟氏注文分別見於：《叙兵》："謂道之以政令，齊之以禮教也""雖拙，有以速勝"，"三軍之衆，疑其所任，惑其所爲，則鄰國諸侯，因其乖錯，作難而至也。"^②（卷一百四十八）；《兵三》序："形相敵情，觀其所據，則氣勢死生可得而知。""能料知敵情，審其虛實者，勝也。""虞，度也。以我有法度之師，擊彼無法度之兵。故《春秋傳》曰：'不備不虞，不可以師'是也。""審知彼己强弱之勢，雖百戰，實無危殆。"《敵十五形帥十過》："軍士夜喧呼，將不勇也。"^③（卷一百五十）；《兵六》序："多設詐變，出東見西，攻南引北，亂之，使彼章惶離亂，而不集聚。"^④（卷一百五十三）；《兵八》序："小不能當大也。言小國不量其力，敢與大邦爲仇，雖權時堅城固守，然後必見擒獲。《春秋傳》曰：'既不能强，又不能弱，所以敗也。'"《陣久疲致敗》："攻其空虛，出其不意之塗也。故太公曰：'動莫神於不意，勝莫大於不識'也。"^⑤（卷一百五十五）；《兵九》序："若敵已處便勢之地，己方赴利，士馬勞倦。"《以逸待勞》："兵車轉運千里之外，財則費于道路，人有困窮者。"《挑戰》："敵背丘陵爲陣，無有後患，則當引置平地，勿迎而擊也。"^⑥（卷一百五十六）；《乘敵亂而取之》："以度量知空虛，先知戰地之形，又審必戰之日，則可千里期會，先往以待之。若敵已先至，可

---

① 李零的《杜佑注集校》，其主旨不在於辨明杜佑對孟氏注文的藉鑑，因此僅指出兩人重復的十一處注文。詳見李零著《〈孫子〉十三篇綜合研究》，中華書局 2006 年版，第 292—339 頁。

② （唐）杜佑撰，王文錦等點校《通典》第 4 册，中華書局 1988 年版，第 3784、3785、3786 頁。

③ （唐）杜佑撰，王文錦等點校《通典》第 4 册，中華書局 1988 年版，第 3832、3843 頁。

④ （唐）杜佑撰，王文錦等點校《通典》第 4 册，中華書局 1988 年版，第 3908 頁。

⑤ （唐）杜佑撰，王文錦等點校《通典》第 4 册，中華書局 1988 年版，第 3967、3979 頁。

⑥ （唐）杜佑撰，王文錦等點校《通典》第 4 册，中華書局 1988 年版，第 3998、3999、4012 頁。

不往以勞之。"①（卷一百五十八）；《兵十三》序："言以威刑服敵，不攻而取，若鄭伯肉袒以迎楚莊王之類。"②（卷一百六十）；《兵十四》序："言兵有變化，故地有方圓。"（卷一百六十一）③ 十七條中，少數文本與"十一家"注文有異，或爲孟氏注異文，或爲杜佑摘引時所改，現已無法確知。

上文中提到，孟氏注援引度尚大敗桂陽山賊卜陽、潘鴻的例子，杜牧注亦引此例，或爲藉鑑孟氏。而杜牧注"其節短"云："言以近節也。如鷙鳥之發，近則搏之，力全志專，則必獲也"④，則肯定是藉鑑了孟氏注。陳皞注"勇怯，勢也"云："勇者，奮速也；怯者，淹緩也。敵人見我欲進不進，即以我爲怯也。必有輕易之心，我因其懈惰，假勢以攻之。龍且輕韓信，鄭人誘我師是也。"⑤ 與孟氏注文同，也爲藉鑑。又陳皞注云："夜呼者，恐也"云："十人中一人有勇，雖九人怯懦，恃一人之勇亦可自安；今軍士夜呼，蓋是將無勇。曹説是也。"⑥ 其中的"曹説是也"，指的是曹操注文"軍士夜呼，將無勇也"，如果陳皞全同孟氏注，則此條也是陳皞對孟氏的藉鑑。"敵人開闔，必亟入之"句，孟氏注云："開闔，間者也。有間來，則疾内之。"⑦ 梅堯臣注同孟氏，張預也比較認同孟氏觀點。"勝可爲也"一句，孟氏注云："若使敵不知戰地、期日，我之必勝可常有也。"⑧ 也爲王皙、何氏所藉鑑。

又如"故兵貴速勝，不貴久"句，孟氏注云"貴速勝疾還"，張預

---

① （唐）杜佑撰，王文錦等點校《通典》第4冊，中華書局1988年版，第4058—4059頁。
② （唐）杜佑撰，王文錦等點校《通典》第4冊，中華書局1988年版，第4105—4106頁。
③ （唐）杜佑撰，王文錦等點校《通典》第4冊，中華書局1988年版，第4136頁。
④ （春秋）孫武撰，（三國）曹操等注，楊丙安校理《十一家注孫子校理》，中華書局2012年版，第114—115頁。
⑤ （春秋）孫武撰，（三國）曹操等注，楊丙安校理《十一家注孫子校理》，中華書局2012年版，第120頁。
⑥ （春秋）孫武撰，（三國）曹操等注，楊丙安校理《十一家注孫子校理》，中華書局2012年版，第251頁。
⑦ （春秋）孫武撰，（三國）曹操等注，楊丙安校理《十一家注孫子校理》，中華書局2012年版，第332頁。
⑧ （春秋）孫武撰，（三國）曹操等注，楊丙安校理《十一家注孫子校理》，中華書局2012年版，第151頁。

注云"但貴其速勝疾歸"①也是藉鑑了孟氏。

　　孟氏注的價值還體現在，曹操注文不能精準闡釋原文之處，孟氏卻有突破性的超越，爲後世注家開闢了新路。如"道者，令民與上同意也，故可以與之死，可以與之生，而不畏危"，曹注只稱"謂道之以教令"，至於孫子所稱之"道"何以能使民"與上同意"，甚至與上同生死而不畏懼，曹注沒有深入剖析。孟氏注云："道，謂道之以政令，齊之以禮教，故能化服士民，與上下同心也。故用兵之妙，以權術爲道。大道廢，而有法；法廢，而有權；權廢，而有勢；勢廢，而有術；術廢，而有數。大道淪替，人情訛僞，非以權數而取之，則不得其欲也。故其權術之道，使民上下同進趨，共愛憎，一利害，故人心歸於德，得人之力，無私之至也。故百萬之衆，其心如一，可與俱同死力動而不至危亡也。臣之於君，下之於上，若子之事父，弟之事兄，若手臂之捍頭目而覆胸臆也。如此，始可與上同意，死生同致，不畏懼於危疑。"②這一段，也是現存孟氏注文中最長的一段。孟氏沒有否定曹操注，但他在曹氏基礎上又做了更充分的發揮，才詳盡地展示出由"道"之實施，到民之不畏死，這一水到渠成的過程，闡明了孫子思想的嚴密邏輯。文中"用兵之妙，以權術爲道"，"權術"包括推行政令與禮教，然後才能使民"同進趨，共愛憎，一利害"，民心歸於在上之"德"，上才能得民之"力"。孟氏既區別了兵家與儒家之"道"的不同，又認爲必須將儒家之"德教"納入兵家之"權術"之中。

　　類似的例子還有"小敵之堅，大敵之擒也"一句，曹注云："小不能當大也"，只解釋了"小"，未能揭示出"堅"之義。孟氏注云："小不能當大也，言小國不量其力，敢與大邦爲讎，雖權時堅城固守，然後必見擒獲。《春秋傳》曰：'既不能强，又不能弱，所以敗也。'"③孟氏以"堅城固守"突出"堅"，尤其是引用了"既不能强，又不能弱"一句，詮釋了孫子小國敗於"堅"的思想。又如"以虞待不虞者勝"，曹注或

----

① （春秋）孫武撰，（三國）曹操等注，楊丙安校理《十一家注孫子校理》，中華書局2012年版，第49、50頁。
② （春秋）孫武撰，（三國）曹操等注，楊丙安校理《十一家注孫子校理》，中華書局2012年版，第4—5頁。
③ （春秋）孫武撰，（三國）曹操等注，楊丙安校理《十一家注孫子校理》，中華書局2012年版，第70頁。

闕佚，孟氏注云："虞，度也。《左傳》曰：'不備不虞，不可以師'，待敵之可勝也。"① 要言不煩，引文非常精準地闡釋了原文大義。諸葛亮《將苑·戒備》篇也引此句作爲論據②，真是英雄所見略同。

"天者，陰陽、寒暑、時制也"，曹注云："順天行誅，因陰陽四時之制。故司馬法曰：'冬夏不興師，所以兼愛民也。'"曹注帶有保守的思想與迷信色彩，不像一個睿智的軍事家所言。孟氏注云："兵者，法天運也。陰陽者，剛柔盈縮也。用陰，則沉虛固靜；用陽，則輕捷猛厲。後則用陰，先則用陽。陰無蔽也，陽無察也。陰陽之象無定形，故兵法天。天有寒暑，兵有生殺。天則應殺而制物，兵則應機而制形，故曰'天'也。"③ 孟氏以爲陰陽表達了孫武用兵的辯證思想，寒暑則表達了孫武的應機思想，孫子所言之天不是自然之"天"，所以用兵不拘泥於"冬夏不興師"的信條。

孫子原文爲"卒離而不集，兵合而不齊"，孟氏注云："多設疑事，出東見西，攻南引北，使彼狂惑散擾，而集聚不得也。"④ 後世注家多沿襲孟氏所云"多設疑事"而加以發揮，如李筌曰"設變以疑之"，杜牧曰"多設變詐"等。

"數賞者，窘也"，孟氏注云："軍實窘也，恐士卒心怠，故別行小惠也。"⑤ 其他注家皆强調賞賜"勸進""悅之""撫士"的作用，只有孟氏云"別行小惠"，特別準確地揭示出"數賞"之"數"的深刻內涵。

三　孟氏注的不足

孟氏注也有不足，比如對句使用得好的例子，不僅釋義準確，而且形式整齊，有節奏感（已見上文）。但是使用不好的，則使釋義含混，

① （春秋）孫武撰，（三國）曹操等注，楊丙安校理《十一家注孫子校理》，中華書局2012年版，第76頁。
② （三國）諸葛亮著，段熙仲、聞旭初編校《諸葛亮集》，中華書局1960年版，第86頁。
③ （春秋）孫武撰，（三國）曹操等注，楊丙安校理《十一家注孫子校理》，中華書局2012年版，第5、8頁。
④ （春秋）孫武撰，（三國）曹操等注，楊丙安校理《十一家注孫子校理》，中華書局2012年版，第305頁。
⑤ （春秋）孫武撰，（三國）曹操等注，楊丙安校理《十一家注孫子校理》，中華書局2012年版，第253頁。

不易理解。還有因爲對簡明風格的追求，也會導致釋義不明。如對《九地篇》"圍地，吾將塞其闕"的解釋"意欲突圍，示以守固"①，對句雖減省精工，却不利於準確地理解師處"圍地"時正確的應對策略。杜牧的注釋就非常詳盡、準確："《兵法》'圍師必闕'，示以生路，令無死志，因而擊之；今若我在圍地，敵開生路以誘我卒，我返自塞之，令士卒有必死之心。"②杜牧聯繫《軍争篇》的"圍師必闕"（文稍異），從敵、我雙方處於"圍地"時的不同處理方式，完美地解釋了原文大意。又如孟氏對"死焉不得"的解釋爲"士死，無不得也"，釋義比較含混，不易理解。不如曹操注"士死，安不得也"更確切，因此杜牧又發揮道："言士必死，安有不得勝之理？"③

　　孟氏注"故智將務食於敵，食敵一鍾，當吾二十鍾"一句時，云："十斛爲鍾"。但曹注云："六斛四斗爲鍾"，梅堯臣注同曹操，杜牧與張預皆云："六石四斗爲鍾"④，孟康注亦云："六斛四斗爲鍾"（《漢書·食貨志下》）⑤，顔師古注亦云："六斛四斗爲鍾"（《漢書·主父偃傳》）⑥。一斛即一石，唐之後多稱"石"。孫武爲齊人，書中所云"鍾"應爲齊國量制。《左傳·昭公三年》記載齊國的舊量制，晏子云："齊舊四量，豆、區、釜、鍾。四升爲豆，各自其四，以登於釜。釜十則鍾。"⑦杜預注云："六斛四斗"，可見齊國古量制"六斛四斗爲鍾"。即使後來陳氏新量制"三量皆登一焉，鍾乃大矣"，杜預注以爲"區二斗，釜八斗，鍾八斛"⑧。如果排除文本訛誤的可能，那麽孟氏注明顯有誤。

　　有些地方可能是孟氏的習慣表達問題，或是用詞推敲不够，也會導致釋義不精。如"兵怒而相迎，久而不合，又不相去，必謹察之"，孟

---

①　（春秋）孫武撰，（三國）曹操等注，楊丙安校理《十一家注孫子校理》，中華書局2012年版，第322、323頁。

②　（春秋）孫武撰，（三國）曹操等注，楊丙安校理《十一家注孫子校理》，中華書局2012年版，第322—323頁。

③　（春秋）孫武撰，（三國）曹操等注，楊丙安校理《十一家注孫子校理》，中華書局2012年版，第310頁。

④　（春秋）孫武撰，（三國）曹操等注，楊丙安校理《十一家注孫子校理》，中華書局2012年版，第45頁。

⑤　（漢）班固撰，顔師古注《漢書》第4冊，中華書局1962年版，第1150頁。

⑥　（漢）班固撰，顔師古注《漢書》第9冊，中華書局1962年版，第2800頁。

⑦　楊伯峻編著《春秋左傳注》第4冊，中華書局1981年版，第1235頁。

⑧　楊伯峻編著《春秋左傳注》第4冊，中華書局1981年版，第1235頁。

氏注云“備有別應”，就不如曹注“備奇伏也”[①]精當。

四　結語

因爲孟氏注文的闕佚，以上對孟氏注的優劣分析是有限的，甚至是局部的，只能説其有，不能説其無，不足以概括孟氏注的所有特點及其貢獻。即便如此，通過對現有注文的分析、考辨與比較，也能在一定程度上呈現出孟氏注的貢獻與影響，銜接了《孫子兵法》學術史在兩晉南北朝的重要一環。

趙國華以爲兩晉南北朝時期，兵學發展處於低谷，没有多少理論建樹（《中國兵學史》）[②]。從現存文獻看固然如此，但如從兵書在歷代目録書的著録看，情況好像并非如此。《漢志》單列“兵書略”，其中兵書又分兵權謀、兵形勢、兵陰陽、兵技巧四種。西晉荀勖《中經新簿》，將兵書、兵家與古諸子家、近世子家與術數等，一同并入“乙部”，相比《漢志》，其著録的兵書規模明顯萎縮。但至劉宋王儉的《七志》，却單列“軍書志（紀兵書）”；蕭梁阮孝緒的《七録》，有“子兵録（紀子書、兵書）”，即使未曾單列兵書，但是將術數類從子、兵中剔除。兵書在上述目録中的著録情況，不但不能説明兵書在兩晉南北朝的低迷，相反，在西晉之後，兵書創作似有回暖的表徵。

當然，增多的兵書文獻當不限於原創作品，也包括兵書的摘抄（或子書的雜抄）與注疏類作品。此時原創類兵書，見諸正史目録的，兩晉時期有四種，如馬隆《握奇經述贊》、司馬彪《兵記》、孔衍《兵林》、葛洪《兵法孤虚月時秘要法》等，其他三部著作皆有疑問；南朝有九種，如宋高祖《兵法要略》、梁武帝《梁主兵法》《梁武帝兵書鈔》、梁元帝《玉韜》、劉祐《金韜》《陰策》、王略《武林》、樂産《王佐秘書》和無名氏《金策》；北朝有九種，如宇文憲《兵書要略》、伍景志《兵書要術》、許昉《軍勝見》《戎決》、陶弘景《真人水鏡》、趙昞《戰略》、蕭吉《金海》、莫珍寶《雜撰陰陽兵書》、王宜弟《兵法孤虚立成

---

①　（春秋）孫武撰，（三國）曹操等注，楊丙安校理《十一家注孫子校理》，中華書局2012年版，第255頁。

②　詳見趙國華著《中國兵學史》，福建人民出版社2004年版，第305頁。

圖》等，另有無名氏十一部，具體成書時間不明①。僅從著録看，南北朝兵書相比兩晉多一些，這種情況倒是與南北朝戰亂不斷的政治狀態相一致，而與玄風的流行相違。而且，從有署名的兵書著作看，其著者與崇尚玄談的名士并非同流中人。另外，南北朝受玄風的影響較弱，北朝與玄風尤其疏遠，要説談玄風尚對兵學造成了絶對地衝擊（《中國兵學史·緒論》），似乎要打些折扣②。

　　所以，《孟氏解詁》在南北朝時出現，不衹反映出南北朝的孫子學術水準，也是兵學升温的一個時代回響。

① 詳見趙國華著《中國兵學史》，福建人民出版社 2004 年版，第 305—306 頁。
② 詳見趙國華著《中國兵學史》，福建人民出版社 2004 年版，"緒論"第 8 頁。

第八章　述作之間：徐幹對《論語》的新解及活用

徐幹在《中論》中，直接引用孔子及其弟子們的言論與詞語共約七十七條，其中除去十五條出自《周易・繫辭》《禮記》《孝經》及文獻出處不明之外，約有六十二條出自《論語》。十五條引文中有十二條不見於傳世文獻，而孫星衍確認其中九條首見於《中論》，并將之收錄於《孔子集語》中①，似可視爲《論語》的佚文或重要的異文。可見《中論》對於先秦子部文獻（尤其是《論語》）的保存價值。

徐幹《中論》對《論語》的更高價值却不在於保存其文獻，而在於對《論語》的新解與活用。如果説新解《論語》體現出他響應時代新主題而“作”的願望，那麼活用《論語》則是他服膺孔子思想而“述”的忠誠。本文主要圍繞這兩個方面展開論證，以期對徐幹的思想、《中論》的撰寫體例和《論語》學都能提供一個認識的新角度。

一　徐幹對《論語》的新解及其方法

徐幹對《論語》的新解，主要體現在《智行》《夭壽》《爵禄》《考僞》《治學》諸篇之中，《治學》篇除外，其他四篇皆爲他應時代之需而開拓的新主題。這些篇目中，徐幹充分展示了他新解《論語》的能力，以及他弱化“作”與“述”矛盾的努力。

（一）《智行》篇對《論語》的新解

徐幹在《智行》篇響亮地提出了“重智”的觀點，筆者認爲離不

---

① 郭沂校注《孔子集語校注》，中華書局 2017 年版。

開揚雄的影響，但《中論》一書却找不到揚雄的身影。另外，看他在
《考僞》篇首的發言："仲尼之没，於今數百年矣。其間聖人不作，唐虞
之法微，三代之教息……"，比較揚雄所言："春木之芚兮，援我手之鶉
兮。去之五百歲，其人若存兮。"（《法言·寡見》）[①] 他與揚雄一樣自詡
爲聖人的衛道者，在文中却自比孟子之距楊墨（揚雄自比於孟子），荀
子之非諸子，偏偏遺漏了孟、荀與自己之間的 "東道孔子" 揚雄。其原
因現已不得而知。

　　"重智" 不同於孔子重仁、重義，因此文中直接引用《論語》多達
六條，其中五條引語的解讀都能看出他在刻意出新，使用的都是 "重小
略大，進次退主" 之法。

　　　殷有三仁，微子介於石，不終日；箕子内難而能正其志；比干
　　諫而剖心。君子以微子爲上，箕子次之，比干爲下。[②]

　　孔子對殷之 "三仁" 的評價見於《論語·微子》，原文爲："微子去
之，箕子爲之奴，比干諫而死。孔子曰：'殷有三仁焉。'" [③] 孔子特別看
重 "仁"，不輕易將此品質予人，此處稱 "三仁"，可見他對微子、箕
子與比干的敬重。孔子既稱 "三仁"，就無所謂主次，文本中首微子，
箕子次之，比干最末，應該全無講究。

　　如定要排出次序，也應着眼於爲道犧牲的壯烈程度，原文本排列的
三人事跡似可看作 "德" 之遞進的體現。但是徐幹對此句的解讀却是：
微子預知殷紂不可諫，國亡不可救，所以自己離開，其智爲上；箕子雖
然留下，但佯狂不理政事，得以全身，其智爲次；比干明知不可爲，却
要强諫，被剖心而死，三人中，其智最下。可看出徐幹着眼於 "智" 爲
三人區别等級，有新解《論語》的企圖。俞樾就認爲，徐幹讀出了《論
語》的 "微旨"，可補《論語》注之未備（《曲園雜纂·讀〈中論〉》）[④]。

---

① 汪榮寶撰，陳仲夫點校《法言義疏》上册，中華書局 1987 年版，第 217 頁。

② （魏）徐幹撰，孫啓治解詁《中論解詁》，中華書局 2014 年版，第 156 頁。

③ （宋）朱熹撰《四書章句集注》，中華書局 1983 年版，第 182—183 頁。

④ 俞樾云："云'君子以微子爲上，箕子次之，比干爲下'，然則《論語》所列三仁，先
　後之間自有微旨，亦可補《論語》注所未備。"見於《曲園雜纂》，鳳凰出版社 2021
　年版，第 348 頁。

　　三人中，微子與箕子在《中論》中僅出場這一次，比干在《夭壽》篇再次登場，與伍子胥一同作爲"仁者壽"的反面典型。徐幹評價比干"重義輕死""求仁得仁"，與《智行》篇的評價并不違背，只是在"殷有三仁，比干居一"①中，又抹殺了三人的等級區別。不過在《夭壽》篇中他着眼於"仁"，而不是"智"。

　　通過"三仁"這一事例，可以看出徐幹對《論語》的新解，旨在爲自己崇"智"的思想服務。"智"原爲儒家"五常"之一，但是孔子只推尊仁、義、禮，孟子首先將"智"并入仁、義、禮之列（他在《告子上》與《盡心上》兩次并提"仁義禮智"），又爲揚雄高度發揚（《法言》中多方論證了對"智"的重視，如《問明》"或問：'人何尚？'曰：'尚智。'"《吾子》篇"或問：'屈原智乎？'曰：'如玉如瑩，爰變丹青。如其智！如其智！'"②皆可見一斑）。這是從儒家思想發展的角度，探求徐幹崇"智"的來源。另外，他對"智"的尊崇，更是響應時代的需求。

　　《智行》篇開頭所提的問題："士或明哲窮理，或志行純篤，二者不可兼，聖人將何取？"這在漢末三國時期是特別迫切的。曹操四下求賢（才）令，都在强調唯才是舉③。徐幹曾任司空軍謀祭酒掾屬，隨曹操南下赤壁（建安十三年），西征馬超，他約在建安十二年投奔曹操，直至建安二十三年春病逝，一直跟隨曹氏父子，不能不受曹操思想的影響。雖然曹丕讚許他"恬淡寡欲，有箕山之志"④（《又與吳質書》），《先賢行狀》也説他"輕官忽禄，不耽世榮"⑤（《三國志·王粲傳》注引），但是不能僵化理解。而且，綜覽《中論》一書，《曆數》以下論述治國、教化的要求，都是徐幹入世願望的反映。根據《中論序》"學五經悉載於口"可知，徐幹服膺儒術，雖後因身體原因而退隱，但撰書旨在"存正道"，也即儒家的修齊治平之道，做不到絕對的"恬淡寡欲"。

① （魏）徐幹撰，孫啓治解詁《中論解詁》，中華書局 2014 年版，第 281 頁。
② 汪榮寶撰，陳仲夫點校《法言義疏》上册，中華書局 1987 年版，第 186、57 頁。
③ 四篇令分別爲：建安八年的《論吏士行能令》，建安十五年的《求賢令》響亮地提出"唯才是舉"，建安十九年的《敕有司取士毋廢偏短令》與建安二十二年的《舉賢毋拘品行令》，無一不是求"才智之士"。
④ （魏）曹丕撰，魏宏燦校注《曹丕集校注》，安徽大學出版社 2009 年版，第 258 頁。
⑤ （晉）陳壽撰，（魏）裴松之注《三國志》3 册，中華書局 2011 年版，第 599 頁。

　　仲尼問子貢曰："汝與回也孰愈？"對曰："賜也何敢望回？回也聞一以知十，賜也聞一以知二。"子貢之行不若顏淵遠矣，然而不服其行，服其聞一知十。由此觀之，盛才所以服人也。仲尼亦奇顏淵之有盛才也，故曰："回也，非助我者也，於吾言無所不說。"顏淵達於聖人之情，故無窮難之辭，是以能獨獲疊疊之譽，爲七十子之冠。[①]

　　仲尼問子貢見於《論語·公冶長》，子貢回答完之後，孔子又説："弗如也！吾與女弗如也。"[②]但"回也，非助我者"這一句出自《先進》篇，單獨的一句評語，前無鋪墊，後無照應。"於吾言無所不說"，歷代解釋都不是很圓通。師生間的教學相長，關鍵在於學生有疑、會疑，有助於老師的深入求索，但是顏回卻無疑。朱熹將"無所不說"解釋爲"默識心通"，説孔子這樣表達"若有憾焉，其實乃深喜之"。胡寅以爲，此處既體現孔子謙虛之德，又體現他對顏回的深讚[③]。無論如何，原文本看不出孔子深讚是否針對顏回"聞一以知十"的才智。

　　徐幹不但將子貢的話理解爲，盡管子貢在德行上難以望顏淵之項背，但他心裏最爲佩服的仍然是顏淵的聰明才智，而且還將孔子高度讚美顏淵的話移植到他的才智上。子貢説這話的時候究竟有沒有重智輕德的隱藏義，僅據文本不能貿然斷言，但是徐幹這樣解釋，只能看作他爲證明"智"之重要而辛苦挖掘出的"微旨"。劉寶楠先釋"助""説"兩字義，最後引用了徐幹這段話，可見他對徐幹解讀的認可[④]。

　　仲尼稱之曰："微管仲，吾其被髮左衽矣。"召忽伏節死難，人臣之美義也，仲尼比爲匹夫匹婦之爲諒矣。是故聖人貴才智之特能立功立事，益於世矣。[⑤]

---

① （魏）徐幹撰，孫啓治解詁《中論解詁》，中華書局 2014 年版，第 147—148 頁。
② （宋）朱熹撰《四書章句集注》，中華書局 1983 年版，第 77 頁。
③ （宋）朱熹撰《四書章句集注》，中華書局 1983 年版，第 124 頁。
④ （清）劉寶楠撰，高流水點校《論語正義》下冊，中華書局 1990 年版，第 443 頁。
⑤ （魏）徐幹撰，孫啓治解詁《中論解詁》，中華書局 2014 年版，第 151 頁。

《論語》記載的管仲、召忽事見於《憲問》篇，原文如下：

> 子路曰："桓公殺公子糾，召忽死之，管仲不死。"曰："未仁乎？"子曰："桓公九合諸侯，不以兵車，管仲之力也。如其仁！如其仁！"

> 子貢曰："管仲非仁者與？桓公殺公子糾，不能死，又相之。"子曰："管仲相桓公，霸諸侯，一匡天下，民到于今受其賜。微管仲，吾其被髮左衽矣。豈若匹夫匹婦之爲諒也，自經於溝瀆而莫之知也。"①

皇侃以爲孔子此話只爲説明："召忽死之不足爲多，管仲不死不足爲小"，"管仲存於大業，不爲召忽守小信"②，王肅也説："仲尼但美管仲之功，亦不言召忽不當死"③，但孔子所云"匹夫匹婦"其意不在召忽。程、朱二人，也皆以這段對話的重心在於孔子對管仲的評價，未將"匹夫匹婦"與召忽之死聯類而比。

徐幹却以爲"匹夫匹婦"，恰是評價召忽死節的行爲。孔子將之比作"匹夫匹婦"之信，屬於求小節而失大義之類。管仲行事雖然不非常符合儒家對"仁"的定義，孔子却高度肯定他，表現出爲了事功而提升管仲人格等級的意思，重事功即是重才智，所以徐幹才會如此解讀。宋翔鳳引用徐幹此説，并與《後漢書·應劭傳》應劭所云："召忽親死子糾之難，而孔子曰：'經於溝瀆，人莫之知'"合觀，總結説："漢儒皆以'經於溝瀆'爲召忽事"④。可見，徐幹的新解在當時也并非獨家（斷章取義者除外）。

> 或曰："然則仲尼曰：'未知，焉得仁？'乃高仁耶？何謂也？"對曰："仁固大也。然則仲尼此亦有所激然，非專小智之謂也。若

---

① （宋）朱熹撰《四書章句集注》，中華書局 1983 年版，第 153 頁。
② （魏）何晏集解，（清）皇侃義疏《論語集解義疏》卷七，上海商務印書館 1937 年版，第 200 頁。
③ （清）劉寶楠撰，高流水點校《論語正義》下册，中華書局 1990 年版，第 580 頁。
④ （清）劉寶楠撰，高流水點校《論語正義》下册，中華書局 1990 年版，第 580 頁。

有人相語曰：‘彼尚無有一智也，安得乃知爲仁乎？’……夫以召公懷聖之資，而猶若此乎？末業之士，苟失一行，而智略褊短，亦可懼矣。仲尼曰：‘可與立，未可與權。’……仲尼、孟軻可謂達於權智之實者也。”①

文中兩段引語前一段出自《論語·公冶長》，後段出自《論語·子罕》。原文本大意説，孔子只是讚賞令尹子文和陳文子二人的忠誠與清白，但認爲二人不達仁人的境界。有人就拿孔子評價令尹子文和陳文子的話，來證明“仁”高於“智”。徐幹反駁説，孔子這裏抬高仁，并非專爲貶低智。而且他説這番話時也并非深思熟慮，而是出於一時的激發。徐幹對此句的解釋基本符合原文大意，孔子只承認令尹子文之“忠”與陳文子之“清”，只能説明“仁”的要求高於清、忠，并不涉及與智的比較。因此，徐幹認爲孔子雖重仁，但并不貶低智。

然後他舉周成王與召公懷疑周公的例子，來進一步闡發智的重要與難得。他認爲二人對周公的誤會，不在於自己德行不高，也不在於親情淡薄，而在於“不聰睿”。德行很高的人，只因不够聰睿，就差點導致叛亂，丟失了周公所保持的，文王、武王辛苦開創的偉大功業。更何況俗士平民，才智更加短缺，豈不會因爲不能理解而造成更多的可怕後果。最後引用孔子的“未可與權”，説明不能與俗士平民權量決策輕重，就是因爲這些人的才智短缺。

“可與立，未可與權”這句話雖爲節選，但并不屬於斷章取義。原文本大意，雖然衆家解讀紛紜（尤其是“權”的釋義），但孔子這段話根本無法明確他所針對的具體人群。徐幹乾脆將評語直接安在才智短缺的“末業之士”頭上，顯然也是他的新解。

（二）《夭壽》篇對《論語》的新解

《夭壽》篇主旨在於澄清時人對孔子“仁者壽”的質疑，同時也駁斥了幾種誤解。全文五次引用《論語》，其中一條爲論敵孫翺的引語，并無新解。其他四條皆爲徐幹本人所引，全部給予了新解。

---

① （魏）徐幹撰，孫啓治解詁《中論解詁》，中華書局 2014 年版，第 156 頁。

第一條引語"孔子稱'仁者壽'"①出現在開篇，爲提出論點，語出《論語·雍也》。原文本中，孔子兼談智者與仁者，皇侃云："樂水樂山爲智仁之性，動靜爲智仁之用，壽樂爲智仁之功。"②程、朱等人的解釋也不出皇侃藩籬，皆不關心仁人長壽與自然規律是否違背的問題。

值得注意的是，關於"仁者壽"的討論，在漢魏之際却并不限於《論語》學者。而且討論的焦點集中在道德律能否超越自然律，進而懷疑孔子所説的"仁者壽"究竟體現於精神還是形體。徐幹在《夭壽》篇即提供了三種解讀：荀爽的"死而不朽"論，認爲"仁者壽"僅僅體現爲精神綿延，并非肉體長生；孫翱的"王教之義"論，以爲孔子的"仁者壽"明明與"死生有命"相違背，聖人却要提倡，其目的在"誘人"行善；徐幹却將壽分三種，其中"行仁之壽"與"王澤之壽"皆屬於形體久壽，即承認道德律可以超越自然律，唯"聲聞之壽"爲精神綿延。"仁者壽"即爲行仁之壽，他解釋説："以仁者壽，利養萬物，萬物亦受利矣，故必壽也"。③

與諸多《論語》專家的解釋不同，專家們着眼於"水"與"静"對仁者性的持養，徐幹却着眼於萬物所受的仁之"利"以及萬物的反哺。他的觀點亦爲劉寶楠全文引用。④（《論語正義》）

對"仁者壽"的關注，當時應不衹是上述三家，荀悦的《申鑒·俗嫌》篇也參與了討論：

> 或問："仁者壽，何謂也？""仁者内不傷性，外不傷物，上不違天，下不違人，處正居中，形神以和，故咎徵不至，而休嘉集之，壽之術也。"曰："顔、冉何？"曰："命也。麥不終夏，花不濟春，如和氣何？雖云其短，長亦在其中矣。"⑤

荀悦也是針對他人質疑而作闡發，可見當時討論"仁者壽"的社會

---

① （魏）徐幹撰，孫啓治解詁《中論解詁》，中華書局 2014 年版，第 264 頁。
② （清）劉寶楠撰，高流水點校《論語正義》上册，中華書局 1990 年版，第 237 頁。
③ （魏）徐幹撰，孫啓治解詁《中論解詁》，中華書局 2014 年版，第 271 頁。
④ （清）劉寶楠撰，高流水點校《論語正義》上册，中華書局 1990 年版，第 239 頁。
⑤ （漢）荀悦撰，（明）黄省曾注，孫啓治校補《申鑒注校補》，中華書局 2012 年版，第 134 頁。

面有多麼寬廣。雖然以顏回與冉耕的短命質疑孔子"仁者壽"，始於揚雄（見《法言‧問明》"顏氏之子，冉氏之孫"），但在此重提，定因當時有重提的必要，即衆人對此説的懷疑。

徐幹與孫翺雖皆北海人，但其家學定不同，而二人的師學淵源也無從考證。荀爽爲潁川人，荀悦是荀爽的侄子，兩人家學或許相同，但兩人論證"仁者壽"的角度却明顯不同。衆人的討論不僅超越了魯、齊、韓三家的藩籬，而且越出了《論語》專家的範圍。以上可見，漢魏之際學者們對《論語》討論的面之寬、義理之深。因此，我們對兩漢《論語》學的認識，尤其是執着於師學與家學的根源去充實論語"三家"説的框架，必須要修正。

第二條引語"民可使由之，不可使知之"①，語出《論語‧泰伯》，爲闡述論敵孫翺觀點時所引，孫啓治以爲是孫翺本論的引語。孫翺以《論語》這句話證明民衆愚冥，不可使之明曉所以然之理，也就是他以"仁者壽"引導其向善的"王教之義"的立論基礎。

徐幹爲反駁孫翺的論點，引了孔子的"有殺身以成仁，無求生以害仁"（語出《論語‧衛靈公》）與"自古皆有死，民無信不立"（語出《論語‧顏淵》），將兩句話解釋爲"欲使知去食而必死也"②，而不是孫翺説的以不信之言引誘愚民行善。最後他引用"惟上智與下愚不移"（語出《論語‧陽貨》）③來論證孔子之教旨在培養君子，而不專爲教化愚民，從而徹底駁斥孫翺的論點。

孔子前一句話，原文本前有"志士仁人"，其大意是説："無求生以害仁，死而後成仁，則志士仁人不愛其身也"（孔安國語）④，之後學者的解讀多强調孔子重生却不違仁；後一句爲孔子回答子貢"問政"，大意在於治國不可以失信於民。徐幹將兩句的釋義都歸爲"欲使知去食而必死也"，而且針對的人群也并非志士仁人，也屬於"進次退主"的新解。

① （魏）徐幹撰，孫啓治解詁《中論解詁》，中華書局 2014 年版，第 268 頁。
② （魏）徐幹撰，孫啓治解詁《中論解詁》，中華書局 2014 年版，第 272 頁。
③ （魏）徐幹撰，孫啓治解詁《中論解詁》，中華書局 2014 年版，第 272 頁。
④ （清）劉寶楠撰，高流水點校《論語正義》下册，中華書局 1990 年版，第 620 頁。

（三）《爵禄》篇與《考僞》等篇對《論語》的新解

《爵禄》與《考僞》兩篇主旨，見下文。

《爵禄》篇兩引《論語》文本，一爲："邦有道，貧且賤焉，恥也"①，一爲"邦無道，富且貴焉，恥也"②，語出《論語·泰伯》，原文本兩段合一，前有"天下有道則見，無道則隱"③的總論。原文本大意爲：國家太平，而自己却貧窮卑賤，這是恥辱的；國家不太平，而自己却富有顯貴，這也是恥辱的。天下太平，君子就該出來做事；天下混亂，君子就該隱居，絕不能助紂爲虐。皇《疏》云："守死善道者，寧爲善而死，不爲惡而生。"④

徐幹用前一句話來解釋"明王在上，序爵班禄而不以逮也"⑤。意思是：賢明的君王，都很重視爵禄，他們會非常積極地授予君子適當的爵位與官禄，以此獎掖與激勵君子勤政。後一句話用來解釋"然則富貴美惡，存乎其世也"⑥，意思是：君子個人的富貴美惡，取決於他所處的時代，即時代清濁與否，君王明闇與否。

這兩處解讀，也能明顯看出徐幹"進次退主"的方法。因爲，孔子強調君子"去就之義潔，出處之分明"（晁補之語）⑦，重心在於君子如何全德。徐幹却用此闡發，爵禄貴在體現君王居德養功的中心思想。劉寶楠解讀此句時，也引用了徐幹的觀點（《論語正義》）⑧。

魏晉之際有多位學者討論爵禄的問題，與先秦諸子的"賤爵禄"不同，"重禄養清"是他們達成的共識，桓寬的《鹽鐵論》、荀悦《申鑒》、崔寔《政論》、仲長統《昌言》、王符《潛夫論》與徐幹《中論》都是突出代表，劉廙的《政論·備政》一文闡發得最爲詳盡⑨。這是徐幹重視爵禄，以及新解《論語》的原因和時代背景。徐幹在《爵禄》篇

---

① （魏）徐幹撰，孫啓治解詁《中論解詁》，中華書局 2014 年版，第 166 頁。
② （魏）徐幹撰，孫啓治解詁《中論解詁》，中華書局 2014 年版，第 172 頁。
③ （宋）朱熹撰《四書章句集注》，中華書局 1983 年版，第 106 頁。
④ （清）劉寶楠撰，高流水點校《論語正義》上册，中華書局 1990 年版，第 303 頁。
⑤ （魏）徐幹撰，孫啓治解詁《中論解詁》，中華書局 2014 年版，第 166 頁。
⑥ （魏）徐幹撰，孫啓治解詁《中論解詁》，中華書局 2014 年版，第 172 頁。
⑦ （宋）朱熹撰《四書章句集注》，中華書局 1983 年版，第 106 頁。
⑧ （清）劉寶楠撰，高流水點校《論語正義》上册，中華書局 1990 年版，第 304 頁。
⑨ 詳見尹玉珊著《漢魏子書研究》下編之第三章，中國社會科學出版社 2018 年版，第 205—215 頁。

深度分析了先秦諸子"賤爵禄"的原因，他説："由處之者不宜也；賤其人，斯賤其位矣"①，"賤爵禄"只是諸子們不滿於現實官位授受不公而發的激憤之辭。

《考僞》篇："孔子曰'不患人之不己知'者，雖語我曰'吾爲善'，吾不信之矣。"②"不患"句出自傳世本《論語》的《學而》《里仁》《憲問》與《衛靈公》四篇③，文稍異。

多位學者都以爲此處語義不通，懷疑文本有誤。俞樾以爲"孔子曰"下衍"不"字，王叔岷以爲孔子語下脱"患人之不己知"。徐湘霖認同王叔岷，并認爲徐幹反用孔子語，以起下文（《中論校注》）④。孫啓治也認同王叔岷之説，并釋義："孔子言不患人之不知己者，謂所患在己無能耳。若無能而患人之不知己，則雖語我曰'吾能爲善'，我必不信矣。"⑤孫氏釋義也不是很通暢，因爲"無能"者若有自知之明，就不需擔心人不知己；若無自知之明，那麼即使别人膚淺的恭維，也會信以爲真。

此句究竟如何理解？根據徐幹進一步的解釋"我不信"的原因："何者？以其泉不自中涌，而注之者從外來也。"⑥在文本無誤的情況下，可推知徐幹對"不患人之不己知"句依然作了新的詮釋。此句與孔子所説的患己"無能"或"求可知"皆無關聯，只取字面意：不必擔心别人不懂自己，因爲不懂自己的人，即使誇獎我，也并非出自真心實意，我既不會相信，也不會被鼓舞。不爲人懂，爲最糟糕的情況，我都不必擔心。至於真心懂我的人，給予我發自内心的讚美，我就更加不必擔心了。

還有一例比較特殊，雖然并無上述方法指導下的新解，但徐幹的釋義却有超越《論語》專家之處。如在《治學》篇中，他説："民之初

---

① （魏）徐幹撰，孫啓治解詁《中論解詁》，中華書局2014年版，第171頁。
② （魏）徐幹撰，孫啓治解詁《中論解詁》，中華書局2014年版，第190頁。
③ 《學而》篇原文"不患人之不己知，患不知人也"，《里仁》原文"不患莫己知，求爲可知也"，《憲問》原文"不患人之不己知，患其不能也"，《衛靈公》原文"君子病無能焉，不病人之不己知也"。
④ （漢）徐幹原著，徐湘霖校注《中論校注》，巴蜀書社2000年版，第162頁。
⑤ （魏）徐幹撰，孫啓治解詁《中論解詁》，中華書局2014年版，第198頁。
⑥ （魏）徐幹撰，孫啓治解詁《中論解詁》，中華書局2014年版，第190頁。

載，其矇未知。譬如寶在於玄室，有所求而不見。白日照焉，則群物斯
辯矣。學者，心之白日也。"[①]可視爲對孔子"學則不固"的精彩釋義。
比較孔安國的"固，蔽也。"與鄭玄的"固，謂不達於理也。"朱熹的
"固，堅固也"，徐幹的解釋最爲深切著明，因此劉寶楠激賞曰"是其
義也"，并予全文引用（《論語正義》）[②]。

　　徐幹的"白日論"與柏拉圖的"洞穴理論"雖不盡同，但用玄室與
洞穴比況人的蒙昧，却有異曲同工之效。柏拉圖生年雖早，彼時東西思
想尚無交流，徐幹定然不會知曉柏拉圖的存在，由此可見智者在求索上
的不謀而合。

　　以上可見，徐幹一方面想要在思想上努力出新地"作"，一方面又
要表明自己對儒道的遵守與對聖人大義的"述"，不惜蹊徑旁出地"歪
讀"《論語》文本。突破與持守的糾結，也是徐幹衛道與做事的衝突與
和解。

　　（四）"重小略大，進次退主"：徐幹新解《論語》的方法

　　《論語》大多祇記載了問答的話題及主要內容，省略了提問的客觀
原因、問者的主觀願望與回答的具體語境，很難呈現實境對話中問答者
所明確的話題指向性。加上孔子一貫秉持因材施教的思想，即使同一話
題，面對不同的談話對象，他的表達也會有所側重，甚至語意彼此衝
突，這樣就使得文本客觀呈現的"義"更加撲朔迷離。因此後人根據文
本呈現解讀出的"義"，不僅有大小之分，還有主次之別。

　　徐幹的新解，就是利用《論語》文本客觀呈現的語意多向性，使用
了"重小略大，進次退主"的解讀方法。《中論》直接引用的《論語》
文本中，有二十餘條與傳世本《論語》基本一致，其中的十五條引語，
徐幹在文章中使用之時，常作出自己的獨特解讀，偏離原文本所呈現
的大意。徐幹對《論語》的新解，集中體現於《智行》《夭壽》《爵祿》
《考偽》四篇之中，皆使用上述方法作新解。《智行》與《爵祿》兩篇
爲徐幹迎合時代思潮而開創的新主題，新解《論語》以證明"重智"與
"重爵祿"的思想與聖人不違，甚至源於聖人；《夭壽》篇針對時人對

---

① （魏）徐幹撰，孫啓治解詁《中論解詁》，中華書局 2014 年版，第 1 頁。
② （清）劉寶楠撰，高流水點校《論語正義》上册，中華書局 1990 年版，第 22 頁。

"仁者壽"的質疑，努力作出新解，駁斥質疑，捍衛孔子學説；《考僞》篇爲考核當時種種欺世盜名的僞術弊行，指出其危害，廓清之時他也充分發揮了新解之效。

《中論》對《論語》的引用與新解，不同於《漢書》"斷章取義"的用法。《漢書》對《論語》"斷章取義"的引用方法與上古用《詩》之法雷同，但是《中論》的直接引語（不包括詞彙）大多是首尾完具的，即使少數引語只有局部，也只是引文精簡所需，并非旨在"斷章"而方便"取義"，因此他對文本的新解也不屬於斷章取義。筆者將徐幹的新解總結爲"重小略大，進次退主"之法，即指他在人們所公認的"大義"之外另闢旁支，明顯看出他在避免"斷章"的情況下新解《論語》的努力。徐幹的新解不僅有同時代的呼應，也引起了清代《論語》專家的重視[①]。

二　徐幹對《論語》的活用及其方法

徐幹對《論語》的活用，主要體現爲：《中論》對《論語》的直接引語和間接引語的區別使用，直接引語多作新解（已見上文），間接引語多沿用原文本大意；間接引語與《論語》詞彙的穿插使用，或爲闡發孔子思想，或只是隱蔽地使用，將其融匯到《中論》的文本當中，成爲自己文本與思想的底色與背景。徐幹對《論語》引語（詞彙）的活用，也是他自處述、作之間的鮮明體現。

徐幹對孔子思想的持守首先體現爲首篇的設定，《中論》的《治學》明顯沿襲《論語》之《學而》。當然這并非徐幹首創，此前已有《荀子》的首篇《勸學》，《法言》的首篇《學行》，《潛夫論》的首篇《贊學》等，無不向《論語》致敬；其次是《中論》中那些專爲闡發孔子思想的篇章，如《治學》《貴言》《藝紀》《修本》《覈辯》等，他對間接引語的頻繁使用，都是遵循《論語》原文本大意；最後是他對《論語》詞彙的使用，或單純闡釋概念，或只是借用詞彙（相當於詩歌中的語典）。

---

① 宋翔鳳的《論語發微》、劉寶楠的《論語正義》與俞樾的《曲園雜纂》都引用了《中論》的解讀，并肯定其價值，詳見正文。

（一）遵循原文本大義的直接引用

《中論》的直接引語中，遵循《論語》原文本大意大約有七條，全部集中在上卷的六篇之中。

《治學》篇有一條直接引語，"子夏曰：'日習則學不忘，自勉則身不墮，亟聞天下之大言則志益廣。'"① 此句大意與《論語·學而》："學而時習之，不亦說乎"及"溫故而知新"相近，但是文本差異較大，或爲佚文。

《法象》篇云："孔子曰：君子威而不猛，泰而不驕。"② 既見於《論語》的《述而》和《子路》篇，又見於《堯曰》篇論君子"五美"，最後兩條爲："泰而不驕，威而不猛"，與引文順序正相反。

《修本》篇引曾子語爲："士任重而道遠，仁以爲己任，不亦重乎？死而後已，不亦遠乎？"出自《論語·泰伯》，徐幹闡發道："夫路不險則無以知馬之良，任不重則無以知人之德"。③ 可知其解讀與原文本大意合。

《貴言》篇："可與言而不與之言，失人；不可與言而與之言，失言。知者不失人，亦不失言"④，此條語出《論語·衛靈公》。《貴言》一篇首先闡發孔子貴言的精神，所以引用孔子語，而且大意與原文本不異。但此篇的重心有別於原文本，特別強調在具體實踐中如何遵循"貴言"之道，詳細描摹與論證了不要爲假裝愛聽你講道，不時附和并特別表示出贊同你的"俗士"所迷惑牽絆，導致"失言"的複雜情況，發言一定要"得其所宜"。

《藝紀》篇三次引用孔子的話，只有一條出自《論語·述而》⑤："志於道，據於德，依於仁，游於藝。"徐幹分析先王賤藝的原因，強調君子貴六藝要道、事結合，再引孔子"志於道"這段話證明自己的論點。

①　（魏）徐幹撰，孫啓治解詁《中論解詁》，中華書局 2014 年版，第 9 頁。
②　（魏）徐幹撰，孫啓治解詁《中論解詁》，中華書局 2014 年版，第 21 頁。
③　（魏）徐幹撰，孫啓治解詁《中論解詁》，中華書局 2014 年版，第 58 頁。
④　（魏）徐幹撰，孫啓治解詁《中論解詁》，中華書局 2014 年版，第 93—94 頁。
⑤　其他兩條如下，"孔子曰：君子恥有其服而無其容，恥有其容而無其辭，恥有其辭而無其行。"（大概出自《禮記·表記》，文稍異。但《表記》未云爲孔子語。）"孔子稱安上治民莫善於禮，移風易俗莫善於樂。"（語出《孝經·廣要道》，亦云孔子語，只是順序顛倒。）

《論語》學者對“游於藝”的解釋大致有兩派，鄭玄以游爲“閒暇無事於之游”①，朱熹以爲“朝夕游焉，以博其義理之趣，則應務有餘，而心亦無所放矣”②，而“藝”皆指禮樂文化，射、御、書、數之法。但禮樂不可斯須去身，故周公自稱“多藝”。假如“游”取鄭玄義，則與孔子的仁禮思想矛盾，所以劉寶楠也表示很難理解③。從徐幹對引語的解讀，可見他對“游”的解釋與鄭玄同，并未有何新創。

《覈辯》篇：“孔子曰：‘巧言亂德’‘惡似而非者’也”④，前句語出《論語·衛靈公》，後句語出《孟子·盡心下》引孔子語。《覈辯》篇重點也是闡發孔子貴言的精神，強調君子之辯以明道，駁斥苟辯之邪説，指出小人利口亂德惑衆的危害性以及得行於世的原因（徐湘霖語）。從他闡發的觀點以及對引語的使用，可見他的理解符合《論》《孟》兩書原文本大意。

《覈辯》篇：“孔子曰：小人毁訾以爲辯，絞急以爲智，不遜以爲勇。”⑤ 引語大部分出自《論語·陽貨》，但是“毁訾以爲辯”不見於《論語》原文，孫啓治云出處未詳，徐湘霖云誤爲孔子語。而且“絞”《論語》作“徼”，俞樾以爲此云“絞急以爲智”與鄭本合（《論語·泰伯釋文》引鄭玄云：“絞，急也。”），徐氏以爲可補鄭義⑥。徐幹的解讀與原文本不異。

（二）遵循原文本大義的間接引用

《中論》的間接引語大約有三十三條，上卷十篇分布較多，下卷十篇僅有十一條。此處的間接引語皆指語段或短語，不包括兩字或單字的詞語。

《治學》篇五次不明言出處的間接引用，已將孔門思想與《論語》語言完全融匯到自己的文本之中。“身没而名不朽”⑦，語出《論語·衛

---

① （清）劉寶楠撰，高流水點校《論語正義》上册，中華書局 1990 年版，第 257 頁。
② （宋）朱熹撰《四書章句集注》，中華書局 1983 年版，第 94 頁。
③ （清）劉寶楠撰，高流水點校《論語正義》上册，中華書局 1990 年版，第 257 頁。
④ （魏）徐幹撰，孫啓治解詁《中論解詁》，中華書局 2014 年版，第 139 頁。
⑤ （魏）徐幹撰，孫啓治解詁《中論解詁》，中華書局 2014 年版，第 139 頁。
⑥ （漢）徐幹原著，徐湘霖校注《中論校注》，巴蜀書社 2000 年版，第 114 頁。
⑦ （魏）徐幹撰，孫啓治解詁《中論解詁》，中華書局 2014 年版，第 1 頁。

靈公》"君子疾没世而名不稱"；"不學之困"，語出《論語·季氏》"困而學之，又其次也，困而不學，民斯爲下矣"；"燧人察時令而鑽火"，語出《論語·陽貨》"鑽燧改火"；"顏淵之學聖人也，聞一以知十，子貢聞一以知二"，語出《論語·公冶長》"賜也何敢望回"段；"孔子因於文武"，語出《論語·子張》"文武之道未墜於地"段。

《法象》篇一次間接引用《論語》，爲闡發孔子大義。"和而不同"，語出《論語·子路》"君子和而不同"。《修本》篇有兩條間接引語："悔往而不慎來"，語出《論語·微子》"往者不可諫，來者猶可追"；"喜語乎已然，好争乎遂事"①，爲藉用《論語·八佾》"成事不説，遂事不諫"之意。

《虚道》篇一處間接引語："告之而不厭，誨之而不倦"②，語出《論語·述而》"學而不厭，誨人不倦"。《貴驗》篇三處間接引語："故求己而不求諸人"，語出《論語·衛靈公》"君子求諸己，小人求諸人"；"故君子不友不如己者"，語出《論語·子罕》"毋友不如己者"；"友邪則己僻也"③，語出《論語·先進》"師也僻"。

《貴言》一篇兩處間接引語："雖庸人亦循循然與之言"，語出《論語·子罕》"夫子循循然善誘人"；"葉公之黨，其父攘羊而子證之"，語出《論語·子路》"葉公語孔子"段。《藝紀》篇兩處間接引語："既脩其質，且加其文，文質著然後體全"④，語出《論語·雍也》"文質彬彬"段；"謂夫陳籩豆、置尊俎、執羽籥、擊鐘磬……非禮樂之本"⑤，語出《論語·陽貨》"樂云樂云，鐘鼓云乎哉"段。

《覈辯》篇兩處間接引語："不知木訥而達道者"，語出《論語·子路》"剛毅木訥近仁"與《論語·里仁》"君子訥於言而敏於行"；"給足以應切問"⑥，語出《論語·子張》"切問而近思"。《智行》篇三處間接引語："不得與游、夏列在四行之科"⑦，語出《論語·先進》"四科"

---

① （魏）徐幹撰，孫啓治解詁《中論解詁》，中華書局 2014 年版，第 47—48 頁。
② （魏）徐幹撰，孫啓治解詁《中論解詁》，中華書局 2014 年版，第 431 頁。
③ （魏）徐幹撰，孫啓治解詁《中論解詁》，中華書局 2014 年版，第 88 頁。
④ （魏）徐幹撰，孫啓治解詁《中論解詁》，中華書局 2014 年版，第 115 頁。
⑤ （魏）徐幹撰，孫啓治解詁《中論解詁》，中華書局 2014 年版，第 126 頁。
⑥ （魏）徐幹撰，孫啓治解詁《中論解詁》，中華書局 2014 年版，第 139 頁。
⑦ （魏）徐幹撰，孫啓治解詁《中論解詁》，中華書局 2014 年版，第 147 頁。

段；"柴也愚"，語出《論語·先進》"柴也愚"；"仲尼所以避陽貨"，語出《論語·陽貨》"陽貨欲見孔子"段。

《爵祿》篇一處間接引語："故孔子栖栖而不居者"①，語出《論語·憲問》"丘何爲是栖栖者與"段。《考僞》篇三處間接引語："托之乎疾固"②，語出《論語·憲問》"非敢爲佞也，疾固也"；"鄉愿亦無殺人之罪也，而仲尼惡之"，語出《論語·陽貨》"鄉原，德之賊也"；"仲尼惡歿世而名不稱"③，語出《論語·衛靈公》"君子疾没世而名不稱"。

《夭壽》篇四處間接引語："求仁得仁"④，語出《論語·述而》"求仁得仁，又何怨"；"或見危而授命"⑤，語出《論語·憲問》"見危授命"；"或被髮而狂歌"⑥，語出《論語·微子》"楚狂接輿歌而過孔子"段；"或三黜而不去"⑦，語出《論語·微子》"柳下惠爲士師"段。

《務本》篇兩處間接引語："口給乎辯慧切對之辭"⑧，語出《論語·公冶長》"禦人以口給"；"公室四分，民食於他"⑨，語出《論語·季氏》"禄之去公室，五室矣；政逮於大夫，四世矣。"《審大臣》篇兩處間接引語："且大賢在陋巷也"⑩，語出《論語·雍也》"賢哉，回也！"段；"魯人見仲尼之好讓而不爭也，亦謂之無能"⑪，語出《論語·學而》"夫子温良恭儉讓"，又《論語·八佾》"君子無所爭"，又《論語·鄉黨》"孔子於鄉黨……似不能言者"。

以上引語，在文中所表達的語義與《論語》原文本不異，徐幹的轉述與摘引不拘形式。除去極少數前面以"故"字引起，大多都很隱蔽，與徐幹的自我表達融合無間。"述"與"作"的願望得到適宜的調和。

---

① （魏）徐幹撰，孫啓治解詁《中論解詁》，中華書局 2014 年版，第 177 頁。
② （魏）徐幹撰，孫啓治解詁《中論解詁》，中華書局 2014 年版，第 189 頁。
③ （魏）徐幹撰，孫啓治解詁《中論解詁》，中華書局 2014 年版，第 205 頁。
④ （魏）徐幹撰，孫啓治解詁《中論解詁》，中華書局 2014 年版，第 265 頁。
⑤ （魏）徐幹撰，孫啓治解詁《中論解詁》，中華書局 2014 年版，第 282 頁。
⑥ （魏）徐幹撰，孫啓治解詁《中論解詁》，中華書局 2014 年版，第 282 頁。
⑦ （魏）徐幹撰，孫啓治解詁《中論解詁》，中華書局 2014 年版，第 282 頁。
⑧ （魏）徐幹撰，孫啓治解詁《中論解詁》，中華書局 2014 年版，第 288 頁。
⑨ （魏）徐幹撰，孫啓治解詁《中論解詁》，中華書局 2014 年版，第 293 頁。
⑩ （魏）徐幹撰，孫啓治解詁《中論解詁》，中華書局 2014 年版，第 312 頁。
⑪ （魏）徐幹撰，孫啓治解詁《中論解詁》，中華書局 2014 年版，第 312 頁。

（三）單純藉用《論語》的詞語

《中論》的有些篇目只是藉用《論語》中的詞語，使用的詞語大約有六個，上卷二個，下卷四個。其中一個屬於概念的闡釋，五個僅爲單純的藉用。

《法象》篇藉用《論語》詞語"成人"，語出《論語·憲問》"子路問成人"段，徐幹解釋爲"是故能盡敬以從禮者，謂之成人"[1]，屬於概念的釋義。比較《論語》原文，内涵縮小了，體現徐幹對"禮"的偏重。

《虛道》篇藉用兩個詞語："鑽之"[2]，語出《論語·子罕》"鑽之彌堅"。"下愚"[3]，語出《論語·陽貨》"唯上智與下愚不移"，詞義不變；《夭壽》篇一處引詞語"啓手"[4]，語出《論語·泰伯》"啓予足，啓予手"，詞義不變；《務本》篇名"務本"，語出《論語·學而》"君子務本，本立而道生"。

《亡國》篇藉用一個稱呼"晏平仲"[5]，語出《論語·公冶長》"晏平仲善與人交"，先秦其他文獻只稱晏子或晏嬰；《賞罰》篇藉用一個詞語"中"，"思中以平之"[6]，語出《論語·子路》"禮樂不興，則刑罰不中；刑罰不中，則民無所措手足。"至於《中論》之"中"，更是對孔孟"中庸"思想的精闢提升。

上述六個詞語中，"啓手""鑽之"算不上通俗，徐幹在文中使用起來卻比較隨意，可見他對《論語》的熟稔。

三　結語

《中論》二十篇中，引用《論語》最多的篇章達八九條，如《治學》《智行》《夭壽》等篇；幾乎不引《論語》的篇章也有，如《譴交》《曆數》《慎所從》《民數》等（皆在下卷）。《慎所從》僅引一條"孔子

---

① （魏）徐幹撰，孫啓治解詁《中論解詁》，中華書局 2014 年版，第 35—36 頁。
② （魏）徐幹撰，孫啓治解詁《中論解詁》，中華書局 2014 年版，第 66 頁。
③ （魏）徐幹撰，孫啓治解詁《中論解詁》，中華書局 2014 年版，第 70 頁。
④ （魏）徐幹撰，孫啓治解詁《中論解詁》，中華書局 2014 年版，第 281 頁。
⑤ （魏）徐幹撰，孫啓治解詁《中論解詁》，中華書局 2014 年版，第 335 頁。
⑥ （魏）徐幹撰，孫啓治解詁《中論解詁》，中華書局 2014 年版，第 358 頁。

曰", 引語出處未詳, 或爲《論語》佚文。其他三篇,《曆數》《民數》所論問題特別具體, 人口與曆法都是《論語》中不曾記載的話題, 或許無從徵引。但是《譴交》批評士大夫們的交遊結黨風氣下所滋生的弊端,《論語》有關 "交" 的討論很多, 徐幹却没有藉鑑。《論語》在這些篇章中的闕席, 是否也可看作 "活用" 之體現呢?

總之,《中論》各篇的引文規範并不確定, 各篇的撰寫體例也不固定。總覽全書, 二十二篇論文有立有破, 有談君子修身處世, 有談君主治國理政, 主題有新創有繼承, 説明徐幹在開始撰寫《中論》之前, 并未擬定全書框架, 而是先有討論的話題, 撰寫爲單篇文章, 最後才有整書的集成。《中論》的成書方式, 在一定程度了印證了余嘉錫 "秦漢諸子即後世之文集"[①](《古書通例》卷二)的看法。但是, 全書也的確可見 "欲以明大道之中"(詳見徐湘霖《中論校注·前言》)這一核心思想, 説明徐幹思考大多數問題的時候, 確實處於 "中論" 的指引之下。

"中" 的來源甚早, 但是直到孔子 "中庸" 出現, 才開始發生廣泛的影響。爲强調 "中" 的重要, 又創造出 "過" 與 "不及" 兩個概念與之對照。孔子與徐幹之間, 還有孟子、荀子二人, 繼續推廣 "中"。所以徐幹以 "中論" 爲思考問題的明燈, 不在於發明什麽, 而旨在用引領時代的眼光和與時代同步的語言, 重述孔子 "中庸" 思想, 這也與他對《中論》 "述作之間" 的定位非常一致。

從成書的方式, 我們和余嘉錫一同看出了《中論》的 "散", 從 "中論" 思想對衆多主題的主宰, 以及全書呈現的 "述作之間" 的姿態, 我們也看到了《中論》的 "不散"。因此, 我們對先唐子書 "散" 或 "不散" 的認定, 是否都是執其一端的偏激? 這也是一個值得深思的問題。

---

① 余嘉錫撰《余嘉錫説文獻學》, 上海古籍出版社 2001 年版, 第 206 頁。

中　篇
漢魏六朝子書文本細讀與應用

　　中篇的子書文本細讀部分，主要針對子部文本思想内容、釋義與寫作筆法等問題展開。應用部分，因爲思考内容過於廣泛，使用的文獻不限於子部，還旁涉到其他三部。因此應用部分雖然篇幅短小，解決的問題也比較散亂，却能具體而微地揭示四部文獻之間的關係，以及先秦子書與漢魏六朝子書的内在聯繫。

　　第一章"論莊子眼中的"河漢"非指銀河"，爲子書文本的詞語考釋，糾正了現行諸多權威學者對《莊子》書中"河漢"一詞的錯誤釋讀；第二章"論李白詩歌對《莊子》僻典的巧用與審美追求"，首次從李白詩歌使用的道家典故，探索李白利用典故打造新的詩歌風貌的意圖。也是首次從李白詩歌使用的《莊子》僻典，糾正學界對李白詩歌不使用僻典的誤解，同時也揭示出李白對《莊子》文本的深度癡迷，以及他巧妙運用《莊子》僻典裝飾自己詩作的審美追求；第三章"從杜甫的詩歌用典談杜詩對道家子書的吸收"是對子書整理文本的運用，通過考察《老子》、《列子》、《莊子》與《苻子》等道家文本在杜詩中的用典，嘗試着揭示子部與集部關係之一斑；第四章"桓譚《新論》'以市喻交'考"主要針對李善注的一處不實考論，從文獻與文章學兩個角度考察，糾正李善的偏失，盡力澄清時人對劉孝標《廣絕交論》的真實評價，同時恢復桓譚《新論》的文本原貌；第五章"《拾遺記》'側理紙'考論"，立足於被貼上"小説"標籤的一類子書所記載的史實，探討這類子書文本的可靠性，以及文本背後所反映出的文化與學術環境，同時也揭示了唐前子書的敘述，對後世文人和文化的深刻而久遠的影響。

第一章　論莊子眼中的“河漢”非指銀河

《莊子·逍遥遊》，肩吾評價楚狂接輿的話：“吾驚怖其言，猶河漢而無極也”，成玄英疏云：“猶上天河漢，迢遞清高，尋其源流，略無窮極。”①之後，歷代學者如王先謙、郭慶藩、陳鼓應等，皆默認成玄英之説，認“河漢”爲銀河。

唯有劉武不同意成玄英的解釋，他説：“‘河、漢’句，係往而不返之譬況語，謂其言往而不返，無所歸宿，猶如河、漢之水，滔滔長流，無所止極，非謂上天河漢之清高也。”②雖然兩人對“河漢”的解釋不同，分歧在於是否含有“清高”義，但都認爲用“河漢”的比喻，指接輿的話有源流無窮、回圈不息的意思。

這樣看來，接輿的話很像是《莊子·天下篇》所説的“以巵言爲曼衍”的“巵言”③。據學者張樹國的新解，巵爲漏巵，注水計時，以所注之水回圈無窮，比喻言辭的流動不息等多重含義（《漏巵與〈莊子〉巵言探源》）④，非常符合莊子學派偏愛的表達方式。

劉武雖提出異議，但并未進一步舉證。因此，他的觀點也少有學者回應。其實，“河漢”一詞再次出現於《莊子·齊物論》中，王倪對齧缺説：“至人神矣：大澤焚而不能熱，河、漢沍而不能寒，疾雷破山、風振海而不能驚。”⑤沍，或釋作寒，或釋作涸，文中的“河、漢”當然指的是地面上的黄河、漢水。兩篇都屬於内篇，這算一個内證，可見

---

① （清）王先謙撰，沈嘯寰點校《莊子集解》，中華書局 1987 年版，第 5 頁。
② 劉武撰，沈嘯寰點校《莊子集解内篇補正》，中華書局 1987 年版，第 19 頁。
③ （清）王先謙撰，沈嘯寰點校《莊子集解》，中華書局 1987 年版，第 295 頁。
④ 張樹國著《漏巵與〈莊子〉巵言探源》，《文學遺產》2022 年第 6 期。
⑤ （清）王先謙撰，沈嘯寰點校《莊子集解》，中華書局 1987 年版，第 23 頁。

莊子眼中"河漢"的一個義項。但僅據此，不能斷然説《逍遙遊》的"河漢"一定與此同義。因此，還需要從外部尋找到更多證據才能令人信服。

先秦文獻用字減省，物名以單字居多，如以"河"指黄河，"漢"指漢水，而以"河漢"兩字指銀河或天河的可能性較小。因此，我們將探索的範圍稍微擴大一些，看看同時期文獻中是否有以"河漢"稱銀河的説法。

我們發現，《左傳·昭公》二十九年秋載："及有夏孔甲，擾于有帝，帝賜之乘龍，河、漢各二，各有雌雄。"① 説的是孔甲順服天帝，天帝賜給他駕車的四條龍，黄河和漢水的各兩條，各有一雌一雄。文中"河漢"指黄河、漢水。

另外，《詩經》稱天河、銀河的地方，只是稱"漢"或"雲漢"，從不稱作"河漢"。如《小雅·大東》："維天有漢，監亦有光。"② 漢，指天河。《大雅·雲漢》："倬彼雲漢，昭回于天。"③ 兩首詩中，皆以"漢"指銀河，爲了與漢水相區别，一首前有"天"，一首前有"雲"。可見以單字"漢"指稱漢水的習慣在先秦文獻中更普及。所以《周南·漢廣》直稱"漢有游女，不可求思。漢之廣矣，不可泳思"④，"漢"指漢水，就不需特别標記。

根據《爾雅》記載，江、淮、河、漢，古人謂之四瀆，所以江、漢也常常并稱。如《詩經·大雅·江漢》："江漢浮浮，武夫滔滔""江漢之滸，王命召虎"⑤，江漢，以兩水指代江河。《尚書·禹貢》云"江、漢朝宗于海"⑥，《商君書·弱民》説"江、漢以爲池"⑦，《墨子·公輸》稱"江漢之魚鱉黿鼉爲天下富"⑧，孟子轉引曾子的話"江漢以濯之"

① 楊伯峻編著《春秋左傳注》第 4 册，中華書局 1981 年版，第 1501 頁。
② （宋）朱熹撰，趙長征點校《詩集傳》中華書局 2017 年版，第 228 頁。
③ （宋）朱熹撰，趙長征點校《詩集傳》中華書局 2017 年版，第 319 頁。
④ （宋）朱熹撰，趙長征點校《詩集傳》中華書局 2017 年版，第 9 頁。
⑤ （宋）朱熹撰，趙長征點校《詩集傳》中華書局 2017 年版，第 328、328—329 頁。
⑥ （清）孫星衍撰，陳抗、盛冬鈴點校《尚書今古詩文注疏》，中華書局 1986 年版，第 163 頁。
⑦ 蔣禮鴻撰《商君書錐指》，中華書局 1986 年版，第 127 頁。
⑧ （清）孫詒讓撰，孫啓治點校《墨子閒詁》，中華書局 2002 年版，第 485 頁。

（《滕文公章句上》）[①]，等等，皆以江漢指地上兩瀆。

東漢時，才開始以"河漢"兼指天河、銀河義項。如《古詩十九首》之"迢迢牽牛星，皎皎河漢女"，"河漢清且淺，相去復幾許"[②]，將河漢與牽牛星對稱，標記也很明顯。而班固的《西都賦》尚且稱銀河爲"雲漢"："左牽牛而右織女，似雲漢之無涯"（《文選》卷一），而在"朝發河海，夕宿江漢"[③]一句中，依然以江漢稱兩瀆。班固或是模仿《詩經》，或是不習慣"河漢"之名，可見此時"河漢"尚未普遍指稱銀河。魏晉南北朝之時，"河漢"才逐漸成爲銀河的習語。所以，成玄英釋《莊子》的"河漢"爲銀河，是以後人習語推測前人。

也許正因爲東漢以前，"河漢"一詞不存在歧義，所以成玄英之前，注家認爲不必爲"河漢"一詞出注。以上可見，成氏之注有誤，又因爲之後的學者盲目認同，將訛誤延續至今。

① （清）焦循撰，沈文倬點校《孟子正義》，中華書局1987年版，第394頁。
② 隋樹森集釋《古詩十九首集釋》，中華書局2018年版，第34、35頁。
③ （梁）蕭統編，（唐）李善注《文選》，中華書局1977年版，第29頁。

第二章　論李白詩歌對《莊子》僻典的
巧用及其審美追求

一　緒論

李白詩歌多用典而且善用典，這一點大家多有共識。但是所用何典，如何用典，這些問題尚未達成共識[1]。而且因爲胡適對僻典曾有批評[2]，學者往往將李白詩歌中的僻典，不算作李白善用典的證明，也就是説對李白所用的僻典不但不能正視，反而懷抱歧視。筆者認爲，這樣的態度不算客觀公正。當代學者葛兆光也説："典故作爲一種藝術符號，它的通暢與晦澀、平易與艱深，僅僅取決於作者與讀者的文化對應關係。"[3] 因此，本文想專門談談李白詩歌所用的、不爲其他詩人所常用的僻典，期待有所創獲。本文所論僻典，指的是雖然來源於經典文獻，却很少爲人所徵引，因而令普通讀者感覺陌生或晦澀的典故與詞語。

李白詩歌所用僻典主要體現爲語典，尤其是來源於《莊子》一書的語典。李白詩歌用典共 1550 處，出自史部的典故在四部之中佔據第一，共有 655 處，其中引用《史記》的典故有 253 處，可見李白并不回避事典。李白詩引用《莊子》典故 118 個（不計重復），位列

---

① 如 "李白慣於用典亦善用典。其用語典之推陳出新及暗用事典之了無痕跡且不説，即明用事典亦揮灑自如，若出諸己。他很少在枝節上用典，也很少用僻典，……" 見裴斐《李白與歷史人物》（《看不透的人生：裴斐學術論文集》，北京燕山出版社 1992 年版，第 181 頁。）還有多篇論文談及，觀點皆相似。
② 胡適在《文學改良芻議》中否定拙典的用法，其中之一就是 "僻典使人不解"，將僻典等同於拙典，見於《新青年》1917 年 1 月 1 日第二卷第五號。
③ 葛兆光《漢字的魔方——中國古典詩歌語言學劄記》，復旦大學出版社 2016 年版，第 122 頁。

第二。^①這 118 個典故中，常典有 100 餘個，其中事典與語典大約各半
（亦有事典、語典兼備的）。

　　以上統計也説明李白同詩人群體一樣，多用常典，在用典上并非一
味求新求僻。李白詩對常典使用巧妙及其所反映出的深刻思想以及文學
與審美的追求，學界已有充分的論證^②，兹不贅述。本文只是聚焦《莊
子》僻典，爲了解李白詩的用典藝術另開了一扇小窗。

　　李白詩所用的《莊子》僻典約有二十個，散佈在二十二首詩歌（有
一典多用者）中，大概可分爲兩類。第一類爲句子與短語，共 17 個：
"十步殺一人，千里不留行"、揮劍決浮雲、趙客縵胡纓、入獸不亂群、
擁腫寒山木、臨濠得天和、直木先伐、世道交喪、時命大謬、鳥皆夜
鳴、終古不息、羈金絡月、草不謝榮、木不怨落、遊物祖、亂天經、不
火食。其中，揮劍決浮雲、趙客縵胡纓、擁腫寒山木、臨濠得天和、羈
金絡月，爲李白雜取組合而得；草不謝榮、木不怨落，爲提煉濃縮而
得；其他 10 個皆爲直接移植而來，只是個別的表達方式稍有變化。第
二類爲詞語，共三個：睢盱、匡坐、温伯雪，原樣取自《莊子》文本。

　　雜取組合與提煉濃縮的典故固然少爲人用，一方面避免了與前人雷
同，保證了此一僻典非李白詩而莫有，凸顯李白取典之機巧，與不願重
復他人的天賦個性。另一方面，它們與原樣搬來的語詞，又不爲他人所
常用者，却不僅可見李白取典、用典之機巧，還能呈現李白對《莊子》
的傾心與好學。尤其是草不謝榮與木不怨落，兩典皆取自《莊子》的唐
前古注，最能説明李白讀書所下的功夫。僅從僻典使用之一斑，即可見
李白性情之複雜、寫詩之多變。"詩無達詁"，能不慎乎！

---

　　① 詳見王騰飛《李白詩歌用典研究》，暨南大學 2010 年碩士學位論文；竇可陽《李白
　　　詩對〈莊子〉文學接受論稿》，吉林大學 2006 年碩士學位論文。兩篇論文都曾對李
　　　白詩所用典故做了竭澤而漁的整理，尤其後一篇，搜集的李白詩所用的《莊子》典
　　　故比前一篇更詳盡，多出 30 多處。兩文雖互有參差，但仍有遺漏。僅以竇文統計的
　　　103 典爲基礎，補充 15 典如下：睢盱、赤水遺玄珠、不繫舟、時命大謬、入獸不亂
　　　群、肝膽楚越、鳥皆夜鳴、田成子、除害馬、精誠、溟滓、遊物祖、原憲室、盜跖、
　　　抱甕。
　　② 如楊義先生的《直覺的魅力與流水用典——李白詩歌的詩學思維》《李白詩歌用典的
　　　詩學謀略》，《佳木斯大學社會科學學報》，1999 年第 4、5 期；陶新民《論李白古風
　　　五十九首的用典》、朱易安《莊周夢蝴蝶——李白詩歌用事小議》、韓大偉《剪裁妙
　　　處非刀尺——李白詩歌用典概覽》、詹鍈《李白詩論叢》之《李白樂府探源》、譽高
　　　槐《"清水出芙蓉"的藝術——李白七絶用典技巧初探》等論著。

二 巧用句子與短語以追求自然混融之美

17 個短語和句子中，"不火食"之外，其他全爲語典。這些短語與句子之中，有 10 個直接從《莊子》正文與注文中原樣搬來，因爲原文本爲談玄説理，因此所取語典也帶有玄言的意味，比如入獸不亂群、臨濠得天和、直木先伐、時命大謬、草不謝榮與木不怨落等①；原文本爲人物的口語，因此所取語典也頗具口語的個性，比如"十步殺一人，千里不留行"、揮劍決浮雲、趙客縵胡纓等；原文本爲物象與環境的描寫，所取的語典也以物象描摹與環境渲染見長，如擁腫寒山木、世道交喪、鳥皆夜鳴、終古不息、羈金絡月、遊物祖與亂天經等。但無論是説理、寫人，還是描摹物象，這些語典都能很自然地與其他詩句融爲一體，形成一種用典的自然渾融之美，鮮明地展示了李白的天才與趣味。

1. "十步殺一人，千里不留行"

《俠客行》："十步殺一人，千里不留行"②，語出《莊子·説劍》："臣之劍，十步一人，千里不留行。"③兩句連用，只是添一"殺"字以湊成五言。李白對這兩句的使用，堪比曹操《短歌行》對《詩經》成句的使用，後接"事了拂衣去，深藏身與名"，可謂渾融無間。

郁賢皓"題解"説該詩爲李白擬張華的《游俠篇》，但李白對四公子并未全部着墨，只以朱亥與侯嬴協助信陵君救趙的事功爲主幹，重點渲染了李白所嚮往的豪俠精神。而且詩歌首句即以《莊子·説劍》典始（見此段第三典），然後緊接使用這一頗顯俠客個性的語典，充分描繪出俠客群體出與處的果決灑脱，之後才展開對主角的叙述，最後又以揚雄著《太玄》的寂寞收尾。此典是詩中對俠客描摹最爲出彩之處，既能揭示李白豪俠的性情，也説明李白讀《莊子》的獨具隻眼。

此典爲李白首用，蘇軾最先唱和，他在《水調歌頭》"昵昵兒女

---

① 也有學者稱李白詩用《莊子》典故，是實現他與同好談玄的現實需求，事實未必如此。李白好《莊》爲因，寫詩而喜用《莊》典爲果。至於所用何典，自然與詩人彼時的思想情感以及讀者是誰相關。

② （唐）李白著，郁賢皓校注《李太白全集校注》第 1 册，鳳凰出版社 2015 年版，第352—353 頁。本文所用李白詩歌皆出此套書，後文不再一一注釋。

③ （清）王先謙撰，沈嘯寰點校《莊子集解》，中華書局 1987 年版，第 271 頁。文中所用《莊子》文本皆出此書，不再一一注釋。

語"①中使用了後一句。之後又有耶律楚材②等人在詩中使用,但此典并不多見於詩歌。

2. 揮劍決浮雲

《古風》(其三):"揮劍決浮雲,諸侯盡西來",《在水軍宴贈幕府諸侍御》:"浮雲在一決,誓欲清幽燕",《送白利從金吾董將軍西征》:"劍決浮雲氣,弓彎明月輝",皆用《莊子·説劍》:"天子之劍……上決浮雲,下絶地紀"一典。

《古風》(其三)用此典描寫秦始皇平定六國的赫赫戰功,功業之巨、氣勢之宏大與《莊子》原文所描繪的"天子之劍"非常一致。另外兩首詩皆爲贈別詩,一爲贈送永王李璘的水軍幕僚,他用此典抒寫自己的廊廟之志,語氣雖然誇張,但因爲當時追隨永王李璘平亂,想像建功之卓越也可理解;一爲贈送西征的將軍,用此典描寫軍威,并不只是個人的劍術與功力。可見李白用典,揮灑之中亦含尺度。

此典爲李白首用於詩,其後白居易用於《鴉九劍》:"不如持我決浮雲"③,貫休、王令、陳長方④等人也用此典,歷代不乏呼應者,却亦不多見。

3. 趙客縵胡纓

《俠客行》:"趙客縵胡纓,吳鉤霜雪明",《聞李太尉大舉秦兵百萬出征東南懦夫請纓冀申一割之用半道病還留別金陵崔侍御十九韻》:"拂劍照嚴霜,彫戈縵胡纓",皆用《莊子·説劍》:"趙文王喜劍……庶人之劍,蓬頭、突鬢、垂冠,曼胡之纓……"一文的組合用典。

上文説到了《俠客行》的主角是信陵君等諸侯卿相之俠,但李白在該詩開頭却用"庶人之劍"的語典拉開序幕,相當於司馬遷所寫的布衣之俠,用典與原文本描寫的主角身份相符。原文本爲張揚"天子之劍",對"縵胡纓"而逞個人之能的劍客含有貶義。但李白一用此典,

---

① (宋)蘇軾著,鄒同慶、王宗堂校注《蘇軾詞編年校注》上册,中華書局 2002 年版,第 323 頁。

② 分別見耶律楚材《過天德和王輔之四首》其二、謝宗可《雁陣》、王稱《感寓》等。

③ (唐)白居易著,謝思煒校注《白居易詩集校注》第 1 册,中華書局 2006 年版,第 441 頁。

④ 分別見貫休《古劍池》、王令《道士王元之以詩爲贈多見哀勉因以古詩爲答》、陳長方《古劍行》等。

却在詩的開篇宣揚出一股掩蓋不住的豪俠之氣，光彩陡生。後一首詩中，他用此典描寫自己，却蘊含了一種謙遜。因爲題中既有"冀申一割之用"的謙辭，而且還有自己"半道病還"的遺憾與惋惜。同一典故，在不同的詩歌中表達出的情緒幾乎是相反的，這不能不歸功於前後詩句的環境烘托與用典時機的巧妙。

"縵胡纓"一典的使用，李白之前唯有張協《雜詩十首》其七"舍我衡門衣，更被縵胡纓"①，李白之後韓愈在《晚秋郾城夜會聯句》"縵胡纓可愕"②中使用了一次，之後劉基、高啓與毛奇齡③等人也在詩中使用，亦不多見。

上述三典皆出《莊子·説劍》，在李白詩中反復出現了六次，可以看出李白對《説劍》篇的深度玩賞，毫不懷疑此篇文獻的真僞，李白的豪俠情懷與詩篇的浪漫氣質也借這些典故得到更强烈的呈現。

4. 入獸不亂群

《贈張公洲革處士》："時登張公洲，入獸不亂群"，語用《莊子·山木》："入獸不亂群，入鳥不亂行。"此詩開篇從列子灌園説起，行文到了主人公革處士那裏，對《莊子》文本的系列聯想自然而然，只不過此句前後詩句都用熟典，僅以此一處玄談意味頗濃的僻典穿插於中間，以表揚處士已達等齊鳥獸的修道境界，讀者革處士當能意會。

此典雖僻，但視點降低到鳥獸，既是莊子論道的一貫風範，也爲全詩奉獻了豐富的自然物象。

此典的使用雖以李白爲首，却不獨有李白，後世屢有呼應者，如劉敞、劉跂與厲鶚④等人，大約都受到了李白詩的影響。

5. 擁腫寒山木

《詠山樽二首》其二："擁腫寒山木，嵌空成酒樽"，語用《莊子·逍遥遊》："吾有大樹，人謂之樗。其大本擁腫而不中繩墨。"其實最早使用此典的是江淹，他在《被黜爲吳興令辭箋詣建平王》中説：

---

① （唐）李善注《文選》中册，中華書局 1977 年版，第 422 頁。
② （唐）韓愈著，方世舉箋注《韓昌黎詩集編年箋注》下册，中華書局 2012 年版，第 530 頁。
③ 分別見劉基《從軍詩五首送高則誠南征》其二、高啓《結客少年場行》、毛奇齡《甘州遍》其二等。
④ 分別見於劉敞《晚景》、劉跂《送劉貢甫貶衡州》、厲鶚《三詔洞拜焦隱君像》等。

“而自爲擁腫之異木，卒成踡躍之妖金。”^①不過最早在詩中使用此典的是何遜，他在《夜夢故人詩》中説：“已如臃腫木，復似飄飄蓬”。

但是李白的“擁腫寒山木”却又借來鮑照的詩歌加以組合，鮑照《紹古辭七首》其三：“瑟瑟涼海風，竦竦寒山木”^②。而鮑照詩中典故又本自《莊子·山木》：“莊子行於山中，見大木，枝葉茂盛，伐者止其旁而不取也”。這樣，一個原典組合上一個化生典，便成爲一個前無古人、後無來者的僻典（唐宋詩歌中有數首稱用“擁腫才（材）”，却無“擁腫寒山木”）。

原文本中的擁腫木是不成材的“無用”之木，莊子賦予它無用之用。李白用典却突出它的有用：“嵌空成酒樽”，言外之意在讚美柳少府發掘了擁腫木之用。最後一句表面是爲擁腫木代言，其實暗寓自己渴望爲伯樂所賞識提攜之意。

6. 臨濠得天和

《書情贈蔡舍人雄》：“投汨笑古人，臨濠得天和。”所用語典“臨濠”出自《莊子·秋水》：“莊子與惠子游於濠梁之上”一章；“天和”出自《莊子·知北遊》：“若正汝形，一汝視，天和將至。”之所以將兩處典故看作一個組合的語典，是因爲它與前句對仗極其工整，而且詩句的語意似乎不好截然割開。郁賢皓謂此典表達出李白縱舟遠遊，更願如莊子臨濠水，得自然之和氣，而不必如屈原投汨羅自盡^③。

屈原投水一典經過“笑古人”三字的加工帶上了人生的哲思，此典跟在兩個寫景的詩句之後，寫景加哲思玄言，很有謝靈運山水詩的風格。

莊、惠遊濠的故事最爲著名，一因《秋水》一篇得到後世學者的特別青睞，一因莊子與惠施之間的辯難互動歷來生動風趣，引人好奇。此章創生的典故很多，大致有“濠梁”“濠梁魚”“魚樂”“觀魚”“玩游鰷”等，僅舉其代表爲例，如謝安《與王胡之詩》：“觸地儛雩，遇

① （梁）江淹著，丁福林、楊勝明校注《江文通集校注》第 3 册，上海古籍出版社 2017 年版，第 983 頁。
② （南朝宋）鮑照著，錢仲聯增補集説校《鮑參軍集注》，上海古籍出版社 1980 年版，第 350 頁。
③ （唐）李白著，郁賢皓校注《李太白全集校注》第 3 册，鳳凰出版社 2015 年版，第 1205、1207 頁。

流濠梁"①，杜甫《陪鄭廣文游何將軍山林十首》其一"谷口舊相得，濠
梁同見招。"又如《白露》："憑几看魚樂，回鞭急鳥棲。"②也有整首詩
都在寫這個故事，如白居易《池上寓興二絶》其一："濠梁莊惠謾相争，
未必人情知物情。獺捕魚來魚躍出，此非魚樂是魚驚。"③陸希聲《觀魚
亭》："惠施徒自學多方，謾説觀魚理未長。不得莊生濠上旨，江湖何
以見相忘。"④

　　使用得比較含蓄而且清新有味的當推潘岳《秋興賦》："澡秋水之涓
涓兮，玩游鰷之潎潎。"⑤姚合慧眼識珠，又在《石潭》詩中追和潘岳：
"清冷無波瀾，潎潎魚相逐。"⑥

　　而"臨濠"這樣的表達，也不獨有李白。如范雲《建除詩》："破
琴豈重賞，臨濠寧再儔。"蕭綱《石橋》："惠子臨濠上，秦王見海神。"
陳叔寶《立春日泛舟玄圃各賦一字六韻成篇》："自得欣爲樂，忘意若
臨濠。"温子昇《春日臨池詩》："徒自臨濠渚，空復撫鳴琴。莫知流
水曲，誰辯游魚心。"又如初唐張文琮《賦橋》："别有臨濠上，棲偃獨
觀魚。"

　　"天和"一典的出現頻次較多，但皆單獨使用，用典的密度皆不如
李白詩這一句之大，"臨濠"與"天和"的親密搭配也僅此一例。詩中
用此組合之典，突出李白如莊子一樣在自然中悟道，并且希冀達到"得
天和"的境界。看出李白取典重視動作情態，用典則自然巧妙。

　　7. 直木先伐

　　《古風》其三十六："直木忌先伐，芳蘭哀自焚"，典出《莊子·山
木》："直木先伐，甘井先竭。"郁賢皓謂此典爲李白自喻，謂美好者總
是先遭災殃。這兩句又與後面兩句一起闡明天道惡盈而好謙，盈滿者天

①　逯欽立輯校《先秦漢魏晉南朝詩》中册，中華書局 1983 年版，第 905 頁。
②　蕭滌非主編《杜甫全集校注》第 1、8 册，人民文學出版社 2013 年版，第 357、4704—
　　4705 頁。
③　（唐）白居易著，謝思煒校注《白居易詩集校注》第 6 册，中華書局 2006 年版，第
　　2748 頁。
④　彭定求等編《全唐詩》第 10 册，中華書局 1960 年版，第 7913 頁。
⑤　（唐）李善注《文選》上册，中華書局 1977 年版，第 194 頁。
⑥　彭定求等編《全唐詩》第 8 册，中華書局 1960 年版，第 5674 頁。

必損之，只有隱晦者爲道所聚而不爲所傷[①]。四字中間添一"忌"字湊成五言，不僅精準概括了莊子的警告，給直木以擬人化的生動表現，而且與後句對仗嚴整，實現了内容與形式的高度融合。

李白首用此典，之後司馬光、黃庭堅[②]等人都用此典入詩，後世詩人也屢有呼應。

8. 世道交喪

《古風》其二十五："世道日交喪，澆風散淳源"，典出《莊子·繕性》："世喪道矣，道喪世矣，世與道交相喪也。"李白概括爲一句，加一"日"字湊成五言，比喻世道衰亂之快速與不可阻擋的趨勢。喪，成玄英釋作廢[③]。郁賢皓解釋兩句詩意説：時世不知應該尊重有道者，是世喪道；而有道者見世如此，就無心用世，這是道喪世[④]。

李白首用此典，在他身後使用者也不多，元末明初有釋克新，明人有黃省曾、趙完璧，明末清初有郭之奇數人[⑤]。

9. 時命大謬

《紀南陵題五松山》："時命或大謬，仲尼將奈何"，《經亂離後天恩流夜郎憶舊游書懷贈江夏韋太守良宰》："時命乃大謬，棄之海上行"，皆用《莊子·繕性》："古之所謂隱士者……時命大謬也。"李白兩用此典，時隔五年，人生的境遇却有大不同。《紀》詩作於南陵五松山，全詩多用典故，比較儒、道兩家的人生觀，討論出、處的可能。詩用此典，更多理論層面的探討，也表達自己對時不我與的無奈。

《經亂離》一詩作于人生的轉折關頭，詩人親身體驗過喜→悲→喜的疾速轉換，正處於命運的地震之中，此時的"時命大謬"是痛徹的體驗，不再是抽象的理論。因此，前一首詩後云"仲尼將奈何"，尚在比較。這首詩後云"棄之海上行"，已很決絶。一典兩用，因爲踐行的程

---

① （唐）李白著，郁賢皓校注《李太白全集校注》第 1 册，鳳凰出版社 2015 年版，第 121、123 頁。
② 分别見司馬光《歸田詩》其一、黃庭堅《八音歌贈晁堯民》其一等。
③ 郭慶藩撰，王孝魚點校《莊子集釋》中册，中華書局 1961 年，第 555 頁。
④ （唐）李白著，郁賢皓校注《李太白全集校注》第 1 册，鳳凰出版社 2015 年版，第 90 頁。
⑤ 分别見釋克新《至正庚辛唱和詩得豺字》，黃省曾《高士頌九十一首》其五十九，趙完璧《漁父詞》，郭之奇《讀南華外篇述以四言十五章》其九等。

度不同，此典在詩中表達的思想深度亦不同。

此典不僅拗口而且生僻，玄談的意味很濃，但其使用不獨李白，後世也屢有呼應者，如劉攽、陸游、范成大、胡應麟與顧炎武 [①] 等人，大約寫作時的感懷也頗相同。

10. 鳥皆夜鳴

《古風》其三十四：“喧呼救邊急，群鳥皆夜鳴”，語出《莊子·在宥》：“亂天之經，逆物之情，玄天弗成；解獸之群，而鳥皆夜鳴；災及草木，禍及止蟲。”郁賢皓説：此詩首四句渲染出征前氣氛，一落筆就有聲勢 [②]。此典以鳥的驚動來描寫出征前的騷亂，助推了聲勢。而且，此典的典面純屬自然環境的描摹，與其前三句的環境與氛圍描寫融合無跡，如非特別熟悉《莊子》一書者，根本讀不出典故，不能追索典義。這個語典的使用，如陶淵明《歸園田居》一詩對“種豆”一典的使用，不着痕跡。

此典的使用似乎只有李白詩，前後時代的詩人皆不見使用。

11. 終古不息

《日出入行》：“其始與終古不息”，語出《莊子·大宗師》：“日月得之，終古不息。”郁賢皓説此詩反用樂府古辭之意，寫出人們對自然的順應，而不是幻想乘龍升天 [③]。一首樂府古題，連用四個《莊子》語典，幾乎可以看作樂府形式的玄言詩。學界在總結李白古題樂府的創作成就時，多關注其主題的改變，并未深入分析其玄言表達的風格，這一點值得我們注意。

四個語典之中，“大塊”“溟涬”兩個常典極具《莊子》特色，一眼即可辨識。三個僻典的典面却很平常，融入詩文之中毫不顯眼（另兩個僻典爲“草不謝榮”“木不怨落”），顯示了典語使用的渾融之美，也增添了詩歌的修辭之美。

---

① 分別見於劉攽《續董子溫詠陶潛詩八首》其五，陸游《中夜睡覺兩目每有光如初日歷歷照物晁文元公自謂養生之驗予則偶然耳感而有作》，范成大《除夜感懷》，胡應麟《寶劍篇》其一與顧炎武《贈黃職方師正》其二等。

② （唐）李白著，郁賢皓校注《李太白全集校注》第 1 册，鳳凰出版社 2015 年版，第 115 頁。

③ （唐）李白著，郁賢皓校注《李太白全集校注》第 1 册，鳳凰出版社 2015 年版，第 338 頁。

此典李白首用，其後大概僅有南宋彭龜年《廣壽》與清人胡夢發《黃鶴樓賦并序》使用此典。其他詩歌中的"終古不息"，或爲描寫流水或爲描寫人與物的神遊，與此典無關。

12. 羈金絡月

《天馬歌》："羈金絡月照皇都"，羈金，語用《陌上桑》："黃金絡馬頭"①，《雞鳴》《相逢狹路間行》古辭亦有此句；絡月，語用《莊子·馬蹄》："齊之以月題"。王先謙引司馬彪云："馬額上當顱如月形者也。"②"羈金絡月"爲一組合用典，郁賢皓謂用黃金及圓月狀飾物羈絡馬頭③。

李白取典的方法別出心裁，僅以蘇軾做一比較。蘇軾在詩中三用《馬蹄》此典，皆稱"月題"④，簡單樸素。即使不使用組合典故，李白單一取典的角度也不同於他人。經過組合之後，"羈金絡月"對華貴飄逸之美的描摹接近極致，盡顯李白詩風之誇張，典故也更加冷僻。其後南宋魏了翁便向李白學習，在《送任大卿知漢州張少卿知眉州》詩中即云："雙騎紫馬去朝天，羈金絡月凌虹煙"，又在《次韻廬陵劉時見懷》中說："羈金絡明月，騏驥旆疲駑"。明清兩代詩人，亦有學習李白者（明人有王稱、曾棨、張居正等⑤）。於是，原本出自《莊子》之典的"絡月"，到後來變成了"羈金絡月"，不能不說是李白的功勞。

13. 草不謝榮　木不怨落

《日出入行》："草不謝榮於春風，木不怨落於秋天"，此詩用典"草不謝榮""木不怨落"已經越出了《莊子》正文而延伸到了注文中，兩典皆由郭象《莊子注》文提煉濃縮而成："暖然若陽春之自和，故蒙澤者不謝；淒乎若秋霜之自降，故凋落者不怨。"⑥兩個用典的詩句不僅對

---

① （宋）郭茂倩編《樂府詩集》第 2 冊，中華書局 1979 年版，第 410 頁。

② （清）王先謙撰，王孝魚點校《莊子集解》，中華書局 1987 年版，第 84 頁。

③ （唐）李白著，郁賢皓校注《李太白全集校注》第 1 冊，鳳凰出版社 2015 年版，第 269 頁。

④ 分別見於蘇軾的《次韻劉貢父省上喜雨》其一，《次韻參寥師寄秦太虛三絕句，時秦君舉進士不得》其二與《秧馬歌》三首詩。

⑤ 分別見於王稱的《君馬黃》、曾棨的《姚少師所藏八駿圖》、張居正的《恭題文皇四駿圖四首（錄二首）》其二。

⑥ （唐）李白著，郁賢皓校注《李太白全集校注》第 1 冊，鳳凰出版社 2015 年版，第 339 頁。

仗極其工整，而且對自然物象的描摹如此流暢，可謂神來之筆，如不深入《莊子》骨髓，而僅依賴臨時翻書取典如何能够做到！

取典所見出李白的讀書功夫，也許能印證"鐵杵磨成針"的軼事并非空穴來風。

"草不謝榮""木不怨落"，兩個語典的使用亦唯有李白。

14. 遊物祖

《贈饒陽張司户璲》："獨見遊物祖，探玄窮化先"，"遊物祖"典出《莊子·山木》："浮遊乎萬物之祖，物物而不物於物。"此詩多用典，始以《莊子》典，終以《莊子》典，中間插入張良遇見黄石公典故，表達自己對張司户的仰慕，并以自己不如黄石公爲憾。用此典讚賞張司户能窮萬物之始，探化機之玄①，可見張璲的修道成仙之志與李白相通。

"遊物祖"與"遊物外""外物"不同，宣穎解釋爲"未始有物之先"②，郁賢皓解釋爲"萬物之始"③，强調對"物"的積極掌控。此典爲李白首次使用。李白之後，僅有清人吳穎芳《花桐塢》："相偶不能歸，偕遊物之祖"④，使用此典。

15. 亂天經

《獻從叔當塗宰陽冰》："金鏡霾六國，亡新亂天經。"⑤所用語典"亂天經"，出自《莊子·在宥》："亂天之經，逆物之情，玄天弗成。"成玄英疏云："亂天然常道，逆物真性，即譎詐方起，自然之化不成也。"郁賢皓以爲首段以暴秦、亡新的"亂天經"，漢高、光武的"天生賢佐"起興，引出從叔乃當代英傑⑥。

《在宥》篇中講雲將和鴻蒙的寓言，圍繞"心養"思想展開，篇幅

---

① （唐）李白著，郁賢皓校注《李太白全集校注》第 3 册，鳳凰出版社 2015 年版，第 1150 頁。
② （清）王先謙撰，王孝魚點校《莊子集解》，中華書局 1987 年版，第 167 頁。
③ （唐）李白著，郁賢皓校注《李太白全集校注》第 3 册，鳳凰出版社 2015 年版，第 1149 頁。
④ （清）吳穎芳撰《臨江鄉人詩》"清代詩文集彙編 299"，上海古籍出版社 2010 年版，第 18 頁。
⑤ （唐）李白著，郁賢皓校注《李太白全集校注》第 4 册，鳳凰出版社 2015 年版，第 1557 頁。
⑥ （唐）李白著，郁賢皓校注《李太白全集校注》第 4 册，鳳凰出版社 2015 年版，第 1566 頁。

較長，可以提煉的典故較多。如"問鴻蒙"，有張説《九日進茱萸山詩五首》其三："路疑隨大隗，心似問鴻蒙"[①]；"猖狂"，有陶淵明《和胡西曹示顧賊曹詩》："逸想不可淹，猖狂獨長悲"[②]，沈佺期《答魑魅代書寄家人》："獨坐尋周易，清晨詠老莊。此中因悟道，無問入猖狂"[③]等。"猖狂"一詞也曾出現在李白詩歌中，如《雪讒詩贈友人》："彼婦人之猖狂，不如鵲之彊彊"，但所用語典出自《詩經·鶉之奔奔》。

李白從這個故事中獨取"亂天經"來描摹王莽新朝天下混亂的狀態，與上句共同呈現出宏大壯闊的歷史巨變，既善取又善用。李白之後，僅有宋人高斯得在《自叙六十韻》中使用："國忠亂天經，黨禍何連延"，他人詩中不見使用。

16. 不火食

《送侯十一》："余亦不火食，遊梁同在陳"[④]，所用語典"不火食"，出自《莊子·山木》："孔子圍于陳、蔡之間，七日不火食。"

郁賢皓説："（李白）謂自己遊梁如同孔子在陳一樣不能吃到熟食，可知其時詩人亦窮困。"[⑤]可見李白使用此典只爲比喻自己的困難處境，可能與他對孔子的情感有一些關聯，但不能直接説明他對孔子的尊崇，這一點或與《莊子》文本總是借孔子説理的手法相同。

郁賢皓説："并説全詩意淺而情直，音響節奏則自然流暢。"[⑥]"不火食"三字表達直白，頗具口語化色彩，與全詩呈現的整體風貌非常契合。同樣是孔子厄陳、蔡的故事，很多詩人取典都偏愛精練典雅，如"厄陳蔡""困陳蔡""陳蔡戌""病陳蔡""厄陳""厄蔡"等。兩相比較，李白取用此典，不衹用孔子之故事，還有服務於詩歌修辭描寫的目

---

① 彭定求等編《全唐詩》第 2 册，中華書局 1960 年版，第 980 頁。
② 袁行霈撰《陶淵明集箋注》上册，中華書局 2022 年版，第 168 頁。
③ （唐）沈佺期、宋之問著，陶敏，易淑瓊校注《沈佺期宋之問集校注》上册，中華書局 2006 年版，第 109 頁。
④ （唐）李白著，郁賢皓校注《李太白全集校注》第 5 册，鳳凰出版社 2015 年版，第 2084 頁。
⑤ （唐）李白著，郁賢皓校注《李太白全集校注》第 5 册，鳳凰出版社 2015 年版，第 2086 頁。
⑥ （唐）李白著，郁賢皓校注《李太白全集校注》第 5 册，鳳凰出版社 2015 年版，第 2086 頁。

的。李白之後，北宋有文同、李新，南宋有王十朋、陸游^①等多位著名詩人使用，幾成常典。

三　巧用動詞與名詞以追求新奇的修飾之美

李白詩所用的《莊子》詞語僻典雖少，但他對僻典的選取與創造卻能見出他獨闢蹊徑的個性與讀書的功力。尤其是他對"睢盱""匡坐"兩個動詞典故的取用，足以揭示他對用典的審美追求：對同一語段的取用角度新巧，別人愛稱引事或人物，他卻偏愛抖落人事，萃取生動的動詞，追求語典帶給讀者的新奇的描摹效果與修飾之美，從而對讀者的精神世界形成更強烈的刺激，而不是單單用典故爲讀者提供勾連歷史人事的綫索，以實現詩歌内容的時空重疊，從而撑大詩歌文本的容量。其實，在李白使用的常典中，如俛仰、飲冰、抱甕、咳唾、噫氣、踴躍、毫末、寂寞、陸沉、炎炎、泠然、倏然等很多動詞與形容詞，都有上述的修辭功能，只是不曾被人從修辭的角度審視。

至於"温伯雪"這個名詞，雖然在修飾的生動性上不及動詞，但因爲它處在《莊子》文本中最不會引起人們注意的旮旯兒，一經李白提攜，方才闖進大衆的視野，不僅拓寬了對《莊子》的取典領域，而且點染了李白詩歌的新奇之美，因此也值得一書。

我們以《莊子》同一段文本爲例，比較李白的取典同前人與王維等多位同時代人取典的不同展開討論，更容易凸顯李白取典、造典的獨特個性。

1. 睢盱

《答杜秀才五松山見贈》："陶公矍鑠呵赤電，回禄睢盱揚紫煙"，所用語典"睢盱"，出自《莊子·寓言》。

陶公，據《列仙傳》記載爲六安鑄冶師。郁賢皓以爲此句以陶公吹火形容銅井山的冶煉。回禄，指火神。因爲杜秀才於五松山贈詩，而五松山毗鄰南陵銅井山（今名銅官山），李白自然聯想到黄帝鑄鼎的故

---

① 　分別見文同《子瞻戲子由依韻奉和》，李新《元次山作友丐予乃謔之》，王十朋《上丁釋奠備數獻官書十二韻呈莫子齊教授趙可大察推》，陸游《十五夜月色皦然有頃雲生遂不復見》、《江北莊取米到作飯香甚有感》、《昔人有畫醉僧醉道士醉學究者皆見於傳記及歌詩中予暇日爲各賦一首》（其二）等。

事。又由冶鑄聯想到陶公，再由陶公騎龍飛升，成功過渡到他熱衷的煉丹求仙。郁賢皓引郭象注，釋 "睢盱" 爲 "跋扈之貌"，此句謂火神跋扈飛揚着紫色煙焰[①]。

　　我們先了解一下典故的來源。"睢盱" 爲 "睢睢盱盱" 的縮寫。"睢睢盱盱" 見於《莊子·寓言》："陽子居南之沛，老聃西游於秦，邀於郊，至於梁而遇老子。……老子曰：'而睢睢盱盱，而誰與居？大白若辱，盛德若不足。'"[②] 與《列子·黃帝》："楊朱南之沛，老聃西遊于秦，邀於郊。至梁而遇老子。……老子曰：'而睢睢而盱盱，而誰與居？大白若辱，盛德若不足。'"[③] 二者出場的人物卻不同，前文作陽（楊）子居，後文作楊朱，顧炎武以爲同一人，因爲 "子居正切朱"[④]。

　　人物不重要，暫置不論。自漢代以來眾家對 "睢睢盱盱"（"睢盱"）的釋義多有不同。大致有以下數種：張目（《倉頡篇》）、仰目（《説文解字》）、視聽貌（高誘注《淮南子》）[⑤]、元氣（郭慶藩引張揖《廣雅》）[⑥]、跋扈之貌（郭象）、質樸之形（張載注王延壽《魯靈光殿賦》："伏羲鱗身，女媧蛇軀，鴻荒樸略，厥狀睢盱"）[⑦]、誇張（楊伯峻注引張湛注）[⑧]、小人喜悦佞媚之貌（《周易》：六三 "盱豫"，《王注》釋爲 "睢盱" 向秀釋）[⑨]、躁急威權之貌（成玄英）[⑩]、傲視貌（陳鼓應據林雲銘、陳壽昌之説）[⑪]。

　　筆者認爲，《莊子》、《列子》與《淮南子》"睢睢盱盱" 所在的三段文本，無論談治國還是修身，皆爲强調道家的 "和同"，并以批評儒家之 "禮" 作烘托。上述諸家釋義，跋扈、躁急威權、傲視與肅敬等，皆爲 "不能和" 的體現之一端，説明 "睢睢盱盱" 的內涵極爲豐

---

① （唐）李白著，郁賢皓校注《李太白全集校注》第 5 册，鳳凰出版社 2015 年版，第 2375 頁。
② （清）王先謙撰，沈嘯寰點校《莊子集解》，中華書局 1987 年版，第 249 頁。
③ 楊伯峻撰《列子集釋》，中華書局 1979 年版，第 80 頁。
④ 楊伯峻撰《列子集釋》，中華書局 1979 年版，第 80 頁。
⑤ 劉文典撰，馮逸、喬華點校《淮南鴻烈集解》上册，中華書局 1989 年版，第 65 頁。
⑥ 郭慶藩撰，王孝魚點校《莊子集釋》下册，中華書局 1961 年版，第 963 頁。
⑦ 李善注《文選》上册，中華書局 1977 年版，第 171 頁。
⑧ 楊伯峻撰《列子集釋》，中華書局 1979 年版，第 80 頁。
⑨ （清）李道平撰，潘雨廷點校《周易集解纂疏》，中華書局 1994 年版，第 206 頁。
⑩ 郭慶藩撰，王孝魚點校《莊子集釋》下册，中華書局 1961 年版，第 963 頁。
⑪ 陳鼓應撰《莊子今注今譯》下册，中華書局 2001 年版，第 789 頁。

富。"睢睢盱盱"在漢賦中縮短爲"睢盱"①，從《莊子》、《列子》與《淮南子》的距離感（賢人的神態或尊者的姿態），到漢賦中的迥異於凡人（常人）的特殊面貌神態，其内涵更爲豐富：由"睢睢盱盱"而變爲"睢盱"，形式也得到簡化，爲它的化身典故，便於融入詩句做了鋪墊②。

比較以上諸文本，聯繫李白在詩中所表達的思想内容，李白對此典的擇取應出《莊子》《列子》，出自《淮南子》或東漢賦作的可能性很小。他既不取人物，也删去了事件，忽略其話題，只留下個陌生、古怪且含義不甚確定的詞彙"睢盱"，不只用作追溯原典的綫頭，還幫助詩歌渲染出怪異新奇的氛圍。也許李白也不能確切解釋"睢盱"之義，但都不妨礙他借"睢盱"一典，誇張而詭異地表達出火神回禄噴火揚煙的煊赫氣勢。

李白前後各有一人使用《莊子》同一語段的典故，一者取老聃之事，一者取陽子居之事，皆不取"睢盱"，正可襯托李白的迥異。如晉人趙至（字景真）《與嵇茂齊書》："昔李叟入秦，及關而歎"③，皎然《答裴集、陽伯明二賢各垂贈二十韻今以一章用酬兩作》："裴生清通嗣，陽子盛德後。"④

2. 匡坐

《贈何七判官昌浩》："有時忽惆悵，匡坐至夜分。"⑤所用語典"匡坐"，出自《雜篇·讓王》："原憲居魯……上漏下濕，匡坐而弦。"《新序·節士》、《韓詩外傳》卷一、《孔子家語》同載此事，文本不同。

---

① 如張衡《西京賦》："迴卒清候，武士赫怒。緹衣韎韐，睢盱跋扈"，王延壽《魯靈光殿賦》："伏羲鱗身，女媧蛇軀，鴻荒樸略，厥狀睢盱"，王延壽《夢賦》："搏睍睆，蹴睢盱"。

② 詳見筆者《"睢盱"釋義流變考》，未刊稿。

③ 向秀《思舊賦》（《文選》卷十六）："然嵇志遠而疏，吕心曠而放，其後各以事見法。"李善注引干寶《晉書》曰："……（吕安）遺書與康：'昔李叟入秦，及關而歎，云云。'太祖惡之，追收下獄。康理之，俱死。"《嵇紹集》曰："趙景真與從兄茂齊書，時人誤謂吕仲悌與先君書，故具列本末。……至始詣遠東時，作此書與茂齊。"干寶《晉紀》以爲吕安與嵇康書。二説不同，故題云"景真"，而書曰"安"。

④ 彭定求等編《全唐詩》第 25 册，中華書局 1960 年版，第 9187—9188 頁。

⑤ （唐）李白著，郁賢皓校注《李太白全集校注》第 3 册，鳳凰出版社 2015 年版，第 1099 頁。

陸德明《釋文》引司馬彪云："匡，正也。"[1] 成玄英疏同司馬彪。匡坐，即正坐。郁賢皓以爲此詩前八句自叙志向，此句謂夕不眠、晝長嘯而思用世[2]。

據現有文獻考察，"匡坐"一典在南朝已出現數次，李白再用，似乎不當算作少見。此典首先見於劉孝標注引《文士傳》："楨性辨捷，所問應聲而答。坐平視甄夫人，配輸作部，使磨石。武帝至尚方觀作者，見楨匡坐正色磨石。……"（《世說新語·言語篇》"劉公幹以失敬罹罪"）[3]《文士傳》的作者爲晉人張騭，余嘉錫據《魏志·王粲傳》注稱張騭"虛僞妄作"，以爲其書所言人物事蹟不足據[4]，但不影響對"匡坐"一詞的考察。但《水經·谷水注》引《文士傳》此句作"楨拒坐磨石不動"，王先謙以爲"拒"當作"摳"，"摳坐，摳衣而坐。作徒磨石，故其坐若此。若匡坐則正坐也，何以磨石？"[5] 楊守敬以爲"匡"爲是（見《水經注疏》）[6]。

又見於梁陳時四首詩歌：陸倕《感知己賦贈任昉》："夜申旦而不寐，獨匡坐而怨諮。"（《藝文類聚》卷三十一）王筠《北寺寅上人房望遠岫玩前池詩》："匡坐足忘懷，詎思江海上。"荀濟《贈陰梁州詩》："驅車趨折阪，匡坐酌貪泉。"陳人張正見《對酒》："當歌對玉酒，匡坐酌金罍。"[7]

該典又見於兩部正史，《南史》卷二十四《王思遠傳》："都水使者季圭之常曰：'見王思遠終日匡坐，不妄言笑，簪帽衣領，無不整潔，便憶丘明士。'"[8]《北史》卷十六《臨淮王譚傳》："孚性機辯，……孚適入室，見即驚喜，曰：'吾兄弟輩甚無禮，何爲竊入王家，匡坐相對？

---

① （唐）陸德明撰《經典釋文》，中華書局1983年版，第398頁。

② （唐）李白著，郁賢皓校注《李太白全集校注》第3册，鳳凰出版社2015年版，第1101頁。

③ 余嘉錫箋疏《世說新語箋疏》上册，中華書局2015年版，第76頁。

④ 余嘉錫箋疏《世說新語箋疏》上册，中華書局2015年版，第75頁。

⑤ （清）王先謙校《合校水經注》，中華書局2009年版，第253頁。

⑥ （北魏）酈道元注，楊守敬、熊會貞疏，段熙仲點校，陳橋驛復校《水經注疏》中册，江蘇古籍出版社1989年版，第1393頁。

⑦ 逯欽立輯校《先秦漢魏晉南北朝詩》下册，中華書局1983年版，第2013、2071、2480頁。

⑧ （唐）李延壽撰《南史》第3册，中華書局1975年版，第661頁。

宜早還宅也。'"《北史》卷二十《穆崇傳》:"(穆)紹又恃封邑是獎國王，匡坐待之，不爲動膝。"《北史》卷四十八《爾朱榮傳》:"及酒酣耳熱，必自匡坐唱虜歌，爲《樹梨普梨》之曲。"①

《南史》與《北史》皆修於唐初，比較兩書所依據的《南齊書》卷四十三《王思遠傳》、《魏書》卷十八《臨淮王譚傳》、《魏書》卷二七《穆崇傳》、《魏書》卷七四《爾朱榮傳》，却不見"匡坐"一詞，或爲李延壽等所改用。李氏等史家改字的原因頗值得玩味。

梁、陳詩歌中"匡坐"出現的頻率比較高，也與時人對《莊子》的推崇相符。南、北兩史編纂較早，李白也許熟悉。陸倕、王筠等人的四首詩歌未收入《文選》，但四人別集有三人皆見於《隋志》②，唯不見荀濟有集。李白或能見到梁、陳詩人別集，只是不能確定當時的別集中是否收録這三首詩。但與這些文獻相比，李白更熟悉的自然是《莊子》，而《莊子》即是"匡坐"一典的源頭，他用此典入詩未必受到"二傳手們"的影響。

李白同時或稍後的詩人未見使用此典，但使用《莊子》同一語段的典故者却不少。同出這一語段的典故，首推"原憲貧"，在唐前詩文中出現五十餘次，但凡原憲出場皆寫他處"貧"之事，一般以"原憲貧""原憲甘貧""貧原憲""原憲豈愁貧""原憲室""原憲本遺榮"等表達方式現身，陪襯者子貢也會偶爾出場。這裏僅舉最典型的表達爲例見其一斑:沈佺期《傷王學士》:"原憲貧無愁，顏回樂自持"③，王維《山中示弟》:"莫學嵇康懶，且安原憲貧"④，杜甫《奉贈韋左丞丈二十二韻》:"竊効貢公喜，難甘原憲貧"。杜甫《寄李十二白二十韻》:"處士禰衡俊，諸生原憲貧。"杜甫《奉贈蕭二十使君》:"不達長卿病，

① (唐)李延壽撰《北史》第2、3、6册，中華書局1974年版，第615、744、1762頁。
② "梁太常卿《陸倕集》十四卷""梁太子洗馬《王筠集》十一卷并録""王筠《中書集》十一卷并録""王筠《臨海集》十一卷并録""王筠《左佐集》十一卷并録""王筠《尚書集》九卷并録""陳尚書度支郎《張正見集》十四卷"。
③ (唐)沈佺期宋之問著，陶敏、易淑瓊校注《沈佺期宋之問集校注》上册，中華書局2016年版，第80頁。
④ (唐)王維著，陳鐵民校注《王維集校注》第2册，中華書局1997年版，第480頁。

從來原憲貧。"①孟郊《傷時》："我亦不羨季倫富，我亦不笑原憲貧"②。白居易《澗底松》："金張世禄原憲貧（一作黄憲賢），牛衣寒賤貂蟬貴"③；其次爲"原憲桑樞"，見於《世説新語·言語篇》"南郡龐士元聞司馬德操在穎川"一章，德操的話是"原憲桑樞，不易有官之宅"④。如宋祁《李處士》："原先桑樞貧不病，子真岩石老歸耕。"⑤以上大家熱衷的典故，李白僅在樂府詩《白馬篇》中使用了一次"羞入原憲室，荒淫隱蓬蒿。"而且爲反用事典，李白用典返古與創新的界限，似乎可見一斑。

李白詩中的"匡坐"，借一種源自原憲的坐姿描摹，表達出自己因困頓窮愁，而以無眠的長夜品味寂寥的惆悵處境，不僅意味悠長，而且盡顯修辭之美。

3. 温伯雪

《送温處士歸黄山白鵝峰舊居》："亦聞温伯雪，獨往今相逢"，"温伯雪"出於《莊子·田子方》，原文爲："温伯雪子適齊，舍於魯……"，講述一段情節曲折、人物思想與性情畢現的故事。這個故事又見於《吕氏春秋·審應覽·精諭》，文稍異。人名本爲温伯雪子，爲方便對仗，只好删減了"子"字。

這一典故用得不僅巧妙而且頗有情趣：首先在於所用古人與詩人送別之人同姓温，郁賢皓説："李白詩中借同姓古人比擬今人者甚多"⑥，此典當爲其代表；其次在於温伯雪子爲楚國的得道高人，温處士爲隱居黄山白鵝峰的隱士，志向相同；最後或許在於人名中這一"雪"字，含有潔浄清高之美，與温處士"采秀辭五嶽""渴飲丹砂井"的隱居生活頗

---

① 分别見於蕭滌非主編《杜甫全集校注》第1、3、10冊，人民文學出版社2013年版，第277、1682、5966頁。杜甫詩歌對"原憲"典故使用之拙，郭院林、焦霓的《杜詩"原憲"典故探微》[《石河子大學學報》（哲學社會科學版）2013年第5期]有詳盡的介紹與分析。

② （唐）孟郊著，華忱之、喻學才校注《孟郊詩集校注》，人民文學出版社2015年版，第79頁。

③ （唐）白居易著，謝思煒校注《白居易詩集校注》第1冊，中華書局2006年版，第376頁。

④ 余嘉錫箋疏《世説新語箋疏》上冊，中華書局2015年版，第73頁。

⑤ （宋）宋祁撰《景文集》第2冊，商務印書館1936年版，第161頁。

⑥ （唐）李白著，郁賢皓校注《李太白全集校注》第4冊，鳳凰出版社2015年版，第1949頁。

爲相配。李白的這一用典方式爲清人袁枚所效法，他在《題溫十三郎小照》詩中云："溫伯雪子來，持畫索詩篇"^①，情趣已遠遜李白，不過保留了溫伯雪子的全稱。

　　李白取用的這一典故，真可謂前無古人，後來者却不少，從北宋的釋智圓（《瑪瑙坡即事》）、釋重顯（《送文政禪者》）等人始，直至晚清，歷代皆有回響。

四　結語

　　從以上所用的僻典看，李白似乎在洞穿了《莊子》的靈魂之後，已穿越而出，再扭頭回去扎進了《莊子》的毛細血管，顯示出極瑣屑而沉迷的樣態。所以李白對《莊子》的癡迷，不僅滲透了他的思想，還滲透到他的詩歌的靈魂與細胞當中。

　　葛兆光解釋宋人魏慶之的"意用事"時説："它的功能是詩歌語言學的。這些典故在詩歌中傳遞的不是某種要告訴讀者的具體意義，而是一種内心的感受，這種感受也許是古往今來的人們在人生中都會體驗到的，古人體驗到了，留下了故事，凝聚爲典故，今人體驗到了，想到了典故，這是古今人心靈的共鳴，於是典故便被用在詩中。這樣，典故的色彩與整個詩的色彩，典故的情感與整個詩的情感便達到了協調，典故也因此成爲詩歌語言結構的有機部分而'淡化'了本身的'特殊性'。所以，既不能把它從詩歌中分解出來，也不能用其他意象去'置換'。"^② 因爲這些僻典已經成爲李白詩的有機部分，"典"的身份被"淡化"、被稀釋，因而"僻"也不"僻"。

　　李白使用的僻典又不僅限於《莊子》，僅以諸子文獻看，他的《贈從弟冽》："楚人不識鳳，重價求山雞。"《贈范金鄉二首》其一："遼東慚白豕，楚客羞山雞。"楚客山雞，典出《尹文子·大道上》^③。此典不僅李白之前無人使用，李白之後"山雞"此典也很少入詩。詩中但凡出

---

①　袁枚著《小倉山房詩集補遺》，見於《袁枚全集新編》第 4 册，浙江古籍出版社 2015年版，第 1063 頁。
②　葛兆光著《漢字的魔方——中國古典詩歌語言學劄記》（第二版），復旦大學出版社2016 年版，第 133 頁。
③　陳高傭著《尹文子今解》，商務印書館 2017 年版，第 184—185 頁。

現"山雞"（或山雉）一詞，多爲摹物實寫[①]。

又如《天馬歌》："嘶青雲，振綠髮，蘭筋權奇走滅没。……不逢寒風子，誰采逸景孫?"中"蘭筋""寒風子"兩典，也是李白首用，唐詩中也僅此一例。後世對"蘭筋"一典的回響很是熱烈，"寒風子"則尤顯孤寂。

"蘭筋"，見於陳琳《爲曹洪與魏文帝書》："及整蘭筋，揮勁翮，陵厲清浮，顧盼千里"，李善注引《相馬經》云："一筋從玄中出，謂之蘭筋。玄中者，目上陷如井字。蘭筋豎者千里。"[②]又晉人葛洪《抱朴子·安貧》："騁蘭筋以陟六萬者，不爭途乎蹇驢之群。"[③]《相馬經》一書，《隋志》有著録，不題撰人，馬王堆漢墓出土有帛書《相馬經》，可見此類文獻早在戰國晚期即有成書。不知李白詩"蘭筋"一典借自何書。

"寒風子"，原爲"寒風氏"，見於《吕氏春秋·恃君覽·觀表》："寒風是相口齒"[④]，寒風氏爲"古之善相馬者"十人之一。李白改作寒風子，用於詩中。

《古風》其五十一："夷羊滿中野，菉葹盈高門"，夷羊，典出《國語·周語上》："商之興也，……其亡也，夷羊在牧。"[⑤]又見《淮南子·本經訓》："夷羊在牧，飛蛩滿野。"[⑥]此典更是特別"冷僻"，堪稱前無古人，後稀來者[⑦]。

李白詩歌也頻繁使用司馬相如、揚雄和班固三人大賦中的"成語"，如盧橘、扈從、天兵、虜箭、紅塵、割鮮等[⑧]。雖然多爲修飾意味不甚濃烈的名詞，但皆不指向歷史的"人事"，其修飾意味在於內在的用意

---

① 如王績《被舉應徵别鄉中故人》："山雞終失望，野鹿暫辭群"，詩中以山雞、野鹿自比隱居，與《尹文子》中的山雞顯然并非一物。

② （唐）李善注《文選》中册，中華書局 1977 年版，第 587 頁。

③ 楊明照撰《抱朴子外篇校箋》下册，中華書局 1991 年版，第 212—213 頁。

④ 許維遹撰，梁運華整理《吕氏春秋集釋》下册，中華書局 2009 年版，第 579 頁。

⑤ 徐元誥集解，王樹民、沈長雲點校《國語集解》（修訂本），中華書局 2002 年版，第 29 頁。

⑥ 何寧撰《淮南子集釋》中册，中華書局 1998 年版，第 562 頁。

⑦ 明人劉基、楊士奇、楊慎、梅鼎祚等，清人郭之奇、梁佩蘭等人的少數詩作中使用此典。

⑧ 詳見廖聰著《李白詩歌用典之化用成"語"》，《湖北職業技術學院學報》2019 年第 2 期。

與情緒的抒發。其中"割鮮"一詞首出《子虛賦》"割鮮染輪"，又見班固《西都賦》"割鮮野食"①，唐前詩歌中不見使用，唐代詩人使用此典的也僅有王績、孟浩然、李白、崔顥與杜甫②數人，至宋人詩歌中才逐漸成爲熟典。李白對此"僻典"的開發之功，也不應忽視。

　　以上只是簡單枚舉，可見李白詩中的僻典數量已很不少，而使用僻典的詩歌皆是李白的優秀作品。因此，當我們以使用僻典作爲用典拙劣的一項指標時，當我們斷言李白詩歌"清水出芙蓉"的奧秘在於"多用熟典、常字"之時，還需再三慎重。

---

① （唐）李善注《文選》上册，中華書局 1977 年版，第 119、29 頁。
② "割鮮"見於王績《駕過觀獵》，孟浩然《從張丞相游南紀城獵戲贈裴迪張參軍》，李白《幽州胡馬客歌》（751—752 年），崔顥《贈王威古》，杜甫《病後遇王倚飲贈歌》（754 年）。王、孟二詩所紀皆爲狩獵，自然會聯想司馬相如對觀獵的描寫。從李白開始，"割鮮"一典才擺脱狩獵主題的限制，向其他主題滲透。

第三章　從杜甫的詩歌用典談杜詩對道家子書的吸收

　　唐玄宗時設置"道舉"科，選拔道家四子舉人，將《老子》《文子》《列子》《莊子》四部道家子書指爲考試用書[①]，此舉對李白、杜甫在内的唐代文人都產生了很大影響。前秦苻朗的《苻子》，雖不在考試用書之列，從杜詩中也能看到它的影響。但我們在談論唐代文化思想對文人創作的影響時，一般認爲儒、釋、道三者的合力投射於文人群體，祇不過各有側重，而且往往將杜詩作爲唐詩接受儒家思想的典範。

　　目前學界論杜甫與道家思想的關係，往往將之與神仙、道教思想一起談，而且重心多偏向仙道，不利於客觀反映杜甫對老、莊等道家思想的吸收[②]。其次，此前考察杜甫思想時，多從杜甫生平與他的《冬日洛城北謁玄元皇帝廟》《前殿中侍御史柳公紫微仙閣畫太一天尊圖文》《幽人》《贈李白》《三大禮賦》等少數詩、文、賦的解讀角度，不能全面反映出杜甫對道家思想的吸收。最後，無人從杜詩用典情況切入這一問題。

　　文中，我們將杜詩中使用的道家子書典故網羅殆盡，并在《全唐詩》與《樂府詩集》收録範圍内考察某一典故在唐詩中的使用情況（涉及唐前詩歌用典考察時，也全面藉鑑了《先秦漢魏晉南北朝詩》收録

---

① 《通典·選舉三·歷代制下·考績》載："玄宗方弘道化，至二十九年，始于京師置崇玄館，諸州置道學，生徒有差，謂之'道舉'。舉送、課試與明經同。"小注云："京、都各百人，諸州無常員。習老、莊、文、列，謂之四子。蔭第與國子監同。"詳見杜佑著，王文錦等點校《通典》第 1 册，中華書局 1988 年版，第 356 頁。

② 徐希平著《杜甫與道家及道教關係再探討——兼與鍾來茵先生商榷》（《杜甫研究學刊》1999 年第 2 期）一文，對此問題的相關討論有比較詳細的總結，而且提出了鮮明可靠的觀點。此後，學界對杜甫與道家思想關係考察没有繼續進行深入、高質的推進。

範圍内的詩歌），以此作爲研究的文獻基礎，詳細論述道家子書對杜詩風貌的影響，將杜甫對道家思想的吸收落到實處。這樣的方法，也可用於考察李白詩歌中的儒家影響，或用於其他唐代詩人的某一思想考察。從這樣的角度讀杜詩，無論對於認識杜甫其人其詩，還是認識道家思想對唐代文人的影響，道家子書對唐詩風貌的影響，都能提供一個較好的案例。

一　理趣與野趣：杜詩使用《老子》《列子》典故的情況及作用

　　杜詩使用《老子》《列子》典故，指的是《杜甫詩集》中使用的出自《老子》《列子》兩書的詞句或故事。筆者參照了葉渠梁在《杜甫詩集典故探義》中的統計數字，但做了更精細的辨別，以便本文的撰寫。[①]

　　在《老》《文》《列》《莊》四部子書中，杜詩引用的《莊子》[②]典故最多，其次是《列子》，最後是《老子》，現存杜詩不見有出自《文子》的典故。另外，考慮到杜詩使用《荀子》典故的特殊情況，我將它放在最後談。

　　杜詩引用《老子》的典故僅有4個，穀神、天網、守雌與關鍵不閉，皆爲事典。"谷神如不死，養拙更何鄉"（《冬日洛城北謁玄元皇帝廟》）[③]，出自《老子》"穀神不死，是謂玄牝"，玄元皇帝即老子，詩歌主要讚美老子廟的建築與繪畫，以三句議論點睛，肯定唐玄宗對老子的重視，表達自己對老子的仰慕；"孰云網恢恢，將老身反累"（《夢李

---

① 據葉渠梁的統計，杜甫詩集出典《莊子》多達 120 條次，爲先秦諸子之最。筆者統計，杜甫詩集出典《莊子》60 個，不計重復用典的次數，因此與他的統計資料有出入。另外，如"八駿"，葉氏認爲出自《穆天子傳》，其實此典與《列子》的關係更緊密；"瓠巴鼓琴"，葉氏認爲出自《荀子·勸學》，經筆者分析，應當出自《列子·湯問》；而杜詩對《荀子》的用典，葉氏并未統計出。參見葉渠梁著《杜甫詩集典故探義》上冊，華中科技大學出版社 2018 年版，第 1 頁。

② 郭沫若在《杜甫的宗教信仰》（《李白與杜甫》，人民文學出版社 1971 年版，第 188 頁）一文中也説過杜甫"對於《莊子》讀得很熟"。

③ 蕭滌非主編《杜甫全集校注》第 1 冊，人民文學出版社 2013 年版，第 175 頁。另，文中詩句但凡引自《杜甫全集校注》，皆同此書，僅標篇名，不一一出注。

白二首》），出自《老子》"天網恢恢，疏而不失"，詩人因同情李白蒙
冤受過，而質疑老子所說的天道；"黠吏因封己，公才或守雌"（《贈崔
十三評事公輔》），出自《老子》"知其雄，守其雌，爲天下谿"，詩中
以"守雌"稱讚主帥謙退，與老子"謙退自守"義相符；"爭名古豈然，
鍵捷（一作關鍵）欻不閉"（《八哀詩·贈秘書監江夏李公邕》），出自
《老子》"善閉無關楗而不可開"，陳鼓應釋爲："善於關閉的，不用栓梢
却使人不能開。"① 趙次公以爲，杜甫在這裏批評李邕不懂開闔之道，因
而召禍。

　　杜詩中，可以確定引自《列子》的典故共有 8 個，分別爲八駿、炙
背、美芹、鷗鳥、杞人憂天、察眉、秦青與釣鼇，還有"瓠巴鼓琴"的
典故也可能出自《列子》。上述典故，語典有 5 個，事典有 5 個（"鷗
鳥"事、語兼用）。

　　"八駿"一典出自《列子·周穆王》，周穆王"命駕八駿之乘"②，最
後西至昆侖作客於西王母。雖然《穆天子傳》也記載有："天子之駿：
赤驥，盜驪，白義，逾輪，山子，渠黃，驊騮，綠耳。"③ 但"八駿"語
典，顯然與《列子》的關係更爲直接。此典見於"豈有四蹄疾於鳥，
不與八駿俱先鳴"（《驄馬行》），指良馬，借之襯托李鄧公的驄馬奔馳
迅疾。

　　"炙背"與"美芹"二典，最早出自《列子·楊朱》，此爲熟典，
兹不贅言。二典見於三首詩中，"憶渠愁只睡，炙背俯晴軒"（《憶幼
子》），詩中只用"炙背"的字面意，代指幼子的幼稚單純；"炙背可以
獻天子，美芹由來知野人"（《赤甲》），詩中借"炙背"與"美芹"，來
表達赤甲有山間野趣；"杖藜尋晚巷，炙背近牆暄"（《晚》），這裏用
"炙背"表現自己抱樸守拙的情趣。上述三首詩中的典故，都沒有使用
寓言故事的本義，與對野人無知的譏刺無關，皆爲語典，仿佛信手拈
來。嵇康《與山巨源絶交書》："野人有快炙背而美芹子者，欲獻之至

---

① 上述四處《老子》引文，分別見於陳鼓應著《老子注譯及評介》（修訂增補本），中
　　華書局 1984 年版，第 80、322、173、169、171 頁。
② 楊伯峻撰《列子集釋》，中華書局 1979 年版，第 94 頁。
③ （晉）郭璞注，王根林等校點《漢魏六朝筆記小說大觀》，上海古籍出版社 1999 年
　　版，第 8 頁。

尊"①，也使用這二典，但嵇康使用的爲其本義，辛辣地將山濤比作無知的野人。

"鷗鳥"一典出自《列子·黃帝》，原文爲："海上之人有好漚鳥者，每旦之海上，從漚鳥遊，漚鳥之至者百住而不止。其父曰：'吾聞漚鳥皆從汝遊，汝取來，吾玩之。'明日之海上，漚鳥舞而不下也。"② 此典見於杜甫的兩首詩，"錫飛常近鶴，杯度不驚鷗"（《題玄武禪師屋壁》），詩用此典稱讚玄武禪師超然世外的情趣，恰與原典中"驚鷗"的世俗念頭相反；"急急能鳴雁，輕輕不下鷗"（《白帝城樓》），只用鷗鳥飛舞的景象，起興春日放舟時明快清新的意趣，與原典本義無涉。

"杞人憂天"出自《列子·天瑞》，見於兩首詩，"廟算高難測，天憂實在茲"（《夔府書懷四十韻》），"但求椿壽永，莫慮杞天崩"（《寄劉峽州伯華使君四十韻》），前一首是詩人説自己憂天的必要，後一首是勸劉伯華不必如杞人一樣憂天。

"察眉"出自《列子·説符》，説晉國的郤雍通過"察其眉睫之間"，能精準地識別出盜賊。此典見於"即事須嘗膽，蒼生可察眉"（《夔府書懷四十韻》），詩中説治理百姓當如勾踐嘗膽，對百姓纔"可察眉"，即深察民情。

"秦青"出自《列子·湯問》"薛譚學謳于秦青"故事，見於"吾聞昔秦青，傾側天下耳"（《聽楊氏歌》），後一句是説被楊氏歌聲打動的人那麼多，不獨求於知音者，則以善歌的"秦青"比喻楊氏，非常恰當。

"釣鼇"出自《列子·湯問》記載的龍伯之國大人，一釣而連六鼇的事。此典見於"蒼水使者捫赤絛，龍伯國人罷釣鼇"（《荆南兵馬使太常卿趙公大食刀歌》），用龍伯國人罷釣，襯托大食刀之神威駭人。

"瓠巴鼓琴"故事，見載於《荀子·勸學》與《列子·湯問》，文本有些出入。《荀子》云"昔者瓠巴鼓瑟而流魚出聽，伯牙鼓琴而六馬仰

---

① （三國魏）嵇康撰，戴明揚校注《嵇康集校注》上册，中華書局 2014 年版，第 199 頁。
② 楊伯峻撰《列子集釋》，中華書局 1979 年版，第 67—68 頁。

秣"①,《列子》云："匏巴鼓琴而鳥舞魚躍"②。此典見於"魚吹細浪搖歌扇，燕蹴飛花落舞筵"（《城西陂泛舟》），唯《列子》文中既有魚，又有鳥，與杜詩兼言魚、燕更契合，所以此典當主要藉鑑《列子》。

以上典故，因爲《老子》《列子》兩書表達方式不同，給詩歌帶來的趣味也不同。《老子》多警語，使典的詩歌便呈現出更多理趣；《列子》或叙下層人故事或叙超凡寓言，杜甫用其事典，在抒情叙事的主旨之外，不僅豐富了詩歌的文本層次，而且營造了一種浪漫傳説的意味。尤其值得注意的是，杜甫藉助《列子》中的語典，爲詩歌塗抹了一層富於歷史縱深感的鄉間野趣。後一種用典效果，在他對《莊子》典故的使用中，得到了進一步加強。

二 追摹與獨創：杜詩使用《莊子》典故的情況及其特點

杜詩引用《莊子》的典故約有 60 個，分別爲鯤鵬、大巫、原憲貧、顔闔、心如死灰、驊騮、伯樂、濠梁、盜跖、驪龍、不辨牛馬、郢匠斤、軒冕、醯雞、豫樟、發硎、唾珠、捶鈎、濩落、巢由、洪爐、汾陽駕、樗散、河伯宮、獨往、割漆、鷦鷯一枝、劍三千、周宋鐔、日車、魏闕、涸鱗、安排、失道、馭風、齏粉、抱甕、杏壇丈、大庭、具茨、適越、斲輪、削跡、開口笑、虛室（虛白）、忘筌、椿壽、馬蹄、滿腹、膠漆、五車書、能鳴雁、糝藜、相煦沫、磬折、漢陰機、陸沉、學步、水仙、隱几。這 60 個典故，共分佈在約 112（幾首詩中用多個典故）首詩中，與李白共同使用的僅有 4 個，杜甫首次使用的約有 18 個，其中在唐詩中成爲熟典的有 13 個，唯有杜甫使用的典故有 5 個。

下文從五個方面，對杜詩使用《莊子》典故的情況詳細考察。

（一）杜詩中使用頻次最高的典故

《莊子》書中，杜詩使用頻率最高的典故有驊騮、隱几、鯤鵬、日

---

① （清）王先謙撰，沈嘯寰、王星賢點校《荀子集解》上册，中華書局 1988 年版，第 11—12 頁。

② 楊伯峻撰《列子集釋》，中華書局 1979 年版，第 175 頁。

車、涸鱗、虛室（虛白）、安排、大庭、原憲貧與發硎等。

1. "騄驪"，出自《莊子·秋水》："騏驥騄驪，一日而馳千里"①，駿馬名。共見於十二首詩中，分別爲"如今豈無騕褭與騄驪，時無王良伯樂死即休"（《天育驃騎歌》），"騄驪作駒已汗血，鸞鳥舉翮連青雲"（《醉歌行》），"世復輕騄驪，吾甘雜蛙黽"（《渼陂西南台》），"幹惟畫肉不畫骨，忍使騄驪氣凋喪"（《丹青引》），"騄驪事天子，辛苦在道路"（《送高司直尋封閬州》），"騄驪入窮巷，必脫黃金轡"（《送顧八分文學適洪吉州》），"騄驪開道路，雕鶚離風塵"（《奉贈鮮于京兆二十韻》），"雕鶚乘時去，騄驪顧主鳴"（《奉送郭中丞兼太僕卿充隴右節度使三十韻》），"騄驪開道路，鷹隼出風塵"（《奉簡高三十五使君》），"天下何曾有山水，人間不解重騄驪"（《存歿口號二首》），"戲拈禿筆掃騄驪，欻見騏驎出東壁"（《題壁畫馬歌》），"去歲奔波逐餘寇，騄驪不慣不得將"（《瘦馬行》），詩中"騄驪"皆指駿馬與難得的人才。

2. "隱几"，出自《莊子·徐無鬼》與《莊子·知北遊》兩篇，"南伯子綦隱几而坐，仰天而噓""神農隱几闔戶晝瞑"，"隱几"者一爲南伯（郭）子綦，一爲神農，皆爲久悟而得道者。此典共見於八首詩中，分別爲"呼兒具紙筆，隱几臨軒楹"（《同元使君舂陵行》），"泄雲高不去，隱几亦無心"（《課小豎鉬斫舍北果林枝蔓荒穢淨訖移床三首》其一），"市北肩輿每聯袂，郭南抱甕亦隱几"（《暮秋枉裴道州手劄率爾遣興寄近呈蘇渙侍御》），"隱几看帆席，雲州湧坐隅"（《北風》），"佳辰強飯食猶寒，隱几蕭條帶鶡冠"（《小寒食舟中作》），"卷簾唯白水，隱几亦青山"（《悶》），"前籌自多暇，隱几接終朝"（《哭王彭州掄》），"荒庭步鸛鶴，隱几望波濤"（《大雨》），上述八首詩中，"隱几"僅作語典使用，非指悟道者的有第一、四、七首，做語典或兼隱居、悟道的有第三、五、八首，用作事典指悟道的有第二、六首。

3. "鯤鵬"，出自《莊子·逍遙遊》，爲乘氣高飛而遠徙南冥者。共見於七首詩中，分別爲"霜蹄千里駿，風翮九霄鵬"（《贈特進汝陽王

---

① 陳鼓應著《莊子今注今譯》（最新修訂重排本），中華書局2009年版，第452—453頁。另，文中引文但凡引自《莊子》者皆出此書，僅標篇名，不一一出注。

二十韻》），"圖南未可料，變化有鯤鵬"（《泊岳陽城下》），"佇鳴南嶽鳳，欲化北溟鯤"（《贈虞十五司馬》），"鵬圖仍矯翼，熊軾且移輪"（《奉贈蕭二十使君》），"南圖卷雲水，北拱戴霄漢"（《舟中苦熱遣懷奉呈陽中丞通簡台省諸公》），"南圖回羽翮，北極捧星辰"（《奉送嚴公入朝十韻》），"鵩鳥長沙諱，犀牛蜀郡憐"（《哭韋大夫之晉》），詩中對鯤鵬的説法不一，但皆比喻奮發進取的形象。

4. "日車"，出自《莊子·徐無鬼》："若乘日之車而游於襄城之野"，指以日爲車，有日出而遊，日入而息之義。共見於五首詩中，分別爲"仰看日車側，俯恐坤軸弱"（《青陽峽》），"日車隱昆侖，鳥雀噪户牖"（《將適吳楚留別章使君留後兼幕府諸公得柳字》），"蕭颯灑秋色，氛昏霾日車"（《柴門》），"羲和冬馭近，愁畏日車翻"（《瞿塘兩崖》），"南國調寒杵，西江浸日車"（《官亭夕坐戲簡顏十少府》），在這五首詩中，"日車"皆爲太陽的代稱，屬語典。

5. "涸鱗"，出自《莊子·外物》莊周貸粟的故事，指在淺水中挣扎的魚。共見於四首詩中，分別爲"早發雲臺仗，恩波起涸鱗"（《江陵望幸》），"餘波期救涸，費日苦輕齎"（《水宿遣興奉呈群公》），"真成窮轍鮒，或似喪家狗"（《奉贈李八丈判官》），"監河受貸粟，一起轍中鱗"（《奉贈蕭二十使君》），無論是"涸""涸鱗""轍鮒"還是"轍中鱗"，皆指受困待救的人，在詩中多指詩人自己。

6. "虛室（虛白）"，出自《莊子·人間世》"虛室生白"，其義紛紜，大約指保持心室的虛空，方能使純白獨生，無機心。共見於三首詩中，分別爲"有時騎猛虎，虛室使仙童"（《寄司馬山人十二韻》），"興殘虛白室，跡斷孝廉船"（《哭韋大夫之晉》），"虛白高人静，喧卑俗累牽"（《歸》），此典在第一、三首詩中皆爲事典，暗喻有道家氣象的空明心境，第二首詩中則用爲語典，指空静的房間。

7. 安排、大庭、原憲貧與發硎，四個典故都使用了三次。"安排"出自《莊子·大宗師》："安排而去化，乃入於寥天一"，見於"終作適荆蠻，安排用莊叟"（《將適吳楚留別章使君留後兼幕府諸公得柳字》），"非關故安排，曾是順幽獨"（《寫懷二首》）"安排求傲吏，比興展歸田"（《寄岳州賈司馬六丈巴州嚴八使君兩閣老五十韻》），都使用《莊子》之義，指安於推移而與造化俱。在《莊子·胠篋》記載的十二個"至德之世"中，大庭氏位居第二^①，見於"退食吟大庭，何心記榛梗"（《八哀詩·故右僕射相國張公九齡》），"致君唐虞際，純樸憶大庭"（《同元使君春陵行》），"大庭終反樸，京觀且僵屍"（《變府書懷四十韻》），詩中皆指淳樸之世。"原憲貧"出自《莊子·讓王》，指原憲雖物質生活困苦，但他安貧樂道，精神富足。見於"處士禰衡俊，諸生原憲貧"（《寄李十二白二十韻》），"不達長卿病，從來原憲貧"（《奉贈蕭二十使君》），"竊效貢公喜，難甘原憲貧"（《奉贈韋左丞丈二十二韻》），皆用此事典，喻才士處境之艱難，似無安貧樂道之義。"發硎"出自《莊子·養生主》庖丁解牛故事，指新磨的刀，刀刃很鋒利。見於"遣辭必中律，利物常發硎"（《橋陵詩三十韻因呈縣内諸官》），"掘劍知埋獄，提刀見發硎"（《秦州見敕目薛三璩授司議郎畢四曜除監察與二子有故遠喜遷官兼述索居凡三十韻》），"清文動哀玉，見道發新硎"（《奉酬薛十二丈判官見贈》），原指新磨得很鋒利的刀，趙次公稱詩中"發新硎"喻佳士之才敏。

　　以上十典，四個出自《内篇》，《外篇》《雜篇》各有三個，能讀出杜甫對《莊子》三篇并無特殊偏愛。而且詩中所用大多爲典故本義，體現杜甫對《莊子》思想的涵泳。來自《莊子》的其他典故很多，在杜詩中使用或兩次，或一次，筆者雖做了全面的整理，但不便一一介紹，茲擇取其中有代表性者，分類叙述。

　　（二）唐詩中，或爲杜詩首次使用的典故

　　經過與初唐詩歌用典的比較，可以確定在唐詩中，或爲杜甫首次使用的典故，大多爲後人所繼承，有的甚至成爲熟典。如安排、發硎、樗散、削跡、膠漆、杏壇、椿壽、滿腹、煦沫、磬折、顏闔、盜跖、齏粉等，其中尤以安排、發硎、杏壇、煦沫四典的使用率最高。

　　1."安排"一典，在杜甫之後使用的唐代詩人很多，如韋應物"誰復知次第，濩落且安排"（《答裴丞説歸京所獻》）^②，錢起"安排常任性，

---

① 孔穎達疏："《春秋命歷序》：'炎帝號曰大庭氏，傳八世，合五百二十歲。'"又《初學記》卷九引譙周《古史考》："大庭氏，姜姓，以火德王，故號曰炎帝。"
② （唐）韋應物撰，陶敏、王友勝校注《韋應物集校注》（增訂本），上海古籍出版社2011年版，第332頁。

偃臥晚開户"（《田園雨後贈鄰人》）[1]，還有張籍、白居易、柳宗元與張祜等人，皆在詩中使用此典[2]。當然，韋應物等人使用此典，并不一定是學習杜甫，因爲謝靈運在詩中也用過（《晚出西射堂》《登石門最高頂》），但杜詩對此典的推廣不能不對後人發生作用。發硎，爲杜甫首次使用，後爲熟典，如獨孤及"盤根倘相值，試用發硎刀"（《送虢州王録事之任》）[3]，"疇昔切玉刃，應如新發硎"（《代書寄上裴六冀、劉二穎》），元稹"發硎去雖遠，礪鏃心不闌"（《箭鏃》）[4]，其他還有孟郊、杜牧與陸龜蒙等人[5]。但如"發新硎"這類稱法，可能唯有杜甫。

2. "杏壇"，典出《莊子·漁父》："休坐乎杏壇之上"，指孔子講學時所坐之處。見於"空聞紫芝歌，不見杏壇丈"（《八哀詩·故著作郎貶台州司户滎陽鄭公虔》），感慨聖人的不遇，用孔子作比鄭虔，明顯有推尊之義。此典爲杜甫首次使用，後爲熟典，錢起、白居易等人都有使用[6]。"杏壇丈"這一説法，則唯有杜甫使用。煦沫，典出《莊子·大宗師》："相呴以濕，相濡以沫"，《天運》篇亦有此語，指以小惠相及。見於"寂寥相煦沫，浩蕩報恩珠"（《舟中出江陵南浦奉寄鄭少尹》），指他和鄭少尹之間的親密關係，爲杜甫首次使用，元稹、白居易也都使用過。杜甫之前，或僅有晉人庾闡詩用過此典（《衡山詩》"陸鱗困濡沫"）[7]，只是説法不同。

3. "樗散"，典出《莊子·逍遥遊》："吾有大樹，人謂之樗"與《人間世》"散木也"，皆指不材之木。杜詩使用兩次："鄭公樗散鬢成絲，酒後常稱老畫師"（《送鄭十八虔貶台州司户傷其臨老陷賊之故闕爲面别情見於詩》），"萍流仍汲引，樗散尚恩慈"（《夔府書懷四十韻》），

---

[1]　（唐）錢起著，王定璋校注《錢起集校注》，浙江古籍出版社 2015 年版，第 21 頁。
[2]　使用此典的唐詩非常多，這裏僅舉其要："推此自豁豁，不必待安排"（白居易《諭友》），"循省誠知懼，安排只自慚"（柳宗元《酬韶州裴曹長使君寄道州呂八大使，因以見示二十韻一首》），"安排未定時，心火競螢螢"（孟郊《讀經》），"還將齊物論，終歲自安排"（張祜《題曾氏園林》）等。
[3]　（唐）獨孤及撰《毘陵集》，上海古籍出版社 1993 年版，第 15 頁。
[4]　（唐）元稹著，周相録校注《元稹集校注》，上海古籍出版社 2011 年版，第 18 頁。
[5]　使用此典的唐詩非常多，這裏僅舉其要："眸光寒發硎，館儒養經史"（孟郊《城南聯句》），"雅韻憑開匣，雄鋩待發硎"（杜牧《分司東都寓居履道叨承川尹劉侍郎大夫恩知上四十韻》），"手戟非吾事，腰鐮且發硎"（陸龜蒙《江南秋懷寄華陽山人》）等。
[6]　南朝陳周弘讓《春夜醮五嶽圖文詩》亦有"夜静瓊筵謐，月出杏壇明"，但并非用典。
[7]　逯欽立輯校《先秦兩漢魏晉南北朝詩》中册，中華書局 1983 年版，第 874 頁。

前指鄭公瀟灑，後指自己不中用，一典兩用。之後，劉長卿、杜牧、薛能等也在詩中使用過，同稱作“樗散”，皆指不中用之才。杜甫之前，虞世南（《奉和幸江都應詔》“多幸沾行葦，無庸類散樗”）^①與駱賓王（《久戍邊城有懷京邑》“有志慚雕朽，無庸類散樗”）^②都用過此典，稱作“散樗”，也指無用之才，二人前後或有藉鑑。

4. “削跡”，典出《莊子·讓王》：“夫子再逐于魯，削跡于衛”，指不見用。見於“故人還寂寞，削跡共艱虞”（《贈高式顏》），指二人都很落魄不被任用，或爲杜甫首次使用，後又有徐鉉等人使用過，用法與杜甫同。

5. “膠漆”，典出《莊子·駢拇》：“待繩約膠漆而固者，是侵其德者也”，見於“胡爲有結繩，陷此膠與漆”（《寫懷二首》其二），此一義項的“膠漆”指人爲地以膠漆等物固着，莊子以爲這是不自然的，比喻禮樂對淳樸人性的約束，或爲杜甫首次用。後世以“膠漆”代指事物結合得牢固或人物感情親密，則另有源頭，不出《莊子》^③；椿壽，典出《莊子·逍遙遊》“上古有大椿者”，是長壽的代表。見於“但求椿壽永，莫慮杞天崩”（《寄劉峽州伯華使君四十韻》），指如大椿一般長壽，爲杜甫首次使用，白居易也使用過。杜甫之前，可能僅晉人庾闡使用此典，見於他的《採藥詩》：“椿壽自有極，槿花何用疑。”^④

6. “滿腹”，典出《莊子·逍遙遊》：“偃鼠飲河，不過滿腹”，只追求吃飽肚子。見於“古者三皇前，滿腹志願畢”（《寫懷二首》），“滿腹”指鼓腹而歌，這個義項，杜甫之前，可能僅陶淵明使用過（《雜詩十二首》其八“豈期過滿腹”^⑤），其他人用“滿腹”二字皆無此義，而代以“鼓腹”（出自《莊子·馬蹄》）；“磬折”，典出《莊子·漁父》：“夫子曲要磬折”，指鞠躬，見於“磬折辭主人，開帆駕洪濤”（《遣

---

① （唐）虞世南撰，胡洪軍、胡遐輯注《虞世南詩文集》，浙江古籍出版社 2012 年版，第 3 頁。

② （唐）駱賓王著，諶東飆校點《駱賓王集》，岳麓書社 2001 年版，第 35 頁。

③ 前一義項也見於《韓非子·安危》：“堯無膠漆之約於當世而道行，舜無置錐之地於後世而德結”，後一義項出自《史記·魯仲連鄒陽列傳》：“感於心，合於行，親於膠漆”，指百里奚與秦穆公、甯戚與齊桓公的關係。

④ 逯欽立輯校《先秦兩漢晉南北朝詩》中冊，中華書局 1983 年版，第 875 頁。

⑤ 袁行霈撰《陶淵明集箋注》上冊，中華書局 2022 年版，第 347 頁。

遇》),杜甫之前有曹植(《箜篌引》"磬折何所求"①)與阮籍(《詠懷詩》其八"磬折忘所歸"②)詩用此典,杜甫之後用人較少。

還有一類典故,在唐詩中,并非杜甫首用,但其説法却爲首創,如"涸轍之魚"。此典,稱作"涸鱗"者,首見於駱賓王的兩首詩,"涸鱗去轍還遊海,幽禽釋網便翔空"(《疇昔篇》),"涸鱗驚熙轍,墜羽怯虛彎"(《途中有懷》)③,杜甫或仿之,見上;稱作"救涸"與"轍中鱗"者,首見杜詩,且僅有杜詩使用,見上,其他唐詩中也無"轍鱗"一詞;稱作"轍鮒"者,見上,杜甫之前僅有蕭統使用(《大言》"觀修鵾其若轍鮒,視滄海之如濫觴"④),孟郊、白居易後續之。

以上十典,六個出自《内篇》,《外篇》、《雜篇》各有兩三個,《内篇》所占比例較大。上述詩歌所用絶大多數爲典故本義,可見他對道家思想的吸收,以及杜甫用典別具一格的匠心。

(三)唐詩中,可能僅爲杜詩所獨有的典故

翻閲《全唐詩》及唐代詩人諸別集,發現唐詩所用典故中,可能爲杜詩所獨有的,有周宋鐔、劍三千、捶鉤、糁藜與馬蹄等。

1. "周宋鐔",出自《莊子·説劍》:"天子之劍,……以周宋爲鐔",鐔,指劍柄與劍身連接處兩旁凸出的部分,也稱劍環,比喻周、宋兩國的地理及其對天子的藩屏作用。見於"却假蘇張舌,高誇周宋鐔"(《風疾舟中伏枕書懷三十六韻奉呈湖南親友》),詩中或用以指自己所談皆王道,或指諸公對自己謬加獎賞,説法不一。

2. "劍三千",出自《莊子·説劍》:"昔趙文王喜劍,劍士夾門而客三千餘人",指劍士三千餘人。見於"蒼茫城七十,流落劍三千"(《寄岳州賈司馬六丈巴州嚴八使君兩閣老五十韻》),原文指趙文王劍客多,詩中謂齊、趙爲安史亂軍所下,士人流落。

3. "捶鉤",出自《莊子·知北遊》:"大馬之捶鉤者,年八十矣,

---

① (三國魏)曹植著,趙幼文校注《曹植集校注》下册,中華書局2016年版,第685—686頁。
② (三國魏)阮籍著,陳伯君校注《阮籍集校注》,中華書局1987年版,第235頁。
③ (唐)駱賓王著,諶東飇點《駱賓王集》,岳麓書社2001年版,第42、9頁。
④ 逯欽立輯校《先秦兩漢魏晉南北朝詩》中册,中華書局1983年版,第1802頁。

而不失豪芒"，見於"應手看捶鉤，清心聽鳴鏑"（《夜聽許十誦詩愛而有作》），原文指捶鉤者技藝高超，詩中讚頌許十誦詩技藝之高超。

4. "糁藜"，出自《莊子·讓王》："孔子窮于陳蔡之間，七日不火食，藜羹不糁"，見於"童稚頻書劄，盤餐詎糁藜"（《水宿遣興奉呈群公》），原指藜菜之羹，不加米糁，詩中也是指食物粗陋。

5. "馬蹄"，典出《莊子·馬蹄》，全篇主旨在於抨擊政治權力所造成的災害，并描繪自然放任生活之適性（陳鼓應）。見於"薄俗防人面，全身學馬蹄"（《課小豎鉏斫舍北果林，枝蔓荒穢淨訖，移床三首》其二），指學《馬蹄》篇以全身保性。《莊子》篇名入詩者，以"在宥""繕性""達生""盜跖""讓王"比較常見，此風大多始於晉宋之後，流行於隋唐。以"馬蹄"一詞入詩者，一般有兩義：一指箭靶，如曹植"仰手接飛猱，俯身散馬蹄"（《白馬篇》）[1]，一指馬的蹄子或代指馬，如杜甫"書簽藥裹封蛛網，野店山橋送馬蹄"（《將赴成都草堂途中有作先寄嚴鄭公》其三），尤以後者爲多。以《莊子·馬蹄》入詩，首出杜甫，之後宋人葉夢得又有"外物委蟲臂，全生思馬蹄"（《懷西山》）[2]，葉氏也許藉鑑了老杜，但兩句中連用四典，可見他對《莊子》文本的熟稔。

上述五典，在唐及以前詩歌中，就筆者可見的文獻範圍內，杜甫之外，皆不見其他詩人使用。五典中兩個出自《外篇》，三個出自《雜篇》，而且其中兩個都源出《說劍》。《說劍》篇在《莊子》書中比較特殊，它與莊子思想不相干，被懷疑爲戰國縱橫家或楊朱學派所作。杜甫用典不加抉擇，或因當時人并不懷疑（韓愈最早疑其僞），或杜甫不以爲意。

另外，汾陽駕、郢匠斤，這兩個典故并非杜詩獨有，但其說法獨特。汾陽駕，出自《莊子·逍遙遊》："堯治天下之民，平海內之政，往見四子藐姑射之山，汾水之陽"，說堯親駕汾水之陽拜見四位神人。見於"暫屈汾陽駕，聊飛燕將書"（《收京三首》其一），其他詩人用此典

---

① （三國魏）曹植著，趙幼文校注《曹植集校注》下冊，中華書局 2016 年版，第 613 頁。
② 葉夢得撰《石林居士建康集》卷一，［宣統三年（1911）夏月］葉氏觀古堂刻本，第 6 頁。

時慣稱"汾陽"，而杜甫獨稱"汾陽駕"，指代天子車；郢匠斤，出自《莊子·徐無鬼》，説的是匠石運斤成風，斫去郢人鼻端的白土。見於"脱略磻溪釣，操持郢匠斤"（《奉贈鮮于京兆二十韻》），其他詩人用此典時慣稱"郢匠"，而杜甫獨稱"郢匠斤"，都指追求知音。上述兩典，杜甫之前，也不見有詩人如此稱用。

（四）杜詩與其同時代詩歌共用的典故

杜甫用典，與李白、高適、岑參、王維、孟浩然皆有雷同處。杜甫與高適、岑參同用的典故，而且爲他們最早使用的，如大巫、大庭、開口笑等，三人不知誰先誰後，或互相學習亦有影響。

1."大巫"，典出《莊子》佚文，見《太平御覽》卷七三五引："小巫見大巫，拔茅而棄，此其所以終身弗如也。"[1] 此典見於杜詩一次："不謂矜餘力，還來謁大巫"（《贈韋左丞丈濟》），見於高適詩一次："方欲呈高義，吹嘘揖大巫"（《真定即事奉贈韋使君二十八韻》）[2]，此前"大巫"僅見于徐陵《同江詹事登宮城南樓》[3]，所用爲西門豹治鄴典故，源出《史記》，與杜甫等人所用"大巫"典不同。

2."大庭"，見上文，上古美政代稱，高適也使用過一次："風俗登淳古，君臣挹大庭"（《留上李右相》）[4]，之前僅見于嵇康詩（《述志詩二首》其一），或對杜甫等人有影響。

3."開口笑"，典出《莊子·盜跖》："其中開口而笑者，一月之中不過四五日而已矣"。此典見於杜詩一次，"語盡還成開口笑，提攜別掃清溪曲"（《醉爲馬墜諸公攜酒相看》），見於岑參詩三次，"長安城中足年少，獨共韓侯開口笑"（《喜韓樽相過》），"心知別君後，開口笑應稀"（《臨洮客舍留別祁四》），"逢君開口笑，何處有他鄉"（《尋陽七郎中宅即事》）[5]，皆用原典之義，指能開口笑的快樂日子。上述三典，在之後的唐詩中，都成爲熟典。

① （北宋）李昉等撰《太平御覽》第 3 册，中華書局 2009 年版，第 3258 頁。
② （唐）高適著，劉開揚箋註《高適詩集編年箋註》，中華書局 1981 年版，第 20 頁。
③ （陳）徐陵撰，許逸民校箋《徐陵集校箋》第 1 册，中華書局 2008 年版，第 153 頁。
④ （唐）高適著，劉開揚箋註《高適詩集編年箋註》，中華書局 1981 年版，第 201 頁。
⑤ （唐）岑參著，陳鐵民、侯忠義校注《岑參集校注》，上海古籍出版社 2019 年版，第 96、138、421 頁。

　　杜甫與王維、孟浩然都有使用的典故，有五車書。"五車書"，典出
《莊子·天下》："惠施多方，其書五車"，表面誇讚惠施讀書多，實則
貶其駁雜。杜甫詩："富貴必從勤苦得，男兒須讀五車書"（《柏學士茅
屋》），王維詩："張弟五車書，讀書仍隱居"（《戲贈張五弟諲三首》其
二）①，孟浩然詩："男兒一片氣，何必五車書"（《送告八從軍》）②，皆指
讀書多。

　　"馭清風"，出自《莊子·逍遥遊》："列子禦風而行"，或明列子能
借用風力飛行，或比喻列子的超然世外。見於"相哀骨可換，亦遣馭清
風"（《寄司馬山人十二韻》），比喻得道成仙。李棲筠《張公洞》："道
士十二人，往還馭清風"③，用法與杜甫相似，不知是否有所藉鑑。他人
詩中此典，多稱"馭風"。

　　李、杜同時使用的典故不多，有醯雞、驪龍、牛馬、抱甕等。

　　1. "醯雞"，典出《莊子·田子方》："丘之於道也，其猶醯雞與"，
將自己比作甕中的小飛蟲，謙稱自己對"道"的了解非常少。首見於李
白詩："世人若醯雞，安可識梅生"（《留別西河劉少府》）④，此詩大約作
于天寶四年（745年）。也見於杜詩："謬知終畫虎，微分是醯雞"（《奉
贈太常張卿二十韻》），此詩作於752或754年，或受李白影響。

　　2. "驪龍"，典出《莊子·列禦寇》："夫千金之珠，必在九重之淵
而驪龍頷下，子能得珠者，必遭其睡也。使驪龍而寤，子尚奚微之有
哉！"驪龍，傳説頷下有千金之珠的黑龍，用以譏刺得車之人暴富之僥
倖。首見於李白詩："海若不隱珠，驪龍吐明月"（《贈僧行融》）⑤，這首
詩作於開元年間，他初游江夏之時。李白之後，有僧貫休《君子有所思
行》："撲碎驪龍明月珠，敲出鳳凰五色髓"⑥，或受李白影響。杜詩："此
時驪龍亦吐珠，馮夷擊鼓群龍趨"（《渼陂行》），"鷗鳥牽絲颺，驪龍

　　① （唐）王維撰，陳鐵民校注《王維集校注》第1册，中華書局1997年版，第200頁。
　　② （唐）孟浩然著，李景白校注《孟浩然詩集校注》，中華書局2018年版，第357頁。
　　③ 陳貽焮主編《增訂注釋全唐詩》第1册，文化藝術出版社2001年版，第1797頁。
　　④ （唐）李白著，郁賢皓校注《李太白全集校注》第4册，鳳凰出版社2015年版，第
　　　　1803頁。
　　⑤ （唐）李白著，郁賢皓校注《李太白全集校注》第4册，鳳凰出版社2015年版，第
　　　　1534頁。
　　⑥ （宋）郭茂倩《樂府詩集》第3册，中華書局1979年版，第895—896頁。

濯錦紆"（《大曆三年春，白帝城放船出瞿唐峽，久居夔府，將適江陵，漂泊有詩，凡四十韻》），前一首詩作於 752 或 754 年，後一首作於 768 年，前詩中指燈光明亮如龍珠，後詩中指龍體如錦，都是景色描寫，純用語典，與李白和貫休二人所用事典不同。

3. "牛馬"，典出《莊子·秋水》："涇流之大，兩涘渚崖之間不辯牛馬"，隔水遠觀，辨認不清是牛是馬，形容黃河河面寬廣。使用這個事典的首推李白，見於他的詩："泥沙塞中途，牛馬不可辨"（《玉真公主別館苦雨贈衛尉張卿二首》其二）[①]，此詩作於開元十九年（731 年）。杜甫在兩首詩中也使用此典："去馬來牛不復辨，濁涇清渭何當分"（《秋雨歎三首》其二），"牛馬行無色，蛟龍鬭不開"（《雨》），前首詩大約作於 754 年，後一首作於 766 或 767 年，可能受李白影響。

4. "抱甕"，典出《莊子·天地》："抱甕而出灌"，抱着水罐取水灌田，不用器械，方法原始。唐代詩人中，李白首次使用，見於"抱甕灌秋蔬，心閒遊天雲"（《贈張公洲革處士》）[②]，此詩大約作於開元年間，他初遊江夏之時。杜詩使用兩次，"恨無抱甕力，庶減臨江費"（《雨》），"市北肩輿每聯袂，郭南抱甕亦隱几"（《暮秋枉裴道州手劄率爾遣興寄近呈蘇渙侍御》），前一首詩作於 765 或 766 年，後一首詩約作於 769 年，可能受李白影響，也可能取自《莊子》或是南朝詩人的影響[③]。以上可見，李、杜所用《莊子》典故，同者少、異者多，杜甫或許有學習李白之處，但他本人思想應爲主導。

（五）杜詩學習前人詩作用典

杜詩中，與前人共用的典故占大多數。在漢魏六朝詩人中，杜甫用典的榜樣比較多，但很難找到直接證據，説他就是學習了某人的某首詩。而在初唐詩人中，如陳子昂、駱賓王與張九齡等人，似乎能看出曾是杜甫學習用典的對象。

---

① （唐）李白著，郁賢皓校注《李太白全集校注》第 3 册，鳳凰出版社 2015 年版，第 1080 頁。
② （唐）李白著，郁賢皓校注《李太白全集校注》第 3 册，鳳凰出版社 2015 年版，第 1039 頁。
③ 如庾信《奉和永豐殿下言志詩十首》（其一）有"無機抱甕汲，有道帶經鋤"；梁人沈炯《六府詩》有"土高行已冒，抱甕憶中園"。

杜甫與陳子昂共用的典故，有鳴雁與漢陰機兩個。

1. "鳴雁"，典出《莊子·山木》："殺不能鳴者"，主人殺那只不能叫的鵝來招待莊子。杜詩："急急能鳴雁，輕輕不下鷗"（《白帝城樓》），杜甫借此，描寫鳴雁迅疾飛翔的景象，寄託春日放舟的意趣。杜甫之前，有很多詩人使用"鳴雁"一典，但唯有陳子昂詩也以雁與鷗對舉："不及能鳴雁，徒思海上鷗"（《宿襄河驛浦》）[①]，莊、列并取，明顯可見杜甫對陳子昂的學習。但是，陳子昂作事典用，杜甫則僅作語典用，與原典之義無關，兩人用法有別。

2. "漢陰機"，典出《莊子·天地》篇子貢"過漢陰"故事，丈人云："有機械者必有機事，有機事者必有機心"，強調去機心而保持真樸。杜甫之前，唯有陳子昂使用過："誰憐北陵井，未息漢陰機"（《題田洗馬遊巖桔槔》）[②]，杜詩："鹿門自此往，永息漢陰機"（《登舟將適漢陽》），皆認同漢陰丈人觀點，不藏機心，子昂云"未息"，杜甫云"永息"，或爲杜甫藉鑑子昂。

杜甫與駱賓王共用的典故，有學步。"學步"，典出《莊子·秋水》"邯鄲學步"故事。見於"蹉跎翻學步，感激在知音"（《風疾舟中伏枕書懷三十六韻奉呈湖南親友》），駱賓王也有："昔余迷學步，投跡忝詞源"（《早秋出塞寄東台詳政學士》）[③]，皆指模仿別人，用法一致。但此典未必是學駱氏，因爲齊梁詩中也多有此典。

又如"膏火自煎"，典出《莊子·人間世》"山木自寇也，膏火自煎也……漆可用，故割之。"膏火自招煎熬，漆樹遭遇刀割，皆因有用。杜詩："漆有用而割，膏以明自煎"（《遣興五首》其三），喻仕者有用反損，出處兩難；張九齡："非梗胡爲泛，無膏亦自煎"（《自始興溪夜上赴嶺》）[④]，反用此典，謂出仕是自尋煩惱。阮籍《詠懷詩》使用此典："膏火自煎熬，多財爲禍害"[⑤]，蕭子顯《代美女篇》中也有。杜詩中，

① （唐）陳子昂著，徐鵬點校《陳子昂集》（修訂本），上海古籍出版社2013年版，第21頁。

② （唐）陳子昂著，徐鵬點校《陳子昂集》（修訂本），上海古籍出版社2013年版，第35頁。

③ （唐）駱賓王著，諶東飆校點《駱賓王集》，岳麓書社2001年版，第30頁。

④ （唐）張九齡撰，熊飛校注《張九齡集校注》上册，中華書局2008年版，第267頁。

⑤ （三國魏）阮籍著，陳伯君校注《阮籍集校注》，中華書局1987年版，第229頁。

這一類與初唐詩人共用的典故還有很多，因爲漢魏六朝詩中也有使用，所以不能判斷其直接來源，在此不一一贅述。

三　獨具隻眼：杜詩使用《苻子》的一則典故

《苻子》是前秦宗室苻朗所著子書，它與《莊子》有着比較複雜的關係，被看作是東晉道家子書的代表作。①

杜詩中有一處用典，即《自京赴奉先縣詠懷五百字》："顧惟螻蟻輩，但自求其穴。胡爲慕大鯨，輒擬偃溟渤"，詩中的"螻蟻"雖注解紛紜，或指言藩鎮，或指居廊廟者，或爲杜甫自喻，但注家都以爲"螻蟻輩"有渺小義。但我以爲詩中螻蟻與鯨鯢的對舉，很可能受到《苻子》啓發。

在唐詩中，單一的螻蟻形象被死死地限定了，它包含有極渺小、極卑微、極易被忽視、群居等要素。相反，鯨鯢則具有極巨大、極尊貴、極勇猛、獨行等要素。一般情況下，在螻蟻與鯨鯢、大鯨或大魚的對舉語境中，唐詩大都突出其不對等的敵對關係：螻蟻與大鯨在正常情況下，從無見面的可能，但是出水的大鯨，一旦遭遇螻蟻，即不幸成爲其食物。兩者構成的關係，類似漢人常説的"虎落平陽爲犬欺"的意味，只是因爲獵物巨大，獵手巨小，更渲染出悲劇效果。僅舉幾例，李白："作書報鯨鯢，勿恃風濤勢。濤落歸泥沙，翻遭螻蟻噬"（《枯魚過河泣》）②，顧況："鳶飛戾霄漢,螻蟻制鱣鱒"（《遊子吟》）③，白居易歎"雙白魚"："豈唯刀機憂，坐見螻蟻圖"（《放魚》）④，還有署名爲"甘露寺鬼"的《西軒詩》："偉哉橫海鱗，壯矣垂天翼。一旦失風水，翻爲螻蟻食。"⑤上述詩句中，詩人皆將大鯨（鯢、魚）作爲一時失意的同情

---

① 《苻子》一書有五個輯本，嚴可均《全上古三代秦漢三國六朝文》與馬國翰《玉函山房輯佚書》所輯本爲最重要的兩個，但是兩個輯本都有遺漏，而且文本訛誤較多，不能盡善。目前輯文比較全面，訛誤較少的輯本，參見拙作《〈苻子〉輯文校正》，《古籍研究》2023 年 01 期。
② （唐）李白著，郁賢皓校注《李太白全集校注》第 2 册，鳳凰出版社 2015 年版，第 650 頁。
③ （唐）顧況著《華陽集》（四庫唐人文集叢刊），上海古籍出版社 1993 年版，第 18 頁。
④ （唐）白居易著，朱金城箋注《白居易集箋校》，上海古籍出版社 1988 年版，第 70 頁。
⑤ 陳貽焮主編《增訂注釋全唐詩》第 5 册，文化藝術出版社 2001 年版，第 858 頁。

對象，將螻蟻作爲僥倖受益的批判物件，這一敵對關係的建構，唐人中以李白最早。這一敵對關係中的螻蟻與鯨（鯢、魚），顯然出自《莊子·庚桑楚》："吞舟之魚，碭而失水，則螻蟻能苦之"，上述四詩正用此典。而且賈誼《弔屈原文》中也説："橫江湖之鱣鯨兮，固將制於螻蟻"①，此文爲《文選》收録，不能不廣泛影響到唐代文人。

　　但是，杜甫云："顧惟螻蟻輩，但自求其穴。胡爲慕大鯨，輒擬偃溟渤"，詩中螻蟻與大鯨的關係却并不敵對。"胡爲慕大鯨"既可做正面肯定解，也可做負面否定解。細味其詩，螻蟻"求其穴"與大鯨"偃溟渤"，只存在生活方式的差別，雖然生活方式背後也隱含着各自的人生追求，兩者存在比較的關係，但絕不是獵手與獵物的關係。杜甫詩中所講之理，與莊子在《逍遥遊》中突出的"小大之辯"有相似之處，但莊子借鯤鵬與斥鷃建構的，杜甫却用了螻蟻與大鯨。也就是説，杜甫使用大家都很熟悉的一對形象，却建構了迥然不同的新的關係。實際上，《苻子》中的螻蟻故事，與杜甫詩中的形象更加接近。故事如下：

　　　　東海有鼇焉，冠蓬萊而游於滄海，騰躍而上則干雲之峰，類邁於群岳；沉没而下，則隱天之丘，潛嶠於重川。有紅蟻〔蚳〕者，聞而悦之，與群蟻相要乎海畔，欲觀鼇焉。月餘日，鼇潛未出，群蟻將反，遇長風激浪，崇濤萬仞，海水沸，地雷震，群蟻曰："此鼇之將作也。"數日，風止雷默，海中隱淪如嶽〔邑〕，其高槼天，或游而西。群蟻曰："彼之冠山，何異乎我之載粒〔戴粒〕也？逍遥壞封〔封壤〕之巔，歸服〔伏〕乎窟穴之下。此乃物我之適，自己而然，我何用數百里勞形而觀之乎。"②

　　故事中紅蟻從一開始對巨鼇的仰慕與歆羨，轉而悟出"冠山"與"載粒"都是適性，因而伏穴不出與遨遊江海也不當異。也就是説，紅蟻與巨鼇之所以有不同的生活方式，原因就在於兩個物種的自然屬性不同，巨鼇不必仰慕紅蟻的生活，反之亦然。故事中對舉的動物形象的關

---

① （梁）蕭統編，（唐）李善注《文選》下册，中華書局 1977 年版，第 832 頁。
② 尹玉珊著《〈苻子〉輯文校正》，《古籍研究》2023 年第 1 期。

係，與杜詩中螻蟻與大鯨的關係相似，故事要闡發的道理，也與杜詩一樣。《苻子》一書在唐代尚未亡佚，杜甫完全有可能讀到，因此在這句詩中露出痕跡，此典也體現出杜甫廣博的閱讀面。

《苻子》故事中的第二主角，在杜詩中被換作"鯨鯢"，或許因爲"鯨鯢"形象更爲普遍，也更有代表性。另一方面，唐詩中的巨鼇故事，出自大家更爲熟悉的《列子·湯問》中"巨鼇戴山"，爲唐人熟典。如：李白《懷仙歌》："巨鼇莫載三山去，吾欲蓬萊頂上行"①，僧鸞《贈李粲秀才》："仙鶴閑從净碧飛，巨鼇頭戴蓬萊出"②，司空圖《淮西》："鼇冠三山安海浪，龍盤九鼎鎮皇都"③，姚合《和盧給事酬裴員外》："鴛鷺簪裾上龍尾，蓬萊宮殿壓鼇頭"④，所以杜甫在使用大家不甚熟悉的典故時，有必要作一些適時的調整，避免突兀。

四　結語

杜甫詩歌用典，不但不回避道家子書，而且喜歡大量地、反復地援引，尤爲突出的是他對《莊子》的偏愛，比較特殊的是他對《苻子》的留意。杜詩援引《老子》典故較少，用法也比較單一，注重其思想義理，賦予詩歌以理趣。杜詩援引《列子》《莊子》典故較多，而且用法也比較豐富，給予詩歌的影響則比較多面。例如，杜甫所用《莊子》事典，有自己的獨特發明，主要表現在三個方面：第一，挖掘比較罕見的事典，如周宋鐔、劍三千、馬蹄、螻蟻與大鯨等；第二，使用常見事典中不太常見的義項，如膠漆、大巫等；第三，同一事典，變換不同的説法，如汾陽駕、郢匠斤、發新硎等。這些事典的創新使用，不僅有助於豐富詩歌的文本層次，深化其思想主旨，而且營造出表達上的陌生感與新奇感，成爲詩作推陳出新的有效方式之一。

另外，杜甫所用語典中，除去極少數僅作爲"代稱"的，如磬折、

① （唐）李白著，郁賢皓校注《李太白全集校注》第 3 册，鳳凰出版社 2015 年版，第 991 頁。
② 陳貽焮主編《增訂注釋全唐詩》第 5 册，文化藝術出版社 2001 年版，第 533 頁。
③ （唐）司空圖著，祖保泉、陶禮天箋校《司空表聖詩文集箋校》，安徽大學出版社 2002 年版，第 89 頁。
④ （唐）姚合著，吳河清校注《姚合詩集校注》，上海古籍出版社 2012 年版，第 446 頁。

開口笑、日車等，大多數參與了杜詩風貌的營造。比如，用炙背、美芹描寫鄉間野趣與天真的兒童，用"鷗鳥"起興春日放舟的意趣，"瓠巴鼓琴"描寫城西陂泛舟時魚戲燕飛的歡快景象；又如，用"驪龍"描摹燈光明亮如龍珠、龍體如錦帶，用"牛馬"寫雨水又大又密，用"鳴雁"描寫白帝城樓所見之美景。這些語典大多用於描寫自然景象的詩歌中，被詩人巧妙地營造出清新浪漫的灑脫風貌，這種手法可稱作"裝飾中的天然"。杜甫之所以偏愛《莊子》典故，一因莊子思想的人生關懷，二因其文風的浪漫奔放。因此對杜詩用典的考察，不僅彰示了杜甫對道家思想的吸收，對道家文獻的熟稔，也顯示出杜甫在"沉鬱頓挫"之外對清新自然之美的含蓄追求。

第四章　桓譚《新論》"以市喻交"考

　　無論是《桓譚集》(今佚)還是桓譚《新論》一書中,是否有"以市喻交"的文字,目前還是一個懸而未決的問題。對此問題,最早發表否定性意見的人是李善,見於他在爲劉孝標《廣絶交論》所作的注文。李善之後,從清代以來的學者在其《新論》輯本中,皆不再提及"以市喻交"的文本。筆者曾就《新論》輯本與佚文發表過自己的意見[①],但爲李善意見所遮蔽,也未詳考桓譚"以市喻交"文本之真僞。近日來研讀相關文獻,再次遇到桓譚論交的話題,以爲還有進一步辨僞的必要。

一　李善的考辨及其不足

　　劉孝標《廣絶交論》曰:"凡斯五交,義同賈鬻,故桓譚譬之於闤闠,林回喻之於甘醴。"(《文選》卷五十五)[②]"闤""闠"二字在漢代并不罕見,張衡的《西京賦》有"爾乃廓開九市,通闤帶闠",薛綜注曰:"闤,市營也。闠,中隔門也。"崔豹《古今注》曰:"市牆曰闤,市門曰闠。"(《文選》卷二)[③]許慎的《説文解字》也有"闠"字,釋義爲"市外門也。"[④]後以"闤闠"代指市場,如左思的《蜀都賦》有"闤闠之里,伎巧之家"(《文選》卷四),《吳都賦》有"開市朝而并納,橫闤闠而流溢"(《文選》卷五),《魏都賦》有"班列肆以兼羅,設闤闠以襟帶"(《文選》卷六)[⑤]。可見"闤闠"一詞在漢至魏晉并不生僻,所

---

①　詳見尹玉珊著《漢魏子書研究》,中國社會科學出版社 2018 年版,第 319、347 頁。
②　(梁)蕭統編,(唐)李善注《文選》下册,中華書局 1977 年版,第 758 頁。
③　(梁)蕭統編,(唐)李善注《文選》上册,中華書局 1977 年版,第 42 頁。
④　(漢)許慎撰,(清)段玉裁注《説文解字注》,上海古籍出版社 1988 年版,第 588 頁。
⑤　(梁)蕭統編,(唐)李善注《文選》上册,中華書局 1977 年版,第 79、88、102 頁。

以桓譚在文中使用"闤闠"無不可能。

李善注文如下：

> 《譚集》及《新論》并無以市喻交之文。《戰國策》（卷十一《孟嘗君逐於齊而復反》）：譚拾子謂孟嘗君曰："得無怨齊士大夫乎？"孟嘗君曰："然。"譚拾子曰："富貴則就之，貧賤則去之。請以市喻：市朝則滿，夕則虛。非朝愛市而夕憎之也。求存故往，亡故去，願君勿怨。"然此以市喻交，疑"拾"誤爲"桓"，遂居"譚"上耳。《莊子》：林回曰："君子之交淡若水，小人之交甘如醴。"（《文選》卷五十五）①

李善否定桓譚"以市喻交"的主要依據是他能見到的《桓譚集》與《新論》文本，從文中"并無"二字顯示的語氣看，桓譚的集與論當時都應保存完好，總之李善并不懷疑兩部文獻有闕佚。《隋志》著錄了《桓子新論》十七卷，據學者考辨，《新論》的散佚現象始於唐代②。李善有可能得見《新論》整書，但不能確定必爲完本。但是《隋志》并未著錄《桓譚集》，只是在"漢《成帝班婕妤集》一卷"的附注中说："梁有……《桓譚集》五卷，亡。"（卷三十五）③兩《唐志》著錄僅有二卷，或爲後出殘本。《隋志》的編纂是以大唐武德五年收集的圖書并據之編纂的《目錄》爲本，又"今考見存，分爲四部，合條爲一萬四千四百六十六部，有八萬九千六百六十六卷"（卷三十二）④。無論是據武德五年所收圖書編纂的《目錄》還是《隋志》新考定的目錄，成書皆在李善注《文選》之前。《隋志》稱《桓譚集》已亡佚，李善卻能肯定《桓譚集》中并無以市喻交之文，明顯矛盾。雖不能僅據《隋志》斷然否定李善的判斷，卻能見出李氏的依據并不十分可信，因此他的結論尚需推敲。

桓譚《新論》中的確也有關於論交的内容。根據現有的輯本，已

---

① （梁）蕭統編，（唐）李善注《文選》下冊，中華書局 1977 年版，第 758—759 頁。
② 尹玉珊著《漢魏子書研究》，中國社會科學出版社 2018 年版，第 226 頁。
③ （唐）魏徵等撰《隋書》第 4 冊，中華書局 1973 年版，第 1057 頁。
④ （唐）魏徵等撰《隋書》第 4 冊，中華書局 1973 年版，第 908 頁。

確知以下幾條爲《新論》的佚文："夫以人言善我，亦必以人言惡我。"① "'白頭如新，傾蓋如故。'言内有以相知與否，不在新故也。"② 都是談論交友的問題，只是因爲文本散佚，不能確知是否皆屬於《新論·閔友》一篇的佚文。另外，現存的《新論》佚文中也有以市場打比方的例子，如"孔子以四科教士，隨其所喜。譬如市肆，多列雜物，欲置之者并至。"③ 僅據這些文獻，只能説明《新論》不但有論交的文字，還有以市場作比的實例，但不能充分論證"桓譚譬之於闤闠"的事實。

二　劉孝標的博學多才及其文本的可信

再回到劉孝標《廣絶交論》的文本來考察，"故桓譚譬之於闤闠，林回喻之於甘醴"，吕向注："醴甘，故速壞也。""今言桓譚，桓譚無以市喻交之文，疑爲誤也。"（《文選》卷五十五）④ 吕向并未斷然否定桓譚"以市喻交"，雖未明言依據，但保持了懷疑的態度。這兩句對仗嚴謹，前句用典出自桓譚某文，後句用典出自《莊子》。"闤闠"與"甘醴"爲劉孝標從經典中借來的重要喻體，假如取典文本中并未出現這兩個喻體，難以形成精彩對仗，從辭章表達的角度看則是敗筆；另外，這兩句話跟在"凡斯五交，義同賈鬻"之後，是"義同賈鬻"的重要論據，假如"桓譚譬之於闤闠"不是言之鑿鑿的事實，從義理闡發的角度看則是無力。所以，李善否定"桓譚譬之於闤闠"這一事實，等於否認了《廣絶交論》的文學價值與劉孝標的文才。

劉孝標的博學與擅文在當時特别著名。首先，《梁書》本傳稱其："自謂所見不博，更求異書，聞京師有者，必往祈借，清河崔慰祖謂之'書淫'。"（卷五十）⑤《南史》本傳稱其："博極群書，文藻秀出"（卷

---

① （漢）桓譚著，吴則虞輯校《桓譚〈新論〉》，社會科學文獻出版社 2014 年版，第 123 頁。
② （漢）桓譚著，吴則虞輯校《桓譚〈新論〉》，社會科學文獻出版社 2014 年版，第 115 頁。
③ （漢）桓譚著，吴則虞輯校《桓譚〈新論〉》，社會科學文獻出版社 2014 年版，第 72 頁。
④ （梁）蕭統編，（唐）李善等注《六臣注文選》，中華書局 2012 年版，第 1017 頁。
⑤ （唐）姚思廉撰《梁書》第 3 册，中華書局 1973 年版，第 701 頁。

四十九）①，史家之詞或有誇譽之嫌。但劉孝標獨自撰成一百二十卷《類苑》，史稱"書未及畢，而已行於世"（《南史》卷五十二《安成康王秀》）②，他又以四百餘種文獻爲《世説新語》作注，足見他的博學已爲時人所倚重。此外，他的《山栖志》被史家稱讚"其文甚美"（《梁書》卷五十）③，他寫成《辯命論》後，中山劉沼（即劉秫陵）與他書信反復辯難，他皆能"申析以答之"（《南史》卷四十九）④，足見他的文筆與論辯的才能。最後，他的《廣絶交論》又是爲譏諷時人而寫⑤，在當時影響很大，此文與《辯命論》一併收入《文選》中，在《文選》的十三篇"論"文，唯獨他與陸機各有兩篇。綜合以上對劉孝標學識與文才的認識，難以想像他的《廣絶交論》會出現這樣論證無力、引據不實的敗筆。

　　後句中的喻體"甘醴"見於《莊子》原文："且君子之交淡若水，小人之交甘若醴"（《山木》）⑥，有關鍵喻體"甘醴"，同樣符合用典與論據的雙重需求。但是李善援引的《戰國策》譚拾子故事卻并未出現關鍵字"闔"與"闌"，首先不符合用典的需求；另外，劉孝標偶句中的兩個典故，前者出自後漢桓譚可判爲近典，後者出自先秦《莊子》可判爲遠典，既彰顯作者學識的廣博，避開了王充"陸沉"（《論衡·謝短》）⑦的嘲諷，而且遠近搭配既能增強論據的説服力又豐富了文本表達的層次感，遠勝於《莊子》與《戰國策》的搭配效果。

　　僅此一例不能充分説明劉孝標在用典上的精心考究，《廣絶交論》一文中是否還有更多例證？我們發現，《廣絶交論》全文中以"故"與"是以"開頭，緊隨以人物事典的結論性句式共有四處，考察偶句中的

①　（唐）李延壽撰《南史》第4冊，中華書局1975年版，第1219頁。

②　（唐）李延壽撰《南史》第4冊，中華書局1975年版，第1289頁。

③　（唐）姚思廉撰《梁書》第3冊，中華書局1973年版，第702頁。

④　（唐）李延壽撰《南史》第4冊，中華書局1975年版，第1220頁。

⑤　《廣絶交論》譏諷的對象有到氏兄弟、齊梁的炎涼世風與梁武帝蕭衍等衆多説法，皆爲一家之言。《南史·任昉傳》也未明言其譏諷的對象，僅稱"乃著《廣絶交論》以譏其舊交"（卷五十九）。

⑥　（清）王先謙撰，沈嘯寰點校《莊子集解》，中華書局1987年版，第171頁。

⑦　黃暉撰《論衡校釋（附劉盼遂集解）》第2冊，中華書局1990年版，第555頁。王充説："知古不知今，謂之陸沉"，所謂"今"指五經之後，秦、漢之事。以不知爲恥的"書淫"，劉孝標對王充的譏諷不可能不敏感。

用典情況，三處皆爲遠典與近典的搭配使用，充分顯示出博學的劉孝標
對文章用典的良苦用心，這也是爲不重辭章之學的李善所忽視的。

第一處偶句爲：“是以王陽登則貢公喜，罕生逝而國子悲”（卷
五十五）①，前句中的王陽、貢公，即西漢的王吉與貢禹。《漢書·王吉
傳》云：“吉與貢禹爲友，世稱‘王陽在位，貢公彈冠’。”（卷七十二）②
後句中的罕生、國子，即春秋時鄭國的罕虎（字子皮）與子產。《左
傳·昭公十三年》載子產：“聞子皮卒，哭，且曰：‘吾已！無爲爲善
矣。唯夫子知我。’”③以上四人是兩對知己，作爲“素交”中取捨相同
的一類代表，也是遠典與近典搭配的一個典範。

第二處偶句爲：“是以伍員濯溉於宰嚭，張王撫翼於陳相”④，伍員與
宰嚭，即伍子胥與伯嚭，伯嚭奔吳，得到伍子胥舉薦而榮顯，然而日後
他向吳王進讒，害死伍子胥。張王與陳相，即張耳與陳餘，陳餘受到張
耳扶持而尊貴，發跡得勢後反而打擊張耳。以上四人，是兩對曾有知遇
之恩的仇人，作爲“利交”中的第四類“窮交”的代表，也是遠典與近
典搭配的一個典範。

唯有最後一處：“故王丹威子以櫃楚，朱穆昌言而示絕”⑤，用典并無
遠近搭配。櫃楚：亦作“夏楚”，古代用櫃木荆條製成的鞭撻刑具。昌
言：直言，明告。示絕：表示絕交。《後漢書·王丹傳》載，其子有同
門生喪親，家在中山，欲往慰問，“丹怒而撻之，令寄縑以祠焉。”（卷
二十七）⑥王丹爲東漢人，禁止兒子的浮華交遊，而教之以禮。朱穆也是
東漢人，他因痛感世態炎涼，人情淡薄，作《絕交論》以刺時弊。兩個
典故都用東漢人物事蹟，意在説明東漢時“素交”的淳風已喪，王丹與
朱穆對時弊都有清醒的認識并予以矯正；此外，也爲回應文章開篇“客”
對朱穆《絕交論》的質疑，再次申明他寫文以批駁澆薄世風的價值⑦。

① （梁）蕭統編，（唐）李善注《文選》下冊，中華書局 1977 年版，第 754—755 頁。
② （漢）班固撰，（唐）顏師古注《漢書》第 10 冊，中華書局 1962 年版，第 3066 頁。
③ 楊伯峻編著《春秋左傳注》第 4 冊，中華書局 1981 年版，第 1360 頁。
④ （梁）蕭統編，（唐）李善注《文選》下冊，中華書局 1977 年版，第 758 頁。
⑤ （梁）蕭統編，（唐）李善注《文選》下冊，中華書局 1977 年版，第 759 頁。
⑥ （南朝宋）范曄撰，（唐）李賢等注《後漢書》第 4 冊，中華書局 1965 年版，第 931 頁。
⑦ 根據現存文獻來看，東漢文人比較重視“論交”主題，尤其是批判個性強烈的人，如桓譚《新論》有《閔友》篇，馮衍的文集中有一篇《問交》專文（李賢注）。

假如我們相信劉孝標的才學與文章，同時也承認《文選》選文的眼光，那麼應該相信"桓譚譬之於闤闠，林回喻之於甘醴"是用典貼切、對仗工整巧妙而且論證充分的好句，而李善的無端懷疑則不能成立。綜合以上考辨，我們應該相信桓譚不僅有論交之文，而且還以"闤闠"作比，才會被劉孝標拿來與《莊子》的"甘醴"組成對仗，從而充分論證"義同賈鬻"的論點。不能因爲李善的懷疑，否定桓譚有"以市喻交"之文，從而貶低劉孝標的文章與才學，同時也否定《文選》的選文眼光。

李善僅據文中的"譚"字生發聯想，而譚拾子恰好又有以市論交的言論。這裏可見李善的確博學多識，但因短於辭章之學而影響了考據的可信度。

三　桓譚及《新論》在魏晉南朝的廣泛影響

還有一些旁證可以增强劉孝標詩文以及文中所引桓譚"以市喻交"的可信度。一是，魏晉南北朝詩文中援引桓譚生平事蹟者較多，説明桓譚其人在當時的影響大；二是，魏晉南北朝詩文中援引桓譚言論，但凡出自《新論》者，皆可考信而不容置疑，説明桓譚的言論，尤其是《新論》一書中的言論影響很大。

因爲在《後漢書》中桓譚與馮衍同傳，所以後世詩文往往將兩人并舉，而且這一傳統歷代沿襲。如吳均的兩首詩都借用桓、馮事典，其一爲《初至壽春作》："桓譚不賣交，馮子任紆直。"詩中"不賣交"，林家驪解釋爲"不出賣朋友"。"賣"字，《文苑英華》云："集作'買'"（卷二百八十九）[1]，買、賣皆爲市。其二爲《發湘州贈親故別三首》其一："敬通才如此，君山學復深。明哲遂無賞，文華空見沈。"[2]林家驪注全引《後漢書》二人本傳（合傳），史書明載了桓譚對光武帝信讖的批評與馮衍耿直不屈的行事，以及兩人的博學多通。雖然《後漢書》并未記載桓譚"不賣（買）交"的事蹟，但吳均的兩首詩皆以桓譚和馮衍事

---

① （南朝梁）吳均撰，林家驪校注《吳均集校注》，浙江古籍出版社 2005 年版，第 130、131 頁。

② （南朝梁）吳均撰，林家驪校注《吳均集校注》，浙江古籍出版社 2005 年版，第 122 頁。

蹟對舉，必有所據。因此也能間接説明桓譚在《新論》中設《閔友》一篇，也有矯正時弊的用心。

劉孝標對桓譚的事蹟自然是熟悉的，他在《辯命論》中説："君山鴻漸，鎩羽儀於高雲；敬通鳳起，摧迅翮於風穴。此豈才不足而行有遺哉？"（《文選》卷五十四）[①] 吕向注曰："言鴻飛自陸漸高，以喻仕子也。鎩，殘也。言其爲高帝所放而死，如殘析羽翼於高雲之中。"李周翰注曰："鳳起，喻實德也。摧迅翮，謂帝不用也。"（《文選》卷五十四）[②] 劉孝標爲桓譚多才卻遭遇摧殘而不平。

爲桓譚鳴不平的大有人在，如華嶠的《郎顗論》曰："鄭興以忤意見疏，桓譚以遠斥憂死。"[③] 釋道安的《道仙優劣》曰："光武信讖書，致有桓譚之議。"（《廣弘明集》卷八）[④] 祖沖之的《辯戴法興難新曆》曰："是以讖記多虚，桓譚知其矯妄"[⑤]，謝朓的《與王儉書》曰："若桓譚之褒俗，馮衍之忤時"[⑥]，樊遜的《天保五年舉秀才對策》曰："無令桓譚非讖，官止於郡丞；趙壹負才，位終於計掾。"[⑦] 庾信的《竹杖賦》曰："潘岳秋興，嵇生倦游，桓譚不樂，吳質長愁，并皆年華未暮，容貌先秋。"[⑧] 盧思道的《盧紀室誄》曰："亭伯君山，并嗟湮滅。荀粲王壽，同悲夭折"[⑨]。

以上可見，桓譚生平事蹟，在晉南北朝廣泛傳播的莫過於他的博學多才，他反對讖緯以及因此受到光武帝的打壓，受到打壓之後的苦悶以致抑鬱而終等事蹟。

桓譚所著《新論》在魏晉南北朝的影響，自然也是他博學多才的一個體現。如曹植《辯道論》論證仙道之虚妄，雖然他在文中批評桓譚的觀點前後矛盾："先難子駿以内視無益；退論竇公，便以不外鑑證之，

① （梁）蕭統編，（唐）李善注《文選》下册，中華書局 1977 年版，第 749 頁。
② （梁）蕭統編，（唐）李善等注《六臣注文選》，中華書局 2012 年版，第 1005 頁。
③ （清）嚴可均輯《全上古秦漢三國六朝文》第 2 册，中華書局 1958 年版，第 1837 頁。
④ （清）紀昀、永瑢等編《景印文淵閣四庫全書》第 1048 册，臺灣商務印書館 2008 年版，第 327 頁。
⑤ （清）嚴可均輯《全上古秦漢三國六朝文》第 3 册，中華書局 1958 年版，第 2880 頁。
⑥ （清）嚴可均輯《全上古秦漢三國六朝文》第 4 册，中華書局 1958 年版，第 3207 頁。
⑦ （清）嚴可均輯《全上古秦漢三國六朝文》第 4 册，中華書局 1958 年版，第 3866 頁。
⑧ （北周）庾信撰，（清）倪璠注《庾子山集注》上册，中華書局 1980 年版，第 37 頁。
⑨ （清）嚴可均輯《全上古秦漢三國六朝文》第 4 册，中華書局 1958 年版，第 4113 頁。

吾未見其定論也。"但他大量轉述《新論》的文本，并稱讚桓譚爲"中興篤論之士"①，可見桓譚與《新論》給他的深刻影響。

嵇康《答向子期難養生論》曰："劉根遐寢不食，或謂偶能忍飢。仲都冬裸而體温，夏裘而身涼，桓譚謂偶耐寒暑。"②引用的王仲都的例子，即出自《新論》。陸績《述玄》既讚《新論》"深遠"，又詳引書中桓譚與劉歆等人討論揚雄《太玄》的内容，肯定桓譚的褒揚："……必傳，顧君與譚不及見也。"③

陸澄的《法論目録序》曰："……置難形神，援譬薪火，庾闡發其議，謝瞻廣其意。然桓譚未及聞經，先著此言，有足奇者，宜其綴附也。"④他肯定桓譚對形神論的先見之明，此論被釋僧祐收入《弘明集》中。沈約的《注制旨連珠表》曰："竊聞連珠之作，始自子雲。放易象論，動模經誥，班固謂之命世，桓譚以爲絶倫。"⑤沈約援引桓譚對連珠體的評價，其説可信，可惜的是相關文本已佚。

釋僧祐不僅在《弘明集》全文收録《新論·形神》篇，又在《世界記·序》中引用桓譚論對宇宙的描述："世士蒙昧，莫詳厥體。是以憑惠獨慮，閟六合之相持；桓譚拒問，率五藏以爲喻。"⑥桓譚有用五藏喻六合的文字。庾信《哀江南賦·序》曰："昔桓君山之志事，杜元凱之平生，并有著書，咸能自序。"⑦庾信藉鑑桓譚《新論》的《本造》篇，自序其作賦之旨。王褒《靈壇銘并序》曰："谷永上書，譬流風之不繫；桓譚作論，明弱水之難航。"⑧泛指桓譚《新論》和他的上疏中反對讖緯神學與災異迷信的内容。

四　結語

以上可見，桓譚《新論》中的《形神》《本造》等篇和他論仙道、

① （三國魏）曹植著，趙幼文校注《曹植集校注》上册，中華書局 2016 年版，第 277 頁。
② （三國魏）嵇康著，戴明揚校注《嵇康校注》上册，中華書局 2014 年版，第 302 頁。
③ （清）嚴可均輯《全上古秦漢三國六朝文》第 2 册，中華書局 1958 年版，第 1423 頁。
④ （清）嚴可均輯《全上古秦漢三國六朝文》第 3 册，中華書局 1958 年版，第 2878 頁。
⑤ （南朝梁）沈約著，陳慶元校箋《沈約集校箋》，浙江古籍出版社 1995 年版，第 89 頁。
⑥ （清）嚴可均輯《全上古秦漢三國六朝文》第 4 册，中華書局 1958 年版，第 3385 頁。
⑦ （北周）庾信撰，（清）倪璠注《庾子山集注》上册，中華書局 1980 年版，第 94 頁。
⑧ （北周）王褒撰，牛貴琥校注《王褒集校注》，中華書局 2021 年版，第 183 頁。

養生、宇宙、連珠與《太玄》《法言》等內容，爲魏晉南朝僧、俗兩道的文人所重視，既然廣泛徵引，那麽其文本的真實性也就經歷了廣泛的檢驗。李善在爲《文選》作注時雖也徵引《新論》文本多達 50 餘條（不計重復）①，但并未詳細考察此書爲六朝文人接受的情况。因此，時過境遷與文獻亡佚等情况疊加起來，導致李善無端地懷疑劉孝標文章的可信度，在對桓譚"以市喻交"的考辨上，留下考辨不信的瑕疵。

另外，通覽《新論》佚文，發現桓譚論文擅長以生動的具象來比喻抽象事物，如他以燭與火比喻形與神的關係，以人的五藏比喻宇宙的構成，皆與以闤闠喻交友相似。他説："精神居形體，猶火之然燭矣……燭無，火亦不能獨行於虛空，又不能然其地"（《新論·形神》）②，精神附在形體上就像燭火附在蠟燭上……没有燭，火就不能在虛空中獨自燃燒，也不能使燭的殘燼再度燃燒。他以燭火喻形神的影響最爲顯著，而且他所論證的"神滅論"早於范縝《神滅論》四百多年，當爲"神滅論"的先導。

綜上所述，劉孝標説："桓譚譬之於闤闠"是可信的。另外，考慮到劉孝標對偶句用典的設計，既然"林回喻之於甘醴"出自《莊子》，那麽"桓譚譬之於闤闠"出自《新論·閔友》的可能大於《桓譚集》③，此條佚文可補《新論》輯本之缺。

---

① 詳見尹玉珊撰《李善〈文選注〉引〈桓子新論〉輯考》，未刊稿。
② （南朝梁）僧祐編撰，劉立夫、胡勇譯注《弘明集》，中華書局 2011 年版，第 117 頁。
③ 首先，《莊子》和《新論》皆爲子書；其次，《新論》中很多篇目都是以自第一人稱敘述和闡發觀點，所以"桓譚"也是《新論》中出現的人物，而"林回"也是《莊子》中出現的人物。

第五章 《拾遺記》"側理紙"考論

　　王嘉的《拾遺記》一書性質難以確定,《隋書·經籍志》收録於史部之"古史"類,《舊唐書·經籍志》置於"列代故事"之中,《新唐書·藝文志》置於"雜史"之中,《宋史·藝文志》將其列入"小説家"行列,現、當代學者沿襲了《宋志》的看法,稱其爲"古體小説"。"古體小説"的邊界雖然很模糊,但大約指它所記之事恍惚怪奇而不可信,即使作者記録之時,主觀上抱着寫實的願望。

　　雖然四庫館臣評價《拾遺記》爲"十不一真"(《四庫全書簡明目録》)[1],"證以史傳皆不合"(《四庫全書總目》卷一百四十二)[2],却也有些"真"的内容,"特別是秦、漢以後,神話的成分漸少,傳説的成分加多,其中遺聞軼事,頗足以補史之闕文"(《拾遺記校注·前言》)[3]。但這只是一個概括的印象,并没有人對它記載的傳説逐條考證,認真揭示它的"補史"價值。而一旦在後世被貼上"小説"的標籤,人們便不會太在意它説的什麽,而只是留心它如何説,説的效果好不好。

　　我也并非極力想爲它翻案,一定要證明它的真實與可信,祇是我注意到,它的一個或許是微不足道的記載,却在後世的主流文人群體中掀起了很大的波瀾,促成了一件轟動上層的信史,真正地發揮出了"蝴蝶"效應。

---

① (清)永瑢等撰《四庫全書簡明目録》,上海古籍出版社1985年版,第553頁。
② (清)永瑢等撰《四庫全書總目》下册,中華書局1965年版,第1207頁。
③ (晉)王嘉撰,(梁)蕭綺録,齊治平校注《拾遺記校注》,中華書局1981年版,第16頁。

一 《拾遺記》記載的側理紙

這則記載見於《拾遺記》卷九的《晉時事》，它詳細記載了張華撰寫《博物志》的故事，其中一段文字涉及書寫的工具筆、紙和硯：

> 張華字茂先，挺生聰慧之德，好觀秘異圖緯之部，捃採天下遺逸，自書契之始，考驗神怪，及世間閭里所説，造《博物志》四百卷，奏於武帝。帝詔詰問："卿才綜萬代，博識無倫，遠冠羲皇，近次夫子，然記事採言，亦多浮妄，宜更刪剪，無以冗長成文！昔仲尼刪《詩》《書》，不及鬼神幽昧之事，以言怪力亂神；今卿《博物志》，驚所未聞，異所未見，將恐惑亂於後生，繁蕪於耳目，可更芟截浮疑，分爲十卷！"即於御前賜青鐵硯，此鐵是于闐國所出，獻而鑄爲硯也；賜麟角筆，以麟角爲筆管，此遼西國所獻；側理紙萬番，此南越所獻。後人言"陟里"，與"側理"相亂，南人以海苔爲紙，其理縱橫邪側，因以爲名。帝常以《博物志》十卷置於函中，暇日覽焉。①

張華撰寫《博物志》是真事，有可靠充分的傳世文獻做證。但晉武帝是否干預了張華的寫作，導致張華刪書，却找不到第二個可以直接印證的文獻。《晉書·張華傳》只説張華"著《博物志》十篇，及文章并行於世"（卷三十六）②。但本傳也特別突出了張華的博物，既説他"學業優博，辭藻温麗，朗贍多通，圖緯方伎之書莫不詳覽"，而且盛讚張華收藏圖書之豐富，并且説他收藏的圖書多爲"天下奇秘，世所稀有者"③，這一評語和《拾遺記》記載的，晉武帝對四百卷《博物志》的評語"驚所未聞，異所未見"非常一致。

明人胡應麟即相信《博物志》有四百卷與十卷兩本，他認爲《隋志》所著録者，爲晉武帝干涉之後刪節的十卷本（參《少室山房筆

---

① （晉）王嘉撰，（梁）蕭綺録，齊治平校注《拾遺記校注》，中華書局 1981 年版，第 210—211 頁。
② （唐）房玄齡等撰《晉書》第 4 册，中華書局 1974 年版，第 1077 頁。
③ （唐）房玄齡等撰《晉書》第 4 册，中華書局 1974 年版，第 1068、1074 頁。

叢·九流緒論下》）。而且據他的話來看，當時持此觀點的學者不在少
數，他所閱讀的"雜説"轉引的唐人殷文圭也有相關言論：

> 《博物志》十卷，晉張華撰。華博洽冠古今，此書所載疏略淺
> 猥亡復倫次，疑後世類書中録出者，然《隋志》亦僅十卷，每用
> 爲疑。近閲一雜説，記唐人殷文圭云："華原書四百卷，武帝刪之，
> 止作十卷。"始信余見有吻合者。蓋《隋志》乃武帝所刪本，至宋
> 不無脱落，後人又從《廣記》録出，雖十卷，實二、三存，并非隋
> 世之舊，故益寥寥耳。①

殷文圭原話已不知出處，但胡應麟當時所閲的"雜説"作者必有
所見。而且比較十卷本《博物志》與《晉書》中的張華，著作與作者
本人的學術水平差距的確懸殊。《隋志》在《博物志》之下又著録了
《張公雜記》一卷，小注云："張華撰。梁有五卷，與《博物志》相似，
小小不同"②。另外，《魏書·常景傳》説他："所著述數百篇，見行於世，
刪正晉司空張華《博物志》及撰《儒林》、《列女傳》各數十篇云。"③
（《魏書》卷八二）可見張華的《博物志》在南北朝時已有很多刪節本
（《隋書》卷三四），而且題名不必與原著相同，《張公雜記》僅爲其中
一種。

既然這一事實得到確認，那麼《拾遺記》記事的可靠性便可得到一
定程度的認可。當代學者顧農雖認爲《拾遺記》中"可靠的史料少"，
却也認爲"原本《博物志》卷帙甚多是可能的"，而如今的十卷本"大
約已經後人的增刪改動"。同時，顧農先生根據該書的二百多則佚文，
説明今本《博物志》與原書相差甚遠。④ 因爲僅就傳世文獻來看，張華
刪節《博物志》的説法，首見於《拾遺記》，因此顧農先生相當於間接
承認《拾遺記》記載的可信。

范寧在其《博物志校證·前言》中也引用王嘉的記載，但他僅據

---

① （明）胡應麟撰《少室山房筆叢》，上海書店出版社 2022 年版，第 285 頁。
② （唐）魏徵等撰《隋書》第 4 册，中華書局 1973 年版，第 1007 頁。
③ （北齊）魏收撰《魏書》第 5 册，中華書局 1997 年版，第 1808 頁。
④ 顧農著《〈博物志〉與〈拾遺記〉》，《古典文學知識》，2012 年第 1 期。

晉武帝司馬炎在泰始三年的下令"禁星氣讖緯之學"，而今傳本《博物志》中又有許多讖緯之談，就否認《拾遺記》的不可信①，失之武斷。張華的博物多識在當時即已博得盛名，而且據《晉書·張華傳》的記載，"望氣"在當時的政治生活中很是流行，張華對"斗牛之間常有紫氣"②的看法，對平定東吳一事無疑起到了積極的促進作用。朝廷有令在先却不禁止"望氣"在政治生活中的實行，也不會單單禁絕讖緯被一些學者在著述中的記録與探討。

另外，王嘉所記側理紙一事，雖然在傳世的南北朝文獻中，再無第二人談及。但是隋代詩人薛道衡有一首《詠苔紙詩》："昔時應春色，引渌（《北户録》作緑）泛清流。今來承玉管，布字改（《北户録》作轉）銀鈎。"③詩中的"苔"指的是水苔或海苔，苔紙即側理紙。"側理"又寫作"側梨"，都是"陟釐"的異寫，而陟釐即水苔。側理紙起初以陟釐（水苔）爲主要原料，後來擴大到了海苔④。

這首詩首見於《初學記·紙第七》（卷二十一）與段公路的《北户録》（卷三"香皮紙"，援引自《瑶山玉彩》），後爲逯欽立輯入《先秦漢魏晉南北朝詩》。薛道衡對苔的生長環境與紙的書寫作用，都描寫得相當逼真，而且語含嘆賞，苔紙當爲他親眼所見，那麼更能證明《拾遺記》的記載是可信的。

僅就這一故事，可見《拾遺記》記載的張華之事可定爲真事，記載之物"側理紙"又判爲實物，真事與實物兩相合觀，《拾遺記》的可靠性大幅度提升。

二　側理紙傳説的醞釀與成熟

到了唐、宋兩朝，"側理紙"或"陟釐紙"、"海苔紙"已頻繁地現身於學者的詩文之中，成爲文人仰慕與歌詠的對象。如，王勃《乾元殿頌并序》："金門獻納，縱麟筆於苔牋；石館論思，覼龜章於竹繫。"

① （晉）張華撰，范寧校證《博物志校證》，中華書局2014年版，第1頁。
② （唐）房玄齡等撰《晉書》第4册，中華書局1974年版，第1075頁。
③ 逯欽立輯校《先秦兩漢魏晉南北朝詩》下册，中華書局1983年版，第2678頁。
④ 宋娟、彭向前著《"側理紙"得名來源考》，《收藏家》2022年第9期。

(《王子安集》)①楊巨源《酬崔駙馬惠箋百張兼貽四韻》:"捧持價重凌雲葉,封裹香深笑海苔。"(《御定全唐詩》卷三百三十三)②王安石的《和微之藥名勸酒》詩:"藥名勸酒詩實好,陟釐爲我書數行。"③黃庭堅《李君貺借示其祖西臺學士草聖并書帖一編二軸以詩還之》詩中載:"側釐數幅冰不及,字體欹傾墨猶濕。"④即讚揚在側釐紙上所寫的字跌宕起伏,紙墨具佳。

　　王安石詩中所寫的陟釐(側理)紙,究竟爲詩人親見,或只是代稱,不可確考。但是黃庭堅詩中所寫側理紙,似爲他所親見,宋人文獻中也能找到證據。蘇軾在《書黃魯直畫跋後三首·右軍斫膾圖》中,先轉述黃庭堅的跋語:"右軍在會稽時,桓溫求側理紙。庫中有五十萬,盡付之。"然後給出自己的評語:"以紙五十萬與桓溫,何足道。此乃史官之陋,而魯直亦云爾,何哉?……"⑤蘇軾先説王羲之贈紙五十萬乃區區小事,根本不值得入史,之後感慨黃庭堅對此事的介懷,理解成完全出於書生對筆墨文章的珍視。宋人施宿的《會稽志》(卷十八)即稱引東坡文,以證明會稽曾有"側理紙庫"這一事實⑥,也相信王羲之所贈爲側理紙。

　　黃庭堅跋語爲《右軍斫膾圖》而作,他感慨王羲之贈紙一事,説明魯直親見的《右軍斫膾圖》畫於側理紙上。魯直所述王羲之贈紙事,當時必有所本,今或見於唐宋類書,如《藝文類聚》卷五十八引《語林》:"王右軍爲會稽令,謝公就乞牋紙,檢校庫中,有九萬牋紙,悉以予(原作"乞")謝公"⑦,但文本與黃氏轉述者不同。另外,宋人曾慥《類説》(卷六十)與《太平御覽》(卷六零五)引文,"謝公""牋紙"等皆同《藝文》。文本差異,或爲所見版本不同。乞紙者究竟爲桓

① (唐)王勃著,(明)張燮纂《王子安集》(四部叢刊景明本)卷之十一,第5頁。
② (清)康熙御定《御定全唐詩》,景印文淵閣四庫全書,臺灣商務印書館1986年版,第11冊第15頁。
③ (宋)王安石撰《王安石全集》第5冊,復旦大學出版社2016年版,第299頁。
④ (宋)黃庭堅著,(宋)任淵、(宋)史容、(宋)史季溫注《山谷詩集注》下冊,上海古籍出版社2003年版,第1213頁。
⑤ (宋)蘇軾著,孔凡禮點校《蘇軾文集》第5冊,中華書局2004年版,第2219—2220頁。
⑥ (宋)施宿等撰《嘉泰會稽志》(采鞠軒藏版,明正德五年重刊本)卷十八,第22頁。
⑦ (唐)歐陽詢撰《藝文類聚》中冊,上海古籍出版社2013年版,第1592頁。

温還是謝安，對本文所論問題影響不大。"牋紙"爲泛稱，并未指名爲
側理紙。但無論謝安還是桓温，以他們在當時的顯貴地位，居然屈尊向
右軍"乞紙"，説明此紙比較名貴，很可能是側理紙。

　　另外，宋人桑世昌《蘭亭考》在記載了"側理紙"一段文字後，有
小字注云："山谷題右軍研繪圖後"（卷八）[①]，山谷即黄庭堅。側理紙爲
名紙，《右軍研膾圖》爲名畫，兩美相合。王羲之這樣的不世之才不可
復見，因此黄庭堅只好將惋惜之情寄於側理紙上。這樣的理解，或能補
東坡考慮之不足。

　　蘇軾又有《書海苔紙》一文："昔人以海苔爲紙，今無復有"[②]，此文
作年不可知，但文中所説的"今無復有"指的是東坡的時代用海苔造紙
已不流傳，與黄庭堅所見其側理紙上的《研膾圖》并不矛盾。

　　宋代類書與文房四寶類的著述中，更是少不了側理紙，如《太平御
覽》卷六〇五《文部二一·紙》援引《拾遺記》的記載，又卷一千載：
"《博物志》曰：晉武帝欲觀書，司空張華撰《博物志》進武帝，帝嫌
煩，令削之，賜側理紙萬張。王子年云：側，陟厘也。此紙以水苔爲
之，溪人語訛，謂之側理。今名苔紙，取水中苔造紙，青黄色，體澀。
其苔，水中石上生，如毛緑色"[③]。這段文字混淆擾亂，"《博物志》曰"
當爲"《拾遺記》曰"之訛，爲《太平御覽》的筆誤。

　　又如蘇易簡《文房四譜》（卷四）："陟厘，……陶隱居云：此即南
人用作紙者。"[④]文中陶隱居，即陶弘景。蘇易簡引用的陶弘景的話，出
自他的《本草經集注》"陟厘"條，陶弘景的注文，可作爲側理紙的第
二條直接證據。陶氏此注爲後世很多文獻徵引，傳播很廣。宋人唐慎
微的《證類本草》（卷九）自不必説，朱長文的《墨池編》（卷六），皆
引此説。綜上可見，在宋人眼中，側理紙曾流行於兩晉，是不需辯駁的
事實。

　　到了南宋，陸游有兩首詩都寫到此名紙，一爲《予所居南并鏡湖

① （宋）桑世昌撰《蘭亭考》（知不足齋叢書本）卷八，第 9 頁。
② （宋）蘇軾著，孔凡禮點校《蘇軾文集》第 5 册，中華書局 2004 年版，第 2232 頁。
③ （北宋）李昉等撰《太平御覽》第 4 册，中華書局 1960 年版，第 4424 頁。
④ （宋）蘇易簡撰《文房四譜》，景印文淵閣四庫全書，臺灣商務印書館 1986 年版，第
　　11 册第 8 頁。

北則陂澤重復抵海小舟縱所之數日乃歸》有"歸來寫苔紙，老憊無傑句"①，一爲《雜題》其六有"安得陟釐九萬箇，爲君盡寫暮年詩"②，僅從"安得"二字，可見側理紙在陸游眼裏已成爲渺不可及的傳說。

元人王冕也有詩讚美側理紙，他的《謝友惠温生筆》："感時欲作寄遠書，凝思幾欸中書老。東家小胥借已無，西家但有長柄鋤。薛濤側理攤滿案，無奈點作玄雲圖。"③將側理紙與薛濤箋并列，明爲讚美紙筆，實則抒發對詩文與書畫的熱愛，諸如此類詩文，不勝枚舉。顧瑛也在《巫峽雲濤石屏志》詩中，間接表達了對名紙的仰慕："謝家綠玉屏，不琢龜甲形。方若陟釐紙，粉縹帶苔青。"（《元詩選初集》卷六十四）④他看到石屏即聯想到陟釐紙，不僅是物貌相近，相近的還有王、謝兩大家族的文人風流。諸如此類的詩文，不勝枚舉。

側理紙既爲歷史名紙，其外觀又有獨特之處。它的紋理縱橫交錯，不同於一般紙張規則的橫或縱，紙張還呈現出苔的青綠色。它的獨特更能激發文人的獵奇心理，因此受到歷代文人的追捧。另外，因爲《拾遺記》與《本草經集注》的傳播，又加上唐、宋數代文人學者的揄揚，早已不再流通的側理紙愈加誘發了文人的好奇。時代愈遠，對側理紙的熱度卻不減反增。如明代的文人也對它念念不忘，不但在類書與筆記中一再提及前人的記載，還用詩歌去傳唱。

著名的學者宋濂，在他的《和劉先輩憶山中韻》詩中也表達了對海苔紙的嚮往之情："洞雪成漿烹日鑄，海苔爲紙寫風將。舉頭便覺三山近，小大俱冥百慮忘。"（《文憲集》卷三十二）⑤明顧起元《説略》（卷二十二）："《拾遺記》：海苔紙，晉南越所貢，以苔爲之名。"⑥張大復

---

①　（宋）陸游著，錢仲聯校注《劍南詩稿校注》第 4 册，上海古籍出版社 2005 年版，第 1678 頁。

②　（宋）陸游著，錢仲聯校注《劍南詩稿校注》第 5 册，上海古籍出版社 2005 年版，第 2327 頁。

③　（元）王冕撰《竹齋集》卷下，景印文淵閣四庫全書，臺灣商務印書館 1986 年版，第 294 頁。

④　（清）顧嗣立編《元詩選初集》，景印文淵閣四庫全書，臺灣商務印書館 1986 年版，第 11 册第 5 頁。

⑤　（明）宋濂撰《文憲集》，景印文淵閣四庫全書，臺灣商務印書館 1986 年版，第 11 册第 20—21 頁。

⑥　（明）顧起元撰《説略》，景印文淵閣四庫全書，臺灣商務印書館 1986 年版，第 11 册第 11 頁。

説："昔有從雲間歸者，遺紙數輻，頗類苔色，而朱寫藻荇，其旁蓋裱竹紙爲之，不知何名也。今夜讀《志林》云：'昔人有海苔紙，今世無有。'"（《聞雁齋筆談》卷二）[1] 文人的嚮往之情溢於言表。

三　再造側理紙的實驗

側理紙的神秘經過數代文人著述的推波助瀾，終於在清代，將好奇的願望醖釀到極致；加上經過蘇、黄等人宣揚的側理名紙與王羲之這一書法名家遇合的美事，恰好遇見了有權勢與財富的乾隆，并且他特別愛好書畫，仰慕名人名紙，遂將側理紙的再造付諸實踐。

乾隆年間，内府曾仿製過兩張側理紙，乾隆爲此寫有一首詩詠嘆：

> 海苔爲紙傳《拾遺》，徒聞厥名未見之。何來映座光配藜，不脛而走欵予思。囫圇無縫若天衣，縱横細理織網絲。即側理耶猶然疑，張筆李墨試淬妃。羲、獻父子書始宜，不然材可茂先追。何有我哉宛撫兹，萬番毌乃侈記私。兩幅已足珍瑰奇，藏一書一聊紀辭。清風穆如對古時，澄心金粟父視兒。寄情枕菲宜隃麋，博覽缺詠又何其。宣毫綈几爲擒詞，仿佛尚卿首肯斯。（《御製詩集》二集卷七十五）[2]

乾隆將記載名紙的源頭追溯到王嘉的《拾遺記》，緊接着表達了對它的强烈的好奇與無上的仰慕。根據學者郝炎峰的研究，"乾隆三十三年正月，乾隆皇帝連續作詩三首題詠側理紙。""同年夏天，乾隆皇帝再次以側理紙爲題作詩。""乾隆三十七年（1772年），他再次題詠側理紙。乾隆四十六年（1781年），杭州仿製側理紙成功，同時送呈朝廷。乾隆高興之餘，於當年夏天作詩記述此事。乾隆五十三年（1788年），78歲高齡的皇帝用壬辰（1772年）詩韻寫出最後一首題詠側理紙的詩作。"[3] 數年裏，乾隆不斷地題詠側理紙，由此可見他懷揣的熱情該有多

---

[1] （明）張大復撰《聞雁齋筆談》，明萬曆三十三年顧孟兆等刻本，第15—16頁。

[2] （清）乾隆御製《御製詩集》二集，景印文淵閣四庫全書，臺灣商務印書館1986年版，第11—6頁。

[3] 郝炎峰著《乾隆御製詠側理紙詩及相關問題》，《中國國家博物館館刊》2019年第6期。

麽濃烈。

乾隆之外，清代還有一些文人似乎也見識過側理紙，并都寫下了自己的心得。如《桃花扇》的作者孔尚任，他在《享金簿》中稱："側理紙，方廣丈餘，紋如磨齒，一友人贈予者。晉武帝賜張華側理紙，是海苔作造，即此類也。古名陟釐。"（《孔尚任詩文集》卷八）①

孔尚任所稱的側理紙是仿製品，還是傳世的遺物？參照金埴在《不下帶編》中，描述他所見宋代側理紙的情況："己亥秋，闕里孔東塘勚載餘，予重平過其居，索觀其家藏唐硬黃、宋海苔側理二紙，……'海苔側理紙長七尺六寸，闊四尺四寸五分，紋極粗疏，猶微含青色。'"（《不下帶編》卷三）②説明金埴所見者正是孔尚任所收藏的，爲宋代遺物。

另外，孔毓埏稱："海苔側理紙長七尺六寸，闊四尺四寸五分，紋極粗疏，猶微含青色。"（《拾籜餘閒》，康熙庚子刊本）③梁章鉅也稱："乾隆間，蘇州王月軒以四百金得于平湖高氏，有裱工張姓者，以白金五兩買側理紙半張，裁而爲二，以十金屬翟雲屏臨成二幅。"（《浪跡叢談》卷九"高房山"）④以上兩人記載，表明清人的仿製不僅是官方行爲，也不祇是皇帝的特權，再造的熱情也在民間湧動。祝德麟也曾作詩讚美苔紙："造紙苔爲質，行行影曲遮。衍波翻碧藻，側理亂黃麻。條縶治難整，文迴織比斜。臨池疑皺綠，正筆反生花。漁網春同密，烏絲界恐差。巧裁自南海，博物有張華。"⑤（《悦親樓詩集》外集卷一）描寫細膩逼真，似乎也是親眼目睹。

但是清人的仿製品已不可見，如今收藏於故宫的兩張完整的側理紙（因爲孔尚任家藏與乾隆內府舊藏亦爲同類紙張，因此也包括在內）的年代應在明代晚期至康熙末年之間。經測它們爲皮紙，未發現有水苔成

---

① （清）孔尚任著《孔尚任詩文集》，中華書局 1962 年版，第 620 頁。
② （清）金埴撰，王湜華點校《不下帶編 巾箱説》，中華書局 1982 年版，第 47 頁。
③ （清）孔毓埏撰《拾籜餘閒》，康熙庚子刊本，第 57 頁。
④ （清）梁章鉅撰《浪跡叢談》，續修四庫全書，上海古籍出版社 2022 年，第 1171 册，20 頁。
⑤ （清）祝德麟撰《悦親樓詩集》外集卷一，清嘉慶二年姑蘇刻本。

分，故與《拾遺記》中所記載的側理紙非同一種類紙張^①。但是，從上引詩文看，皮紙不具備文中記載的側理紙的紋路與色澤，與清代文人所親見并吟詠的紙張不屬一類。因此乾隆年間官、私所仿造的側理紙，究竟與《拾遺記》記載的是否同類，因爲缺少實物，這個問題并沒有得到最終解決。

藉助現代科技手段，證明滸苔、海蒿子、羊栖菜及水綿的成分分析顯示，其藻體都適合造紙，國外早有以水綿粗纖維成功造紙的先例。進入 20 世紀，中國造紙企業也有以藻類植物造紙并獲得成功的實例；另有考古資料顯示，早在魏晉南北朝時就已經出現了紙張的澱粉施膠技術，其作用與甘油和木薯粉類似。這樣就從造紙從技術上，證明水苔（海苔）造紙是真實可行的。^②

僅僅翻檢《晉書》，已可見當時已有黃紙、青紙、白紙、赤紙等在民間普及，而後趙石虎竟用五色紙寫詔書（《晉書·石季龍載記上》）^③，可見其時造紙工藝多麼高超。躍進師曾在《紙張的廣泛應用與漢魏經學的興衰》文中全面分析了紙張發明對學術文化的推動作用，他說："漢魏之際的文化轉型，則與紙張的發明應用與廣大知識分子的積極參與密不可分。"^④ 查屏球則從文學新變的角度，詳細闡發了"紙簡替代"的重要影響。他說："從東漢中後期至三國前期，文學的文本載體處於簡紙并用與轉換階段。"^⑤ 可見，西晉時期已完成了紙簡的轉換，中國文化已進入了以紙質文本爲基本載體的相對穩定的發展階段（躍進師語）。

以上可見，文人及其創作與紙張之間的關係，在晉代既是新鮮的、爲人矚目的，所以才會出現傅咸寫作的《紙賦》。而一旦某部"費紙"很多的作品又特別被追捧，必然會出現如左思《三都賦》引發的"豪貴之家競相傳寫，洛陽爲之紙貴"（《晉書·文苑傳》）^⑥ 的盛況。與左思《三都賦》同樣，張華撰寫的四百卷《博物志》和被賜側理紙的事件，

① 參見郝炎峰著《試論故宮博物院藏側理紙的年代》，《生活藝術（藝術中國）》2014 年第 8 期。
② 王曉雪、方曉陽著《中國古代苔紙考》，《現代出版》2016 年第 5 期。
③ （唐）房玄齡等撰《晉書》第 9 册，中華書局 1974 年版，第 2778 頁。
④ 劉躍進著《紙張的廣泛應用與漢魏經學的興衰》，《學術論壇》2008 年第 9 期。
⑤ 查屏球著《紙簡替代與漢魏晉初文學新變》，《中國社會科學》2005 年第 5 期。
⑥ （唐）房玄齡等撰《晉書》第 8 册，中華書局 1974 年版，第 2377 頁。

都成爲時代文化風氣的典型例證。

　　乾隆時期仿製的側理紙，與《拾遺記》記載的即使不是同一種類，也只能説明仿製手段的不高明，并不影響側理紙在兩晉流行的真實性，同樣也不能絲毫損害它作爲古代名紙的聲譽，側理紙在很長的歷史時期内，成爲文人墨客追慕的對象。

　　到此爲止，由王嘉《拾遺記》引發的“一紙”公案得以告終，我們因此而生發的一些思考却仍在延續。比如，如何看待身披“小説”標簽的《拾遺記》的史料價值？如何認識前世的“傳聞”對後世文化所發生的巨大的影響？如何對待宋代類書與筆記，在繼承與傳播文化遺産上的價值？如能聯繫宋人的辨偽成果，開展全方位的討論，效果也許會更好。

下　篇
漢魏六朝子書叙録

　　這一部分，主要介紹漢魏六朝子書的目録，一方面限定文獻整理的範圍，方便研究的開展；另一方面給讀者勾勒出一個漢魏六朝子書的大場景，展示出它們上承先秦、兩漢，下接隋唐的生存時空，明確其地位。筆者擬從子書作者、著録情況、文本存佚以及主要思想内容等方面對漢魏六朝子書的群體進行一個鳥瞰式的宏觀介紹。

　　漢魏六朝子書的數量，根據現有目録記載，大約有一百五十一部（筆者考辨清楚的有一百四十部），其中保持整書樣貌、單本流傳的僅有二十二部。保持整書樣貌、單本流傳的兩漢子書有十六部，如陸賈《新語》、賈誼《新書》、晁錯《新書》、劉安《淮南子》、桓寬《鹽鐵論》、劉向《説苑》《新序》、揚雄《法言》《太玄》、王充《論衡》、應劭《風俗通義》、崔寔《政論》、王符《潛夫論》、荀悅《申鑒》、劉劭《人物志》與仲長統《昌言》；魏晉南北朝子書僅有六部，如徐幹《中論》、張華《博物志》、葛洪《抱朴子》（外篇）、劉晝《劉子》、蕭繹《金樓子》與顏之推《顏氏家訓》等；一百五十一部之中，又有少數子書先已散佚，經過後（清）人輯佚而有輯本單行，如桓譚《新論》、傅玄《傅子》與楊泉《物理論》等，相距其書生成時代，輯本的流行已很晚。

其他的一百多部子書，或僅存書目，或因佚文較少，僅爲《意林》《群書治要》等子抄類文獻所摘引，或是藏身於歷代類書之中，如《藝文類聚》《初學記》《白氏六帖》《太平御覽》《册府元龜》等，直至明清兩代，它們的斷篇殘句才被歸有光的《諸子匯函》、程榮的《漢魏叢書》等輯佚叢書與王謨的《增訂漢魏叢書·子餘》、黃奭的《漢學堂知足齋叢書》、嚴可均的《全上古三代秦漢三國六朝文》與馬國翰的《玉函山房輯佚書》等綜合性輯佚文獻所收錄。

鑑於這一百五十一部子書存在上述三類情況，筆者在具體介紹各部子書之時，會根據其文本存佚情況有所側重。對第一類子書的主要思想內容，因爲歷代學者所持標準不同，有時很難達成一致，甚至出現褒貶分途的情況，筆者將盡量綜合前說或選取有代表性觀點予以介紹；第二類子書因爲所存文獻有限，筆者介紹也只能緊扣現有文獻，并結合本人文獻考證與宏觀研究的視點做一個有限度的紹評，并且盡可能地明確其佚文的數量。對於文本全部亡佚的子書，雖不能詳盡地介紹，但能做到窮盡其相關文獻，其中作者生平可考的與其他子書同列，而生平無考的則置於"存目"以備忘。

最後需說明三點。第一，這個叙錄多處參考和採用孫啓治、陳建華兩位先生編撰的《中國古佚書輯本目錄解題》、嚴靈峰的《周秦漢魏諸子知見書目》和姚振宗的《隋書經籍志考證》中的成果，但在文中并沒有一一說明或注釋。第二，子書著者的生卒年參考的是陸侃如的《中古文學繫年》、劉躍進的《秦漢文學編年史》《南北朝文學編年史》和易小平的《西漢文學編年史》等著作，在此說明，文中不再一一出注。第三，此叙錄以筆者的《漢魏子書研究》的"附錄一"之《漢魏子書叙錄》爲基礎，不僅添加了兩晉與南北朝子書的叙錄，對兩漢與三國子書的叙錄也有進一步的修訂與補充，在此也予以説明。

現依照史志著録情况，將筆者考辨清楚的一百四十部子書，按照時代排序。因爲許多南北朝子書不易辨別期思想流派，暫不分屬各家。

其中西漢子書 12 部。

儒家 8 部：陸賈《新語》、公孫弘《公孫子》、賈誼《新書》（又名《賈子》《賈誼新書》《賈子新書》）、劉向《新序》、劉向《説苑》（又名《新苑》）、揚雄《法言》（又名《揚子法言》）、揚雄《太玄》、桓寬《鹽鐵論》；

法家 1 部：晁錯《新書》（又名《晁氏新書》）；

雜家 1 部：劉安《淮南子》（又名《鴻烈》）；

縱橫家 2 部：聊蒼《聊子》、蒯通《蒯子》（又名《雋永》）。

東漢子書 26 部。

儒家 11 部：桓譚《新論》（又名《桓子》或《桓子新論》）、張升《友論》（又名《反論》或《反論語》）、王逸《正部論》（又名《正部》或《王逸子》）、荀爽《新書》、陳紀《陳子》、荀悦《申鑒》、王符《潛夫論》、魏朗《魏子》、韋彪《韋卿子》、杜篤《明世論》、唐羌《唐子》。

法家 5 部：崔寔《政論》（又名《正論》）、應璩《新論》、侯瑾《矯世論》、劉劭《法論》；

雜家 8 部：王充《論衡》、應劭《風俗通義》（又名《風俗通》）、仲長統《昌言》（又名《仲長子昌言》）、唐檀《唐子》、邊誼（邊讓）《續論衡》、韋彪《韋卿子》、應奉《後序》、牟融《牟子理惑論》。

名家 2 部：劉劭《人物志》、張奐《通古人論》。

魏蜀吳三國子書 33 部，分別爲：

儒家 17 部：徐幹《中論》、曹丕《典論》、王肅《王子正論》、周生烈《周生子要論》（或云《周生烈子》）、任奕《任子》、王基《王氏新書》（《時要論》）、杜恕《體論》《篤論》、張茂《要言》（待定）、顧譚《新言》（或云《顧子新語》《顧子新論》）、陸景《典語》、周昭《周子新論》（或云《周子》）、張儼《默記》、譙周《法訓》、殷基（興）《通語》、王粲《去伐論》（或云《去伐論集》）、李密《述理論》。

法家 5 部：劉廙《劉氏政論》（或云《政論》）、無名氏《刑聲論》（《刑禮論》）、桓範《世要論》、阮武《政論》（又云《阮子政論》）、陳融《要言》（或云《陳子要言》）。

道家 2 部：任嘏《道論》（或云《任子道論》）、唐滂《唐子》（又云《唐滂子》）。

雜家 7 部：鍾會《芻蕘論》、蔣濟《萬機論》（或云《蔣子萬機論》）、諸葛恪《諸葛子》、裴玄（元）《裴氏新言》（《裴氏新語》《裴氏新書》）、劉廙《新議》（《新義》）、秦菁《秦子》、無名氏《蹇子》。

名家 2 部：盧毓《九州人士論》、姚信《士緯》（或云《士緯新論》）。

晉代子書 34 部，主要有：傅玄《傅子》、楊泉《物理論》《太元經》、蔡洪《化清經》、鄒湛《鄒子》、孫毓《孫氏成敗志》、王嬰《古今通論》、陸機《要覽》、陸機、辛德源《正訓》、陸雲《新書》、袁準《政論》（又名《袁子》）、《袁子新書》、梅陶《梅子新論》、楊偉《時務論》《桑丘先生書》、宣舒《宣子》、蔡韶《閔論》，夏侯湛《新論》、華譚《新論》、杜夷《幽求子》、虞喜《志林新書》、干寶《干子》、葛洪《抱朴子內外篇》、顧谷《顧道士新書》、孫綽《孫子》、苻朗《苻子》、顧夷《顧子義訓》、張顯《析言》《古今訓》、郭義恭《廣志》、黃命（蔡謨）《蔡司徒難論》與何楷《何子》等。

南朝子書 27 部，情況比較複雜，傳統的子書除外，尚有雜談、摘抄與地理博物類。分別爲范泰《古今善言》，江邃《文釋》，賀道養《賀子述言》（《賀子》），虞通之《善諫》，徐益壽《記聞》；何翌之《諫林》，顧歡《夷夏論》，陸澄《闕文》（《缺文》）《政論》，劉善明《雜語》，張融《少子》；沈約、無名氏或劉峻《俗說》，沈約《袖中記》《邇言》，沈約等三人《子鈔》，徐勉《會林》，顧協《瑣語》，周捨《正覽》，劉霽《釋俗語》，庾肩吾《採璧》（《採璧記》）、劉杳《要雅》，張纘、王微《鴻寶》，蕭繹《金樓子》，蕭繹、鮑泉《補闕子》，朱澹遠《語對》《語麗》；張太衡《無名子》。

北朝子書大約 10 部（經筆者考辨清楚的），情況也比較複雜，傳統的子書除外，尚有雜談、摘抄與地理博物類。分別爲酈道元《七聘》、陽休之《幽州人物志》，劉晝、劉勰《新論》，石曜《石子》，李公緒《玄子》《典言》，韋道遜《雜略》，王紘《鑒誡》，顏之推《顏氏家訓》，尹子《五機論》。

另外"存目"中暫存十一，分別爲：無名氏的《古世論》與《桓子》、蘇道《立言》、無名氏《清神》、無名氏《前言》、無名氏《善説》、無名氏《雜事鈔》、無名氏《雜書鈔》、無名氏《側子》、索靖《索子》與周處《默語》。

嚴可均的《全上古三代秦漢三國六朝文》與馬國翰的《玉函山房輯佚書》以及王仁俊的《玉函山房輯佚書續編三種》，一直作爲漢魏六朝子書的重要文獻，但是三書的錯訛較多，而且近年來有很多海外文獻回流，國內也有一些新發現的出土文獻，這些成果都需要被運用到漢魏六朝子書的文本整理之中，補充與完善嚴、馬等人的成果。

因爲筆者能力有限，這個叙録不能盡美，如有缺失不當之處還望讀者批評指正。

一　西漢子書

（一）陸賈《新語》（《陸子》）

（西漢）陸賈（？～此書大約作於前196～？）撰。賈，楚人，《史記》《漢書》皆有傳，但不記其生卒年。《漢書》本傳云："賈凡著十二篇。每奏一篇，高帝未嘗不稱善，左右呼萬歲，號其書曰《新語》。"[①]《新語》是陸賈應漢高祖之命而作，他著書的目的在於述前世成敗，以爲勸誡。《漢志·子部·儒家》載："《陸賈》二十三篇"[②]，根據《漢志》著録"只以著書之人題其書，而不別著書名"[③]（余嘉錫《四庫提要辨證·子部·六韜》）的體例，其中應包括《新語》的十二篇。《隋志》《唐志》，皆列入儒家。十二篇今皆存，分爲上下二卷，但篇中有闕文。

余嘉錫云："王充謂其言君臣政治得失，論説世事，與今本體裁亦復相合，知《新語》確爲敷陳治道之書，非記事之書。"又曰："則其崇王道，黜霸術，援據《春秋》、《論語》，以孔氏爲宗正。"又曰："要之，賈在漢初，粹然儒者，於《詩》、《書》煨燼之餘，獨能誦法孔氏，開有漢數百年文學之先，較之董爲尤難，其功不在浮邱伯、伏生以下。……漢初之撥亂反正，賈有力焉。……然賈實具内聖外王之學，非叔孫通董陋儒所敢望，惜乎未竟其用，否則經術之興，不待漢武時也。"（《四庫提要辨證》）[④]他對於陸賈及其著作《新語》的評價很高。張舜徽亦云："漢初天下甫定，以儒學匡弼高帝而有所述造者，以陸賈

①　（漢）班固撰，（唐）顏師古注《漢書》第7册，中華書局1962年版，第2113頁。
②　（漢）班固撰，（唐）顏師古注《漢書》第6册，中華書局1962年版，第1726頁。
③　余嘉錫著《四庫提要辨證》第3册，中華書局2007年版，第1016—1017頁。
④　余嘉錫著《四庫提要辨證》第2册，中華書局2007年版，第534、535、536頁。

爲最先。實於開國弘規，大有關繫。"① 他也肯定了陸賈思想對漢初治國理念的影響。

姚振宗云："《西京雜記》載陸賈答樊將軍噲問瑞應一事，今不見於是書。又晉嵇含《南方草木狀》引陸賈《南越行記》兩事，陸大夫於高帝存（疑作'孝'）文時兩使南越，宜有行記，當皆在《漢志》二十三篇中。又《新語》中不甚言兵事，兵權謀所省《陸賈》不知若干篇，亦當在二十三篇中。"（《隋書經籍志考證》卷二十四）②

因爲《漢書·叙傳上》載班固《答賓戲》有："近者陸子優繇，新語以興"③ 之語，因此後人常常以《陸子》稱該書，如明人徐元太《喻林》引是書皆稱《陸子》。明人歸有光輯《諸子匯函》中稱陸賈書爲《雲陽子》，因爲其影響不甚廣泛，因此不予介紹④。

通行二卷本《新語》有《四部叢刊》影印明弘治刻本。現有 8 條佚文，見於王利器《新語校注·附錄一》，王氏原收 10 條⑤，筆者删除經王氏證僞者 2 條，對其中確爲《新語》佚文者又有修正。

（二）公孫弘《公孫子》

（西漢）公孫弘（前 199～前 121）撰。弘，字季，一云字次卿，菑川薛（今山東滕縣南）人。少爲薛獄吏，有罪免。武帝即位，以賢良徵爲博士，時年六十。移病免歸。元光（前 134～前 129）中復徵賢良，對策第一，拜博士，累遷左內史。元朔五年（前 124）爲御史大夫，代薛澤爲丞相，封平津侯。元狩二年卒，年八十。《史記》《漢書》皆有傳。

舊本題晉葛洪鈔《西京雜記》稱："公孫弘著《公孫子》，言刑名

---

① 張舜徽著《漢書藝文志通釋》，湖北教育出版社 1990 年版，第 115 頁。
② （清）姚振宗撰《隋書經籍志考證》二十五史補編本，開明書店 1936 年製版，第 402 頁。
③ （漢）班固撰，（唐）顏師古注《漢書》第 12 册，中華書局 1962 年版，第 4231 頁。
④ （明）歸有光輯《諸子匯函》，遼寧省圖書館藏明天啓五年刻本，《四庫全書存目叢書》子部第 126 册，齊魯書社 1995 年版。又如稱賈誼《金門子》、劉向《青藜子》、崔寔《嵯峨子》與桓譚《荆山子》等。
⑤ 王利器撰《新語校注》，中華書局 1986 年版，第 177—181 頁。

事，亦謂字直百金。"（卷第三）^①考《漢志・子部・儒家》著録有"《公孫弘》十篇"^②，根據《漢志》著録"只以著書之人題其書，而不別著書名"^③（余嘉錫《四庫提要辨證》）的體例，若有《公孫子》一書，則當在十篇之内。《隋志》與兩《唐志》皆不著公孫弘著作，至鄭樵《通志・藝文略・儒家》再著録《公孫弘》十篇。^④

　　《西京雜記》雖爲葛洪所抄，而且他爲傳播其書而託名劉歆，但書中所載西漢實事頗多可信。對此，梁玉繩、盧文弨與余嘉錫等學者皆有考辨（見余嘉錫《四庫提要辨證・子部・西京雜記》）^⑤，因此在無充分證據之時，不能輕易否定其説。另外，《西京雜記》記載公孫弘事有二，《公孫弘與高賀》一事，高賀生平無考，無法得知二人交往的細節真實，但文中所描述的公孫弘"起家徒步，爲丞相"、"朝廷疑其矯焉"^⑥的基本事實與正史所載相符，更能説明其記事的可信。

　　《公孫子》一書歷代書目無著録，全書亡佚，無輯文亦無輯本。嚴可均輯得公孫弘文九篇，考其中《元光五年舉賢良對策》《對册書問治道》《上疏言治道》^⑦三篇文意，頗重法術，三文雖未必出於《公孫子》，但可證葛洪所言此書"言刑名事"非無依據。

（三）聊蒼《聊子》

　　（西漢）聊蒼（？～？）撰。"聊"又作"膠"，顏師古注曰："《嚴助傳》作膠蒼，而《志》作聊，《志》《傳》不同，未知孰是。"^⑧蒼，生平不詳，與嚴助、東方朔等同侍漢武帝。暫置此。

　　《漢書志・子部・縱橫家》載："《待詔金馬聊蒼》三篇。"^⑨《風俗通

---

①　（晉）葛洪撰，周天游校注《西京雜記校注》，中華書局 2010 年版，第 144 頁。
②　（漢）班固撰，（唐）顏師古注《漢書》第 6 册，中華書局 1962 年版，第 1727 頁。
③　余嘉錫著《四庫提要辨證》第 3 册，中華書局 2007 年版，第 1016—1017 頁。
④　（宋）鄭樵撰，王樹民點校《通志二十略》下册，中華書局 2009 年版，第 1598 頁。
⑤　余嘉錫著《四庫提要辨證》第 2 册，中華書局 2007 年版，第 589 頁。
⑥　（晉）葛洪撰，周天游校注《西京雜記校注》，中華書局 2010 年版，第 71 頁。
⑦　（清）嚴可均輯《全上古三代秦漢三國六朝文》第 1 册，中華書局 1958 年版，第 259 頁。
⑧　（漢）班固撰，（唐）顏師古注《漢書》第 6 册，中華書局 1962 年版，第 1740 頁。
⑨　（漢）班固撰，（唐）顏師古注《漢書》第 6 册，中華書局 1962 年版，第 1739 頁。

義·姓氏篇》的"佚文一"云："聊氏，聊蒼，爲漢侍中，著子書。"①
據《風俗通義》所記，似以"聊"更可信。宋人鄧名世《古今姓氏書
辯證》卷十，鄭樵《通志·氏族略》，章定《名賢氏族言行類稿》卷
十八，皆引《風俗通義》云："漢侍中聊蒼，著書號聊子"。鄭氏與章氏
兩條文獻，王利器的《風俗通義校注》收入《風俗通義佚文》之《姓
氏》篇②，證明聊蒼確有《聊子》一書。其書思想或主縱橫權術。惜其
全書今佚，亦無輯本。

（四）蒯通《蒯子》（又名《雋永》）

（西漢）蒯通（據躍進師《秦漢文學編年》，蒯通大約活躍於公元前
192 年前後）撰。通，范陽人，本名徹，史書避武帝諱，改爲通。生平
見《漢書·蒯通傳》，亦見《史記·淮陰侯列傳》。

《漢書》本傳稱："通論戰國時説士權變，亦自序其説，凡八十一
首，號曰《雋永》"③。《漢志·子部·縱橫家》載"《蒯子》五篇"，注
云："名通。"④ 周壽昌云："通著書名《雋永》，凡八十一首。通傳有之，
而《藝文志》不載，載《蒯子》五篇，而傳又未及之。"（《漢書注校
補》卷二十八）⑤ 他對於《傳》與《志》的矛盾提出疑問，但至少《漢
志》列《蒯子》在"縱橫家"，與其本傳對《雋永》的介紹相一致，《蒯
子》五篇或爲《雋永》八十一首的刪節本，或爲《雋永》的殘本。陳直
云："兩漢人著書，皆不稱子。……蒯通《雋永》即其書名，非評其書
中價值之名詞也。"他進而推測《漢志》記載的《蒯子》五篇，爲後人
所加，非通之自名。（《漢書新證·蒯伍江息夫傳》）⑥

其書《隋志》《唐志》不載，諸書亦無徵引者。馬國翰據《漢書》
本傳輯得《説徐公》《説韓信》三篇和《説曹相國》等，凡五篇，均爲
遊説之詞，頗具縱橫家風範。考《漢志》兵權謀十三家云"省……《蒯

---

① （漢）應劭撰，王利器校注《風俗通義校注》下冊，中華書局 2010 年版，第 516 頁。
② （漢）應劭撰，王利器校注《風俗通義校注》下冊，中華書局 2010 年版，第 516 頁。
③ （漢）班固撰，（唐）顏師古注《漢書》第 7 冊，中華書局 1962 年版，第 2167 頁。
④ （漢）班固撰，（唐）顏師古注《漢書》第 6 冊，中華書局 1962 年版，第 1739 頁。
⑤ （清）周壽昌著《漢書注補正》"思益堂三史校注"，清光緒八年周氏思益堂刻本。
⑥ 陳直著《漢書新證》，中華書局 2008 年版，第 269 頁。

通》”①，知《七略》兵權謀家載有《蒯通》，他亦著有兵書。馬國翰《蒯子序》云：“其奇謀雄辯，亦足與《國策》同傳。”②（《玉函山房輯佚書》）書亡已久，今存佚文一卷，共有五篇殘文。

（五）賈誼《新書》（又名《賈子》《賈誼新書》《賈子新書》）

（西漢）賈誼（公元前 200 ~ 公元前 168）撰。誼，雒陽人。年十八，以能誦詩書屬文稱於郡中。因頗通諸家之書，文帝召以爲博士，隨即超遷，歲中至太中大夫。生平見《史記·屈原賈生列傳》《漢書·賈誼傳》。

《漢志·子部·儒家》載 “《賈誼》五十八篇”③，《隋志·子部·儒家》載：“《賈子》十卷，録一卷”④，《新唐志·子部·儒家》⑤與《宋志·子部·雜家》載：“賈誼《新書》十卷”⑥，《舊唐志·子部·儒家》載：“《賈子》九卷”⑦。《通志·藝文略·儒家》著録《賈子》十卷，漢梁太傅賈誼撰。⑧

清《四庫全書·子部·儒家》載《新書》十卷。全書分爲 “事勢”“連語”“雜事” 三部分。原書五十八篇，少量散佚，南宋時已無善本。今書缺《問孝》一篇，《禮容語上》一篇，存五十六篇。劉師培輯得佚文 3 條：“神農” 條爲《修政語上》篇脱文；“天子二十而冠帶劍”“天子黑方履”，爲《等齊》諸篇脱文；“沸脣投塞垣之下”，疑爲《匈奴篇》脱文（《賈子新書佚文校補》）⑨。余嘉錫以爲其本傳所載《治安策》中有《大戴禮·禮察篇》，或許是所缺之《禮容語》，汪中校《新

---

① （漢）班固撰，（唐）顏師古注《漢書》第 6 册，中華書局 1962 年版，第 1757 頁。

② （清）馬國翰輯《玉函山房輯佚書》第 3 册，上海古籍出版社 1990 年版，第 2716 頁。

③ （漢）班固撰，（唐）顏師古注《漢書》第 6 册，中華書局 1962 年版，第 1726 頁。

④ （唐）魏徵等撰《隋書》第 4 册，中華書局 1973 年版，第 997 頁。

⑤ （宋）歐陽修、宋祁撰《新唐書》第 5 册，中華書局 1975 年版，第 1510 頁。

⑥ （元）脱脱等修，（清）黃虞稷、倪燦撰《宋史藝文志廣編》上册，世界書局 2009 年版，第 114 頁。

⑦ （後晉）劉昫等撰《舊唐書》第 6 册，中華書局 1975 年版，第 2024 頁。

⑧ （宋）鄭樵撰，王樹民點校《通志二十略》下册，中華書局 2009 年版，第 1598 頁。

⑨ 劉師培著《劉申叔先生遺書》之《賈子新書校補》卷下，寧武南氏校印 1934 年。

書》據《漢書》補入。嚴可均云："漢代子書，《新語》最純最早，貴仁義，賤刑威，述《詩》、《書》、《春秋》、《論語》，紹孟、荀而開賈、董，卓然儒者之言，史遷目爲辨士，未足以盡之。"（《新語叙》）①

晁公武《郡齋讀書志》云："《新書》十卷，右漢賈誼撰。誼著《事勢》、《連語》、《雜事》，凡五十八篇，考之《漢書》，誼之著述未嘗散軼，然與班固所載時時不同。固既云'掇其切於世者'，容有潤益刊削，無足怪也。獨其説經多異而《詩》尤甚，以'騶虞'爲天子之囿官，以'靈臺'爲神靈之臺，與《毛氏》殊不同，學者不可不知也。"②陳振孫《直齋書録解題》曰："今書首載《過秦論》，末爲《弔湘賦》，餘皆録《漢書》語，且略節本傳於第十一卷中。其非《漢書》所有者，輒淺駁不足觀，決非誼本書也。"③

姚振宗引盧文弨校刊《序》曰："此書必出于其徒之所纂集，篇中稱'懷王問于賈君'，又《勸學》一篇'語其門人'，皆可爲明證。但多爲鈔胥所增竄，凡《漢書》所有者，此皆割裂顛倒，致不可讀。唯《傅職》《輔佐》《容經》《道術》《論政》諸篇在《漢書》外者，古雅淵奧，非後人所能僞爲。"陳氏（陳振孫）反謂其淺駁，豈可謂之知言者哉？（《隋書經籍志考證》卷二十四）④

此書是了解賈誼思想的重要文獻，但前人頗有懷疑并非賈誼所著。陳振孫説它"決非賈本書"，《四庫提要》也説它："不全真亦不全僞"⑤，對此余嘉錫《四庫提要辨證》駁正云："《過秦》言不及漢者，此爲上書之第一篇，故姑徐引其端，而其他條目，則俟後言之耳。""然讀《新書》，則當知此篇（《過秦論》）所以冠全書之意也。至於《連語》諸篇，則不盡以告君，蓋有門人講學之語。……凡此，皆不必賈子手著，諸子之例，固如此也。"（《四庫提要辨證·子部·新書》）⑥今自當以余

① （清）嚴可均著，孫寶點校《嚴可均集》，浙江古籍出版社2018年版，第180頁。
② （宋）晁公武撰，孫猛校證《郡齋讀書志校證》上冊，上海古籍出版社2011年版，第424頁。
③ （宋）陳振孫撰，徐小蠻、顧美華點校《直齋書録解題》上冊，上海古籍出版社2015年版，第270頁。
④ （清）姚振宗撰《隋書經籍志考證》二十五史補編本，開明書店1936年製版，第403頁。
⑤ （清）永瑢等撰《四庫全書總目》上冊，中華書局1965年版，第771頁。
⑥ 余嘉錫著《四庫提要辨證》第2冊，中華書局2007年版，第550—551頁。

氏所説爲定論。《新書》通行善本爲乾隆時盧文弨校刻本，收入他所編
刻的《抱經堂叢書》中。後浙江書局《二十二子》又重刻盧本。《四部
叢刊》則影印明正德十年吉府刻本。閻振益、鍾夏《新書校注》，輯得
《新書》佚文 9 條[①]，其中 4 條與劉師培輯文同。

（六）晁錯《新書》

　　（西漢）晁錯（約前 217？～前 154）（"晁"亦作鼂，或作朝，古
字通）撰。錯，潁川人，學申商之術，官至御史大夫，生平見《史
記·袁盎鼂錯列傳》與《漢書·鼂錯傳》。《漢書》本傳云："錯又言宜
削諸侯事，及法令可更定者，書凡三十篇。"[②]

　　《漢志·子部·法家》載"《鼂錯》三十一篇"[③]。《隋志·子部·法
家》云："梁有《朝氏新書》三卷，漢御史大夫鼂錯撰，亡。"[④]《舊唐
志》復載爲三卷[⑤]，《新唐志》則作《晁氏新書》七卷[⑥]。（姚振宗云：此
七卷者，似并其《集》三卷，《録》一卷，合爲一編也。）[⑦]《通志·藝文
略·法家》亦著録《晁氏新書》七卷，漢御史大夫晁錯撰。[⑧]

　　馬國翰輯文一卷，其篇目爲：《上書言太子事》《上（書）言兵事》
《言守邊備塞、勸農力本當時急務二事》《言募民》《對策》五篇，《雜
篇》8 條："高皇帝不用同姓爲親""善爲政者""號令不時""工商遊食
之民""齊地僻遠""臣聞帝王之道""歷山農者""陰陽不和"[⑨]，其中
"歷山農者"條爲誤輯。嚴可均輯文前五篇同馬國翰，篇名稍異。嚴氏
又從《漢書·食貨志》《吳王濞傳》採得《説文帝令民入粟受爵》《復
奏勿收農民租》《説景帝削吳》《請誅楚王》四篇，未採馬氏歸入《雜

---

① （漢）賈誼撰，閻振益、鍾夏校注《新書校注》，中華書局 2000 年版，第 451—454 頁。
② （漢）班固撰，（唐）顏師古注《漢書》第 8 冊，中華書局 1962 年版，第 2299 頁。
③ （漢）班固撰，（唐）顏師古注《漢書》第 6 冊，中華書局 1962 年版，第 1735 頁。
④ （唐）魏徵等撰《隋書》第 4 冊，中華書局 1973 年版，第 1003 頁。
⑤ （後晉）劉昫等撰《舊唐書》第 6 冊，中華書局 1975 年版，第 2031 頁。
⑥ （宋）歐陽修、宋祁等撰《新唐書》第 5 冊，中華書局 1975 年版，第 1531 頁。
⑦ （清）姚振宗撰《隋書經籍志考證》二十五史補編本，開明書店 1936 年製版，第
　　452 頁。
⑧ （宋）鄭樵撰，王樹民點校《通志二十略》下冊，中華書局 2009 年版，第 1651 頁。
⑨ （清）馬國翰輯《玉函山房輯佚書》第 3 冊，上海古籍出版社 1990 年版，第 2673 頁。

篇》的 8 條。嚴氏未云所輯九篇是否爲《新書》佚文。

晁錯《新書》佚文的問題比較嚴重，存世作品究竟出自《新書》還是《晁錯集》，不易區分。馬國翰輯本序曰："馬總《意林》載三卷，僅錄三節。《文選注》《太平御覽》引四節，或作《朝子》。佚文可見者僅此。考錯本傳，載其上言對策凡五篇，又云言宜削諸侯事，及法令可更定者，書凡三十篇。則五篇皆《新書》中文可知，并輯録之。"①

《新書》的存世文獻被收入《晁錯集》中，可參看《晁錯集注釋》②，又有《晁錯著作選注》③，可惜辨析不夠仔細。當先録《晁錯集》所列《新書》内容，然後再辨析，哪些文本屬集哪些屬書。

（七）劉安《淮南子》（ 又名《鴻烈》《淮南内》《淮南外》）

（西漢）劉安（前 179 ~ 前 122）撰。安，淮南王長之子，高帝之孫。生平見《史記·淮南衡山列傳》《漢書·淮南衡山濟北王傳》。

《漢書》本傳云："招致賓客方術之士數千人，作爲《内書》二十一篇，《外書》甚衆，又有《中篇》八卷，言神仙黄白之術，亦二十餘萬言。"④ 其初自名書曰"鴻烈"，經劉向校定之後，《七略》《別録》始名曰《淮南》（見高誘《淮南子叙目》）⑤。《漢志·子部·雜家》載"《淮南内》二十一篇"，注云"存"；"《淮南外》三十三篇"，注云"亡"。 顏師古注曰："《内篇》論道，《外篇》雜説。"⑥《隋志·子部·雜家》載："《淮南子》二十一卷"，注者有許慎、高誘二家⑦，兩《唐志》并載之。清《四庫提要》云："今所存者二十一卷，蓋内篇也。高誘序言此書大較歸之於道。"⑧ 一卷爲一篇，今存二十一篇，《要略》算一篇。

舊本題晉葛洪鈔《西京雜記》記有《淮南鴻烈》一章，稱："淮南

① （清）馬國翰輯《玉函山房輯佚書》第 3 册，上海古籍出版社 1990 年版，第 2666 頁。
② 《晁錯集注釋》組注《晁錯集注釋》，上海人民出版社 1976 年版。
③ 甘肅師範大學注釋組著《晁錯著作選注》，甘肅人民出版社 1976 年版。
④ （漢）班固撰，（唐）顏師古注《漢書》第 7 册，中華書局 1962 年版，第 2145 頁。
⑤ 劉文典撰，馮逸、喬華點校《淮南子鴻烈集解》上册，中華書局 1989 年版，第 2 頁。
⑥ （漢）班固撰，（唐）顏師古注《漢書》第 6 册，中華書局 1962 年版，第 1740、1741 頁。
⑦ （唐）魏徵等撰《隋書》第 4 册，中華書局 1973 年版，第 1006 頁。
⑧ （清）永瑢等撰《四庫全書總目》上册，中華書局 1965 年版，第 1009 頁。

王安著《鴻烈》二十一篇。鴻，大也。烈，明也。言大明禮教。號爲
《淮南子》，一曰《劉安子》。自云：‘字中皆挾風霜。’揚子雲以爲一出
一入（，字直百金。）”（卷第三）①

　　何寧《淮南子集釋》之附錄二《淮南子佚文》②，比較劉文典《淮南
鴻烈集解》之《淮南子逸文》多出 5 條，辨析不甚準確，或者注釋過
簡，所以有必要進一步考辨與補充。《淮南子》外篇另有《莊子後解》
《莊子略要》兩篇，篇名皆見於《文選》李善注。俞正燮《癸巳存稿》
之《莊子司馬彪注輯本跋》曰：“則彪本五十二篇中有《淮南王·略
要》，或《漢志》五十二篇爲淮南本入秘書讎校者。”③ 王叔岷曰：“《莊
子後解》，當亦《淮南王外書》之一。”又曰：“《莊子略要》，乃《淮南
王外書》之逸篇。”④ 亦有學者提出異議，認爲《莊子後解》《莊子略要》
非屬《淮南外》而屬司馬彪注五十二篇本《莊子》“解說三”。如江世榮
曰：“既然有《後解》，就必然在《後解》前有一篇《莊子解說》。其排
列的次序是：《莊子解說》（或《莊子解》）、《莊子後解》、《莊子要略》。
如此正合《經典釋文·叙錄》所說‘解說三’之數。”（《有關〈莊子〉
歷史資料續考》）⑤ 兩篇各存佚文 1 條，皆出《文選》李善注，列於何氏
輯文之後。對這兩篇的文本歸屬問題，鄭楸鋆的《淮南王〈莊子後解〉
〈莊子略要〉文本歸屬問題考論》考辨甚詳 ⑥。

（八）桓寬《鹽鐵論》

　　（西漢）桓寬（？ ~ 此書大約作於前 81 ~ ？）撰。寬，字次公，汝
南人，寬生平行事及所著《鹽鐵論》見《漢書·公孫賀劉屈氂傳贊》。
　　漢昭帝時，詔郡國舉賢良文學之士，問以民所疾苦，皆謂宜罷鹽

---

① （晉）葛洪撰，周天游校注《西京雜記校注》，中華書局 2010 年版，第 143 頁。
② 何寧撰《淮南子集釋》下冊，中華書局 1998 年版，第 1495—1498 頁。
③ （清）俞正燮撰《癸巳存稿》（四）叢書集成初編本，商務印書館 1935 年版，第
　　334 頁。
④ 王叔岷著《莊子校詮》，臺灣中研院歷史語言研究所 1999 年版，第 1413—1414 頁。
⑤ 朱東潤、李俊民、羅竹風主編《中華文釋論叢》第 17 輯，上海古籍出版社 1981 年
　　版，第 228 頁。
⑥ 鄭楸鋆著《淮南王〈莊子後解〉〈莊子略要〉文本歸屬問題考論》，《書目季刊》第 53
　　卷第 3 期。

鐵、榷酤，與御史大夫桑弘羊等互相詰難。後榷酤雖罷，而鹽鐵如舊。宣帝時，桓寬整理記録當日兩方辯論之語，并予推廣以成此書，即以"鹽鐵"標題。《漢書》云："至宣帝時，……推衍鹽鐵之議，增廣條目，極其論難，著數萬言，亦欲以究治亂，成一家之法焉。"①

《漢志·子部·儒家》載桓寬《鹽鐵論》六十篇②，《隋志》③與兩《唐志·子部·儒家》均載《鹽鐵論》十卷。清《四庫全書·子部·儒家》載《鹽鐵論》十二卷，《簡明目録》云："記始元六年，郡國所舉賢良文學之士，與桑弘羊等議鹽鐵榷酤事，凡六十篇。所論者食貨之政，而諸史皆列之儒家。蓋古之儒者，主於誦法先王，以適實用，不必言心言性而後謂之聞道也。"④今本十卷，六十篇，無遺失。陳振孫《直齋書録解題》曰："《鹽鐵論》凡六十篇，其末曰《雜論》。班《書》取以爲論贊……"⑤

明張之象曾爲《鹽鐵論》作注，有嘉靖二十二年張氏猗蘭堂刻本傳世，但由於此注本把原來的十卷改成十二卷，頗爲清人所詬病。清嘉慶十二年張敦仁仿明弘治十四年涂楨刻十卷本，附顧廣圻代撰考證，世稱善本。《四部叢刊》影印明正德嘉靖時刻也是十卷本。近人校釋則有楊樹達《鹽鐵論要釋》，王利器《鹽鐵論校注》。王利器《校注》之附録一《佚文》，共輯得佚文 8 條⑥，經筆者詳細考辨并補充。

（九）劉向《説苑》（又名《新苑》）

（西漢）劉向（前 79～前 8）撰。向，原名更生，字子政，沛縣人，楚元王劉交四世孫，《漢書》有傳。《漢書·劉向傳》稱："向睹俗彌奢淫，……序次爲《列女傳》，凡八篇，以戒天子。及采傳記行事，

---

① （漢）班固撰，（唐）顏師古注《漢書》第 9 册，中華書局 1962 年版，第 2903 頁。

② （漢）班固撰，（唐）顏師古注《漢書》第 6 册，中華書局 1962 年版，第 1727 頁。

③ （唐）魏徵等撰《隋書》第 4 册，中華書局 1973 年版，第 997 頁。

④ （清）永瑢等著《四庫全書簡明目録》上册，華東師範大學出版社 2012 年版，第 340—341 頁。

⑤ （宋）陳振孫撰，徐小蠻、顧美華點校《直齋書録解題》上册，上海古籍出版社 2015 年版，第 271 頁。

⑥ （西漢）桓寬著，王利器校注《鹽鐵論校注》（定本）下册，中華書局 1992 年版，第 621—623 頁。

著《新序》、《説苑》凡五十篇奏之。"①

　　《漢志·子部·儒家》著録："劉向所序六十七篇。"注曰："《新序》、《説苑》、《世説》、《列女傳頌圖》也。"②《隋書·經籍志》載《説苑》二十卷，兩《唐志》皆作三十卷。至宋《崇文總目》只載五卷，稱："……爲《説苑》二十篇，今存者五卷。"③《通志·藝文略·儒家》著録：《新序》二十卷，録一卷，《説苑》二十卷。④曾鞏《校書序》云："臣從士大夫間得之者十有五篇，與舊爲二十篇。"⑤《意林》録 31 條。

　　此書與《新序》所收録的先秦史料特別豐富，文獻價值很高。姚振宗援引劉知幾《史通·采撰篇》云："班固《漢書》全同《太史》。（案此言非是。）太初已後，雜引劉氏《新序》《説苑》《七略》之辭。"今考《新序》《説苑》載漢事無多，不知何時何人妄有删除矣。惜哉！（《隋書經籍志考證》卷二十四）⑥

　　盧文弨鈎稽佚文 24 條（《群書拾補·説苑拾補》），向宗魯稱"鈎而不沈者四焉"（《説苑校證》），除去這 4 條，盧氏輯文實有 20 條。向宗魯在盧氏輯文基礎上，增補爲 44 條⑦。趙善詒删并盧氏輯文，增補佚文 13 條，實有 33 條（《説苑疏證》）⑧。左松超稱"佚文凡六十三條，其中三十八事，皆舊輯所無"（《説苑集證·考佚》）⑨。三家所輯佚文合計 143 條。現據三家輯文，删取重復，實得佚文 72 條（王天海《〈説苑〉輯佚》）⑩。

---

① （漢）班固撰，（唐）顔師古注《漢書》第 7 册，中華書局 1962 年版，第 1957—1958 頁。
② （漢）班固撰，（唐）顔師古注《漢書》第 6 册，中華書局 1962 年版，第 1727 頁。
③ （宋）王堯臣等編次，錢東垣等輯釋《崇文總目》（二）叢書集成初編本，商務印書館 1935 年版，第 129 頁。
④ （宋）鄭樵撰，王樹民點校《通志二十略》下册，中華書局 2009 年版，第 1598 頁。
⑤ （漢）劉向撰，向宗魯校證《説苑校證》，中華書局 1987 年版，第 1 頁。
⑥ （清）姚振宗撰《隋書經籍志考證》二十五史補編本，開明書店 1936 年製版，第 406 頁。
⑦ （漢）劉向撰，向宗魯校證《説苑校證》，中華書局 1987 年版，第 531—553 頁。
⑧ （漢）劉向撰，趙善詒疏證《説苑疏證》，華東師範大學出版社 1985 年版，第 619—632 頁。
⑨ （漢）左松超著《説苑集證》下册，臺灣"國立"編譯館 2001 年版，第 1335 頁。
⑩ 王天海、楊秀嵐譯注《説苑》下册，中華書局 2019 年版，第 1131 頁。

（十）劉向《新序》

（西漢）劉向（前79～前8）撰。馬總《意林》曰："《新序》三十卷，河平四年，都水使者、諫議大夫劉向上言"①。

兩《唐志》均載三十卷。《宋志·子部·雜家》載："劉向《新序》十卷。"②《崇文總目》載："《新序》十卷，原釋：漢劉向撰。成帝時典校秘書，因採載戰國秦漢閒事爲三十卷上之，其二十卷今亡。"③晁公武《郡齋讀書志》亦載劉向《新序》十卷，云："向當成帝時，與校書，因采傳記、行事、百家之言，删取正辭美義可勸戒者，爲《新序》、《説苑》，共五十篇。《新序》陽朔元年上。世傳本多亡闕，皇朝曾鞏子固在館中，日校正其訛舛而綴輯其放逸，久之，《新序》始復全。"④宋高似孫《子略》曰："先秦古書，甫脱燼劫，一入向筆，采擷不遺。至其正綱紀、迪教化、辨邪正、黜異端，以爲漢規監者，盡在此書，兹《説苑》《新序》之旨也。嗚呼，向誠忠矣，向之書誠切切矣。"⑤陳振孫《書録解題》曰："《新序》十卷，漢護都水使者光禄大夫劉向子政撰。舜、禹以來迄于周，嘉言善行，往往在焉。其書最爲近古……"⑥

《四庫提要》曰："曾鞏《校書序》則云：'今可見者十篇。'……鞏所校録則宋初殘闕之本也。晁公武謂曾子固綴輯散逸，《新序》始復全者，誤矣。……以今考之，春秋時事尤多，漢事不過數條。大抵採百家傳記，以類相從，故頗與《春秋内外傳》《戰國策》《太史公書》互相出入。……要其推明古訓，衷之於道德仁義，在諸子中猶不失爲儒者之言也。"⑦

姚振宗援引《晉書·陸喜傳》云："喜自序曰：'劉向省《新語》而

① 王天海、王韌撰《意林校釋》下册，中華書局2014年版，第306頁。
② （元）脱脱等修，（清）黄虞稷、倪燦撰《宋史藝文志廣編》上册，世界書局2009年版，第114頁。
③ （宋）王堯臣等編次，錢東垣等輯釋《崇文總目》（二）叢書集成初編本，商務印書館1935年版，第129頁。
④ （宋）晁公武撰，孫猛校證《郡齋讀書志校證》上册，上海古籍出版社2011年版，第435頁。
⑤ （宋）高似孫撰，司馬朝軍校釋《子略校釋》，山東人民出版社2018年版，第356頁。
⑥ （宋）陳振孫撰，徐小蠻、顧美華點校《直齋書録解題》上册，上海古籍出版社2015年版，第271頁。
⑦ （清）永瑢等撰《四庫全書總目》上册，中華書局1965年版，第772頁。

作《新序》。'"斯言也，必得之于《別錄》。蓋漢時舊傳有《新語》，因而重編定著爲《新序》，猶中祕書有《説苑雜事》，重編爲《新説苑》也。此《新序》之所本，可以補《別錄》之軼聞。(《隋書經籍志考證》卷二十四)①

《説苑》《新序》舊有其文，劉向爲之條別篇目，以類相從，并有所增益，余嘉錫《四庫提要辨證》説兩書"已成儒者一家之言"。所以可説劉向序，也可説劉向著或劉向撰。所採集的多數是先秦時人的言行記述，提供了今天研究先秦史事的有用資料。也有一些記述不符史實，余氏解釋説："至於其中事跡皆採自古書，苟可以發明其意，雖有違失，固所不廢。"② 要在使用時善於別擇。

《説苑》《新序》清人未刊刻校勘善本。《四部叢刊》所收《新序》用明刻本影印，《説苑》用明抄本影印，都還比較好。近人石光瑛撰《新序校釋》與趙善詒《新序疏證》，皆未著録佚文。

（十一）揚雄《法言》（又名《揚子法言》）

（西漢）揚雄（前 53 ~ 公元 18）撰。雄，字子雲，西漢末期蜀郡成都人，《漢書》有傳。《漢書·揚雄傳》載其著有《法言》，并載其篇目。

關於此書名的由來，有兩説。依據《漢書》本傳云："故人時有問雄者，常用法應之，譔以爲十三卷，象《論語》，號曰《法言》。……傳莫大於《論語》，作《法言》。"③ 大多數學者，認爲《法言》取名爲模仿《論語》。但是"法言"一詞兩出《莊子·人間世》篇，王先謙釋義爲"古格言"（林希逸、王夫之皆作"古書名"），并稱："揚子《法言》名因此"（《莊子集解》卷一）④。梁玉繩亦曰："揚子雲作《法言》，二字

---

① （清）姚振宗撰《隋書經籍志考證》二十五史補編本，開明書店 1936 年製版，第 405 頁。
② 余嘉錫著《四庫提要辨證》第 2 册，中華書局 2007 年版，第 553—554 頁。
③ （漢）班固撰，（唐）顏師古注《漢書》第 11 册，中華書局 1962 年版，第 3580、3583 頁。
④ （清）王先謙撰，沈嘯寰點校《莊子集解》，中華書局 1987 年版，第 38—39 頁。

見《莊子·人間世》，非取《論語》‘法語之言’也。”（《瞥記》卷五）①
姚振宗援引其説，但未置可否②。《論語·子罕》載孔子的話：“法語之
言，能無從乎？改之爲貴。巽與之言，能無説乎？繹之爲貴。説而不
繹，從而不改，吾末如之何也已矣。”③聯繫揚雄對孔子的尊崇，遠遠超
越了先秦諸子，可知《法言》與《論語》的關係或更緊密。

　　《漢志·子部·儒家》載揚雄所序三十八篇，中有《法言》十三
篇④。《隋志》載《揚子法言》李軌、宋衷、侯芭注分別爲十五卷、十三
卷、六卷⑤。《新唐志》載柳宗元注《楊子法言》十三卷⑥。《通志·藝文
略·儒家》著録：李軌、侯芭、宋衷、柳宗元、司馬光注《法言》分別
爲十五卷、六卷、十卷、十三卷、十卷。⑦清《四庫全書·子部·儒家》
載《法言集注》十卷，宋司馬光集注。

　　侯康《補後漢書藝文志》曰：“《御覽》九百二十二引揚子《法言》
曰：‘朱鳥鸎鸎，歸其肆矣。’侯苞注曰：‘朱鳥，燕別名。肆，恣肆
也。’”⑧姚振宗考辨甚詳，他援引《經義考·擬經篇》：“侯氏芭《法言
注》，《七録》六卷，佚。”（《隋書經籍志考證》卷二十四）⑨錢塘汪師韓
曰《選注》所引群書有：“宋衷《法言注》”（《文選理學權輿》卷二上
《書目》）⑩。

　　《法言》一書在趙宋之後非常受推崇，宋元時刻《六子》中，《老
子》《莊子》《列子》《荀子》之外就是《揚子法言》和王通《文中子》。

　　《法言》舊本是晉李軌注十三卷附音義一卷的本子，有清嘉慶
二十三年秦恩復仿宋刻本最稱精善，《四部叢刊》即據以影印，浙江書
局《二十二子》據以重刻。又有宋司馬光用李軌及柳宗元、宋人宋咸、

① （清）梁玉繩撰《瞥記》（三），續修四庫全書本，影印清嘉慶刻清白士集本，第13頁。
② （清）姚振宗撰《隋書經籍志考證》二十五史補編本，開明書店1936年製版，第
　　406頁。
③ （清）劉寶楠撰，高流水點校《論語正義》上册，中華書局1990年版，第353頁。
④ （漢）班固撰，（唐）顏師古注《漢書》第6册，中華書局1962年版，第1727頁。
⑤ （唐）魏徵等撰《隋書》第4册，中華書局1973年版，第998頁。
⑥ （宋）歐陽修、宋祁撰《新唐書》第5册，中華書局1975年版，第1512頁。
⑦ （宋）鄭樵撰，王樹民點校《通志二十略》下册，中華書局2009年版，第1598頁。
⑧ （清）侯康撰《補後漢書藝文志》，清華大學出版社2012年版，第558頁。
⑨ （清）姚振宗撰《隋書經籍志考證》二十五史補編本，開明書店1936年製版，第
　　407頁。
⑩ （清）汪師韓撰《文選理學權輿》叢書集成初編本，商務印書館1935年版，第36頁。

吳祕所注作集注的本子，有明嘉靖世德堂刻本行世。近人汪榮寶著《法言義疏》，民國二十二年自印本，後收入中華書局《新編諸子集成》。

劉師培從《文選》李善注、《太平御覽》各採得佚文 1 條（《劉申叔先生遺書》丙類第三二冊《揚子法言斠補》附），亦爲汪榮寶收入《法言義疏》中 ①。

（十二）揚雄《太玄》

（西漢）揚雄（前 53 ~ 公元 18）撰。《漢志·子部·儒家》載揚雄所序三十八篇，中有《太玄》十九篇 ②。《漢書》本傳云："哀帝時，丁、傅、董賢用事，諸附離之者或起家至二千石。時雄方草《太玄》，有以自守，泊如也。……以爲經莫大於《易》，故作《太玄》" ③。《隋志》與兩《唐志》所載注本、卷次各異，然虞翻注本皆作十四卷。宋以後史志書目皆載作十卷。

舊本題晉葛洪鈔《西京雜記》記有《揚雄著太玄》一章，稱："揚雄讀書，有人語之曰：'無爲自苦，《玄》故難傳。'忽然不見。雄著《太玄經》，夢吐鳳凰，集《玄》之上，頃而滅。"（卷第二）④ 雖然頗有神化其書的色彩，但文中所述有人的嘲諷之語，與《漢書·揚雄傳》所載劉歆語相近。而稱《太玄經》者，則與桓譚等人對此書的推尊一致。

王仁俊《玉函山房輯佚書續編·子編雜占類》載，揚雄《太玄佚文》一卷、宋衷《太玄宋氏注》。《意林》卷三收録《太玄經》文 7 條。通行的本子有（宋）司馬光撰《太玄集注》⑤，鄭萬耕撰《太玄校釋》⑥，皆無佚文。

---

① 汪榮寶撰，陳仲夫點校《法言義疏》下冊，中華書局 1987 年版，第 606 頁。

② （漢）班固撰，（唐）顏師古注《漢書》第 6 冊，中華書局 1962 年版，第 1727 頁。

③ （漢）班固撰，（唐）顏師古注《漢書》第 11 冊，中華書局 1962 年版，第 3565—3566、3583 頁。

④ （晉）葛洪撰，周天游校注《西京雜記校注》，中華書局 2010 年版，第 87 頁。

⑤ （宋）司馬光撰《太玄集注》，中華書局 2013 年版。

⑥ 鄭萬耕撰《太玄校釋》，北京師範大學出版社 1989 年版。

二　東漢子書

（一）桓譚《新論》（又名《桓子新論》《荊山子》）《琴道》

（東漢）桓譚（前23～公元56）撰。譚，字君山，沛國相人。父成帝時爲太樂令，譚以父任爲郎，因好音律，善鼓琴。博學多通，遍習《五經》，皆詁訓大義，不爲章句。能文章，尤好古學，數從劉歆、揚雄辯析疑異。生平見《後漢書·桓譚傳》與《後漢書·宋弘傳》。

《後漢書》本傳云：“初，譚著書言當世行事二十九篇，號曰《新論》，上書獻之，世祖善焉。《琴道》一篇未成，肅宗使班固續成之。”①李賢注俱引篇名，自《本造》至《琴道》凡十六篇，中有分爲上下篇者，故爲二十九篇。《隋志》《唐志·子部·儒家》并載《新論》十七卷，蓋十六篇，篇爲一卷，并序目爲十七卷。《宋志》未著録，《通志·藝文略·儒家》著録：“桓子《新論》十七卷，後漢六安丞桓譚撰。”②其書亡佚，史注、《文選》李善注、《意林》及唐、宋類書等多引之，唯除《琴道》篇外，皆泛引而不稱篇名。

姚振宗考辨甚詳。他援引錢塘梁玉繩《瞥記》曰：“桓譚《新論》二十九篇，其書蓋亡于宋世。故《宋史志》《文獻通考》皆無之。”明陳第《世善堂書目》有《新論》二卷，當是後人所綴拾也。仁和孫之騄搜採群書，輯成二卷。《孫氏書目》：桓譚《新論》一卷，章宗源、孫馮翼集刊本。張氏《書目答問》云：“《新論》一卷，問經堂輯本。”《四録堂類集總目》曰：“桓譚《新論》三卷，可均輯。”（《隋書經籍志考

---

① （南朝宋）范曄撰，（唐）李賢等注《後漢書》第4册，中華書局1965年版，第961頁。
② （宋）鄭樵撰，王樹民點校《通志二十略》下册，中華書局2009年版，第1598頁。

證》卷二十四）^①

　　現行桓譚《新論》主要輯本共有十五種，依據其時代順序排列，分別爲：（明）陶宗儀輯《說郛》本（1567～1620年），（明）歸有光輯《諸子匯函》本（1626年），（清）孫馮翼輯《問經堂叢書》本（1799年），（清）嚴可均輯本（約1835年），（清）錢熙祚輯《指海》本（1843年），國學扶輪社校輯《古今説部叢書》本（無名氏，1915年），龍溪精舍叢書本（1918年）、四部備要本（1920～1936年，據問經堂本），叢書集成初編本（1939年，據問經堂本），朱謙之《新輯本桓譚新論》（1959年），吳則虞輯《桓譚〈新論〉》（1962年），嚴一萍選輯百部叢書集成本（1965～1970年），安徽大學桓譚《新論》校注小組本（1975年，據嚴輯本），上海人民出版社校點本（1976年，據嚴輯本），董俊彥《桓子新論校補》本（1986年）。^②

　　桓譚《新論》的現、當代輯本，大概可分兩大體系：嚴輯本一系與孫輯本一系。兩大體系的佚文排比均依據李賢《後漢書注》所列原書篇目，唯吳則虞輯本獨闢蹊徑，打亂原書篇目門檻，模仿類書以類相從的模式編排輯文内容。嚴可均將泛引諸文以意歸類，分隸於十六篇舊題之下，有未妥處。朱謙之輯校的《新輯本桓譚新論》在總結清人的經驗教訓基礎上，作了一個全新的校輯本，内容更全，編排更合理，按照原書篇目釐爲十六卷，并附有參考資料，是迄今爲止，依據原書篇目編排的較好的輯本。

　　筆者又輯得疑似佚文1條，上述諸輯本皆未收録。

（二）王充《論衡》

　　（東漢）王充（約27～97）撰。充，字仲任，會稽上虞人。充少孤，鄉里稱孝。後到京師，受業太學，師事扶風班彪。好博覽而不守章

---

① （清）姚振宗撰《隋書經籍志考證》二十五史補編本，開明書店1936年製版，第410頁。

② 清人黃以周曾輯録《桓子新論》，與《意林》中其他散佚子書一起編成子書四十四種，可惜《子思子》除外的其他四十三種均佚，僅有四十三子之《叙》保存在《儆季雜著·子叙》中，所以本文不述。另，山東畫報出版社2004年出版的錢杭整理本桓譚《新論》，也是以嚴輯本爲底本整理的，流傳甚窄，影響較小亦不予論述。

句。家貧無書，常游洛陽市肆，閱所賣書，一見輒能誦憶，遂博通衆流百家之言。後歸鄉里，屏居教授。仕郡爲功曹，以數諫争不合去。生平見《後漢書·王充傳》。

《後漢書》本傳云：“以爲俗儒守文，多失其真，乃閉門潛思，絶慶弔之禮，户牖牆壁各置刀筆。箸《論衡》八十五篇，二十餘萬言，釋物類同異，正時俗嫌疑。”①

《隋志·子部·雜家》載《論衡》二十九卷②，兩《唐志》均載三十卷。清《四庫全書》雜家載《論衡》三十卷，《提要》云：“蓋内傷時命之坎坷，外疾世俗之虚僞，故發憤著書，其言多激”③。今本八十五篇，三十卷，偶有缺佚。近人黄暉從《意林》《文選》李善注、史注及唐宋類書等輯得佚文 31 條。王仁俊據蔣光熙《東湖叢記》從元刻録出四百字補充於今本《累害》篇“汙爲江河”之下，《四部叢刊》本已據宋刻補入此脱文。

《論衡》過去未有精校善本，通行《四部叢刊》影印明嘉靖通津堂刻本。近有劉盼遂著《論衡集解》④，吳承仕著《論衡校釋》⑤，黄暉著《論衡校釋》⑥。

筆者從《酉陽雜俎》引文中發現 1 條佚文，或是具有校勘價值的異文。

（三）應劭《風俗通義》（又名《風俗通》）

（東漢）應劭（約 140 ~ 約 200）。劭，字仲瑗（又作仲遠、仲援），汝南南頓人，博覽多聞，爲河南尹、將作大匠應奉子。生平見《後漢書·應奉傳》附。《後漢書》本傳稱：“撰《風俗通》，以辯物類名號，

---

① （南朝宋）范曄撰，（唐）李賢等注《後漢書》第 6 册，中華書局 1965 年版，第 1629 頁。
② （唐）魏徵等撰《隋書》第 4 册，中華書局 1973 年版，第 1006 頁。
③ （清）永瑢等撰《四庫全書總目》上册，中華書局 1965 年版，第 1032 頁。
④ 劉盼遂著《論衡集解》，中華書局 1959 年版。
⑤ 吳承仕著《論衡校釋》，北京師範大學出版社 1986 年版。
⑥ 黄暉著《論衡校釋》“新編諸子集成”，中華書局 1990 年版。

釋時俗嫌疑。文雖不典，後世服其洽聞。"①

　　《隋志·子部·雜家》載《風俗通義》三十一卷，注云："録一卷。梁三十卷。"② 兩《唐志》并三十卷。《宋志》僅十卷③，即今本之十篇也。清《四庫提要》云："其書因事立論，文辭清辨，可資博洽。大致如王充《論衡》，而叙述簡明則勝充書之冗漫。"④

　　《風俗通義》問世以後，在南朝梁和唐代并没有散佚，梁庾仲容《子鈔》摘録頗多，馬總《意林》引徵略備。李昉等人編輯《太平御覽》時，也曾大量鈔録各篇文字，説明宋初本書尚完。北宋時蘇頌校書，本書已散佚過半，只剩下十卷，形成了今天所見的十卷本。本書最早的刻本是元大德本，明清兩代本書刻本迭出，但都源於大德本。

　　清人錢大昕撰有《風俗通義逸文》一卷，收録於《叢書集成三編》005 册。今人王利器撰《風俗通義校注》，輯得佚文二十三篇 878 條，其中《姓氏》篇佚文多達 523 條⑤；吳樹平撰《風俗通義校釋》，輯得佚文 27 段共（未標篇名，大約根據内容相近而分段，最後一段爲姓氏，佚文多達 490 條）831 條⑥。兩書皆附輯佚文，採摭之備，引據之詳，皆勝前人。

（四）崔寔《政論》（又名《正論》《嵁岈子》）

　　（東漢）崔寔（100～168）撰。寔，字子真，一名台，字元始。崔瑗子，崔駰孫。生平見《後漢書·崔駰傳》附。

　　《後漢書》本傳云："明於政體，吏才有餘，論當世便事數十條，名曰《政論》。指切時要，言辯而確，當世稱之。仲長統曰：'凡爲人主，

① （南朝宋）范曄撰，（唐）李賢等注《後漢書》第 6 册，中華書局 1965 年版，第 1614 頁。

② （唐）魏徵等撰《隋書》第 4 册，中華書局 1973 年版，第 1006 頁。

③ （元）脱脱等修，（清）黄虞稷、倪燦撰《宋史藝文志廣編》上册，世界書局 2009 年版，第 114 頁。

④ （清）永瑢等撰《四庫全書總目》上册，中華書局 1965 年版，第 1033 頁。

⑤ （漢）應劭撰，王利器校注《風俗通義校注》下册，中華書局 2010 年版，第 485—623 頁。

⑥ （東漢）應劭撰，吳樹平校釋《風俗通義校釋》，天津人民出版社 1980 年版，第 395—504 頁。

宜寫一通，置之坐側。'"范曄論曰："寔之《政論》，言當世理亂，雖鼂錯之徒不能過也。"①

《隋志·子部·法家》載《正論》六卷，注云："漢大尚書崔寔撰。"②兩《唐志》作《政論》，《舊唐志》作五卷③，《新唐志》作六卷④。（案：正、政通，依《崔駰傳》作"政"是。）《宋志》未著録，《通志·藝文略·法家》著録：《崔氏政論》六卷，漢尚書崔寔撰。⑤

嚴可均從其本傳、《群書治要》與《通典》輯文九篇，另30條附於卷末，較馬國翰、王仁俊輯本爲備。嚴可均序云："《治要》專取精實，其腴語美詞芟除浄盡。然于當時積弊亦臚列無遺，治亂興亡，古今一軌。《本傳》引仲長統曰：'凡爲人主，宜寫一通，置之坐側。'誠哉是言也！"（《崔氏政論叙》）⑥

嚴氏又曰："本傳繫于桓帝初除爲郎時，蓋就始創稿言之。其本北宋時已佚，故《崇文總目》不著録，《郡齋讀書志》《直齋書録解題》亦無之。《通志略》載有六卷，虛列書名，不足據。余從《群書治要》寫出七篇，《本傳》及《通典》各寫出一篇，凡九篇。略依《意林》次第之，刺取各書引見，校補譌脱，定著二卷，其遺文墜句不能成篇者附于末。"⑦

孫啓治校注《政論校注》，後附輯得佚文30條⑧，可補嚴氏輯本之闕。

（五）應璩《新論》（又名《新語》《新書》）

（東漢）應璩（190～252）撰。璩，字休璉，汝南人，五官將文學應瑒弟，歷仕文帝、明帝，爲散騎常侍。齊王時遷侍中，爲大將軍曹

---

① （南朝宋）范曄撰，（唐）李賢等注《後漢書》第6册，中華書局1965年版，第1725、1733頁。
② （唐）魏徵等撰《隋書》第4册，中華書局1973年版，第1004頁。
③ （後晉）劉昫等撰《舊唐書》第6册，中華書局1975年版，第2031頁。
④ （宋）歐陽修、宋祁撰《新唐書》第5册，中華書局1975年版，第1531頁。
⑤ （宋）鄭樵撰，王樹民點校《通志二十略》下册，中華書局2009年版，第1651頁。
⑥ （清）嚴可均著，孫寶點校《嚴可均集》，浙江古籍出版社2018年版，第183頁。
⑦ （清）嚴可均著，孫寶點校《嚴可均集》，浙江古籍出版社2018年版，第183頁。
⑧ （漢）崔寔撰，孫啓治校注《政論校注》，中華書局2012年版，第180—194頁。

爽長史，後復爲侍中，典著作。嘉平四年卒，贈衛尉卿。生平見《三國志・魏書・王衛二劉傅傳》附及裴松之注引《文章叙録》。

《隋志》僅記《應璩集》十卷與"應貞注應璩《百一詩》八卷"①，兩《唐志》僅記《百一詩》八卷②，諸史志皆不著録其專著。但《北堂書鈔》卷七十三"中正一百六十三"引應璩《新語》佚文1條③，此條佚文後又被《太平御覽》卷二百六十五引用，亦稱應璩《新論》④。又宋人孫逢吉《職官分紀》（卷四十"中正"）再引同一條佚文，稱應璩《新書》⑤。《册府元龜》卷六百三十九"貢舉部・總序"引用首句，只稱"應璩所謂"⑥。

考《太平御覽》之《經史圖書綱目》既列有"應璩《新論》"，又列有"應璩書"⑦，明示其爲二，所以其《新論》不當與嚴可均所輯別集中的數篇"書"相混同。應璩《新論》（或《新書》），或在民間流傳。

此書亡佚無輯本，僅存佚文1條。

（六）張升《友論》（又名《反論》《反論語》）

（東漢）張升（約 127 ~ 175）撰。升，字彦真，陳留尉氏人，官至外黄令，著賦、誄、頌、碑、書，凡六十篇。生平見《後漢書・文苑傳下》。

《文選》李善注（僅在劉孝標《廣絶交論》"叙温郁則寒谷成暄，論嚴苦則春叢零葉"一句下注作張升《反論》）⑧、《太平御覽》等引張升《反論》。諸志不載此書，諸書所引或作《友論》《及論》，字形相近，

---

① （唐）魏徵等撰《隋書》第4册，中華書局1973年版，第1060、1084頁。

② （後晉）劉昫等撰《舊唐書》第6册，中華書局1975年版，第2079頁。（宋）歐陽修、宋祁撰《新唐書》第5册，中華書局1975年版，第1620頁。

③ （隋）虞世南著，（明）陳雨謨校注《北堂書鈔》卷七十三，萬曆二十八年序刊本，第12頁。

④ （北宋）李昉等撰《太平御覽》第2册，中華書局1975年版，第1243頁。

⑤ （宋）孫逢吉撰《職官分紀》《文淵閣四庫全書》本，臺灣商務印書館，第923册第766頁。

⑥ （宋）王欽若、楊億等奉敕撰《册府元龜》《文淵閣四庫全書》第913册，臺灣商務印書館，第417頁。

⑦ （北宋）李昉等撰《太平御覽》第1册，中華書局1975年版，第10、11頁。

⑧ （梁）蕭統編（唐）李善注《文選》下册，中華書局1977年版，第757頁。

未詳孰是。

嚴可均稱《友論》，否定《反論》及《反論語》的稱呼①。王仁俊稱《反論》。二人皆採得佚文 2 條，其中 1 條互爲有無。王氏採《左傳》昭公七年疏引 1 條稱 “張叔《皮論》”，孫志祖以爲乃 “張升《反論》” 之誤（《讀書脞録》卷二 “反論語” 條）。清人錢大昕云：“詳其詞意，與《春秋疏》所引本是一篇之文，而篇名或云《反論》或云《反論語》或云《皮論》或云《及論》，其人名或云‘叔’或云‘升’。……梁《七録》有：外黄令張升集二卷。《反論》殆升所撰之一篇，如《解嘲》、《釋譏》之類。曰皮曰及皆字形相涉而訛，叔與升亦字形相涉也。”（《潛研堂文集》卷七）②錢氏又據《文選》李善注補充 2 條。

從 4 條佚文的行文看有四字句、五字句、七字句，且四字句爲騷體。從内容看，不論篇名爲《反論》抑或《友論》均不能把諸多内容統納於一篇之中，錢大昕以此著述爲一篇文章的證據不足，存疑。今存佚文 4 條。

（七）王逸《正部論》(又名《正部》《王逸子》)

（東漢）王逸（約 90 ～ 165）撰。逸，字叔師，南郡宜城人。元初中，舉上計吏，爲校書郎。順帝時，爲侍中。著《楚辭章句》行於世。生平見《後漢書・文苑傳下》。

《隋志・子部・儒家》云：“梁有王逸《正部論》八卷，後漢侍中王逸撰，亡。”③《意林》載爲十卷。兩《唐志》《宋志》無録。從傳世佚文看，其書内容駁雜，對於漢代子書與大賦皆有評論，其思想爲禮、法兼備。

侯康《補後漢書藝文志》曰：“《意林》載《正部》十卷，徵引凡十二條。其中一條云：‘《淮南》……《太玄》……《法言》……《新書》……。’其自負蓋出數書之上也。”④姚振宗考證甚詳：史言“賦、

---

① （清）嚴可均輯《全上古三代秦漢三國六朝文》第 1 册，中華書局 1958 年版，第 912 頁。
② （清）錢大昕撰《潛研堂文集》，四部叢刊初編第 1839 册。
③ （唐）魏徵等撰《隋書》第 4 册，中華書局 1973 年版，第 998 頁。
④ （清）侯康撰《補後漢書藝文志》，清華大學出版社 2012 年版，第 558 頁。

誄、書、論"，"論"或即此《正部論》，當時編入本集二十一篇中。《意林》載王逸《正部》十卷。十卷者，別有集二卷，見下別集類。蓋阮氏《七錄》分此八卷入此類，餘二卷入文籍部，本志仍之也。又云：《北堂書鈔》引王逸《折武論》，當屬此書。（《隋書經籍志考證》卷二十四）①

　　此書亡佚，馬國翰從《意林》採得 12 條。又唐宋類書或引作《王逸子》，馬氏以爲一書之文，因據以採得 8 條。勞格所輯凡 8 條，其中採原本《北堂書鈔》卷一百"歎賞二十一"引"屈原、宋玉、枚乘、相如、王褒、揚雄、班固、傅毅，灼以揚其藻，斐以敷其艷"②1 條爲馬氏輯本所不錄。又馬氏所輯"木有扶桑、梧桐、松柏"1 條，不全。筆者據毛晉《陸氏詩疏廣要》引文予以補充。

（八）邊誼（邊讓）《續論衡》

　　（東漢）邊讓（？ ~ 約 193），字文禮，東漢末年名士，兗州陳留郡浚儀縣人。大將軍何進徵署令史，後以高才屢遷，出爲九江太守。初平中，去官歸鄉。生平見《後漢書·文苑傳下》。

　　或作邊韶（？ ~ 165 爲陳相 ~？），字孝先，陳留浚儀人。以文章知名，教授數百人。桓帝時，爲臨潁侯相，徵拜太中大夫，著作東觀。再遷北地太守，入拜尚書令。後爲陳相，卒官。生平見《後漢書·文苑傳上》。《後漢書》本傳云："著詩、頌、碑、銘、書、策凡十五篇。"③

　　《後漢書》本傳稱他："恃才氣，不屈曹操，多輕侮之言。建安中，其鄉人有搆讓於操，操告郡就殺之。文多遺失。"④據無名氏著《曹瞞傳》載，邊讓因"言議頗侵太祖"⑤而爲曹操所殺害，陳琳《爲袁紹檄

---

① （清）姚振宗撰《隋書經籍志考證》二十五史補編本，開明書店 1936 年製版，第411 頁。

② （隋）虞世南著，（明）陳雨謨校注《北堂書鈔》卷一百，萬曆二十八年序刊本，第6 頁。

③ （南朝宋）范曄撰，（唐）李賢等注《後漢書》第 9 冊，中華書局 1965 年版，第2624 頁。

④ （南朝宋）范曄撰，（唐）李賢等注《後漢書》第 9 冊，中華書局 1965 年版，第2647 頁。

⑤ （清）嚴可均輯《全上古三代秦漢三國六朝文》第 2 冊，中華書局 1958 年版，第1456 頁。

豫州》中也稱讚他“直言正色，論不阿諂”①，孔融與蔡邕都曾爲邊讓寫過推薦信，邊讓的剛硬個性由此可見。本傳僅泛稱“文多遺失”，所引《章華賦》中有：“爾乃攜窈窕，從好仇，徑肉林，登糟丘，蘭肴山竦，椒酒淵流”②之語，諷刺辛辣。

《崇文總目》載“《續論衡》三十卷，邊誼撰，原釋闕。”（見天一閣鈔本）錢侗引《玉海》文，并據《宋志》疑“三”字爲誤③。王應麟《玉海·藝文》云：“《崇文目》有《續論衡》二十卷。當考。”④《宋志·子部·雜家》載：“邊誼《續論衡》二十卷”⑤，在“王充《論衡》三十卷”與“應劭《風俗通義》十卷”之間。邊誼，史書闕載。“邊誼”是否確爲“邊讓”之訛，尚待考，姑作邊讓書論。其著作，顯然有繼承王充《論衡》之意，也與邊讓的個性和文風相符。

邊讓著述“遺失”的原因或與曹操有關，本傳僅云“操告郡就殺之”，但陳琳《檄文》稱其“妻孥受灰滅之咎”，又《曹瞞傳》云曹操“族其家”。邊讓及其家族被誅滅之後，《續論衡》或在民間流傳，却不知因何至元人編寫《宋志》時才出現，其後又不知何因再次湮滅不聞。聯繫應璩的《新論》看，東漢子書復出於宋代者不在少數。

此書亡佚，佚文不存。

（九）荀爽《新書》

（東漢）荀爽（130～192）撰。爽，一名諝，字慈明。幼而好學，年二十，能通《春秋》《論語》。潁川人爲之語曰：“荀氏八龍，慈明無雙。”⑥生平見《後漢書·荀爽傳》。

①　（梁）蕭統編（唐）李善注《文選》中册，中華書局 1977 年版，第 617 頁。
②　（南朝宋）范曄撰，（唐）李賢等注《後漢書》第 9 册，中華書局 1965 年版，第 2642 頁。
③　（宋）王堯臣等編次，錢東垣等輯釋《崇文總目》（二）叢書集成初編本，商務印書館 1935 年版，第 150 頁。
④　武秀成、趙庶洋校證《玉海藝文校證》下册，鳳凰出版社 2013 年版，第 1375 頁。
⑤　（元）脫脫等修，（清）黃虞稷、倪燦撰《宋史藝文志廣編》上册，世界書局 2009 年版，第 114 頁。
⑥　（南朝宋）范曄撰，（唐）李賢等注《後漢書》第 7 册，中華書局 1965 年版，第 2051 頁。

　　《後漢書》本傳云："著《禮》、《易傳》、《詩傳》、《尚書正經》、《春秋條例》，又集漢事成敗可爲鑑戒者，謂之《漢語》；又作《公羊問》及《辯讖》，并它所論叙，題爲《新書》。凡百餘篇，今多所亡缺。"①

　　《玉海》（卷五十五）在"漢荀爽《新書》《漢語》"條中也稱引《後漢書·荀爽傳》内容。②楊修在《司空荀爽述贊》中稱他："砥心《六經》，探索道奥，瞻乾坤而知陰陽之極，載而集之，獨説十萬餘言，士林景附，群英式慕，猶毛羽之宗鵬鸞，衆山之仰五嶽也。"③可知《新書》在當時影響很大。《隋書·經籍志》僅記載："後漢司空《荀爽集》一卷，梁三卷，録一卷。"④兩《唐志》皆載有《荀爽集》二卷⑤，不載其《新書》，《宋志》亦不著録。

　　其書亡佚，佚文不存。

（十）陳紀《陳子》

　　（東漢）陳紀（129～199）撰。紀，字元方，陳寔子。生平見《後漢書·陳寔傳》附。

　　《後漢書》本傳云："及遭黨錮，發憤著書數萬言，號曰《陳子》。"⑥又《三國志》注引《魏書》云："紀歷位平原相、侍中、大鴻臚，著書數十篇，世謂之《陳子》。"⑦魏邯鄲淳《漢鴻臚陳紀碑》云："乃覃思著書三十餘萬言，言不務華，事不虛設，其所交釋合贊，規聖哲而後建旨明

①　（南朝宋）范曄撰，（唐）李賢等注《後漢書》第7册，中華書局1965年版，第2057頁。
②　武秀成、趙庶洋校證《玉海藝文志校證》，鳳凰出版社2013年版，第999頁。
③　張蘭花、程曉菡校注《三曹七子之外建安作家詩文合集校注》上册，河北教育出版社2013年版，第104頁。
④　（唐）魏徵等撰《隋書》第4册，中華書局1973年版，第1058頁。
⑤　（後晉）劉昫等撰《舊唐書》第6册，中華書局1975年版，第2055頁。（宋）歐陽修、宋祁撰《新唐書》第5册，中華書局1975年版，第1578頁。
⑥　（南朝宋）范曄撰，（唐）李賢等注《後漢書》第7册，中華書局1965年版，第2067頁。
⑦　（晉）陳壽撰，（宋）裴松之注《三國志》第3册，中華書局1959年版，第633—634頁。

歸焉，今所謂《陳子》者也。”①

　　其書至唐時已佚，《隋志》與兩《唐志》皆不著録。考史志亦無《陳紀集》，本傳亦未提及他的其他文章，嚴可均所輯陳紀《肉刑論》也許爲《陳子》中一篇，其他佚文僅存2條，無輯本。

（十一）侯瑾《矯世論》

　　（東漢）侯瑾（約140～195）撰。瑾，字子瑜，敦煌人。生平見《後漢書·文苑傳下》。又《太平御覽》卷九百二十二引《敦煌實録》曰：“侯瑾，字子瑜，解鳥語。嘗出門，見白雀與群雀同行，慨然歎曰：‘今天下大亂，君子小人相與雜。’”②

　　《後漢書》本傳云：“州郡累召，公車有道徵，并稱疾不到。作《矯世論》以譏切當時。”③《隋志》注“梁有《侯瑾集》二卷，亡”④，不載《矯世論》。兩《唐志》皆有《漢皇德紀》三十卷、《侯瑾集》二卷⑤，亦均不載《矯世論》。

　　全書應亡於唐時，今存佚文僅有《太平御覽》所引2條。《御覽》之“經史圖書綱目”有《矯世論》，卷八百五引“白玉”1條，卷八百九引“碧似玉”1條⑥，《矯世論》中當有論玉的篇章。現存2條佚文内容均爲辨别玉、碧，論玉之真，旨在對人作真偽之辨，是對於東漢末年文人沽名釣譽風氣的批判。

（十二）王符《潛夫論》

　　（東漢）王符（約82～162年隱居安定～？）撰。符，字節信，安

---

①　張蘭花、程曉菡校注《三曹七子之外建安作家詩文合集校注》上册，河北教育出版社2013年版，第133頁。

②　（北宋）李昉等撰《太平御覽》第4册，中華書局1975年版，第4094頁。

③　（南朝宋）范曄撰，（唐）李賢等注《後漢書》第8册，中華書局1965年版，第2649頁。

④　（唐）魏徵等撰《隋書》第4册，中華書局1973年版，第1058頁。

⑤　（後晉）劉昫等撰《舊唐書》第6册，中華書局1975年版，第2055頁。（宋）歐陽修、宋祁撰《新唐書》第5册，中華書局1975年版，第1577頁。

⑥　（北宋）李昉等撰《太平御覽》第1册、第4册，中華書局1975年版，第10、3577、3594頁。

定臨涇人，在《後漢書》中他與王充、仲長統同傳。

　　《後漢書》本傳云："志意蘊憤，乃隱居著書三十餘篇，以譏當時失得，不欲章顯其名，故號曰《潛夫論》。其指訐時短，討謫物情，足以觀見當時風政。"① 并著録其《貴忠》《浮侈》《實貢》《愛日》《述赦》五篇。

　　《隋志》②、兩《唐志·子部·儒家》皆載《潛夫論》十卷。《通志·藝文略·儒家》著録：《潛夫論》十卷，後漢處士王符撰。③ 清《四庫全書》子部儒家載《潛夫論》十卷，《提要》云："卷首《讚學》一篇，論勵志勤修之旨；卷末《五德志》篇，述帝王之世次；《志氏姓》篇，考譜牒之源流。其中《卜列》《相列》《夢列》三篇亦皆雜論方技，不盡指陳時政，范氏所云舉其著書大旨爾。"又云："所説多切漢末弊政"④。《提要》評價曰："符書洞悉政體似《昌言》，而明切過之；辨別是非似《論衡》，而醇正過之。"⑤ 今本十卷，凡三十五篇，合叙録爲三十六篇。《意林》卷三載："仁義不能月昇，財帛而欲日增，余所惡也。"⑥ 王仁俊《經籍佚文》疑此爲《潛夫論》佚文，可信。

　　晁公武《讀書志》云："范曄取其《貴忠》、《浮侈》、《實貢》、《愛日》、《述赦》等五篇，以爲足以觀見，當時風政。頗潤益其文。後韓愈亦贊其《述赦》旨意甚明云。"⑦ 姚振宗又引蕭山汪繼培箋注序曰："此書行於今者，有明程榮本、何鏜本，元大德本。各本簡編脱亂，以意屬讀，得其端緒。因復是正文字，疏證事辭，依採經書，爲之箋注。"（《隋書經籍志考證》卷二十四）⑧

　　《潛夫論》十卷，有《四部叢刊》影印清錢曾述古堂影宋抄本，與

———————

① （南朝宋）范曄撰，（唐）李賢等注《後漢書》第6冊，中華書局1965年版，第1630頁。
② （唐）魏徵等撰《隋書》第4冊，中華書局1973年版，第998頁。
③ （宋）鄭樵撰，王樹民點校《通志二十略》下冊，中華書局2009年版，第1598頁。
④ （清）永瑢等撰《四庫全書總目》上冊，中華書局1965年版，第773頁。
⑤ （清）永瑢等撰《四庫全書總目》上冊，中華書局1965年版，第773頁。
⑥ 王天海、王韌撰《意林校釋》上冊，中華書局2014年版，第379頁。
⑦ （宋）晁公武撰，孫猛校證《郡齋讀書志校證》上冊，上海古籍出版社2011年版，第440頁。
⑧ （清）姚振宗撰《隋書經籍志考證》二十五史補編本，開明書店1936年製版，第411頁。

清汪繼培《潛夫論箋》十卷，嘉慶二十二年刻《湖海樓叢書》本。《新編諸子集成》收入彭鐸的《汪氏潛夫論箋校正》，據《意林》輯得佚文1條①。

（十三）荀悅《申鑒》（又名《小荀子》）

（東漢）荀悅（148～209）撰。悅，字仲豫，荀爽兄儉之子，荀淑之孫。生平見《後漢書·荀淑傳》附。

《後漢書》本傳云："時政移曹氏，天子恭己而已。悅志在獻替，而謀無所用，乃作《申鑒》五篇。其所論辯，通見政體，既成而奏之。"②并引其《政體》篇"爲政之方"一章，《時事》篇之"尚主之制"二章大略。

《隋志》、兩《唐志·子部·儒家》皆載《申鑒》五卷。《通志·藝文略·儒家》著録:《申鑒》五卷，荀悅撰。③清《四庫全書》子部儒家載《申鑒》五卷，《提要》云："一曰《政體》，二曰《時事》，皆制治大要及時所當行之務；三曰《俗嫌》，皆機祥讖緯之説；四曰《雜言上》、五曰《雜言下》，則皆泛論義理，頗似揚雄《法言》。"又云："此書剖析事理，亦深切著明，蓋由其原本儒術，故所言皆不詭於正也。"④今存五卷，卷各一篇。從現存《申鑒》文本看，其書多"空論"美政理想，不談時政。

王仁俊《玉函山房輯佚書續編》輯得荀悅《典論》佚文2條："何進滅於吳匡、張璋……""三代之亡，由乎婦人……"⑤，此2條佚文爲嚴可均輯入曹丕《典論》中。各史志未見著録荀悅《典論》者，應是王氏誤輯。

陳振孫《書録解題》云："《申鑒》五卷，漢黄門侍郎潁川荀悅仲

① （清）汪繼培箋，彭鐸校正《潛夫論箋校正》，中華書局1985年版，第646頁。
② （南朝宋）范曄撰，（唐）李賢等注《後漢書》第7冊，中華書局1965年版，第2058頁。
③ （宋）鄭樵撰，王樹民點校《通志二十略》下冊，中華書局2009年版，第1598頁。
④ （清）永瑢等撰《四庫全書總目》上冊，中華書局1965年版，第773頁。
⑤ （清）王仁俊輯《玉函山房輯佚書續編三種》，上海古籍出版社1989年版，第197—198頁。

豫撰。……其曰：'教化之廢，推中人而墮於小人之域；教化之行，引中人而納於君子之塗。' 古今名言也。"又隨齋批注曰："本傳止載《政體》一篇，有曰：'前鑒既明，後復申之'，故名。"① 姚振宗又引趙希弁《讀書附志》以是書入別集類，不知何例。(《隋書經籍志考證》卷二十四)②

《申鑒》五卷本有明黃省曾注，正德十四年黃氏文始堂刻本，《四部叢刊》用明嘉靖時覆刻文始堂本影印。當代學者孫啓治，據明人黃省曾注本增補的《申鑒注校補》，未見增補佚文③。

（十四）劉劭（邵）《人物志》

（東漢）劉劭（邵、邵）（約 180 ~ 約 245）撰。劭，字孔才，廣平邯鄲人，生平見《三國志·王衛二劉傳傳》。

《三國志》本傳云："正始中。執經講學，賜爵關内侯。凡所撰述，《法論》、《人物志》之類百餘篇。"④ 西涼的劉延明有《人物志注》，北魏陽休之有《幽州人物志》，劉昺（按：初名炳）有《人物志注》，唐之趙彦昭有《河西人物志》，可見劉劭《人物志》影響之廣泛。

《隋志》載《人物志》三卷⑤，兩《唐志》均載《人物志》三卷，又有劉炳注《人物志》三卷⑥。《宋志·名家》僅載《即郡人物志》二卷，不著撰人⑦。《通志·藝文略·名家》亦著録：《人物志》三卷，魏劉劭撰，偽涼劉昺注。⑧ 諸史志均列《人物志》入"名家"。

晁公武《郡齋讀書志》曰："（劭）以人之材器志尚不同，當以'九

---

① （宋）陳振孫撰，徐小蠻、顧美華點校《直齋書録解題》上冊，上海古籍出版社 2015 年版，第 274 頁。
② （清）姚振宗撰《隋書經籍志考證》二十五史補編本，開明書店 1936 年製版，第 412 頁。
③ （漢）荀悅撰，（明）黃省曾注，孫啓治校補《申鑒注校補》，中華書局 2012 年版。
④ （晉）陳壽撰，（宋）裴松之注《三國志》第 3 冊，中華書局 1959 年版，第 620 頁。
⑤ （唐）魏徵等撰《隋書》第 4 冊，中華書局 1973 年版，第 1004 頁。
⑥ （後晉）劉昫等撰《舊唐書》第 6 冊，中華書局 1975 年版，第 2031、2032 頁。（宋）歐陽修、宋祁撰《新唐書》第 5 冊，中華書局 1975 年版，第 1532 頁。
⑦ （元）脱脱等修，（清）黃虞稷、倪燦撰《宋史藝文志廣編》上冊，世界書局 2009 年版，第 111 頁。
⑧ （宋）鄭樵撰，王樹民點校《通志二十略》下冊，中華書局 2009 年版，第 1652 頁。

'徵'、'八觀'，審察而任使之。凡十二篇。劭，郗慮所薦。慮，譖殺孔融者，不知在劭書爲何等，而劭受其知也。"① 陳振孫《書録解題》："《人物志》三卷，魏散騎常侍鄲邯劉劭孔才撰。梁儒林祭酒燉煌劉昞注。《梁史》無劉昞，《中興書目》云爾。晁氏云偽涼人。"②

通行有《四部叢刊》影印明隆慶六年梁夢龍刻仍作三卷有劉昞注的本子，1955 年文學古籍刊行社又出版經斷句的劉昞注《人物志》。今有郭模《人物志及注校證》與伏俊璉、梁滿倉譯注本可資參考。

（十五）劉劭《法論》（又名《劉氏法論》）

（東漢）劉劭（邵、邵）（約 180 ~ 約 245）撰。

《三國志》本傳云："正始中。執經講學，賜爵關内侯。凡所撰述，《法論》、《人物志》之類百餘篇。"③《隋志》在崔寔《政論》後注説："梁有《法論》十卷，劉邵撰。"④《新唐志·子部·法家》載《劉氏法論》十卷⑤。《通志·藝文略·法家》亦著録：《劉氏法論》十卷，魏劉劭撰。⑥

其書全佚，無輯本，佚文不可考。

（十六）仲長統《昌言》（又名《仲長子昌言》《仲長子》《齻山子》）

（東漢）仲長統（180 ~ 220）撰。統，字公理，山陽高平人，在《後漢書》中他與王充、王符同傳。

《後漢書》本傳云："每論説古今及時俗行事，恒發憤歎息。因著論名曰《昌言》，凡三十四篇，十餘萬言。"并略載其中"有益政者"曰

① （宋）晁公武撰，孫猛校證《郡齋讀書志校證》上册，上海古籍出版社 2011 年版，第 499 頁。
② （北宋）陳振孫撰，徐小蠻、顧美華點校《直齋書録解題》上册，上海古籍出版社 2015 年版，第 293 頁。
③ （晉）陳壽撰，（宋）裴松之注《三國志》第 3 册，中華書局 1959 年版，第 620 頁。
④ （唐）魏徵等撰《隋書》第 4 册，中華書局 1973 年版，第 1004 頁。
⑤ （宋）歐陽修、宋祁撰《新唐書》第 5 册，中華書局 1975 年版，第 1531 頁。
⑥ （宋）鄭樵撰，王樹民點校《通志二十略》下册，中華書局 2009 年版，第 1651 頁。

《理亂》《損益》《法誡》三篇。原注云，篇名取自《尚書》曰"汝亦昌言。"①曹魏人繆襲有《撰上仲長統昌言表》，詳述仲氏生平和事跡，對仲長統其人其書都極爲推崇，其文爲范曄《後漢書》所本。

根據《太平御覽》卷六百二所引葛洪《抱朴子》云："仲長統作《昌言》未竟而亡，後董襲撰次之。"②據李善注引《吳志》云：（董）襲，字元世，會稽人也。爲偏將軍；不似弄文之人。而繆襲，《文選》收錄了他的《挽歌詩》一首，據李善注可知他還作有《嘉夢賦》，李善注引《魏志》曰："襲，東海人，有才學，多所敘述，官至尚書光祿勳"③。再聯繫繆襲有《撰上仲長統昌言表》，推知《太平御覽》所云"董襲"當爲"繆襲"之誤。

《隋志·子部·雜家》載《仲長子昌言》十二卷④，《舊唐志》歸雜家⑤，《新唐志》歸儒家，并十卷⑥。《宋志》仍置雜家內，載爲二卷⑦。其書今佚，嚴可均輯本上下兩卷，採本傳載三篇，益以《群書治要》所載九篇，據《意林》之次第排定，又採輯他書中佚文五十8條附於卷末。馬國翰亦有輯文，不如嚴氏爲備。

孫啓治的《昌言校注》根據嚴可均《昌言》輯本，但對嚴輯原編次有所改變，嚴氏輯文有誤者，在注中正之。孫氏輯文以《後漢書》本傳《理亂》等有篇題者三篇列前，以《群書治要》闕題九篇列後，凡整文十二段，是爲正篇。《後漢書》本傳論卜居一篇及《抱朴子·內篇·至理》論導氣一篇，與論政事無涉，以此整文二段附正篇之後，是爲附篇。嚴輯所錄散文零句，并其所附於整篇前之《意林》各條，置於最後，依引錄所據書時代之先後排列，是爲佚文61條⑧。

---

① （南朝宋）范曄撰，（唐）李賢等注《後漢書》第6冊，中華書局1965年版，第1646頁。
② （北宋）李昉等撰《太平御覽》第3冊，中華書局1975年版，第2169—2170頁。
③ （梁）蕭統編（唐）李善注《文選》中冊，中華書局1977年版，第406頁。
④ （唐）魏徵等撰《隋書》第4冊，中華書局1973年版，第1006頁。
⑤ （後晉）劉昫等撰《舊唐書》第6冊，中華書局1975年版，第2033頁。
⑥ （宋）歐陽修、宋祁撰《新唐書》第5冊，中華書局1975年版，第1510頁。
⑦ （元）脫脫等修，（清）黃虞稷、倪燦撰《宋史藝文志廣編》上冊，世界書局2009年版，第114頁。
⑧ （漢）仲長統撰，孫啓治校注《昌言校注》，中華書局2012年版，第253—254頁。

（十七）魏朗《魏子》

（東漢）魏朗（？～169）撰。朗，字少英，會稽上虞人，官至尚書。後竇武等誅，朗以黨被急徵，行至牛渚，自殺。生平見《後漢書·黨錮列傳》。《太平御覽》卷四三八引虞預《會稽典録》曰："靈帝即位，竇武、陳蕃等欲誅宦官，謀泄，反爲所害。朗以黨被徵，乃慷慨曰：'丈夫與陳仲子、李元禮俱死，得非乘龍上天乎？'於丹陽牛渚自殺，海内列名八俊。"①

《後漢書》本傳云："著書數篇，號《魏子》云。"②《隋志·子部·儒家》載《魏子》三卷，注云："後漢會稽人魏朗撰。"③兩《唐志》均載三卷。《通志·藝文略·儒家》著録：《魏子》三卷，後漢會稽人魏朗撰。④

嚴可均無輯本。馬國翰從《意林》採得12條，又從《太平御覽》《文選》李善注採得5條。《魯迅輯録古籍叢編》之《魏子》輯文同馬氏輯本。其中"君以臣爲本"一條"蓼蟲"句可能爲誤收⑤。另，筆者補入"待扁鵲乃治病"1條佚文。其書大旨主用道術，強調人盡其才。

此書亡佚，今存佚文約17條。

（十八）唐檀《唐子》

（東漢）唐檀（？～？）撰。檀，字子産，豫章南昌人。生平見《後漢書·方術列傳》。

《後漢書》本傳云："著書二十八篇，名爲《唐子》。"⑥本傳稱唐檀"尤好災異星占"⑦，本傳所載本人平生行事中，也是有關災異推驗者。

①　（北宋）李昉等撰《太平御覽》第2册，中華書局1975年版，第2018頁。
②　（南朝宋）范曄撰，（唐）李賢等注《後漢書》第8册，中華書局1965年版，第2201頁。
③　（唐）魏徵等撰《隋書》第4册，中華書局1973年版，第998頁。
④　（宋）鄭樵撰，王樹民點校《通志二十略》下册，中華書局2009年版，第1598頁。
⑤　魯迅輯《魯迅輯録古籍叢編》，人民文學出版社1999年版，第353頁。
⑥　（南朝宋）范曄撰，（唐）李賢等注《後漢書》第10册，中華書局1965年版，第2729頁。
⑦　（南朝宋）范曄撰，（唐）李賢等注《後漢書》第10册，中華書局1965年版，第2729頁。

推測其所著之書，内容可能也多方術。

此書亡佚，嚴可均與馬國翰皆無輯本，筆者輯得佚文 1 條。

（十九）唐羌《唐子》

（東漢）唐羌（？ ～ 92 竇憲被誅——106 孝和帝崩 ～？）撰。羌，字伯游，本名堯，汝南人①。生平見《後漢書·孝和帝紀》及注。

《後漢書·孝和帝紀》云：“舊南海獻龍眼、荔支，十里一置，五里一候，奔騰阻險，死者繼路。時臨武長汝南唐羌，縣接南海，乃上書陳狀。帝下詔曰：‘遠國珍羞，本以薦奉宗廟。苟有傷害，豈愛民之本。其敕太官勿復受獻。’由是遂省焉。”②

李賢注引《謝承書》云：“唐羌字伯游，辟公府，補臨武長。縣接交州，舊獻龍眼、荔支及生鮮，獻之，驛馬晝夜傳送之，至有遭虎狼毒害，頓仆死亡不絕。道經臨武，羌乃上書諫曰：‘臣聞上不以滋味爲德，下不以貢膳爲功，故天子食太牢爲尊，不以果實爲珍。伏見交阯七郡獻生龍眼等，鳥驚風發。南州土地，惡蟲猛獸不絕於路，至於觸犯死亡之害。死者不可復生，來者猶可救也。此二物升殿，未必延年益壽。’帝從之。章報，羌即弃官還家，不應徵召，著《唐子》三十餘篇。”③

據本傳所載本人平生行事，可知唐羌治民則主於仁愛，於名利卻恬淡。所以周壽昌感慨：“據史則其人亦上流，所著《唐子》三十卷，必有可觀，惜其書久佚不傳也。”（《後漢書注補正》卷一 “《唐子》三十卷不傳”）④

此書亡佚，歷代無輯本，佚文不存。

（二十）韋彪《韋卿子》

（東漢）韋彪（？ ～ 89）著。彪，字孟達，扶風平陵人，丞相韋賢

---

① 羅泌曰：“唐羌本名堯，後人惡其僭而改之。”見周壽昌《後漢書注補正》卷一引。
② （南朝宋）范曄撰，（唐）李賢等注《後漢書》第 1 册，中華書局 1965 年版，第 194 頁。
③ （南朝宋）范曄撰，（唐）李賢等注《後漢書》第 1 册，中華書局 1965 年版，第 194—195 頁。
④ （清）周壽昌著《後漢書注補正》“思益堂三史校注”，清光緒八年周氏思益堂刻本。

玄孫。建武末，舉孝廉，除郎中，以病免。永平中，召拜謁者，三遷爲魏郡太守。章帝初，以病免。徵爲左中郎將長樂衛尉，遷奉車都尉，行太常事，拜大鴻臚。元和中，行司徒事。章和末，以病免。其生平及行事見《後漢書·韋彪傳》及《後漢紀·後漢孝章皇帝紀上》。

《後漢書》本傳稱：“彪清儉好施，禄賜分與宗族，家無餘財。著書十二篇，號曰《韋卿子》。”[①] 袁宏《後漢紀》同載。其書各史志均不見著録，《通志》《册府元龜》《玉海》等皆根據《後漢書》引其書名。

其書内容全佚，無輯本，佚文不存。

（二十一）應奉《後序》（又名《漢書後序》《漢事》《後漢書序》）

（東漢）應奉（？ ～ 153 爲武陵太守～？）著。奉，字世叔，汝南南頓人也。應劭父。生平見《後漢書·應奉》。《後漢書》本傳云：“少聰明，自爲童兒及長，凡所經履，莫不暗記。讀書五行并下。……著《漢書後序》，多所述載。”[②] 又《傳》注引《袁山松書》曰：“奉又删《史記》《漢書》及《漢記》三百六十餘年，自漢興至其時，凡十七卷，名曰《漢事》。”[③] 裴松之注引華嶠書曰：“（奉）才敏善諷誦，故世稱‘應世叔讀書，五行俱下’。著《後序》十餘篇，爲世儒者。”（《三國志·魏書·王衛二劉傅傳》）[④]

章宗源《隋書經籍志考證》曰：“《後漢書·應奉傳》：‘奉著《後漢書序》，多所述載。’《隋志·子部·儒家》注云：‘梁有《後序》十二卷，應奉撰，亡。’當即范史所稱《漢書後序》。尋其名義，似宜列諸史部。”[⑤] 又曰：“《漢事》十七卷，應奉撰。……《史記索隱·匈奴傳》

① （南朝宋）范曄撰，（唐）李賢等注《後漢書》第 4 册，中華書局 1965 年版，第920 頁。
② （南朝宋）范曄撰，（唐）李賢等注《後漢書》第 6 册，中華書局 1965 年版，第1607 頁。
③ （南朝宋）范曄撰，（唐）李賢等注《後漢書》第 6 册，中華書局 1965 年版，第1608 頁。
④ （晉）陳壽撰，（宋）裴松之注《三國志》第 3 册，中華書局 1959 年版，第 601 頁。
⑤ （清）章宗源撰《隋書籍志考證》，清華大學出版社 2012 年版，第 8 頁。

引、……《通典·職官門》注……章懷《雷義傳注》亦引之。"①姚振宗
語稱：此三引但稱"應奉曰"，不著書名，不知爲《漢事》、爲《後序》
之文也？（《隋書經籍志考證》卷二十四）②《漢事》與《後序》或爲二
書，但其佚文已難辨別。

　　此書亡佚，今存佚文約 2 條。

（二十二）杜篤《明世論》

　　（東漢）杜篤（？ ～ 44 作《論都賦》 ～ 78）著。篤，字季雅，京
兆杜陵人。御史大夫杜延年玄孫。生平見《後漢書·文苑傳上》。

　　《後漢書》本傳稱："所著賦、誄、吊、書、讚、《七言》、《女誡》
及雜文，凡十八篇。又著《明世論》十五篇。"③《明世論》亡佚，《隋
志》與兩《唐志》及以後史志目錄皆不著錄。嚴可均以爲《通邊論》與
《展武論》爲《明世論》之二篇④，是。嚴氏據《太平御覽》和《文選》
李善注輯得佚文 3 條，另有佚文 1 條，見於《北堂書鈔》卷十五。

　　今存佚文約二篇 4 條。

（二十三）牟融（牟子博）《理惑論》（又名《牟子理惑》《牟子理惑論》）

　　（後漢）牟融（？ ～ 79）撰。融，字子優，北海安丘人。少博學，
以《大夏侯尚書》教授，門徒數百人，名稱州里。官至太尉。生平見
《後漢書·牟融傳》與《後漢書·儒林傳》。

　　（後漢）牟子博（？ ～？）撰。子博，蒼梧人，或曾任太守，生平
事跡不見於史傳。

① （清）章宗源撰《隋書籍志考證》，清華大學出版社 2012 年版，第 8 頁。
② （清）姚振宗撰《隋書經籍志考證》二十五史補編本，開明書店 1936 年製版，第
　　411 頁。
③ （南朝宋）范曄撰，（唐）李賢等注《後漢書》第 9 册，中華書局 1965 年版，第
　　2609 頁。
④ （清）嚴可均輯《全上古三代秦漢三國六朝文》第 1 册，中華書局 1958 年版，第
　　628 頁。

　　《隋志・子部・儒家》載："《牟子》二卷，後漢太尉牟融撰。"[①]但是，《唐日本國見在書目・子部・儒家》載："《牟子》二卷，後漢太尉牟融撰"[②]。兩《唐志》道家復載"《牟子》二卷，牟融"[③]，未注明其爲後漢太尉。《通志・藝文略・儒家》著録：《牟子》二卷，後漢太尉牟融撰。[④]又梁釋僧祐《弘明集》記載了《牟子理惑論・自序》："牟子既修經傳諸子，書無大小，靡不好之。"[⑤]姚振宗以爲"此牟子，東漢末蒼梧人"，并非太尉牟融。他又進行了詳細的考證："本志列是書于後漢之末，部居不誤，題太尉則誤。前人已考訂甚明，孫氏志祖《讀書脞録》引胡元瑞《史書佔畢》、張文虎《螺江日記》并云：'漢兩牟融，一太尉，一布衣，俱著書，俱名《牟子》。'則猶是騎墻之見也。"（《隋書經籍志考證》卷二十四）[⑥]

　　洪頤煊校刊《牟子》序曰："《弘明集》有漢牟融《理惑論》三十七篇。前有《自序》云一名《牟子理惑》。《世説注》《文選注》《太平御覽》引《牟子》數條，雖字句異同，皆在《理惑論》三十七篇中。知《隋志》所載《牟子》即是書也（姚振宗案：此説又甚確[⑦]）。《後漢書・牟融傳》：'融代趙熹爲太尉，建初四年薨。'是書《自序》云：'靈帝崩後，天下擾亂。'則相距已百餘年。《牟子》非融作，明矣（姚振宗案：此説又甚確）。[⑧]《弘明集》題下有注云：'一云蒼梧太守牟子博傳。'子博之名不見於史，據《自序》則牟子本蒼梧人，未嘗爲太守，亦未嘗居官，豈從其後而署之耶？抑別有其人耶？是書雖崇信佛道，尚不背於聖賢之旨，故《隋志》列於儒家。吾師淵如觀察愛其爲漢魏舊帙，録出別行云。"

①　（唐）魏徵等撰《隋書》第 4 册，中華書局 1973 年版，第 998 頁。
②　孫猛著《日本國見在書目録詳考》中册，上海古籍出版社 2015 年版，第 967 頁。
③　（後晉）劉昫等撰《舊唐書》第 6 册，中華書局 1975 年版，第 2030 頁。（宋）歐陽修、宋祁撰《新唐書》第 5 册，中華書局 1975 年版，第 1516 頁。
④　（宋）鄭樵撰，王樹民點校《通志二十略》下册，中華書局 2009 年版，第 1598 頁。
⑤　（南朝梁）僧祐編撰，劉立夫、胡勇譯注《弘明集》，中華書局 2011 年版，第 6 頁。
⑥　（清）姚振宗撰《隋書經籍志考證》二十五史補編本，開明書店 1936 年製版，第 413 頁。
⑦　（清）姚振宗撰《隋書經籍志考證》二十五史補編本，開明書店 1936 年製版，第 413 頁。
⑧　（清）姚振宗撰《隋書經籍志考證》二十五史補編本，開明書店 1936 年製版，第 402 頁。

歷代輯佚有邵瑞彭《邵次公遺著·牟子校補附》，周叔迦《牟子叢殘》與余嘉錫《牟子理惑論檢討》。

（二十四）張奐《通古人論》（又名《古今人論》）

（東漢）張奐（104～181）撰。奐，字然明，敦煌酒泉人。桓帝初，辟大將軍梁冀府，以疾去。後舉賢良方正，對策第一，拜議郎。永壽初，遷安定屬國都尉，進使匈奴中郎將。延嘉中，梁冀誅，以故吏禁錮。後爲武威太守，遷度遼將軍，徵拜大司農。鮮卑入塞，出爲護匈奴中郎將。靈帝初，徵拜少府，遷大司農，轉太常，遭黨錮。生平見《後漢書·張奐傳》。

《後漢書》本傳稱："所著銘、頌、書、教、誡述、志、對策、章表二十四篇"①，未云著有《通古人論》。《隋志·子部·名家》子部家載："梁又有《通古人論》一卷，亡。"②不著撰人，或爲（東漢）張奐。姚振宗云："《左·定五年傳》正義引張奐《古今人論》云云，疑即是書。"（《隋書經籍志考證》卷二十七）③考孔穎達《春秋左傳正義》確引張奐《古今人論》云："子西問城之高厚大小而弗知也，子西怒曰……" 1 條④。

此書亡佚，無輯本，今存佚文約 1 條。

① （南朝宋）范曄撰，（唐）李賢等注《後漢書》第 8 冊，中華書局 1965 年版，第2144 頁。
② （唐）魏徵等撰《隋書》第 4 冊，中華書局 1973 年版，第 1004 頁。
③ （清）姚振宗撰《隋書經籍志考證》二十五史補編本，開明書店 1936 年製版，第458 頁。
④ 上海古籍出版社編《十三經注疏》下冊，上海古籍出版社 1997 年版，第 2140 頁。

三 三國——曹魏子書

（一）徐幹《中論》

（魏）徐幹（170～217）撰。幹，字偉長，北海劇人。"建安七子"之一。生平見《三國志·王衛二劉傅傳》。曹丕在《又與吳質書》中讚他："著《中論》二十餘篇，辭義典雅，足傳於後。"[①] 吳質在《答魏太子箋》中稱："至於司馬長卿稱疾避事，以著書爲務，則徐生庶幾焉。"[②] 吳質將徐幹比作司馬相如，曹丕的評語"辭義典雅"，對後世影響很大。

曾鞏《中論目録序》云："幹獨能考六藝，推仲尼孟軻之旨，述而論之。"《四庫提要》云："大都闡發義理，原本經訓，而歸之於聖賢之道。"[③] 清劉熙載評曰："非但其理不駁，其氣亦雍容静穆，非有養不能至焉。……説道理俱正而實。"（《藝概》卷一）[④]

歷代學者對《中論》的評價，大多針對書中以立論爲主的篇目，的確有典雅、雍容静穆的風格。但是，他們忽視了《中論》中以破論爲主的篇目，比如《覈辯》《譴交》《考僞》《亡國》等篇，批駁的言辭比較犀利，顯示了徐幹文章的刀鋒。另外，徐幹《中論》不只是"推仲尼孟軻之旨"，他也有自己的理論發明。比如他對"智"的重視，就是對孔子重德的突破（《智行》篇）。另外，《中論》説理喜歡引經據典，因此，無論對先秦文獻的保存，或是先秦文本的釋讀，都有重要價值。

---

① 夏傳才、唐紹忠校注《曹丕集校注》，河北教育出版社 2013 年版，第 110 頁。
② 張蘭花、程曉菡校注《三曹七子之外建安作家詩文合集校注》上册，河北教育出版社 2013 年版，第 146 頁。
③ （清）永瑢等撰《四庫全書總目》上册，中華書局 1965 年版，第 773 頁。
④ （清）劉熙載著《藝概》（清末民初文獻叢刊），朝華出版社 2018 年版，第 34 頁。

　　《隋志·子部·儒家》著録："《徐氏中論》六卷，魏太子文學徐幹撰，梁目一卷。"①　兩《唐志》亦著録六卷，皆未明言篇目。《通志·藝文略·儒家》著録：《中論》六卷，魏徐幹撰。後又著録：徐氏《中論》六卷，魏太子文學徐幹撰②，或爲重復著録。

　　書有散佚，今存二十篇，分上下卷。逸文兩篇：《復三年喪》《制役》，并見《群書治要》，唐太宗讀過《復三年喪》一篇，評價云："朕昨見徐幹《中論·復三年喪》篇，義理甚精審，深恨不早見此書。"（《貞觀政要·論悔過第二十四》）③　傳世的二十篇中，可能也有脱文，篇幅較短，文章收束突然，不似完篇，待考。

　　《中論》在北宋雖有殘闕，但尚有完書，至南宋已不可考。清代通行的本子是明人程榮的《漢魏叢書》本，直至咸豐年間錢培名又加以整理校勘，此後諸多輯本大致來源於錢氏的校補本。今人整理的校注本有徐湘霖校注《中論校注》④，徐氏注本使用的底本爲錢培名的校補本，又據俞樾《中論札記》加以校勘訂正，并加詳注；孫啓治撰《中論解詁》⑤，使用的底本爲《四部叢刊》所收録的明嘉靖四十四年青州刻本，校以《漢魏叢書》本、《四庫全書》本、《增訂漢魏叢書》本、《龍溪精舍叢書》本。兩書注釋各有短長，孫氏的輯文與注釋似更精詳。

（二）王粲《去伐論》（又名《去伐論集》）

　　（魏）王粲（177～217）撰。粲，字仲宣，山陽高平人。官至侍中，封爵關内侯。"建安七子"之一。生平見《三國志·王衛二劉傅傳》。

　　馬國翰輯本作晉袁宏撰。嚴可均無輯本，但在序中説："有'去伐論集'三卷"⑥。《隋志》⑦　與《唐志·子部·儒家》皆載王粲《去伐論

①　（唐）魏徵等撰《隋書》第 4 册，中華書局 1973 年版，第 998 頁。
②　（宋）鄭樵撰，王樹民點校《通志二十略》下册，中華書局 2009 年版，第 1598 頁。
③　（唐）吳競撰，謝保成集校《貞觀政要集校》（修訂本）下册，中華書局 2021 年版，第 407 頁。
④　（漢）徐幹原著，徐湘霖校注《中論校注》，巴蜀書社 2000 年版，第 304—317 頁。
⑤　（魏）徐幹撰，孫啓治解詁《中論解詁》，中華書局 2014 年版，第 374—391 頁。
⑥　（清）嚴可均輯《全上古三代秦漢三國六朝文》第 1 册，中華書局 1958 年版，第 958 頁。
⑦　（唐）魏徵等撰《隋書》第 4 册，中華書局 1973 年版，第 998 頁。

集》三卷，今佚。《通志·藝文略·儒家》著録：《去伐論》三卷，王粲撰①。《藝文類聚》卷二十三引《去伐論》一篇，題"晉袁宏書"②。嚴可均將此段文字輯入袁宏集中，馬氏云："取以補仲宣之遺書"，似乎傾向於歸爲王粲。馬氏考證云："隋、唐志均無宏撰《去伐論》之目，以題稱《去伐論集》釋之，當是王粲著論，後賢多有擬議，一併附入。"③

又根據蕭繹《金樓子·雜記上》所云："王仲宣昔在荆州，著書數十篇。荆州壞，盡焚其書。今存者一篇，知名之士咸重之。見虎一毛不，知其斑。"④可知王粲確實曾寫有一部子書，其書本名《去伐論》，爲梁人"重之"，惜其散佚，所以復有擬議以增之，而以王粲題著者，所以題云《去伐論集》。

從現存此節文字中"苟伐其善必忘其惡"，可以看出其書題名"去伐"的用意，論述"君子"應該"勞而不伐"。伐，即矜伐。君子要具備謙卑恭順的美德。《文心雕龍·論説》："仲宣之《去代（孫云明抄本《御覽》作"伐"）》……并師心獨見，鋒穎精密，蓋人倫（鈴木云《御覽》《玉海》"人倫"作"論"一字）之英也。"⑤劉勰將王粲《去伐論》與傅嘏的《才性論》、嵇康的《聲無哀樂論》、夏侯玄的《本無論》、王弼的《易略例》上下，還有何晏的《道德》二論并列，可作爲王粲著有《去伐論》的力證。孫詒讓亦云："'代'當作'伐'，形近而誤。《隋書·經籍志·儒家》：'梁有《去伐論集》三卷，王粲撰。'即此《去伐》。言去矜伐。"（《札迻》卷十二）⑥因爲原文將"伐"字訛爲"代"，所以此條評論爲很多學者所忽視。

筆者考辨，曹丕對徐幹《中論》反復誇獎讚美，不應僅僅着眼於其人品，而是對子書著述的重視，如果王粲著有《去伐論》一書的話，他不會不提！他給吳質的信中對王粲的評語有"惜其體弱，不起其文"是

①（宋）鄭樵撰，王樹民點校《通志二十略》下册，中華書局 2009 年版，第 1598 頁。

②（唐）歐陽詢撰《宋本藝文類聚》上册，上海古籍出版社 2013 年版，第 657 頁。

③（清）馬國翰輯《玉函山房輯佚書》第 3 册，上海古籍出版社 1990 年版，第 2512 頁。

④（梁）蕭繹撰，許逸民校箋《金樓子校箋》下册，中華書局 2011 年版，第 1293 頁。

⑤（南朝梁）劉勰著，范文瀾注《文心雕龍注》上册，人民文學出版社 1978 年版，第 327 頁。

⑥（清）孫詒讓著，梁運華點校《札迻》，中華書局 1989 年版，第 424 頁。

否爲針對《去伐論》一書的評語？如是，則説明《去伐論》不符合他對子書“辭義典雅”的標準。另外，曹丕不提王粲書的另一原因，或因其書亡佚不可復見，如蕭繹所説的“荆州壞盡焚”。而姚振宗也認爲此書當爲王粲著作：“《魏志》本傳，著詩、賦、論、議垂六十篇，《去伐論》當在其中。此三卷不知何人集。他家之爲此論者，凡若干篇也。此亦可入之總集。”（《隋書經籍志考證》卷二十四）[①] 即《去伐論》也在王粲的六十篇之中。

今存佚文共七篇，有殘闕，另有 1 條。

（三）曹丕《典論》

（魏）曹丕（187 ~ 226）撰。丕，字子桓，魏武帝長子。生平見《三國志·文帝紀》。

《三國志·明帝紀》：“（四年二月）戊子，詔太傅三公：以文帝《典論》刻石，立于廟門之外。”[②]《隋志》經部小學類載《一字石經典論》一卷，又子部儒家載《典論》五卷[③]，兩《唐志》著録亦稱五卷。《通志·藝文略·儒家》著録：《典論》五卷，魏文帝撰[④]。今存《論文》《自叙》二篇較爲完備，見其《本紀》注及《文選》，《論文》篇中的文學批評對後世影響顯著。

《典論》約作於曹丕被立爲太子時期，具有鮮明的自傳性質，全面反映了曹丕的生活、興趣及其政治主張與文學思想。《典論》注重自我展示這一傾向，或許與早年丕、植兄弟爭儲有關。

嚴可均評價云：“帝席父成業，十三讓而受禪曰：‘舜禹之事，吾知之矣。’于是晉、宋、齊、梁、陳、北齊、周、隋、唐、宋一千年中，易代革命，莫不踵舜禹故事，緜帝之作俑也。顧其書，其《姦讒》、《内誡》、《酒誨》、《終制》，及辨神仙黄白之惑，足爲有國有家者炯戒。宋人曰：‘仁者，心之德，愛之理。’《典論》曰：‘在親曰孝，施物曰仁。

① （清）姚振宗撰《隋書經籍志考證》二十五史補編本，開明書店 1936 年製版，第 415 頁。
② （晉）陳壽撰，（宋）裴松之注《三國志》第 1 册，中華書局 1959 年版，第 97 頁。
③ （唐）魏徵等撰《隋書》第 4 册，中華書局 1973 年版，第 946、998 頁。
④ （宋）鄭樵撰，王樹民點校《通志二十略》下册，中華書局 2009 年版，第 1598 頁。

仁者，有事之實名，非無事之虛稱。'儒家之異乎道學家以此。聖人復起，必不以人廢言。"（《典論叙》）①

嚴可均考證云："《本紀》：'帝好文學，以著書爲務，所勒成垂百篇。'五卷未必有百篇，疑兼文集所論説計之。明帝時刊石，詳《搜神記》。又《齊王芳紀》注：'臣松之昔從征，西至洛陽，見《典論》石在太學者尚存'，《御覽》五百八十九引戴延之《西征記》'《典論》六碑，今四存二敗'，《隋志》'小學類'有《一字石經典論》一卷。唐時石本亡，至宋而寫本亦亡，世所習見，僅本紀注之帝《自叙》及《文選》之《論文》而已。亡友瀋陽孫馮翼字鳳卿，嘗有輯本，罣漏甚多。又如采《北堂書鈔》十五之'洽和萬國'，以《典略》爲《典論》，若斯之類，概宜覈正。今蒐輯群書，寫出數十百事，合併復重，補改闕誤，定著一卷。其次第依《意林》，而遺文散句無所繫屬者列于後……"（《典論叙》）②

嚴可均輯文一卷，有篇名者共十三篇：《奸讒》《内戒》《酒誨》《論郤儉等事》《太子》《劍銘》《論文》《論太宗》《論孝武》《論周成、漢昭》《終制》《諸物相似亂者》《自叙》。有闕篇名者五篇，其他未知篇屬的逸文 10 條③。

（四）王肅《王子正論》（又名《政論》《聖證論》）

（魏）王肅（195～256）撰。肅，字子雍，王朗長子，黄初中爲散騎黄門侍郎；太和中拜散騎常侍；青龍末領秘書監，兼崇文觀祭酒；正始初出爲廣平太守，徵拜議郎，尋爲侍中，遷太常；後爲光禄勳，遷中領軍，加散騎常侍。甘露元年卒，謚景侯。生平見《三國志·鍾繇華歆王朗傳》。

《隋志·子部·儒家》載王肅《王子正論》十卷④，兩《新唐志》作

---

① （清）嚴可均著，孫寶點校《嚴可均集》，浙江古籍出版社 2018 年版，第 186—187 頁。

② （清）嚴可均著，孫寶點校《嚴可均集》，浙江古籍出版社 2018 年版，第 186 頁。

③ （清）嚴可均輯《全上古三代秦漢三國六朝文》第 2 册，中華書局 1958 年版，第 1093—1100 頁。

④ （唐）魏徵等撰《隋書》第 4 册，中華書局 1973 年版，第 998 頁。

王肅《政論》十卷①。《通志·藝文略·儒家》著録：王子《政論》十卷，王肅撰②。但《隋志》載録的《聖證論》十二卷③，而兩《唐志》僅有十一卷，皆置於"經解"類④。又據《三國志》本傳云："肅集《聖證論》以譏短玄，叔然駁而釋之，及作《周易》、《春秋例》、《毛詩》、《禮記》、《春秋三傳》、《國語》、《爾雅》諸注，又注書十餘篇。"⑤《聖證論》一書，爲解經著作，有別自創新論的子書。

　　《三國志》本傳、《晉書·禮志》及《通典》載肅議論、問答之文，多涉禮制，馬國翰以爲即《王子正論》之文，據以採得 24 條⑥。從今存佚文看，其書少空論，多切時事，他説"隱切"在於漢武帝而不在於司馬遷的話，尤爲諒直之言。

（五）鍾會《芻蕘論》（又名《道論》）

　　（魏）鍾會（225～264）撰。會，字士季，潁川長社人，太傅鍾繇少子，少敏惠夙成。高貴鄉公即位，賜爵關内侯，拜衛將軍，遷黃門侍郎，封東武亭侯，以從平毌丘儉功遷太僕，辭不受；以討諸葛誕功遷司隸校尉。景元中爲鎮西將軍假節，都督關中諸軍事，以定蜀功進司徒，封縣侯。尋謀據蜀，爲亂兵所殺。生平見《三國志·王毌丘諸葛鄧鍾傳》。

　　《三國志》本傳云："會常論《易》無互體、才性同異。及會死後，于會家得書二十篇，名曰《道論》，而實刑名家也，其文似會。"⑦《隋志·子部·雜家》云："梁有《芻蕘論》五卷，鍾會撰，亡。"⑧兩《唐志》復載五卷。鄭樵《通志·藝文略·儒家》著録：《芻蕘語論》五卷，鍾

① （宋）歐陽修、宋祁撰《新唐書》第 5 册，中華書局 1975 年版，第 1511 頁。

② （宋）鄭樵撰，王樹民點校《通志二十略》下册，中華書局 2009 年版，第 1598 頁。

③ （唐）魏徵等撰《隋書》第 4 册，中華書局 1973 年版，第 938 頁。

④ （後晉）劉昫等撰《舊唐書》第 6 册，中華書局 1975 年版，第 1983 頁。（宋）歐陽修、宋祁撰《新唐書》第 5 册，中華書局 1975 年版，第 1445 頁。

⑤ （晉）陳壽撰，（宋）裴松之注《三國志》第 2 册，中華書局 1959 年版，第 419—420 頁。

⑥ （清）馬國翰輯《玉函山房輯佚書》第 3 册，上海古籍出版社 1990 年版，第 2507—2512 頁。

⑦ （晉）陳壽撰，（宋）裴松之注《三國志》第 3 册，中華書局 1959 年版，第 795 頁。

⑧ （唐）魏徵等撰《隋書》第 4 册，中華書局 1973 年版，第 1006 頁。

會撰①。姚振宗亦據其本傳記載，推測《道論》云："不知是否即此《芻蕘
論》也。"(《隋書經籍志考證》卷三十)②

今《道論》佚文不存，所存者均出自《芻蕘論》，筆者認爲《芻蕘
論》與本傳所云《道論》或爲一書而異名。其父鍾繇在《請許吳主委質
表》中云有"芻蕘之言可擇廊廟"③的話，《芻蕘論》書名可能亦受其父
影響。

嚴可均輯文 7 條，王仁俊補 2 條，筆者又據《山堂肆考》補充 1
條，今存佚文共 10 條。從現存佚文看，除了刑名之説外，尚有論民本、
論"交"與進賢内容，不皆玄虚之語。其中"吳之玩水若魚鱉，蜀之便
山若鳥獸" 1 條，爲現存三國子書中唯一涉及評價他國的内容，可以看
出當時三國習俗風尚的差異、文化隔閡的明顯及他們之間的敵對態度。

（六）周生烈《周生子要論》（又名《周生烈子》）

（魏）周生烈（？~？）撰。烈，字文逸，敦煌人。爲雍州、涼州
刺史張既所禮遇，爲魏初著名徵士。陳壽在《三國志·劉司馬梁張温賈
傳》中將他與扶風龐延、天水楊阜、安定胡遵、酒泉龐淯、敦煌張恭
并列。裴松之注云："此人姓周生，名烈。何晏《論語集解》有《烈義
例》，餘所著述，見晉武帝《中經簿》。"④生平見《三國志·鍾繇華歆王
朗傳》注。

《宋書·大且渠蒙遜傳》："(元嘉)十四年，茂虔奉表獻方物，并
獻《周生子》十三卷。"⑤

姚振宗援引宋鄧名世《古今姓氏書辨證》：周生氏，《姓苑》："後
漢周生豐，字偉防，太山南武陽人，建武七年爲豫章太守。魏初有博士
周生烈，敦煌人，爲《論語義説》，即豐之後。劉炳《敦煌實録》云：

---

① （宋）鄭樵撰，王樹民點校《通志二十略》下册，中華書局 2009 年版，第 1599 頁。
② （清）姚振宗撰《隋書經籍志考證》二十五史補編本，開明書店 1936 年製版，第
471 頁。
③ （清）嚴可均輯《全上古三代秦漢三國六朝文》第 2 册，中華書局 1958 年版，第
1184 頁。
④ （晉）陳壽撰，（宋）裴松之注《三國志》第 2 册，中華書局 1959 年版，第 420 頁。
⑤ （梁）沈約撰《宋書》第 8 册，中華書局 1974 年版，第 2416 頁。

‘魏侍中周生烈，本姓唐，外養周氏。’今亦存其説。”按：此所引皆宋何承天《姓苑》文，何以知之？以《周生子》及《敦煌實録》兩書皆宋文帝元嘉十四年河西王茂虔所獻，承天嘗爲著作郎，修國史，卒于元嘉二十四年之後，知必爲所見也。侯氏《補三國藝文志》引葛洪曰：“周生烈，學精而不仕。”則魏初再以博士侍中徵，不就，故亦稱徵士也。（《隋書經籍志考證》卷二十四）①

　　周生烈解釋《論語》的相關内容爲李善《文選注》等文獻引用。馬總《意林》云：“張角敗後，天下潰亂，哀苦之間，故著此書。以堯、舜作幹植，仲尼作師誡。”②《隋志·子部·儒家》云：“梁有《周生子要論》一卷，録一卷，魏侍中周生烈撰，亡。”③兩《唐志》均載《周生烈子》五卷。陸德明《釋文·序録》論《春秋》左氏家云：“（魏）徵士燉煌周生烈，竝注解《左氏傳》。”又《論語》家周生烈下注云：“燉煌人。《七録》云字文逢，本姓唐，魏博士侍中。”④鄭樵《通志·藝文略·儒家》著録：《周生烈子》五卷，不著撰人⑤。

　　馬國翰輯文 22 條，《序》1 條。張澍據《太平御覽》等採得 9 條，其中“桀紂是湯武之梯”“心者衆智之門”2 條爲馬氏輯本所闕。“心者”1 條，爲張澍誤輯（《二酉堂叢書》）⑥。清人顧櫰三《補後漢藝文志》著録：“周生烈子”，并附有輯文三節⑦，可補上述輯本之闕。

　　今存佚文共 24 條。從現存文獻看，語言精警，重哲學思辯。

（七）蔣濟《萬機論》（又名《蔣子萬機論》）

　　蔣濟（？～249），字子通，楚國平阿人，仕魏官至太尉建安中仕

①　（清）姚振宗撰《隋書經籍志考證》二十五史補編本，開明書店 1936 年製版，第 411—412 頁。

②　王天海、王韌撰《意林校釋》下册，中華書局 2014 年版，第 487 頁。

③　（唐）魏徵等撰《隋書》第 4 册，中華書局 1973 年版，第 998 頁。

④　（唐）陸德明撰，黄焯斷句《經典釋文》，中華書局 1973 年版，第 14、16 頁。

⑤　（宋）鄭樵撰，王樹民點校《通志二十略》下册，中華書局 2009 年版，第 1599 頁。

⑥　（清）張澍輯《二酉堂叢書》，德國國家圖書館藏清道光元年（1821）武威張氏二酉堂刊本。

⑦　（清）顧櫰三撰，項永琴整理《補後漢藝文志》（《二十五史藝文經籍志考補萃編》第六卷），第 355 頁。

郡計吏州別駕，拜丹陽太守，尋爲揚州別駕，免。曹公爲丞相，辟爲主簿，徙西曹屬。文帝即王位，轉相國長史。及受禪，出爲東中郎將，進散騎常侍，後復爲東中郎將，徵拜尚書。明帝時封關内侯，遷中護軍，又遷護軍將軍。齊王即位，徙領軍將軍，進封昌陵亭侯，遷太尉。曹爽誅，進封都鄉侯。卒，謚曰景侯。生平見《三國志·程郭董劉蔣劉傳》。

《三國志》本傳稱：“濟上《萬機論》，帝善之。”①《隋志·子部·雜家》載《蔣子萬機論》八卷②，《舊唐志》同。《新唐志》③《宋志》均載十卷④。《通志·藝文略·儒家》著錄：《萬機論》八卷，蔣濟撰⑤。宋陳振孫《直齋書錄解題》載爲二卷，云：“《館閣書目》十卷五十五篇。今惟十五篇，恐非全書也。”⑥是南宋時已無完書。

嚴可均云：“至明而二卷本亦亡。焦竑《國史經籍志》以八卷入‘儒家’，以二卷入‘雜家’。虛列書名，又誤分爲兩種，不足信。今從《群書治要》寫出三篇，益以各書所徵引，定著一卷。”⑦嚴可均採得三篇又22條，而馬國翰據《通典》卷九引“《禮記》叔嫂無服”1條自“尚書何晏”云云以下300餘字嚴未錄⑧，王仁俊據《意林》卷六補輯1條。

今存共《政略》《刑論》《用奇》三篇，另有佚文23條。書中講肆禮服，評騭人物，兼言兵陣之事，有批評《莊子》之語，可以看出受漢末品人風氣與魏初多戰及玄學萌芽的時代風氣交疊的多重影響。

《萬機論》在東晉南朝頗有影響，書中一些理論爲文人所引用，而且此書對子書創作提供典範。比如西晉陸喜，自叙云：“余不自量，感子雲之《法言》而作《言道》，覩賈子之美才而作《訪論》，觀子政

---

① （晉）陳壽撰，（宋）裴松之注《三國志》第 2 册，中華書局 1959 年版，第 451 頁。

② （唐）魏徵等撰《隋書》第 4 册，中華書局 1973 年版，第 1006 頁。

③ （宋）歐陽修、宋祁撰《新唐書》第 5 册，中華書局 1975 年版，第 1534 頁。

④ （元）脱脱等修，（清）黄虞稷、倪燦撰《宋史藝文志廣編》上册，世界書局 2009 年版，第 114 頁。

⑤ （宋）鄭樵撰，王樹民點校《通志二十略》下册，中華書局 2009 年版，第 1598 頁。

⑥ （宋）陳振孫撰，徐小蠻、顧美華點校《直齋書錄解題》上册，上海古籍出版社 2015 年版，第 303 頁。

⑦ （清）嚴可均著，孫寶點校《嚴可均集》，浙江古籍出版社 2018 年版，第 187 頁。

⑧ （清）馬國翰輯《玉函山房輯佚書》第 3 册，上海古籍出版社 1990 年版，第 2744—2745 頁。

《洪範》而作《古今曆》，覽蔣子通《萬機》而作《審機》……"（《晉
書・陸喜傳》）^①可惜《審機》文已佚，不得見其體例。

（八）劉廙《劉氏正論》（又名《政論》）

（魏）劉廙（180～221）撰。廙，字恭嗣，南陽安衆人，仕魏官
至侍中。生平見《三國志・魏書王衛二劉傳傳》。

本傳稱："著書數十篇，及與丁儀共論刑禮，皆傳於世。"^②

《隋志・子部・法家》載："梁有《政論》五卷，魏侍中劉廙撰，
亡。"^③兩《唐志》均載五卷。《通志・藝文略・法家》亦著錄:《劉氏
政論》五卷，魏侍中劉廙撰。^④嚴可均《劉氏政論叙》云："至宋復
亡。……今世所見僅《群書治要》載有八篇，題爲《劉廙別傳》，而目
錄作《政論》。據裴松之所引《別傳》，似與《政論》各爲一書，則目
錄作《政論》者是也。各書都未徵引，《治要》有此，彌復可貴，因錄
出以廣其傳。"^⑤

嚴可均輯文八篇，其篇目曰《備政》《正名》《慎愛》《審愛》《欲
失》《疑賢》《任臣》《下視》。馬國翰另採《論治道》一篇，共九篇。
又據《三國志・陸遜傳》載廙《先刑後禮論》，似亦爲《政論》之一篇。

又據侯康《補三國藝文志》曰："廙有《先刑後禮論》，見《陸遜
傳》，當出此書，即本傳所謂'與丁儀共論形禮，傳於世者也。'"^⑥李善
注《三都賦序》引劉廙《答丁儀刑禮書》。姚振宗以爲：侯氏謂《先刑
後禮論》當出此書，考裴注引別傳有廙《表論治道》一篇，在太祖時所
上，似亦此書之一事。《別傳》蓋全載《政論》，魏鄭公從別傳中摘出，
故《治要》篇首標目曰《劉廙別傳》。（《隋書經籍志考證》卷二十六）^⑦
因爲《論治道》已爲馬國翰所採錄，加上《先刑後禮論》，劉氏《政

① （唐）房玄齡等撰《晉書》第 5 册，中華書局 1974 年版，第 1486 頁。
② （晉）陳壽撰，（宋）裴松之注《三國志》第 3 册，中華書局 1959 年版，第 616 頁。
③ （唐）魏徵等撰《隋書》第 4 册，中華書局 1973 年版，第 1004 頁。
④ （宋）鄭樵撰，王樹民點校《通志二十略》下册，中華書局 2009 年版，第 1651 頁。
⑤ （清）嚴可均著，孫寶點校《嚴可均集》，浙江古籍出版社 2018 年版，第 186 頁。
⑥ （清）侯康撰《補三國藝文志》，清華大學出版社 2012 年版，第 60 頁。
⑦ （清）姚振宗撰《隋書經籍志考證》二十五史補編本，開明書店 1936 年製版，第
　　453 頁。

論》現存十篇，殘闕。

從現存佚文看，其書論名實之辨，批評朋黨之弊，強調人主“聽察”的重要性。内容多蹈虛論理，少關時政。

（九）無名氏《刑聲論》（又名《刑禮論》《形聲論》）

不著撰人。《隋志·子部·名家》云：“梁有《刑聲論》一卷，亡。”①

姚振宗云，“刑聲”二字，莫詳其義，且列之名家，更不解其何謂。《魏志·劉廙傳》云：“廙與丁儀共論刑禮，傳于世。”《吳志·陸遜傳》：“權徵遜輔太子。南陽謝景善劉廙先刑後禮之論，遜呵景曰：‘禮之長于刑久矣，廙以細辨而詭先聖之教，皆非也。君今侍東宮，宜遵仁義以彰德音，若彼之談，不須講也。’此《刑聲論》或《刑禮論》之誤歟？”（《隋書經籍志考證》卷二十七）②

《刑聲論》既然列在名家，或作《形聲論》，爲考辨名實之作，而名實之辨爲魏晉玄談的主題之一。此書亡佚，不存佚文。

（十）任嘏《道論》（又名《任嘏道論》《任子道論》《道德論》）

（魏）任嘏（？～？）撰。嘏，字昭先（昭光），樂安博昌人。《三國志·王昶傳》裴松之注引《任嘏別傳》稱：“著書三十八篇，凡四萬餘言。嘏卒後，故吏東郡程威、趙國劉固、河東上官崇等，録其事行及所著書奏之。詔下秘書，以貫群言。”③童幼時曾被鄭玄稱爲“有道德”④。生平又見《後漢書·鄭玄傳》。

《隋志·子部·道家》載《任子道論》十卷，注云：“魏河東太守任

---

① （唐）魏徵等撰《隋書》第 4 册，中華書局 1973 年版，第 1004 頁。
② （清）姚振宗撰《隋書經籍志考證》二十五史補編本，開明書店 1936 年製版，第 457 頁。
③ （晉）陳壽撰，（宋）裴松之注《三國志》第 3 册，中華書局 1959 年版，第 748 頁。
④ （南朝宋）范曄撰，（唐）李賢等注《後漢書》第 5 册，中華書局 1965 年版，第 1212 頁。

碬撰。"①兩《唐志》同。《初學記》既引《任子》（見卷三十）又引任碬《道德論》（見卷十七、卷二十七），明是二書，則唐初猶未相混。《御覽》則皆引作《任子》，其文有與《意林》所載任奕《任子》同者，又有與《初學記》引任碬《任子》同者，是宋時已混二書不別矣。清黃以周《子叙》辨之甚詳（見《儆季雜著》）。

　　《通志·藝文略·道家·論》亦著録：任子《道論》十卷，魏河東太守任碬撰。②高似孫《子略》抄《意林目録》云："《任子》十卷"，題其名曰"任弁"③，姚振宗以爲係因"奕"而譌爲"弁"也。嚴氏《三國文編》輯存任碬《道論》十一條，不取《意林》，則以《意林》稱任奕，以爲別是一人。今考嚴輯十一條中同《意林》者三條，是‘任奕’實爲‘任碬’之誤。馬氏考訂可信。"（《隋書經籍志考證》卷二十五）④

　　嚴氏輯文 11 條之外，筆者又據隋人杜公瞻《編珠》輯得 1 條，今存佚文共 12 條。

（十一）桓範《世要論》（又名《桓子》《政要論》《新論》《要集》《世論》《桓範新書》《桓公世論》《桓範要集》）

　　（魏）桓範（？ ~ 249）撰。範，字士則（一作元則），沛國人。建安末入丞相府，與王象等共撰《皇覽》。明帝時歷中領軍尚書，使持節都督青徐諸軍事。正始中拜大司農，坐曹爽事誅。生平見《三國志·諸夏侯曹傳》及裴注引《魏略》。

　　裴注引《魏略》云："範嘗抄撮《漢書》中諸雜事，自以意斟酌之，名曰《世要論》。"⑤《隋志·子部·法家》載"《世要論》十二卷"，注云："魏大司農桓範撰，梁有二十卷。"⑥《舊唐志》載十卷（原文作《代

① （唐）魏徵等撰《隋書》第 4 册，中華書局 1973 年版，第 1002 頁。
② （宋）鄭樵撰，王樹民點校《通志二十略》下册，中華書局 2009 年版，第 1617 頁。
③ （宋）高似孫撰，司馬朝軍校釋《子略校釋》，山東人民出版社 2018 年版，第 171 頁。
④ （清）姚振宗撰《隋書經籍志考證》二十五史補編本，開明書店 1936 年製版，第 442 頁。
⑤ （晉）陳壽撰，（宋）裴松之注《三國志》第 1 册，中華書局 1959 年版，第 290 頁。
⑥ （唐）魏徵等撰《隋書》第 4 册，中華書局 1973 年版，第 1004 頁。

要論》，疑訛）①，《新唐志》載十二卷②。宋時不著錄，《群書治要》載有《政要論》十四篇。《通志·藝文略·法家》亦著錄：《桓氏世要論》十二卷，魏大司農桓範撰。③

其書今佚，諸書稱引作桓範、桓子、《政要論》、桓範《新論》、《要集》、《世論》者互見，馬國翰、嚴可均皆謂是一書之異稱。（嚴氏《桓氏世要論叙》："各書徵引，或稱《政要論》，或稱《桓範新書》，或稱《桓範世論》，或稱《桓公世論》，或稱《桓子》，或稱《魏桓範》，或稱《桓範論》，或稱《桓範要集》。互證之，止是一書。"）④

嚴可均評價其人其書云："範字士則，一作元則，《魏志》附《曹爽傳》。一作字元則，以不附司馬氏夷三族。被收時，自稱義士，其後王淩、毋丘儉、諸葛誕相繼死難，而魏祚移矣。《魏略》言範以此書示蔣濟，濟不肯視。文人相輕，自古而然。距今千六百年佚書復出，與濟之《萬機論》比竝，有過之無不及。"（《桓氏世要論叙》）⑤

馬國翰《序》云："書中多論行兵，蓋三國割據，日尋干戈，故論世者詳究之。雖列法家而略無殘苛之語。昔範嘗以示蔣濟，濟不肯視，試取蔣氏《萬機論》衡之，其識議亦止在伯仲間耳。"⑥

嚴可均輯文十六篇，又14條，十六篇曰《爲君難》《臣不易》《治本》《政務》《節欲》《詳刑》《兵要》《擇將》《簡騎》《辨能》《尊嫡》《諫爭》《決壅》《讚象》《銘誄》《序作》。另，《適園叢書》本後附佚文16條，多出了"聖人用人""帝王用人"2條，并增附錄3條⑦。

王仁俊據《意林》卷六輯得1條（姚振宗：宋刻全本《意林》第六卷有《世要論》四條，嚴、馬二家皆未及見。）⑧。

① （後晉）劉昫等撰《舊唐書》第6冊，中華書局1975年版，第2031頁。
② （宋）歐陽修、宋祁撰《新唐書》第5冊，中華書局1975年版，第1531頁。
③ （宋）鄭樵撰，王樹民點校《通志二十略》下冊，中華書局2009年版，第1651頁。
④ （清）嚴可均著，孫寶點校《嚴可均集》，浙江古籍出版社2018年版，第188頁。
⑤ （清）嚴可均著，孫寶點校《嚴可均集》，浙江古籍出版社2018年版，第188—189頁。
⑥ （清）馬國翰輯《玉函山房輯佚書》第3冊，上海古籍出版社1990年版，第2679頁。
⑦ （清）張均衡輯《適園叢書》，廣陵古籍刻印社1986年版。
⑧ （清）姚振宗撰《隋書經籍志考證》二十五史補編本，開明書店1936年製版，第454頁。

（十二）王基《王氏新書》（又名《時要論》）

（魏）王基（190～261）撰。基，字伯輿，東萊曲城人，鄭玄門人。黃初中察孝廉，累官中書郎。生平見《三國志・徐胡二王傳》與《後漢書・鄭玄傳》。

《三國志》本傳稱："時曹爽專柄，風化陵遲，基著《時要論》以切世事。"①此書大約作於正始九年（公元248年）。《隋志・子部・儒家》云："梁有《新書》五卷，王基撰，亡。"②兩《唐志》與《宋志》均不載。

嚴可均無《新書》輯本，但在王基文序中云"有《新書》五卷"③，未提及《時要論》。馬國翰從王基本傳采得諫答等八段文字爲《新書》佚文，也未提《時要論》④。

根據漢代以"新書"泛稱子書的習慣（尹玉珊《漢魏子書的泛稱——"新書"》）⑤，王基此書當有兩名，《時要論》應爲定名。姚振宗云："又王肅論定朝儀，改易鄭玄舊説，而基據持玄義，常與抗衡。當皆在《新書》中，特散佚已久，無由考見耳。"（《隋書經籍志考證》卷二十四）⑥

如將嚴可均所輯文章，除《薦劉毅于公府》之外的《上明帝疏諫盛脩宮室》《上疏請守便宜》《奉詔停駐請進軍南頓議》《進據灅水復議》《被詔迎鄧由馳驛陳狀》《伐吳進趣之宜封》《戒司馬景王書》六篇殘文皆入《新書》，則與馬國翰所輯八段文字頗有出入，馬氏所輯"吳嘗大發衆集建業，揚聲欲入攻揚州，刺史諸葛誕使基策之，基曰……""大將軍司馬文王進屯丘頭……"⑦2條爲嚴氏失收。嚴、馬輯文兩相參照，刪其重復，共得佚文9條。據現存佚文看，其書內容多論兵事，重民

① （晉）陳壽撰，（宋）裴松之注《三國志》第3册，中華書局1959年版，第751頁。
② （唐）魏徵等撰《隋書》第4册，中華書局1973年版，第998頁。
③ （清）嚴可均輯《全上古三代秦漢三國六朝文》第2册，中華書局1958年版，第1268頁。
④ （清）馬國翰輯《玉函山房輯佚書》第3册，上海古籍出版社1990年版，第2517—2519頁。
⑤ 尹玉珊著《漢魏子書研究》，中國社會科學出版社2018年版，第115—123頁。
⑥ （清）姚振宗撰《隋書經籍志考證》二十五史補編本，開明書店1936年製版，第416頁。
⑦ （清）馬國翰輯《玉函山房輯佚書》第3册，上海古籍出版社1990年版，第2517、2518—2519頁。

本，反對奢侈，思想主儒家。

（十三）杜恕《體論》

（魏）杜恕（195～252）撰。恕，字務伯，京兆杜陵人，魏幽州刺史，尚書僕射杜畿之子，晉征南大將軍杜預之父。生平見《三國志·任蘇杜鄭倉傳》。

《三國志》本傳云："在章武，遂著《體論》八節，又著《興性論》一篇，蓋興於爲己也。"[1]《體論》篇名今俱在，曰：《君》《臣》《言》《行》《政》《法》《聽察》《用兵》。裴松之注引《杜氏新書》曰："以爲人倫之大綱，莫重於君臣；立身之基本，莫大於言行；安上理民，莫精於政法；勝殘去殺，莫善於用兵。夫禮也者，萬物之體也，萬物皆得其體，無有不善，故謂之《體論》。"[2]裴氏引用文字爲其書大、小序内容。

《隋志》[3]與兩《唐志》子部儒家并載杜恕《體論》四卷。《通志·藝文略·儒家》著録：杜氏《體論》四卷，魏幽州刺史杜恕撰[4]。

嚴可均輯文八篇，較馬、王爲備。嚴氏《體論叙》云："所論皆剴切通明，能持大體，粹然儒者之言。"又云："恕，……杜征南之父也。……著《體論》八篇，又著《興性論》一篇。……其書宋不著録。《群書治要》載有六千餘言，其餘散見本傳及《意林》、《六帖》、《御覽》等書。……恕又有《篤論》四卷，各自爲書。《興性論》不傳。"[5]姚振宗云："《篤論》見後雜家，嚴氏并録存之，考訂甚覈。馬氏《玉函山房》亦有輯本，然馬氏不見《群書治要》，故不及嚴氏。"（《隋書經籍志考證》卷二十四）[6]

（十四）杜恕《篤論》

（魏）杜恕（195～252）撰。

① （晉）陳壽撰，（宋）裴松之注《三國志》第2册，中華書局1959年版，第507頁。
② （晉）陳壽撰，（宋）裴松之注《三國志》第2册，中華書局1959年版，第507頁。
③ （唐）魏徵等撰《隋書》第4册，中華書局1973年版，第998頁。
④ （宋）鄭樵撰，王樹民點校《通志二十略》下册，中華書局2009年版，第1598頁。
⑤ （清）嚴可均著，孫寶點校《嚴可均集》，浙江古籍出版社2018年版，第189頁。
⑥ （清）姚振宗撰《隋書經籍志考證》二十五史補編本，開明書店1936年製版，第415頁。

《隋志》^①與兩《唐志》子部雜家并載杜恕《篤論》四卷,鄭樵《通志·藝文略·儒家》著録:《篤論》四卷,杜恕撰^②。此外宋以後史志書目不見載。

嚴可均與馬國翰皆有輯本,馬氏以爲《魏書》本傳稱其議論亢直,故此書取名《篤論》^③。本傳所載他的上疏三篇,嚴可均輯本不採而輯入文集中。《意林》所載《篤論》6條則有疏奏中語,所以疏奏也應在《篤論》中,馬國翰也認爲三疏當入《篤論》。所以,《隋志》集部不載杜恕集,而《適園叢書》本已將疏三篇採入。

姚振宗云:“《杜氏新書》似即杜氏之一家言,《體論》《興性論》《篤論》全在其中,猶《李氏家書》載李邰奏疏,《劉廙别傳》載劉廙政論之類。嚴氏謂猶今全書,是也;謂《篤論》之末篇,又謂《篤論》其總名,似未然。蓋《篤論》爲《新書》中之一種,《新書》其總名也。”(《隋書經籍志考證》卷三十)^④根據漢人子書泛稱“新書”之慣例,《體論》《篤論》皆爲著述最後之定名,姚氏此説不確。

據馬國翰考證,《興性》爲《篤論》首篇,而裴松之所引《杜氏新書》内容爲末篇^⑤。筆者又據《資暇集》補充佚文1條。

嚴氏《篤論序》云:“其書前數卷爲論駁雜説,故爲雜家;後述叙家世歷官,引及《魏書》,并引王隱《晉書》,知是東晉後編定。……奏議甚美,惜明帝不能盡用之。”^⑥

(十五)阮武《阮子正論》(又名《阮子》)

(魏)阮武(?~?)撰。武,字文業,陳留尉氏人,官至清河太守。爲人闊達淵雅,拓落有大才。其生平事略見《三國志·任蘇杜鄭倉傳》及裴注引《杜氏新書》。

---

① (唐)魏徵等撰《隋書》第4册,中華書局1973年版,第1006頁。
② (宋)鄭樵撰,王樹民點校《通志二十略》下册,中華書局2009年版,第1599頁。
③ (清)馬國翰輯《玉函山房輯佚書》第3册,上海古籍出版社1990年版,第2747頁。
④ (清)姚振宗撰《隋書經籍志考證》二十五史補編本,開明書店1936年製版,第471頁。
⑤ (清)馬國翰輯《玉函山房輯佚書》第3册,上海古籍出版社1990年版,第2747—2752頁。
⑥ (清)嚴可均著,孫寶點校《嚴可均集》,浙江古籍出版社2018年版,第190頁。

《三國志》載阮武鼓勵杜恕"可試潛思，成一家言"①，促成了《體論》一書的誕生，但未載阮武的著述。

《隋志·子部·法家》云："梁有《阮子政論》五卷，魏清河太守阮武撰，亡。"②兩《唐志》子部法家均載爲五卷，題作《阮子政論》③。《通志·藝文略·法家》亦著録：《阮子正論》五卷，魏清河太守阮武撰。④明焦竑《國史經籍志》載同《唐志》。既然《隋志》已云亡佚，或唐時已不可見，其後史志書目僅虛列其目，未必得見其書。

《意林》所録5條，疑是照抄庾仲容《子鈔》，未必親見其書。嚴可均與馬國翰皆有輯本，馬國翰輯文10條，較嚴氏爲備。從今存佚文看，其主題有：主法制，譴"交遊"，批"朋黨"。其書所論爲政者，多爲蹈空論理之辭。

（十六）張茂《要言》

（魏）張茂（？～？）撰。茂，字彦林，沛人，青龍中爲太子舍人。生平見《三國志·明帝紀》裴注引《魏略》。

張茂《上書諫明帝奪士女以配戰士》云："今群公皆結舌，而臣所以不敢不獻瞽言者，臣昔上《要言》，散騎奏臣書，以《聽諫》篇爲善，詔曰'是也'。擢臣爲太子舍人；且臣作書，譏爲人臣不能諫諍，今有可諫之事而臣不諫，此爲作書虛妄而不能言也。"（《三國志·明帝紀》注引《魏略》）⑤據此可知，《要言》中有《聽諫》篇最爲魏明帝及其臣屬讚賞。

各史書目録均無記載，此書今全佚，無輯本。

（十七）盧毓《九州人士論》

（魏）盧毓（183～257）撰。毓，字子家，涿郡涿人。父爲中郎

---

① （晉）陳壽撰，（宋）裴松之注《三國志》第2冊，中華書局1959年版，第507頁。
② （唐）魏徵等撰《隋書》第4冊，中華書局1973年版，第1004頁。
③ （後晉）劉昫等撰《舊唐書》第6冊，中華書局1975年版，第2031頁。（宋）歐陽修、宋祁撰《新唐書》第5冊，中華書局1975年版，第1531頁。
④ （宋）鄭樵撰，王樹民點校《通志二十略》下冊，中華書局2009年版，第1651頁。
⑤ （晉）陳壽撰，（宋）裴松之注《三國志》第1冊，中華書局1959年版，第105—106頁。

將盧植。崔琰舉爲冀州主簿，後爲丞相法曹議令史，轉西曹。仕魏至侍中、吏部尚書。甘露二年卒，諡曰成侯。生平見《三國志·桓二陳徐衛盧傳》。

　　《三國志》本傳未載其著述文章。《隋志·子部·名家》載："梁又有《九州人士論》一卷，魏司空盧毓撰，亡。"① 兩《唐志》復載，亦入名家。《通志·藝文略·名家》亦著録:《九州人士論》一卷，魏司空盧毓撰。② 王應麟《玉海》皆據《唐志》抄其目。

　　此書今全佚，無輯本。

---

① （唐）魏徵等撰《隋書》第 4 册，中華書局 1973 年版，第 1004 頁。
② （宋）鄭樵撰，王樹民點校《通志二十略》下册，中華書局 2009 年版，第 1652 頁。

四　三國——蜀漢子書

（一）譙周《法訓》（又名《譙子》《譙子法訓》）

（蜀）譙周（201～270）撰。周，字允南，巴西西充國人。蜀亡入魏，封陽城亭侯。晉受禪，拜騎都尉，後以爲散騎常侍，封義陽亭侯。生平見《三國志・杜周杜許孟來尹李譙郤傳》。

《三國志》本傳稱"凡所著述，撰定《法訓》、《五經論》、《古史考》之屬百餘篇。"[①]《隋志》[②]、兩《唐志》子部儒家并載爲"《譙子法訓》八卷，譙周撰"。鄭樵《通志・藝文略・儒家》著録：《譙子法訓》八卷，譙周撰。其下又著録：譙子《五教志》五卷[③]。其他宋史志書目多不見載，或亡佚於唐、宋之際。

其書亡佚，周廣業《意林附編》輯有佚文18條。馬國翰輯文23條，除去屬於《喪服圖》1條，加上張澍所輯"昔燕趙之間"（張澍《蜀典・著作類》輯存22條）"《風俗通》謂雙生者""今有挽歌者，高帝招田橫"3條，又加王仁俊據《意林》卷六輯得的6條，今存共31條，其中1條篇名爲《齊交》。

馬國翰云："此書稱《法訓》，擬於古之格言，亦如揚子雲書稱《法言》之類。"[④]此書內容既有對於歷史事件的總結與評價，也有社會風俗習慣的辨析與批評，強調禮、孝，重儒家之"道"。

---

① （晉）陳壽撰，（宋）裴松之注《三國志》第4册，中華書局1959年版，第1033頁。
② （唐）魏徵等撰《隋書》第4册，中華書局1973年版，第998頁。
③ （宋）鄭樵撰，王樹民點校《通志二十略》下册，中華書局2009年版，第1599頁。
④ （清）馬國翰輯《玉函山房輯佚書》第3册，上海古籍出版社1990年版，第2529頁。

（二）李密《述理論》

（蜀）李密（224～287）撰。密，字令伯，一名虔，犍爲武陽人。早年師事譙周，通《左氏春秋》。曾仕蜀爲尚書郎、大將軍主簿、太子洗馬等職。蜀亡，回鄉侍奉祖母，著有名文《陳情表》。祖母去世之後，李密出仕，任太子洗馬、尚書郎、河内温令等職。生平見《三國志·鄧張宗楊傳》裴注引《華陽國志》。

裴注引《華陽國志》詳細介紹了李密的生平，并稱其"著《述理論》十篇，安東將軍胡熊與皇甫士安并善之"①。惜此書不見於史志著録，歷代無輯本，佚文亦不存。

---

① （晉）陳壽撰，（宋）裴松之注《三國志》第 4 册，中華書局 1959 年版，第 1079 頁。

五　三國——孫吳子書

（一）任奕《任子》

　　（吳）任奕（？～？）撰。奕（汲古本《三國志·虞翻傳》注引《會稽典録》"奕"誤作"爽"），字安和，句章人。官御史中丞。朱育曾稱讚他的文章："其文章之士，立言粲盛，則御史中丞句章任奕，鄱陽太守章安虞翔，各馳文檄，曄若春榮。"[①]生平略見《三國志·虞陸張駱陸吾朱傳》裴注引《會稽典録》。

　　任奕的《任子》與任嘏的《道論》混淆的時間發生於宋代，這在《太平御覽》中有所體現。唐代的《初學記》對兩書有明確區分，稱任奕書爲《任子》，任嘏書爲《道論》。李善注早於《初學記》，他文中所引之《任子》應爲任奕之《任子》佚文。

　　魯迅曾有輯本，題吳御史中丞任奕撰。輯本封面題作《任奕子》，正文題作《任子》[②]，據《北堂書鈔》《初學記》《意林》《太平御覽》校録而成，共 26 條，惜未刊行。唐馬總《意林》卷五載《任子》十卷，注云"名奕"[③]。據清人周廣業、黃以周的考辨，又據張壽鏞之《任子跋》，此《任子》爲儒家言，《意林》所載 17 條輯文爲現存《任子》佚文。筆者又據《御覽》卷三"日上"輯得佚文 1 條。

（二）諸葛恪《諸葛子》

　　（吳）諸葛恪（203～253）撰。恪，字元遜，琅琊陽都人，吳

---

① （晉）陳壽撰，（宋）裴松之注《三國志》第 5 册，中華書局 1959 年版，第 1326 頁。
② 魯迅輯《魯迅輯録古籍叢編》，人民文學出版社 1999 年版，第 354 頁。
③ 王天海、王韌撰《意林校釋》下册，中華書局 2014 年版，第 515 頁。

大將軍諸葛瑾長子，仕吳官至太傅。生平見《三國志·諸葛滕二孫濮陽傳》。

《三國志》本傳收録他一篇論文，并未明言是否有《諸葛子》一書。《隋志·子部·雜家》在《萬機論》下附注云："梁有《諸葛子》五卷，吳太傅諸葛恪撰，亡。"①兩《唐志》未著録。後人或將《諸葛子》誤作諸葛亮書，其内容并混同於《宋史·藝文志》等書目記載的《武侯十六條》②（《永樂大典》收録諸葛武侯《將苑》6 條），非是。鄭樵《通志·藝文略·儒家》亦著録：《臥龍十六策》一卷，諸葛亮撰③。

周廣業《意林附編》輯有《諸葛子》佚文 3 條，馬國翰亦輯有《諸葛子》佚文一卷，馬氏據本傳採他的上疏三篇，佚文 3 條，王仁俊（誤作諸葛亮）補 1 條④。嚴可均僅輯得佚文 1 條。馬國翰《諸葛子序》云："論旨以及時爲主，語意多從叔父亮《出師表》化出，雖欲必爲之辭，而持議近正，衆人莫敢復難也。"⑤

姚振宗云："《抱朴子外·正郭篇》引故太傅諸葛元遜論郭林宗一條，當亦採自本書。"（《隋書經籍志考證》卷三十）⑥

其書亡佚，今存佚文 5 條。

（三）顧譚《新言》（又名《顧子新語》《顧子新論》《顧子》《顧子義訓》）

（吳）顧譚（205～246）撰。譚，字子默，吳郡吳人，丞相顧雍孫，弱冠與諸葛恪等爲太子四友。生平見《三國志·張顧諸葛步傳》。

《三國志》本傳稱："譚坐徙交州，幽而發憤，著《新言》二十篇。其《知難篇》，蓋以自悼傷也。"⑦《隋志·子部·儒家》載《顧子新語》

①　（唐）魏徵等撰《隋書》第 4 册，中華書局 1973 年版，第 1006 頁。
②　（元）脱脱等修，（清）黃虞稷、倪燦撰《宋史藝文志廣編》上册，世界書局 2009 年版，第 114 頁。
③　（宋）鄭樵撰，王樹民點校《通志二十略》下册，中華書局 2009 年版，第 1599 頁。
④　（清）王仁俊輯《玉函山房輯佚書續編三種》，上海古籍出版社 1989 年版，第 152 頁。
⑤　（清）馬國翰輯《玉函山房輯佚書》第 3 册，上海古籍出版社 1990 年版，第 2755 頁。
⑥　（清）姚振宗撰《隋書經籍志考證》二十五史補編本，開明書店 1936 年製版，第 472 頁。
⑦　（晉）陳壽撰，（宋）裴松之注《三國志》第 5 册，中華書局 1959 年版，第 1230—1231 頁。

十二卷 ①，《舊唐志》載《顧子新語》五卷 ②，《新唐志》載《顧子新論》五卷 ③。宋高似孫《子略》目録子鈔目作顧譚《新言》二卷 ④，其引鄭樵《通志略》又作《顧子新語》十二卷 ⑤。此外，宋史志書多不見載。

周廣業《意林附編》輯有《顧子》佚文 12 條，乃合顧譚、顧夷二人佚文共存之。嚴可均無輯本，但在顧譚文序中稱其有《顧子新語》十二卷。馬國翰有輯本，目録題爲《顧子新語》，正文題爲《顧子新言》⑥。錢塘汪師韓曰《選注》所引群書有："顧譚《顧子》"（《文選理學權輿》卷二上《書目》）⑦。

侯康《補三國藝文志》曰："《御覽》七百六十九引顧譚《新言》曰……又曰……九百三十二引桓譚《新言》曰……，又四百六十七、八百六十一俱引顧子，當皆出《新言》。惟七百五十五引《顧子義訓》，未知一書否？"⑧ 又胡克家本李善《文選注》引書稱《顧子》⑨，皆爲同書而異名，當依本傳作《新言》。

姚振宗云："宋本《意林》引顧譚《新言》一條，云'刑者，小人之防；禮者，君子之稔。佞人之入，雖燃膏莫見其清也。'似即《知難篇》文，又似擬魏劉廙、丁儀《刑禮論》。南陽謝景善、劉廙'先刑後禮'之論，見《陸遜傳》。"（《隋書經籍志考證》卷二十四）⑩

馬國翰輯本有《知難篇》殘，另有佚文 7 條，加上王仁俊據《意林》卷六輯文 1 條，共一篇 8 條，其中論吳、蜀 1 條爲誤輯，筆者又據《意林》卷六補充爲王仁俊所漏的輯佚文 1 條，現存佚文仍爲一篇 8 條。從現存文獻看，此書所論内容多爲感嘆士人在世之遇與不遇，窮達

---

① （唐）魏徵等撰《隋書》第 4 册，中華書局 1973 年版，第 998 頁。

② （後晉）劉昫等撰《舊唐書》第 6 册，中華書局 1975 年版，第 2024 頁。

③ （宋）歐陽修、宋祁撰《新唐書》第 5 册，中華書局 1975 年版，第 1511 頁。

④ （宋）高似孫撰，司馬朝軍校釋《子略校釋》，山東人民出版社 2018 年版，第 172 頁。

⑤ （宋）高似孫撰，司馬朝軍校釋《子略校釋》，山東人民出版社 2018 年版，第 181 頁。

⑥ （清）馬國翰輯《玉函山房輯佚書》第 3 册，上海古籍出版社 1990 年版，第 2506、2523 頁。

⑦ （清）汪師韓撰《文選理學權輿》叢書集成初編本，商務印書館 1935 年版，第 37 頁。

⑧ （清）侯康撰《補三國藝文志》，清華大學出版社 2012 年版，第 59 頁。

⑨ （梁）蕭統編，（唐）李善注《文選》中册，中華書局 1977 年版，第 422 頁。

⑩ （清）姚振宗撰《隋書經籍志考證》二十五史補編本，開明書店 1936 年製版，第 416 頁。

與否，本傳所云"自悼傷"所言的是。

（四）陸景《典語》（又名《典訓》《典論》）

（吳）陸景（250～280）撰。景，字士仁，大司馬荊州牧陸抗次子，晉平原相陸機之兄。官至偏將軍、中夏督，著書數十篇。生平見《三國志·陸遜傳》。

《隋志·子部·儒家》載："梁有《典語》十卷，《典語別》二卷，并吳中夏督陸景撰，亡。"①兩《唐志》均載作《典訓》十卷②。《群書治要》錄有陸景《典語》七篇；鄭樵《通志·藝文略·儒家》著錄：《典訓》十卷，陸景撰③。宋高似孫《子略》目錄子鈔作"陸景《典論》十卷"④。可見此書原名《典語》，後有《典訓》《典論》者，同書而異名。

陸景在文中將帝王於衣服、宮室、飲食、侍女等幾方面極盡豪華奢侈的合理性歸因於其與民同樂的願望與需求，可謂奇談。現存輯文中載有孫權語"孤將興水軍一萬，從風舉帆，朝發海島，暮至沓渚"⑤語，可補史書之闕。當代學者馬鐵浩以爲："《典語》論人物重品藻銓綜，《史通》論史籍亦主甄別流品，劉氏自述學術淵源而言及此書，可見於其影響之深也。"（《〈史通〉引書考》）⑥

劉知幾曾評價陸景《典語》的作旨，概括比較全面，而且很多能從佚文得到印證，說明此書的確爲劉知幾所見。《史通·自叙》云："夫開國承家，立身立事，一文一武，或出或處，雖賢愚壤隔，善惡區分，苟時無品藻，則理難銓綜，故陸景《典語》生焉。"（卷十）浦起龍注云："《典語》主評品"，又云："是書《隋志》云亡，《唐志》乃有十卷者存，而知幾又見之，則亡者當但指《別》二卷也。或作'語'，或作

---

① （唐）魏徵等撰《隋書》第4冊，中華書局1973年版，第998頁。
② （後晉）劉昫等撰《舊唐書》第6冊，中華書局1975年版，第2025頁。（宋）歐陽修、宋祁撰《新唐書》第5冊，中華書局1975年版，第1511頁。
③ （宋）鄭樵撰，王樹民點校《通志二十略》下冊，中華書局2009年版，第1599頁。
④ （宋）高似孫撰，司馬朝軍校釋《子略校釋》，山東人民出版社2018年版，第172頁。
⑤ （清）馬國翰輯《玉函山房輯佚書》第3冊，上海古籍出版社1990年版，第2525頁。
⑥ 馬鐵浩著《〈史通〉引書考》，學苑出版社2011年版，第392頁。

'訓'，未知孰是?"①浦氏説劉知幾親見此書，其説可信，但浦氏不知"語""別"等爲同書之異名。

嚴可均據《治要》輯文七篇，無題，另有佚文 10 條。馬氏輯本有"顯臣以車服""里語曰" 2 條和《誠盈》一篇，王仁俊又據《意林》卷六輯得佚文 2 條。删其重復，共得佚文八篇 13 條。

（五）裴玄（元）《裴氏新言》（又名《裴氏新語》《裴氏新書》）

（吳）裴玄（元）（? ~ ?）撰。玄，字彦黄，下邳人。官至太中大夫，與嚴畯友善。生平行事略見《三國志·張嚴程闞薛傳》。

《隋志·子部·雜家》載:"《裴氏新言》五卷，吳大鴻臚裴玄撰。"別有《新言》四卷,注云:"裴立撰。"②兩《唐志》皆作裴玄《新言》五卷，而無裴立③，疑《隋志》的"立"乃"玄"字之訛。《通志·藝文略·儒家》著録:《新言》五卷，裴元撰④。胡克家本李善注《文選》稱"《裴氏新語》"⑤。宋高似孫《子略》目録子鈔目亦作"裴玄《新言》五卷"⑥，此書不見於宋史志書目。

此書早佚。周廣業《意林附編》輯有《裴氏新言》佚文 8 條，皆未引《意林》所附録 2 條。馬國翰輯文 8 條，其中"馮夷"⑦一條輯文有誤（李善注張衡《思玄賦》"號馮夷俾清津兮，棹龍舟以濟予"句云:"《裴氏新語》謂爲'馮夷'"⑧，僅有"馮夷"字。）。王仁俊補輯 2 條，筆者又據《太平御覽》採得佚文 2 條，現存輯文共 12 條。書中所談吳地風俗，爲考察地方風俗史的珍貴資料。

---

① （唐）劉知幾著，（清）浦起龍通釋，王熙華整理《史通通釋》，上海古籍出版社 2009 年版，第 271、277 頁。
② （唐）魏徵等撰《隋書》第 4 册，中華書局 1973 年版，第 1006、1008 頁。
③ （後晉）劉昫等撰《舊唐書》第 6 册，中華書局 1975 年版，第 2033 頁。（宋）歐陽修、宋祁撰《新唐書》第 5 册，中華書局 1975 年版，第 1534 頁。
④ （宋）鄭樵撰，王樹民點校《通志二十略》下册，中華書局 2009 年版，第 1598 頁。
⑤ （梁）蕭統編，（唐）李善注《文選》中册，中華書局 1977 年版，第 522 頁。
⑥ （宋）高似孫撰，司馬朝軍校釋《子略校釋》，山東人民出版社 2018 年版，第 172 頁。
⑦ （清）馬國翰輯《玉函山房輯佚書》第 3 册，上海古籍出版社 1990 年版，第 2762 頁。
⑧ （梁）蕭統編，（唐）李善注《文選》上册，中華書局 1977 年版，第 217 頁。

（六）姚信《士緯》（又名《士緯新書》《姚氏新書》）

（吳）姚信（？～267年爲吳太常~？）撰。信，字元道，寶鼎初爲太常。信，本姓媯，字德祐，又字元直。吳興武康人，吳太常卿，丞相陸遜外甥（《意林》周廣業注）①。《三國志》無傳，生平略見於《三國志・吳主五子傳》《晉書・天文志上》等。

《隋志・子部・名家》云：“梁有《士緯新書》十卷，姚信撰，又《姚氏新書》二卷，與《士緯》相似，亡。”②兩《唐志》子部名家，均載姚信《士緯》十卷。《宋志》後不見載，或亡佚於唐宋之際。《通志・藝文略・名家》既著録：《士緯新書》十卷，姚信撰，吳人。又著録：《姚氏新書》二卷，注云“其書類《士緯》”③。

姚振宗考辨云：“姚氏仕吳嘗爲選部尚書，故有此論士之作。《通志・藝文略》云：‘《士緯新書》十卷，姚信撰，梁人。’蓋以本《志》注‘梁有’，遂以爲梁人也，謬矣。……‘梁又有《姚氏新書》二卷，與《士緯》相似，亡。’案：此殆是十卷之外所遺，後人録附本書者。”（《隋書經籍志考證》卷二十七）④

嚴可均無《士緯》輯本。馬國翰據《意林》（僅録7條）等採得佚文一卷，共10條，爲現存所有輯文。馬氏《士緯序》云：“如以吳季札讓國爲開篡殺之路，非所謂從忠教也。謂揚雄智似蘧瑗而高不及，謂周勃之勳不如霍光，説皆覈確。書中推尊孟子，亦識仁義爲中正之途。而其論清高之士，則以老、莊爲上，君平、子貢爲下，擬非其倫。此所以不能醇乎儒術也。”⑤可見其思想甚爲駁雜。

（七）周昭《周子新論》（又名《周子》《周昭新撰》）

（吳）周昭（？～261）撰。昭，字恭遠，潁川人。與韋昭、薛瑩、

---

①　王天海、王韌撰《意林校釋》下册，中華書局2014年版，第440頁。

②　（唐）魏徵等撰《隋書》第4册，中華書局1973年版，第1004頁。

③　（宋）鄭樵撰，王樹民點校《通志二十略》下册，中華書局2009年版，第1652頁。

④　（清）姚振宗撰《隋書經籍志考證》二十五史補編本，開明書店1936年製版，第458頁。

⑤　（清）馬國翰輯《玉函山房輯佚書》第3册，上海古籍出版社1990年版，第2689頁。

華覈等共述《吳書》。孫休時爲中書郎，坐事誅。生平行事略見《三國志·張顧諸葛步傳》。

《三國志》云："潁川周昭著書稱步騭及嚴畯等曰……"①。《七録》儒家有《周子》九卷，《隋志·子部·儒家》云："梁有《周子》九卷，吳中書郎周昭撰，亡。"②兩《唐志》不載，亡佚已久。

馬國翰《周子》輯本一卷，共輯佚文 2 條。嚴可均無《周子》輯本，只有周昭佚文篇 4 條。又侯康《補三國藝文志》曰："'昭'，《步騭傳》作'招'。……《抱朴子·正郭篇》引中書郎周恭遠《論郭林宗》，《御覽》四百三引周昭《新撰》，當皆出此書。"③删其重復，共得佚文 5 條。其書論"交"，臧否人物，有東漢餘風。

（八）劉廞《新議》（又名《新義》）

（吳）劉廞（？～？）撰。廞，吳太子中庶子，其人事跡無考。兩《唐志》等書作者名或寫作"劉欽""劉欣""劉歆"，馬國翰以爲當依《隋志》作"劉廞"④。

《七録》雜家有《新義》十八卷，《隋志·子部·雜家》云："梁有《新義》十八卷，吳太子中庶子劉廞撰，亡。"⑤兩《唐志》子部雜家均載之，題作劉欽《新義》⑥。《通志·藝文略·儒家》著録:《新義》十八卷，劉廞撰⑦。

馬國翰輯文 4 條，較嚴氏爲備，題爲《新義》。嚴可均輯文 3 條，題從《御覽》所引作《新議》，孫啓治以爲是同書異名，《新義》《新議》皆可。

另，清人丁國均《補晉書藝文志》載薛瑩撰《新議》八篇，云：

---

① （晉）陳壽撰，（宋）裴松之注《三國志》第 5 册，中華書局 1959 年版，第 1240 頁。
② （唐）魏徵等撰《隋書》第 4 册，中華書局 1973 年版，第 998 頁。
③ （清）侯康撰《補三國藝文志》，清華大學出版社 2012 年版，第 59 頁。
④ （清）馬國翰輯《玉函山房輯佚書》第 3 册，上海古籍出版社 1990 年版，第 2763 頁。
⑤ （唐）魏徵等撰《隋書》第 4 册，中華書局 1973 年版，第 1006 頁。
⑥ （後晉）劉昫等撰《舊唐書》第 6 册，中華書局 1975 年版，第 2033 頁。（宋）歐陽修、宋祁撰《新唐書》第 5 册，中華書局 1975 年版，第 1534 頁。
⑦ （宋）鄭樵撰，王樹民點校《通志二十略》下册，中華書局 2009 年版，第 1598 頁。

"謹按見《吳志》。"① 考《三國志・吳書・薛綜傳》稱薛瑩:"著書八篇,名曰《新議》。"② 薛書與劉廙當爲同名異書。

此書現存4條文字,3條均論"交",1條論"樂",强調"交"的重要作用,或是對東漢士風的反思。

(九)唐滂《唐子》(又名《唐滂子》)

(吳)唐滂(252?~?)撰。滂,字惠潤。姚振宗以爲唐滂爲尚書僕射唐固的弟弟,其父唐翔曾爲丹陽太守,因家丹陽(《隋書經籍志考證》卷二十五《唐書・世系・唐氏表》:漢尚書令林,王莽封建德侯。林六世孫翔爲丹陽太守,因家焉。二子:固、滂。固,吳尚書僕射。按:此滂爲固之弟,固有《國語注》,見經部春秋家)③。

唐滂於史無傳。馬總《意林》卷五載有《唐子》19條,注云:"名滂,字惠潤,生吳太元二年(252年)。"④ 姚振宗對此提出質疑,他説:"唐滂始末不概見,據《世系》則爲固之弟。固見《吳志・闞澤傳》,云黃武四年卒。注引《吳錄》云時年七十餘,則其兄卒于是年審矣。卒後至太元二年,凡二十七年,滂乃生。兄弟年紀相去幾及百歲,殊非事理。《意林》稱'生吳太元二年'者,疑'生'爲'成'字之音誤,謂其書成于是年歟?"(《隋書經籍志考證》)⑤

《隋志》⑥、兩《唐志・子部・道家》均載《唐子》十卷,吳唐滂撰。又鄭樵《通志略》與焦竑《國史經籍志》所載,同《隋志》。《通志・藝文略・道家・諸子》亦著録:《唐子》十卷,吳唐滂撰。⑦ 宋高似孫《子略》目録《子鈔》亦有《唐子》,注云:"十卷,傍孚(疑爲"字"訛)

① (清)丁國均撰,朱新林整理《補晉書藝文志》,清華大學出版社2012年版,第77頁。
② (晉)陳壽撰,(宋)裴松之注《三國志》第5册,中華書局1959年版,第1256頁。
③ (清)姚振宗撰《隋書經籍志考證》二十五史補編本,開明書店1936年製版,第442頁。
④ 王天海、王韌撰《意林校釋》下册,中華書局2014年版,第579頁。
⑤ (清)姚振宗撰《隋書經籍志考證》二十五史補編本,開明書店1936年製版,第402頁。
⑥ (唐)魏徵等撰《隋書》第4册,中華書局1973年版,第1002頁。
⑦ (宋)鄭樵撰,王樹民點校《通志二十略》下册,中華書局2009年版,第1609頁。

惠潤。”①

　　關於作者時代與此書現存佚文，侯康以爲佚文中既有“大晉應期，一舉席捲”之語,唐滂當已入晉(《補三國藝文志》)②。但姚振宗亦考辨道:“今本《意林》《傅子》《物理論》中論三家文皆靡越，嚴氏校録已言之。而《傅子》與《唐子》又有錯簡，其稱‘大晉應期’云云，或是《傅子》，非《唐子》本文。”③他認爲本條佚文出自《傅子》。同時，他也指出馬國翰所漏收的條目:“(馬國翰)此言《意林》載十九節，據福州重刊聚珍本也。其本第五卷第十二葉所載《傅子》十二條，據昭文張氏本，皆是《唐子》之文，馬氏此輯遺之。”(《隋書經籍志考證》卷二十五)④

　　馬國翰輯文 28 條，筆者據《記纂淵海》《文選注》輯得佚文 2 條，今存佚文共 30 條。其書論政談兵，不盡述道家之言，論孝對於“人性”的重要則顯示出著者的儒家思想。

（十）秦菁《秦子》

　　(吴)秦菁(？~？)撰。菁，史傳無考。因書中有顧榮對秦子的問難之辭，因此秦菁又與顧榮同時，亦爲吴末人。

　　《隋志·子部·雜家》云:“梁有《秦子》三卷，吴秦菁撰，亡。”⑤兩《唐志》均載三卷，馬總《意林》云二卷，《通志·藝文略·儒家》著録:《秦子》三卷，不著撰人。⑥宋高似孫《子略》目録《子鈔》目則作“《秦子》二卷”⑦，宋史志書目不載，馬國翰據此以爲唐時書尚存世，疑唐、宋之際亡佚。

---

①　(宋)高似孫撰，司馬朝軍校釋《子略校釋》，山東人民出版社 2018 年版，第 171 頁。

②　(清)侯康撰《補三國藝文志》，清華大學出版社 2012 年版，第 65 頁。

③　(清)姚振宗撰《隋書經籍志考證》二十五史補編本，開明書店 1936 年製版，第 442 頁。

④　(清)姚振宗撰《隋書經籍志考證》二十五史補編本，開明書店 1936 年製版，第 442 頁。

⑤　(唐)魏徵等撰《隋書》第 4 册，中華書局 1973 年版，第 1006 頁。

⑥　(宋)鄭樵撰，王樹民點校《通志二十略》下册，中華書局 2009 年版，第 1598 頁。

⑦　(宋)高似孫撰，司馬朝軍校釋《子略校釋》，山東人民出版社 2018 年版，第 171 頁。

馬國翰據馬總《意林》所錄 5 條，及《北堂書鈔》諸書共輯文 17
條，考辨不甚周詳，筆者又據陸佃《埤雅·釋木》等予以補充，置於馬
氏輯文之末。

僅據存世佚文看，此書重仁，多辯難之辭，論理頗具辯證思想。

（十一）陳融《要言》（又名《陳子要言》）

（吳）陳融（？～？）撰。融，陳國人，曾任吳豫章太守。《三國
志·陸瑁傳》云："陳國陳融、陳留濮陽逸、沛郡蔣纂、廣陵袁迪等，
皆單貧有志，就瑁遊處"①，其詳無考。此外，《宋書·禮志》稱"吳時
郎陳融奏《東郊頌》"②，皆語焉不詳。

《隋志·子部·法家》云："梁有《陳子要言》十四卷，吳豫章太守
陳融撰，亡。"③兩《唐志》復載之。《通志·藝文略·法家》亦著錄:《陳
子要言》十四卷，吳豫章太守陳融撰。④宋高似孫《子略》目錄與《隋
志》同，但宋氏所錄《子鈔目》則不言撰者姓名、職官⑤。此書或亡於
隋、唐之際。

清人周廣業《意林附編》輯得佚文 1 條，馬國翰輯文 2 條（據《太
平御覽》)，一爲批評貴族對勞動者的鄙視，一爲論用人要盡其才⑥。
《意林》卷六引《要言》一條，云"食穀而鄙田，衣帛而笑蠶，豈不惑
耶?"⑦《御覽·百穀部》卷八三七亦引此條,作"是惑也"⑧。今存佚文共
4 條，此書其他內容已不得而知。

（十二）張儼《默記》

（吳）張儼（？～266）撰。儼，字子節，吳人，以博聞多識拜爲

---

① （晉）陳壽撰，（宋）裴松之注《三國志》第 5 冊，中華書局 1959 年版，第 1336—
1337 頁。
② （梁）沈約撰《宋書》第 2 冊，中華書局 1974 年版，第 349 頁。
③ （唐）魏徵等撰《隋書》第 4 冊，中華書局 1973 年版，第 1004 頁。
④ （宋）鄭樵撰，王樹民點校《通志二十略》下冊，中華書局 2009 年版，第 1651 頁。
⑤ （宋）高似孫撰，司馬朝軍校釋《子略校釋》，山東人民出版社 2018 年版，第 173 頁。
⑥ （清）馬國翰輯《玉函山房輯佚書》第 3 冊，上海古籍出版社 1990 年版，第 2684 頁。
⑦ 王天海、王韌撰《意林校釋》下冊，中華書局 2014 年版，第 615 頁。
⑧ （北宋）李昉等撰《太平御覽》第 4 冊，中華書局 1975 年版，第 3740 頁。

大鴻臚。吳孫皓寶鼎元年出使晉，弔祭晉文帝，及還，病死途中。生平見《三國志·三嗣主傳》及裴松之注引《吳録》。

《隋志·子部·雜家》載：“《默記》三卷，吳大鴻臚張儼撰，亡。”① 兩《唐志》并作《默記》，亦三卷。宋高似孫《子略》録《子鈔》目有張儼《默記》三卷，注云：“字子節，吳大鴻臚卿。”② 宋史志書目不見載。

嚴可均輯有張儼《默記·述佐篇》，稱引自《蜀志·諸葛亮傳》。馬國翰輯本，除《述佐篇》外，又引諸葛亮《後出師表》一篇，認爲裴松之注引《漢晉春秋》載此文，稱此表不見於《武侯集》中，乃出張儼《默記》③。又王仁俊據《意林》卷六補1條，今存佚文共二篇3條。其中《述佐篇》比較諸葛亮與司馬懿的優劣，有佚句評光武帝劉秀，受東漢品人餘風所漸。

（十三）殷基（興）《通語》

（吳）殷基（一作興）（？～？）撰。基，雲陽人，吳零陵太守殷禮子，入晉遷尚書左丞。生平行事略見《三國志·張顧諸葛步傳》，又見裴注引張隱《文士傳》。

《文士傳》曰：“禮子基，無難督，以才學知名，著《通語》數十篇。”④《隋志·子部·儒家》云：“《通語》十卷，晉尚書左丞殷興撰，亡。”⑤ 兩《唐志》均載爲《通語》十卷，作文禮撰，殷興續。⑥ 黄以周以爲：“蓋殷基《通語》本止八卷，殷興續之爲十卷，《舊唐志》云‘殷興續’，當亦得其實。其以爲‘文禮撰’者，蓋以基子叙其書有‘父禮，字德嗣’云云，讀者誤認爲‘文禮’也。”（《儆季雜著·子叙》）⑦ 此説非是。裴松之注《三國志》，多次引用殷基《通語》。

① （唐）魏徵等撰《隋書》第4册，中華書局1973年版，第1006頁。
② （宋）高似孫撰，司馬朝軍校釋《子略校釋》，山東人民出版社2018年版，第172頁。
③ （清）馬國翰輯《玉函山房輯佚書》第3册，上海古籍出版社1990年版，第2761頁。
④ （晉）陳壽撰，（宋）裴松之注《三國志》第5册，中華書局1959年版，第1229頁。
⑤ （唐）魏徵等撰《隋書》第4册，中華書局1973年版，第998頁。
⑥ （後晉）劉昫等撰《舊唐書》第6册，中華書局1975年版，第2025頁。（宋）歐陽修、宋祁撰《新唐書》第5册，中華書局1975年版，第1511頁。
⑦ （清）黄以周著，詹亞園、韓偉表主編《黄以周全集》第10册，上海古籍出版社2014年版，第465頁。

姚振宗謂《隋》與兩《唐志》的"殷興"爲"殷基"之誤，又據《抱朴子·正郭》載殷禮論郭林宗之文即《通語》之文，知此書爲禮所撰，而其子基續成，兩《唐志》所載甚明，爲"文禮"乃"殷禮"之誤。(《隋書經籍志考證》卷二十四)①

此書在隋已亡佚，馬總《意林》或本庾仲容《子鈔》所載，宋高似孫《子略》目録鈔引《子鈔》目作"殷興《通論》八卷。"②

馬國翰據《三國志》注及《意林》所載4條，輯得佚文8條，并據裴注題爲殷基撰。嚴可均據《御覽》卷二百六輯文1條爲馬氏所無，亦不在《意林》中，此條《御覽》引作《古今通語》，馬氏輯入晉王嬰《古今通論》。姚氏以爲《古今通語》應是原書之名，因此以嚴氏輯文爲是。書中對於孫權改嗣之事記録甚詳，可補史書之闕。

(十四)《蹇子》

蹇子，不知何人。

阮孝緒《七録》子兵録道家載:《蹇子》一卷，亡。不著撰人③。阮氏將此書置於宋處士王叔之《莊子義疏》與魏安成令桓威《渾輿經》之間，或爲魏、晉間人撰。《隋志·子部·道家》在"《莊成子》十二卷"之下載:"梁有《蹇子》一卷，今亡。"④亦不著撰人。《通志·藝文略·道家·諸子》亦著録:《蹇子》一卷，不著撰人。⑤此後史志書目不見載，或亡於隋唐之際。

《蹇子》亡佚，佚文不存。因時代不知，暫置於此(魏末晉初)。

① (清)姚振宗撰《隋書經籍志考證》二十五史補編本，開明書店1936年製版，第417頁。
② (宋)高似孫撰，司馬朝軍校釋《子略校釋》，山東人民出版社2018年版，第170頁。
③ 任莉莉著《七録輯證》，上海古籍出版社2012年版，第182頁。
④ (唐)魏徵等撰《隋書》第4册，中華書局1973年版，第1002頁。
⑤ (宋)鄭樵撰，王樹民點校《通志二十略》下册，中華書局2009年版，第1609頁。

六　西晉子書

（一）傅玄《傅子》

（晉）傅玄（217～278）撰。玄，字休奕，北地泥陽人，官至司隸校尉。生平見《晉書·傅玄傳》。

《晉書》本傳云："玄少時避難於河內，專心誦學，後雖顯貴，而著述不廢。撰論經國九流及三史故事，評斷得失，各爲區例，名爲《傅子》，爲内、外、中篇，凡有四部、六録，合百四十首，數十萬言，并文集百餘卷行於世。玄初作内篇成，子咸以示司空王沈。沈與玄書曰：'省足下所著書，言富理濟，經綸政體，存重儒教，足以塞楊墨之流遁，齊孫孟於往代。每開卷，未嘗不歎息也。'"①

《隋志》②、兩《唐志》子部雜家并載《傅子》百二十卷，《宋志》僅五卷③。《通志·藝文略·儒家》亦著録：《傅子》五卷，後注云："晉司隸校尉傅玄撰。舊有百二十卷。"④ 據《玉海》引《中興書目》云："（《傅子》）五卷，今存二十三篇，餘皆缺。"⑤ 是宋時已無完書。

《説郛》僅載1條，未注出處。清四庫館臣從《永樂大典》輯出二十四篇，并從《文選》李善注、《太平御覽》等採得佚文48條附後，合爲一卷。嚴可均據《群書治要》校以《永樂大典》本，輯爲二卷。又考《意林》所載《傅子》與楊泉《物理論》相混，遂加以區分，輯出

---

① （唐）房玄齡等撰《晉書》第5冊，中華書局1974年版，第1323頁。
② （唐）魏徵等撰《隋書》第4冊，中華書局1973年版，第1006頁。
③ （元）脱脱等修，（清）黄虞稷、倪燦撰《宋史藝文志廣編》上冊，世界書局2009年版，第114頁。
④ （宋）鄭樵撰，王樹民點校《通志二十略》下冊，中華書局2009年版，第1601頁。
⑤ 武秀成、趙庶洋校證《玉海藝文志校證》，鳳凰出版社2013年版，第921頁。

《傅子》各條，兼採史注、《文選》注及唐、宋類書等所引，成《補遺》二卷。

嗣後錢熙祚、錢保塘皆爲採輯，大體未出嚴輯範圍。傅以禮依嚴本編次重輯，擴爲五卷，未及刊行，繼又得見錢保塘本，乃并付之孫星華校訂成書，刊附於殿本（福建本、廣雅書局本）《傅子》一卷之後。按此本據嚴本刪重、正僞，增爲五卷，視諸本爲備。葉德輝所輯三卷，採擷與傅、孫本相當。按兩本雜採諸書，均各得二百餘條，互爲有無者不過十餘條而已，以葉輯爲稍多。又《永樂大典》載《仁論》篇衍入《申鑒》二百五十四字，又所載《鏡總叙》篇實誤採《初學記·鏡部總叙》引《韓非子》文，殿本照録而未刪正，清儒相沿無改，至葉氏始正焉。王仁俊所輯僅42條，多採自《意林》，然未加考訂，不知《意林》所載混入《物理論》也。方濬師所輯二卷，前卷即採録《永樂大典》及《群書治要》所載各篇，并别撰《校勘記》，後卷則爲方氏採擷群書所引，凡百十一條。張鵬一以方輯前卷并《校勘記》合刊爲二卷，又增補方輯後卷，題爲《校補》。合方、張二家所採，亦未出傅、孫本及葉本之範圍。杜文瀾僅採得1條，爲韻文。（參考孫啟治）[①]

有單行校本者不録全書，今僅輯録佚文，或校正現有文本之誤。趙光勇、王建域《〈傅子〉輯注》以葉德輝本爲底本，輯得佚文26篇214條[②]，相比其他諸輯本，最爲準確全面（詳見李雪珊《〈傅子〉輯本及注本考察》一文）[③]。

（二）楊泉《物理論》（又名《楊子物理論》《物理子》）

（西晉）楊泉（？～280 徵爲郎中，不至～？）撰。泉，其人無考，《北堂書鈔》"郎中九十四"引《晉録》云："會稽相朱則上書曰：

---

① 孫啟治、陳建華編撰《中國古佚書輯本目録解題》，上海古籍出版社 2009 年版，第 224 頁。

② 趙光勇、王建域著《〈傅子〉〈傅玄集〉輯注》，陝西師範大學出版社 2014 年版。

③ 李雪珊著《魏晉南北朝時期〈傅子〉的接受研究》，四川師範大學 2025 年，碩士畢業論文（未刊稿）。

'楊泉清澡自然，徵聘終不移心。'詔拜泉郎中。"① 嚴可均云："字德淵（見《意林》），吳處士，入晉，徵爲侍中（見《書鈔》），不就。有《太元經》十四卷，《物理論》十六卷，集二卷"②，嚴氏所據《北堂書鈔》六十三引《晉録》。

《物理子》一名，據姚振宗云出自錢塘汪師韓的《文選理學權輿》，姚振宗疑其即楊泉《物理論》（《隋書經籍志考證》卷二十四）③。但汪書著録有"《物理志》"（《文選理學權輿》卷二上《書目》），自注曰："疑即楊泉《物理論》"④，并無《物理子》。另，考李善注，共五引《物理論》文，并無稱《物理子》者；又，李善注宋玉《風賦》題解時引《物理志》文一條曰"陰陽擊發氣也"⑤，證明汪氏著録不誤。汪師韓又將楊泉《物理論》置於其《書目》之"論"内（《文選理學權輿》卷二下《書目》），孫志祖案語"當入子類"⑥，或與《物理志》混淆重出。因此，所謂"《物理子》"一名，爲姚振宗的誤讀。

《隋志·子部·儒家》云："梁有《楊子物理論》十六卷，《楊子大元經》十四卷，并晉徵士楊泉撰，亡。"⑦ 兩《唐志》亦著録。然在宋初參編《太平御覽》的吳淑即云："凡讖緯之書及謝承《後漢書》、張璠《漢紀》、《續漢書》、《帝系譜》、徐整《長曆》、《玄中記》、《物理論》之類，皆今所遺逸。"⑧（吳淑《進事類賦狀》，見文淵閣《四庫全書》本《事類賦注》卷首）且《宋志》以下官、私著録均不載，或亡於唐時。

鄭樵《通志·藝文略·儒家》著録：《物理論》十六卷，晉處士楊泉撰⑨。

---

① （隋）虞世南著，（明）陳雨謨校注《北堂書鈔》卷六十三，萬曆二十八年序刊本，第8頁。
② （清）嚴可均輯《全上古三代秦漢三國六朝文》第2册，中華書局1958年版，第1453頁。
③ （清）姚振宗撰《隋書經籍志考證》二十五史補編本，開明書店1936年製版，第420頁。
④ （清）汪師韓撰《文選理學權輿》叢書集成初編本，商務印書館1935年版，第27頁。
⑤ （梁）蕭統編，（唐）李善注《文選》上册，中華書局1977年版，第190頁。
⑥ （清）汪師韓撰《文選理學權輿》叢書集成初編本，商務印書館1935年版，第67頁。
⑦ （唐）魏徵等撰《隋書》第4册，中華書局1973年版，第999頁。
⑧ （宋）吳淑撰并注《事類賦注》《文淵閣四庫全書》本，臺灣商務印書館，第892册第804頁。
⑨ （宋）鄭樵撰，王樹民點校《通志二十略》下册，中華書局2009年版，第1599頁。

　　《物理論》佚文輯本，可見者共四種：孫星衍輯本一卷，編入《平津館叢書》。書前有馬瑞辰嘉慶十年序，稱孫氏乃據章宗源舊本重校。此本收佚文 165 條，半數輯自武英殿本《意林》。因此本《意林》所載《物理論》與《傅子》互有錯簡，孫氏遂誤輯 80 餘條《傅子》文；黃奭道光間輯本一卷。其書全襲孫氏本，編入《黃奭佚書考子史鉤沉子部儒家類》；王仁俊光緒年間輯本一卷，補遺一卷，編入《玉函山房輯佚書續編子編儒家類》，其書收佚文近百條，其中誤輯殿本《意林》錯簡處數十條；錢保塘輯本一卷。光緒八年，錢氏據孫氏本校補，編入《清風室叢刊》，收佚文 90 餘條。其序云："周氏廣業、嚴氏可均謂《意林》所載《傅子》、《物理論》互有錯簡，因取孫氏《物理論》輯本校之，去其誤收《傅子》數十條，以《齊民要術》、《五行大義》、《天中記》所引略加補正，而以《意林》錯簡入《傅子》者八條録附焉。"[1] 清人周廣業自言輯有《物理論》佚文百十條，共四千餘字，惜未見（見《意林注》卷五）[2]。

　　四個輯本，錢氏輯本最爲完善，但仍有錯訛，學者潘國欣對其中 8 條作了訂正，指出 "河色黃者，衆川之流，蓋濁之也。百里一小曲，千里一曲一直矣。""秦始皇使蒙恬築長城……""定寧無不載，廣厚無不容。""司口神，一名'滄耳'。"4 條爲錢氏所誤輯者，又校正了 3 條佚文爲 "買宅者，先定鄰焉，面道事，見叙事。""夫齒者，年也，身之寶也。藏之斧鑿，所以調諧五味，以安性氣者也。""恐不知味以唾楚。"將 2 條佚文合併爲："土精爲石。石，氣之核也。氣之生石，猶人筋絡之生爪牙也。"考辨仔細，論證可信。潘氏又新輯 4 條佚文："學者，植也。""武帝拜少翁爲文成將軍（"將軍"二字據《事類賦》補）。崴餘無效應，乃作帛以飯牛，陽（《事類賦》作"揚"）言此牛有異應。殺而視之，得帛書。武帝識其手跡，其言妖怪，乃急窮竟其事，事急而首服。於是誅文成而隱其事。"[3] 其中考辨不定者，筆者再做訂正，注釋簡略者，筆者又作補充。

---

①　（清）姚振宗撰《隋書經籍志考證》二十五史補編本，開明書店 1936 年製版，第 420 頁。

②　劉世珩輯《意林》影印《聚學軒叢書》本，新文豐出版公司 1989 年版，第 225 頁。

③　潘國欣著《錢保塘輯本物理論訂補》，《古典文獻研究》第十三輯，鳳凰出版傳媒集團、鳳凰出版社 2010 年版。

（三）楊泉《太元經》（又名《太玄經》）

（西晉）楊泉（？～公元 280 徵爲郎中，不至～？）撰。

《隋志》與《舊唐志》皆載：“梁有《楊子大元經》十四卷，楊泉撰，亡。”① 《新唐志》作《太元經》十四卷，劉緝注② 。鄭樵《通志·藝文略·儒家》著録：《太玄經》十四卷，楊泉撰③ 。梁蕭繹《金樓子》與庾仲容《子鈔》并作《太元經》。

梁元帝《金樓子·雜記下》篇曰：“桓譚有《新論》，華譚又有《新論》，揚雄有《太玄經》，楊泉又有《太玄經》，談者多誤，動形言色。或云：‘桓譚有《新論》，何處復有華譚？揚子有《太玄經》，何處復有《太玄經》？’此皆由不學使之然也。”（《太平御覽》引）④ 可見此書在梁時已經不多見。

清人周廣業云：“昔桓譚論揚子雲《玄書》云：‘玄者，天也，道也。聖賢制法作事，皆引天道爲本統。故宓犧氏謂之爲易，老子謂之道，孔子謂之元，揚子謂之玄。’然則二字均言天道，德淵殆一取孔子之‘元’以名書也。”（《聚學軒》本《意林》按語）⑤

馬國翰輯得佚文 14 條，其輯本序曰：“此書仿揚子雲《太元》爲之，亦擬《易》之類也。……馬總《意林》載止六節，考《太平御覽》亦有引《太玄經》而不見子雲書中者，皆此書之佚文也，并輯爲卷。其占法、卦名均不可見，文辭清麗，亦可讀玩。鄭樵《通志·藝文略》但作《太玄》，無‘經’字，以意删去。兹仍梁、隋之舊題焉。”⑥ 姚氏按語：“《通志·略·儒家》：‘《太玄經》十四卷，楊泉撰。’實有‘經’字。”（《隋書經籍志考證》卷二十四）⑦

姚振宗又云：“《御覽》九百十九引文云‘望視之兔，白蹄之豕，短

---

① （唐）魏徵等撰《隋書》第 4 册，中華書局 1973 年版，第 999 頁。
② （宋）歐陽修、宋祁撰《新唐書》第 5 册，中華書局 1975 年版，第 1511 頁。
③ （宋）鄭樵撰，王樹民點校《通志二十略》下册，中華書局 2009 年版，第 1599 頁。
④ （梁）蕭繹撰，許逸民校箋《金樓子校箋》下册，中華書局 2011 年版，第 1324 頁。
⑤ 劉世珩輯《意林注》（影印《聚學軒叢書》本），新文豐出版公司 1989 年版，第 248 頁。
⑥ （清）馬國翰輯《玉函山房輯佚書》第 3 册，上海古籍出版社 1990 年版，第 2553 頁。
⑦ （清）姚振宗撰《隋書經籍志考證》二十五史補編本，開明書店 1936 年製版，第 420 頁。

啄之狗，修頸之馬'，此四句與《初學記》廿九引蔡氏《清論》同。《清論》即《化清經》。蔡洪與楊泉同時，亦皆爲吳之耆舊，各有擬《玄》之作而文句略同者，蓋古有是言也。劉緝不知何時人，本志引《七録》不云有注，疑在唐時。高似孫《子略》以劉緝注列揚雄《太玄經》條下，其謬如此。"（《隋書經籍志考證》）①

（四）蔡洪《化清經》（又名《清化經》《清化論》《清論》）

　　（晉）蔡洪（？～？）撰。洪，字叔開，吳郡人。仕吳。入晉爲州從事。太康中舉秀才，元康初爲松滋令。生平見《晉書·文苑·王沈傳》。又《世說新語·言語篇》注引蔡洪《集録》曰："洪字叔開，吳郡人，有才辯，初仕吳朝。太康中，本州從事，舉秀才。"②《晉書》本傳云："元康初，松滋令吳郡蔡洪字叔開，有才名，作《孤奮論》，與《釋時》意同，讀之者莫不歎息焉。"③他的《孤奮論》與王沈的《釋時》皆爲疾時之作，惜其文亡佚不見。

　　《隋志·子部·儒家》云："梁有《蔡氏化清經》十卷，松滋令蔡洪撰，亡。"④兩《唐志》皆題《清化經》十卷⑤。姚振宗稱《書鈔》一百三十六引《清化論》，"清化"二字誤倒。（《隋書經籍志考證》卷二十四）⑥兩《唐志》的"清化"也屬誤倒。宋史志書目多不見載，唯高似孫《子略》目録引《子鈔》目有《化清經》一（或"十"字之訛）卷⑦。此書或亡佚於隋、唐之際。

　　嚴可均僅輯得其書一封，賦兩篇，無《化清經》輯本。馬國翰從《意林》及唐、宋類書等採得佚文9條。類書所引或稱《化清經》，或

---

① （清）姚振宗撰《隋書經籍志考證》二十五史補編本，開明書店1936年製版，第420頁。
② 余嘉錫箋疏《世說新語箋疏》上冊，中華書局2015年版，第91頁。
③ （唐）房玄齡等撰《晉書》第8冊，中華書局1974年版，第2383頁。
④ （唐）魏徵等撰《隋書》第4冊，中華書局1973年版，第998頁。
⑤ （後晉）劉昫等撰《舊唐書》第6冊，中華書局1975年版，第2025頁。（宋）歐陽修、宋祁撰《新唐書》第5冊，中華書局1975年版，第1511頁。
⑥ （清）姚振宗撰《隋書經籍志考證》二十五史補編本，開明書店1936年製版，第419頁。
⑦ （宋）高似孫撰，司馬朝軍校釋《子略校釋》，山東人民出版社2018年版，第171頁。

稱《清論》（見《初學記》卷二十九"狗第十"引），當皆一書之文。王仁俊僅從《意林》録出 3 條，與馬輯重復。今存佚文 9 條。

（五）鄒湛《鄒子》（又名《化清論》）

（西晉）鄒湛（230? ～299）撰。湛，字潤甫，南陽新野人。生平見《晉書·文苑·鄒湛傳》。

《晉書》本傳云："元康末卒，所著詩及論事議二十五首，爲時所重。"[1]《隋志》載其集三卷，録一卷，亡[2]。宋人高似孫（《子略》引《子鈔》載《鄒子》一卷，注云："其書多論漢人，恐是閏甫。"[3]）與清人馬國翰（馬氏謂《意林》置此書於蔡洪《化清經》與孫綽《成敗志》之間，蔡、孫皆晉人，則鄒子當亦晉人，疑即《晉書·文苑傳》之鄒湛[4]）亦同。

《意林》卷五載《鄒子》一卷，并引其文 2 條，《太平御覽》亦引《鄒子》，均不詳撰人之名字。顧觀光謂其說爲漢以後人語，非鄒衍之書。周廣業對鄒衍、鄒奭與漢初之鄒陽這三人所作《鄒子》考辨甚詳，也排除了與王充同時的鄒伯奇，其說可信[5]。

馬國翰採得佚文 6 條，顧觀光所採多"將軍起事丞相"1 條（諸書不見引此條，唯《世說新語·尤悔》篇載有類似語句"王大將軍起事，丞相兄弟詣闕謝"[6]，不知顧氏所據）。今存佚文共 7 條。

（六）孫毓《孫氏成敗志》（又名《成敗志》）

（西晉）孫毓（? ～?）撰。毓，字休朗（《意林》本注云"字仲"，庾仲容《子鈔》云"字休明"[7]），北海平昌人，晉豫州刺史（長沙太

① （唐）房玄齡等撰《晉書》第 8 册，中華書局 1974 年版，第 2380 頁。
② （唐）魏徵等撰《隋書》第 4 册，中華書局 1973 年版，第 1061 頁。
③ （宋）高似孫撰，司馬朝軍校釋《子略校釋》，山東人民出版社 2018 年版，第 171 頁。
④ （清）馬國翰輯《玉函山房輯佚書》第 3 册，上海古籍出版社 1990 年版，第 2753 頁。
⑤ 劉世珩輯《意林注》（影印《聚學軒叢書》本），新文豐出版公司 1989 年版，第 250—251 頁。
⑥ 余嘉錫箋疏《世說新語箋疏》下册，中華書局 2015 年版，第 990 頁。
⑦ 王天海、王韌撰《意林校釋》下册，中華書局 2014 年版，第 569 頁。

守）（《釋文叙録》、《隋志》經部《毛詩異同評》十卷題"晉長沙太守孫毓撰"①）。

《隋志·子部·儒家》云："梁有《孫氏成敗志》三卷，孫毓撰，亡。"②兩《唐志》仍之。如宋高似孫《子略》目載庾仲容《子鈔》目云"孫敏《成敗志》三卷，字休明。"③但鄭樵《通志·藝文略·儒家》著録：孫氏《成敗志》三卷，孫毓撰④。

周廣業曰："《釋文》：毓字休朗，北海平昌人，晉豫州刺史。《隋志》云晉汝南太守，又云長汝太守，武帝咸寧間人。……此云字仲，蓋有脱誤。"又按曰："《魏志》别有孫毓，太山人，青州刺史觀字仲台之子，亦爲青州刺史，見《孫霸傳》及注。非此人也。"⑤本注"字仲"有脱誤。

嚴可均《全上古》無《成敗志》輯文，僅存孫毓佚文十三篇，但他在孫毓文序中，將北海平昌、泰山的兩個孫毓雜揉，未作考辨區分。《意林》僅引 2 條，又爲明人徐元太《喻林》所轉引。馬國翰從《意林》採得 2 條，又採《通典》所引孫毓《五禮駁》二條爲附録，自謂其論冠服與成人之義有關。馬國翰云："此書以'成敗'立名，蓋欲昭法戒以訓世也"⑥。孫啓治卻以爲："此書名'成敗'者，當指立身與事業之成敗而言，與禮家成人之説似無涉，馬氏牽合之，非是。王仁俊亦採自《意林》，與馬氏誤重。"⑦今存佚文共 2 條。

（七）王嬰《古今通論》（又名《古今通語》《古今通典》）

（西晉）王嬰（？～？）撰。嬰，生平無考，《隋志》以其書次於孫毓《成敗志》與蔡洪《化清經》之間，孫、蔡皆晉人，馬國翰據此定嬰

① （唐）魏徵等撰《隋書》第 4 册，中華書局 1973 年版，第 916 頁。
② （唐）魏徵等撰《隋書》第 4 册，中華書局 1973 年版，第 998 頁。
③ （宋）高似孫撰，司馬朝軍校釋《子略校釋》，山東人民出版社 2018 年版，第 172 頁。
④ （宋）鄭樵撰，王樹民點校《通志二十略》下册，中華書局 2009 年版，第 1599 頁。
⑤ 劉世珩輯《意林注》（影印《聚學軒叢書》本），新文豐出版公司 1989 年版，第 252 頁。
⑥ （清）馬國翰輯《玉函山房輯佚書》第 3 册，上海古籍出版社 1990 年版，第 2544 頁。
⑦ 孫啓治、陳建華編撰《中國古佚書輯本目録解題》，上海古籍出版社 2009 年版，第 225 頁。

亦晉人①。據清人周廣業注《意林》稱："嬰，字仲豪，山陽人，與同郡
范巨卿式友善。謝承《後漢書》稱其交友推誠據信，不負言誓。世但傳
巨卿與汝南張劭、長沙陳平子爲石交死友，猶未盡也。"②

　　《隋志·子部·儒家》云："梁有《古今通論》二卷，王嬰撰，
亡。"③（姚振宗以爲"此題松滋令，似當屬下文蔡洪"④）兩《唐志》并載
《古今通論》爲三卷，只題王嬰，不云"松滋令"⑤。鄭樵《通志·藝文
略·儒家》著録:《古今通論》二卷，松滋令王嬰撰⑥。蔡洪曾任松滋令，
《晉書》有載，王嬰是否仕至松滋令卻史書無考，姚氏所説有據，但亦
未能確證。

　　而宋高似孫《子略》目載庾仲容《子鈔》目則作"王嬰《通論》三
卷"⑦。此後史志書目不見載。此書前亡後存,《隋志》二卷到兩《唐志》
三卷，或唐人得其逸篇而分之，或後人有所附益，不得而知。

　　嚴可均無輯文，《意林》僅引 2 條。馬國翰輯有佚文 6 條，包括
《意林》2 條。據錢塘汪師韓曰《選注》所引群書有："王嬰《古今通
論》"（《文選理學權輿》卷二上《書目》）⑧。筆者又輯得佚文 1 條，張衡
《思玄賦》"登閬風之層城兮，搆不死而爲牀"李善注引《古今通論》
曰"不死樹在層城西"，爲前人所未見。另據《開元占經》卷四《地
數》篇佚文 1 條，今存佚文共 8 條。

（八）陸機《要覽》（又名《陸氏要覽》）

　　（西晉）陸機（261～303）撰。機，字士衡，吳郡人，仕晉爲後
將軍、河北大都督。生平事跡見《晉書·陸機傳》。

---

① （清）馬國翰輯《玉函山房輯佚書》第 3 册，上海古籍出版社 1990 年版，第 2545 頁。
② 劉世珩輯《意林注》（影印《聚學軒叢書》本），新文豐出版公司 1989 年版，第
　252 頁。
③ （唐）魏徵等撰《隋書》第 4 册，中華書局 1973 年版，第 998 頁。
④ （清）姚振宗撰《隋書經籍志考證》二十五史補編本，開明書店 1936 年製版，第
　418 頁。
⑤ （後晉）劉昫等撰《舊唐書》第 6 册，中華書局 1975 年版，第 2025 頁。（宋）歐陽
　修、宋祁撰《新唐書》第 5 册，中華書局 1975 年版，第 1511 頁。
⑥ （宋）鄭樵撰，王樹民點校《通志二十略》下册，中華書局 2009 年版，第 1599 頁。
⑦ （宋）高似孫撰，司馬朝軍校釋《子略校釋》，山東人民出版社 2018 年版，第 172 頁。
⑧ （清）汪師韓撰《文選理學權輿》叢書集成初編本，商務印書館 1935 年版，第 24 頁。

　　《晉書》本傳云“所著文章凡三百餘篇，并行於世”①，但未載有《要覽》一書。《隋志·子部·儒家》所載《要覽》十卷爲“晉郡儒林祭酒呂竦撰”②，姚振宗以爲：“疑有陸氏《要覽》在内，或呂氏集合諸家，通名之曰《要覽》，以勖郡文學諸生者。”（《隋書經籍志考證》卷二十四）③兩《唐志》子部雜家并載《要覽》三卷，陸士衡撰。又在“儒家”類載呂竦《要覽》，皆爲五卷④。《通志·藝文略·儒家》著録：《要覽》三卷，陸機撰⑤，不載呂竦書。

　　宋人王應麟《玉海》卷五十四之《晉陸機要覽》目下，稱“機《自序》云：‘直省之暇，乃集要術三篇：上曰《連璧》，集其嘉名，取其連類；中曰《述聞》，實述予之所聞；下曰《析名》，乃搜同辨異也。’”⑥嚴可均亦稱其有《要覽》若干卷，并據《玉海》輯得《要覽序》1條。《説郛》凡載9條，多見於《太平御覽》所引。馬國翰輯本從《説郛》録出，并注明原引出處，又從《御覽》增補2條附後。筆者又據《七國考》等輯得佚文3條，爲嚴、馬所未見。此書亡佚，今存佚文共15條。

　　《遂初堂書目》《説郛》均置《要覽》在類書系列，據存世文獻看，多爲博物釋名類，不以議論爲主。

（九）陸機、辛德源《正訓》（又名《政訓》）

　　（西晉）陸機（261～303）撰。

　　（隋）辛德源（？～601？）撰。德源，字孝基，隴西狄道人也。祖穆魏平原太守，父子馥尚書右丞。德源沉静好學，年十四解屬文，及長博覽書記，少有重名。生平見《隋書·辛德源傳》。《隋書》本傳云：“有集二十卷，又撰《政訓》，《內訓》各二十卷”⑦。

---

　　①　（唐）房玄齡等撰《晉書》第5册，中華書局1974年版，第1481頁。
　　②　（唐）魏徵等撰《隋書》第4册，中華書局1973年版，第999頁。
　　③　（清）姚振宗撰《隋書經籍志考證》二十五史補編本，開明書店1936年製版，第422頁。
　　④　（後晉）劉昫等撰《舊唐書》第6册，中華書局1975年版，第2033、2025頁。（宋）歐陽修、宋祁撰《新唐書》第5册，中華書局1975年版，第1534、1511頁。
　　⑤　（宋）鄭樵撰，王樹民點校《通志二十略》下册，中華書局2009年版，第1599頁。
　　⑥　武秀成、趙庶洋校證《玉海藝文志校證》，鳳凰出版社2013年版，第955頁。
　　⑦　（唐）魏徵等撰《隋書》第5册，中華書局1973年版，第1423頁。

　　鄭樵《通志·藝文略·儒家》既著録:《正訓》十卷，陸機撰^①。又著録:《正訓》二十卷，辛德源撰^②，看似兩書同名。另，《通志》之《亡書出於民間論一篇》云:"陸機《正訓》隋唐二《志》并無，今出於荆州之田氏。"（卷七十一）^③《崇文總目》入雜家類，云不著撰人名氏。其下按語云:"《唐志》有《正訓》二十卷，辛德源撰。而此題云陸機撰，又止十卷。據隋以前書録皆無陸機《正訓》之目，《晋史》機傳亦不言嘗有此書，而德源所著，今世已亡，疑是其遺書。"^④

　　王應麟《玉海》云:"陸機《正訓》十卷，《通志》云:'出於荆州田氏。'《國史志》雜家、《唐志》有二十卷，辛德源撰，此題'陸機'，疑誤。"^⑤（卷五十五）王應麟未能斷定當時所載《正訓》究竟屬於辛德源還是陸機。

　　但《宋志·子部·雜家》載:"陸機《正訓》十卷。"^⑥而《秘書省續編到四庫闕書目》（紹興□□年改定，長沙葉德輝考證）卷二:"陸機《正訓》十卷，闕。輝按:《玉海》五十五引同。《崇文目》入雜家類，云不著撰人名氏。"^⑦《宋國史藝文志輯本》子部雜家亦據《玉海》補録:"陸機《正訓》十卷，《玉海》五五。"^⑧

　　因爲無更多證據，不能斷言是書屬陸機或辛德源，因此兩存之。此書亡佚，佚文不存。

（十）陸雲《新書》（又名《陸子》）

　　（西晉）陸雲（262～303）撰。雲，字士龍，吴郡人，仕晉爲清

①　（宋）鄭樵撰，王樹民點校《通志二十略》下册，中華書局2009年版，第1599頁。
②　（宋）鄭樵撰，王樹民點校《通志二十略》下册，中華書局2009年版，第1599頁。
③　（宋）鄭樵撰《通志》《文淵閣四庫全書》本，臺灣商務印書館，第374册第485頁。
④　（宋）王堯臣等編次，錢東垣等輯釋《崇文總目》（二）叢書集成初編本，商務印書館1935年版，第146頁。
⑤　武秀成、趙庶洋校證《玉海藝文志校證》，鳳凰出版社2013年版，第1002頁。
⑥　（元）脱脱等修，（清）黄虞稷、倪燦撰《宋史藝文志廣編》上册，世界書局2009年版，第114頁。
⑦　（元）脱脱等修，（清）黄虞稷、倪燦撰《宋史藝文志廣編》下册，世界書局2009年版，第387頁。
⑧　（元）脱脱等修，（清）黄虞稷、倪燦撰《宋史藝文志廣編》下册，世界書局2009年版，第556頁。

河太守，世稱"陸清河"。生平見《晉書·陸雲傳》。

《晉書》本傳稱其："少與兄機齊名，雖文章不及機，而持論過之，號曰'二陸'。"又云："所著文章三百四十九篇，又著《新書》十篇，并行於世。"①

《隋志·子部·道家》載："梁有《陸子》十卷，陸雲撰，亡。"②兩《唐志》載同《隋志》，馬國翰謂即《新書》十篇③。《通志·藝文略·道家·諸子》亦著録：《陸子》十卷，陸雲撰。④宋高似孫《子略》目引《子鈔》⑤載同《隋志》。其他宋史志書目多不見載。

嵇含（字君道）對《陸子》評價極高，他說："每讀二陸之文，未嘗不廢書而歎，恐其卷盡也。《陸子》十篇，誠爲快書。其辭之富者，雖覃（《意林》作"精"）思不可損也；其理之約者，雖鴻筆不可益也。觀此二人，豈徒儒雅之士，文章之人也。"（嚴可均輯《抱朴子外篇》佚文）⑥

嚴可均在陸機的文章序中稱其有《陸子新書》十卷，却未有輯本。清人周廣業《意林附編》輯有佚文2條。馬氏從《初學記》《太平御覽》各採得佚文1條。又《三國志·鍾繇傳》裴松之注引《陸氏異林》載"叔父清河太守"說鍾繇事1條⑦，清河太守即雲也，故馬氏亦採入。王仁俊補馬氏之闕，僅從宋本《意林》卷六採得1條。删其重復，今存佚文共6條。

（十一）蘇彦《蘇子》

（晉）蘇彦（《說郛》本《意林》注云："名淳，魏人也。"李遇孫補刻《意林》卷六作"衛人"⑧）（？～？）撰。據《隋志》知蘇彦在孝武時

---

① （唐）房玄齡等撰《晉書》第5册，中華書局1974年版，第1481、1485頁。
② （唐）魏徵等撰《隋書》第4册，中華書局1973年版，第1002頁。
③ （清）馬國翰輯《玉函山房輯佚書》第3册，上海古籍出版社1990年版，第2639頁。
④ （宋）鄭樵撰，王樹民點校《通志二十略》下册，中華書局2009年版，第1609頁。
⑤ （宋）高似孫撰，司馬朝軍校釋《子略校釋》，山東人民出版社2018年版，第172頁。
⑥ （清）嚴可均輯《全上古三代秦漢三國六朝文》第2册，中華書局1958年版，第2132頁。
⑦ （晉）陳壽撰，（宋）裴松之注《三國志》第2册，中華書局1959年版，第396頁。
⑧ 王天海、王韌撰《意林校釋》下册，中華書局2014年版，第599頁。

爲北中郎參軍。但檢《北堂書鈔》卷九十九引《蘇子》“蘭以芳自燒”一節①，其文與《意林》所引衛（衛，應從《子鈔》作“魏”）蘇淳《蘇子》略同，所以孫啓治認爲：“蘇彥、蘇淳實一人。其人由魏入仕晉，故《隋志》題其仕晉之官職，而著書時或在魏，故《子鈔》云其自稱魏人也。唯彥、淳二名當有一誤，其人事跡亦不詳。”②唐、宋類書等引《蘇子》，亦不著撰者姓名。

《隋志·子部·道家》云：“梁有《蘇子》七卷，晉北郎中參軍蘇彥撰，亡。”③兩《唐志》復載之。《通志·藝文略·道家·諸子》亦著録：《蘇子》七卷，晉北中郎參軍蘇彥撰。④

顧觀光皆採得十餘條，顧氏以其文多漢以後語，知非《漢志》所載之蘇秦《蘇子》，至於究竟屬蘇彥或蘇淳則未予區分。嚴氏輯存12條，馬氏亦輯一卷凡13條，大體無所出入。宋刻全本《意林》第六卷引《蘇子》2條，其1條嚴、馬二家輯本皆遺之。馬、嚴二氏皆題爲蘇彥撰，今存佚文共14條。

（十二）袁準《袁子正論》（又名《正論》《政論》）

（西晉）袁準（？～266爲給事中～？）撰。準，字孝尼，陳郡扶樂人，魏國郎中令涣第四子，官至給事中。生平事跡見《晉書·袁瓌傳》，亦見《三國志·袁涣傳》裴松之注引《袁氏世紀》《九州記》。

《晉書》稱他：“以儒學知名，注《喪服經》。”⑤裴注引《袁氏世紀》稱袁準：“著書十餘萬言，論治世之務，爲《易》、《周官》、《詩》傳，及論《五經》滯義，聖人之微言，以傳於世。”⑥皆未載其著有《袁子正論》與《正書》二書。

《隋志·子部·儒家》載《袁子正論》十九卷，注云：“袁準撰。梁

① （隋）虞世南著，（明）陳雨謨校注《北堂書鈔》卷九十九，萬曆二十八年序刊本，第9頁。
② 孫啓治、陳建華編撰《中國古佚書輯本目録解題》，上海古籍出版社2009年版，第248—249頁。
③ （唐）魏徵等撰《隋書》第4冊，中華書局1973年版，第1002頁。
④ （宋）鄭樵撰，王樹民點校《通志二十略》下冊，中華書局2009年版，第1609頁。
⑤ （唐）房玄齡等撰《晉書》第7冊，中華書局1974年版，第2170頁。
⑥ （晉）陳壽撰，（宋）裴松之注《三國志》第2冊，中華書局1959年版，第336頁。

又有《袁子正書》二十五卷，袁準撰，亡。"① 兩《唐志》著録除《正論》作二十卷外，餘皆與《隋志》同。《群書治要》引録《袁子正書》十七篇，亦題袁準撰②。袁準兩書宋史志書目多不見載，或已亡於唐、宋之際。《通典》及唐、宋類書等皆引作《正論》。

嚴可均曰："各書或稱袁准，或稱袁准，或稱袁準，蓋隸俗變準爲准，因譌爲准，止是一人，《正論》、《政論》亦止一書。……《魏志·涣傳》注引《袁氏世紀》，有準自序。蓋仕魏不甚顯，其《正論》乃魏時所作。《齊王芳紀》青龍七年注引習鑿齒《漢晉春秋》，有'袁准言于曹爽'云云，蓋不黨司馬懿者。……其自序所稱'論治世之務'，即《正書》也；所稱'論五經滯義，聖人之微言'，即《正論》也。"（《袁子正論正書叙》）③

嚴可均輯文一卷共 26 條，馬國翰輯文上下兩卷共 34 條，皆題爲《袁子正論》。唯馬採"論者以爲五行之官""唯《周官》有王大封之文""堯舜之人"④ 等 10 條爲嚴氏所無，嚴氏採"伏羲畫八卦""《書》稱欽哉""爲父後猶服嫁母"3 條爲馬氏所無。馬氏所多諸條有似非《正論》之文者，如採《北堂書鈔》所引"蒸豚炰鼈"等 4 條，其文皆四字爲句，非論之體。又如所採《三國志》注引《袁子》3 條、《通典》引袁準説 2 條，皆不能定其爲《正論》抑或《正書》之文。王仁俊僅據宋本《意林》卷六採得 1 條，爲嚴、馬所未及。今存佚文約共 29 條。

馬國翰輯本有《才性論》與《袁氏世紀》兩篇名，并以《袁氏世紀》作爲《正論》之自序⑤。嚴可均將《才性論》作爲單篇，未收入《正論》中。但嚴氏説："其自序所稱'論五經滯義，聖人之微言'，即《正論》也。"這句話出自《袁氏世紀》，可見他也認同此篇爲袁準自

① （唐）魏徵等撰《隋書》第 4 册，中華書局 1973 年版，第 998 頁。
② （唐）魏徵等撰，蕭祥劍點校《群書治要》（校訂本）下册，團結出版社 2015 年版，第 1293 頁。
③ （清）嚴可均著，孫寶點校《嚴可均集》，浙江古籍出版社 2018 年版，第 193—194 頁。
④ （清）馬國翰輯《玉函山房輯佚書》第 3 册，上海古籍出版社 1990 年版，第 2532—2539 頁。
⑤ （清）馬國翰輯《玉函山房輯佚書》第 3 册，上海古籍出版社 1990 年版，第 2538、2539 頁。

序。兩人觀點皆本《三國志・袁渙傳》裴松之注。

至於《才性論》一篇是否爲《袁子正論》《袁子正書》抑或袁準文集，因爲《北堂書鈔》（卷九十）與《藝文類聚》（卷二十一）引用時僅稱袁準《才性論》，并未言明出自何書，所以難以斷言。暫依馬國翰意見，算作《袁子正論》逸篇。

（十三）袁準《袁子正書》（又名《正書》）

（西晉）袁準（？～266 年爲給事中～？）撰。

《袁子正書》梁時有二十五卷，《隋志》已云亡佚[①]，兩《唐志》皆載《正書》（《舊唐志》作《袁子正書》）二十五卷[②]。鄭樵《通志・藝文略・儒家》著錄：袁子《正論》二十卷，袁子《正書》二十五卷[③]。此後宋史志書目多不見載，或已亡於唐、宋之際。

清人周廣業《意林附編》輯有袁準《正書》佚文 24 條，《正論》佚文 15 條。嚴可均從《群書治要》採得十七篇，其篇目曰《禮政》，曰《經國》，曰《設官》，曰《政略》，曰《論兵》，曰《王子主失》，曰《厚德》，曰《用賢》，曰《悅近》，曰《貴公》，曰《治亂》，曰《損益》，曰《世治》，曰《刑法》，曰《人主》，曰《致賢》，曰《明賞罰已》，爲馬國翰所未及。

至二家雜採諸書所引，則馬多“禮者何也”“申屠剛諫光武”“輪車即輦”“山梁氏”“今有卿相之才”“春秋鄭莊公封母弟於京”6 條，其中有僅稱《袁子》者。諸書泛稱《袁子》之文，馬氏分別輯入《正論》《正書》，雖云依文辭義理區分，究難判定也。

嚴氏僅從《三國志》注採得《袁子》5 條（中唯“袁子曰張子布薦亮於孫權”1 條爲馬氏所闕），皆附於《正書》之後，不與《正論》《正書》相雜，較爲審慎。王仁俊所輯凡二，其一即採《治要》所載，其一則從宋本《意林》卷六採得 2 條，爲馬、嚴所未及。

現存佚文中，有 6 條僅稱《袁子》者，難以斷言屬《正論》或《正

---

① （唐）魏徵等撰《隋書》第 4 冊，中華書局 1973 年版，第 998 頁。
② （後晉）劉昫等撰《舊唐書》第 6 冊，中華書局 1975 年版，第 2025 頁。
③ （宋）鄭樵撰，王樹民點校《通志二十略》下冊，中華書局 2009 年版，第 1599 頁。

書》。暫依馬國翰意見，算作《袁子正書》逸文。今存佚文約共十七篇又 30 條。

（十四）梅陶《梅子新論》（又名《梅氏新論》《梅子新書》《梅陶書》《梅子》）

（東晉）梅陶（？～？）撰。梅陶，字叔真，汝南西平人。生平不詳，曾任王敦諮議參軍，歷遷豫章太守、尚書、光禄大夫，與祖納（祖逖兄）、王隱等人同時（見《世說新語·方正》注①）。其兄梅頤（誤作“賾”），字仲真，傳世本孔傳《古文尚書》的整理者（孔穎達《尚書正義·虞書》疏②）。梅陶生平事跡，散見於《晉書·陶侃傳》《晉書·祖約傳》《晉書·祖納傳》《晉書·刑法志》等文獻。

又，嚴可均輯其《鵩鳥賦序》云：“余既遭王敦之難，遂見忌録，居于武昌……”③，與他上述行事相符。

《隋志·子部·儒家》云：“梁有《梅子新論》一卷，亡。”④其後史志書目不見載。唯宋高似孫《子略》目載庾仲容《子鈔》有《梅子新書》一卷，注云：“按其語，晉人也。”⑤

《隋志》又載：“晉光禄大夫《梅陶集》九卷，梁二十卷，録一卷”⑥。馬國翰輯書序曰：“《意林》云《梅子》一卷，今佚。《意林》僅引一節，又從《太平御覽》得二節。《御覽》引有《梅陶書》，又引梅陶《自叙》，似梅子即梅陶。然《隋志》不標名，未敢懸定，別采入《梅陶集》中。”⑦清人丁國均《補晉書藝文志》亦云：“《御覽》卷九百六十二及九百六十七均引《梅子》，又卷三十三引《梅陶書》，卷六百四十九又引《梅陶自序》。按《梅陶書》即《梅子》，其《自序》

---

① 余嘉錫箋疏《世說新語箋疏》上冊，中華書局 2015 年版，第 352 頁。
② 上海古籍出版社編《十三經注疏》上冊，上海古籍出版社 1997 年版，第 118 頁。
③ （清）嚴可均輯《全上古三代秦漢三國六朝文》第 3 冊，中華書局 1958 年版，第 2195 頁。
④ （唐）魏徵等撰《隋書》第 4 冊，中華書局 1973 年版，第 999 頁。
⑤ （宋）高似孫撰，司馬朝軍校釋《子略校釋》，山東人民出版社 2018 年版，第 171 頁。
⑥ （唐）魏徵等撰《隋書》第 4 冊，中華書局 1973 年版，第 1065 頁。
⑦ （清）馬國翰輯《玉函山房輯佚書》第 3 冊，上海古籍出版社 1990 年版，第 2557 頁。

當亦在是書中。"①

　　據漢魏六朝子書的通用體例，一般附有介紹其生平行事的《自叙》篇以傳著者名（尹玉珊《漢魏子書的體式》）②；又據劉知幾《史通·序傳》篇，論梅陶自叙，與魏文帝、傅玄、葛洪并言，諸家自叙皆見於其所撰子書，則梅陶自叙亦當見於子書③。因此，《自叙》加上馬國翰所採3條，當一并視作《梅子新論》內容，今存佚文共4條。

（十五）楊偉《時務論》

　　（西晉）楊偉（？～？）撰。偉，字世英，馮翊人。明帝治宮室，曾諫言勸止。（《三國志·曹爽傳》裴松之注引《世語》④），仕魏爲尚書郎，景初元年造《景初曆》（《晉書·律曆志》），仕晉爲征南將軍（《隋志》⑤）。

　　《隋志·子部·雜家》載："《時務論》十二卷，楊偉撰。"⑥兩《唐志》仍之。《宋書·大且渠蒙遜傳》記載，元嘉十四年"茂虔奉表獻方物，并獻《周生子》十三卷，《時務論》十二卷，《三國總略》二十卷，……《乘丘先生》三卷……"⑦，《時務論》《乘（桑）丘先生》兩書皆爲楊偉撰寫，與"方物"一同進獻給宋文帝劉義隆，説明當時兩書在南朝并不常見，而在北人則比較看重。又《册府元龜》卷八百五十四"立言"載："楊偉爲征南軍師，……又有《時務論》十二卷。"⑧此書宋時或尚存。

　　另，清人丁國均《補晉書藝文志》載《時務論》五篇，卻稱著者爲何攀："謹按見《華陽國志》攀傳。"⑨考《華陽國志·後賢志》載何攀：

①　（清）丁國均撰，朱新林整理《補晉書藝文志》，清華大學出版社2012年版，第70頁。
②　尹玉珊著《漢魏子書研究》，中國社會科學出版社2018年版，第73頁。
③　馬鐵浩著《〈史通〉引書考》，學苑出版社2011年版，第392頁。
④　（晉）陳壽撰，（宋）裴松之注《三國志》第1册，中華書局1959年版，第284頁。
⑤　（唐）魏徵等撰《隋書》第4册，中華書局1973年版，第1006頁。
⑥　（唐）魏徵等撰《隋書》第4册，中華書局1973年版，第1006頁。
⑦　（梁）沈約撰《宋書》第8册，中華書局1974年版，第2416頁。
⑧　（宋）王欽若、楊億等奉敕撰《册府元龜》《文淵閣四庫全書》本，臺灣商務印書館，第917册第205頁。
⑨　（清）丁國均撰，朱新林整理《補晉書藝文志》，清華大學出版社2012年版，第76頁。

"上《論時務》五篇，除滎陽令。"① 何攀此書與楊偉《時務論》或爲同名異書。

嚴可均僅採《御覽》引 1 條。馬國翰從《北堂書鈔》《太平御覽》採得佚文 3 條。删其重復，今存佚文共 3 條。

（十六）楊偉《桑丘先生書》（又名《乘丘先生書》）

（西晉）楊偉（？ ～？）撰。

《隋志·子部·雜家》載："梁有《桑丘先生書》二卷，晉征南軍師楊偉撰。亡。"② 上引《宋書·大且渠蒙遜傳》："（元嘉）十四年，茂虔奉表獻方物，并獻……《乘丘先生》三卷"③。《乘丘先生》即《桑丘先生》，"生"下當有"書"字。又《册府元龜》卷八百五十四"立言"載："楊偉爲征南軍師，撰《桑丘先生書》二卷……"④ 比較《宋書》已少一卷，如非訛誤，則宋時此書尚存，有闕佚。

另，清人丁國均《補晉書藝文志》亦載《桑邱先生書》二卷，注云："征南軍司楊偉。謹按見《七録》。"⑤

馬國翰輯《時務論》序曰："偉於《晉書》無傳，惟《律曆志》載其所造《景初曆》稱魏尚書郎。……《隋志》雜家……有《桑邱先生書》二卷，題晉征南軍師楊偉，蓋本魏臣，後仕於晉，故《隋志》題晉官號也。……桑邱遺書泯絶不可復覯矣。"⑥ 今此書亡佚，佚文不存。

另，《韓詩外傳》記載一則楚丘先生與孟嘗君的對話，生動鮮明地揭示"老而不廢"的問題，顯示出楚丘先生的睿智⑦。楊偉書題或與楚丘先生有關，待考。

---

① （晉）常璩撰《明本華陽國志校注》第 3 册，國家圖書館出版社 2018 年版，第 117 頁。

② （唐）魏徵等撰《隋書》第 4 册，中華書局 1973 年版，第 1006 頁。

③ （梁）沈約撰《宋書》第 8 册，中華書局 1974 年版，第 2416 頁。

④ （宋）王欽若、楊億等奉敕撰《册府元龜》《文淵閣四庫全書》本，臺灣商務印書館，第 917 册第 205 頁。

⑤ （清）丁國均撰，朱新林整理《補晉書藝文志》，清華大學出版社 2012 年版，第 76 頁。

⑥ （清）馬國翰輯《玉函山房輯佚書》第 3 册，上海古籍出版社 1990 年版，第 2768 頁。

⑦ （漢）韓嬰撰，許維遹校釋《韓詩外傳集釋》，中華書局 1980 年版，第 349 頁。

（十七）宣舒《宣子》

（西晉）宣舒（？～？）撰。舒，字幼驥，陳郡人。晉宜城令，爲《通知來藏往論》（據陸德明《經典釋文·序録》，又姚振宗按語："見易家張璠集解二十二家中。"①），有集五卷（見《隋志》）。

《隋志·子部·道家》載："梁有《宣子》二卷，晉宜城令宣舒撰。"② 姚振宗以爲"宣聘"當爲"宣舒"（《隋書經籍志考證》卷二十五）③。兩《唐志》亦載："《宣子》二卷，宣聘撰。"④《通志·藝文略·道家·諸子》亦著録：《宣子》二卷，晉宜城令宣聘撰。⑤

姚振宗云："舊、新《唐志·經部·易類》有宣聘《通易象論》一卷，即所通'知來''藏往'論也。又本《志·別集類》注云：'梁有《宣舒集》五卷'，《舊唐志》作《宣聘集》，《新志》作《宣騁集》，一宣舒也。隋、唐三《志》或以爲宣聘，或以爲宣聘。據《釋文·叙録》，則爲宜城令者實宣舒，非聘，亦非騁也。其所以致誤之由，則以其字'幼驥'，轉寫脱'幼'字，又誤以'驥'爲'騁'，以'騁'爲'聘'耳。案：《舊唐志》易家又有誤作'宣駛'者。……魏晉六朝人以《周易》《老》《莊》爲三玄，談玄義者馳騁其説，宣舒所作《通易論》或亦編入是書中。"（《隋書經籍志考證》）⑥ 其説可信。

此書亡佚，今據嚴可均輯得二篇名，僅有佚文 1 條。

（十八）蔡韶《閔論》（又名《閩論》《闉論》）

（晉）蔡韶（？～？）撰。韶，生平始末未詳，史書不載。

《隋志·子部·儒家》載："梁有《閔論》二卷，晉江州從事蔡韶

---

① （清）姚振宗撰《隋書經籍志考證》二十五史補編本，開明書店 1936 年製版，第 443 頁。

② （唐）魏徵等撰《隋書》第 4 册，中華書局 1973 年版，第 1002 頁。

③ （清）姚振宗撰《隋書經籍志考證》二十五史補編本，開明書店 1936 年製版，第 443 頁。

④ （後晉）劉昫等撰《舊唐書》第 6 册，中華書局 1975 年版，第 2029 頁。（宋）歐陽修、宋祁撰《新唐書》第 5 册，中華書局 1975 年版，第 1516 頁。

⑤ （宋）鄭樵撰，王樹民點校《通志二十略》下册，中華書局 2009 年版，第 1609 頁。

⑥ （清）姚振宗撰《隋書經籍志考證》二十五史補編本，開明書店 1936 年製版，第 443 頁。

撰，亡。"①《新唐書·藝文志》亦載："蔡韶《闋論》二卷。"鄭樵《通志》"諸子類"仍《隋志》②。

　　歷代學者皆無輯本。筆者據《初學記》與《御定淵鑑類函》《御定佩文韻府》等輯得佚文 2 條。

七 東晉子書

（一）夏侯湛《新論》（又名《夏侯子新論》《夏侯子》）

（晉）夏侯湛（243～291）撰。湛，字孝若，譙國譙人。魏征西將軍夏侯淵曾孫，才華富盛，早有名譽。晉惠帝即位，進散騎常侍。生平見《晉書·夏侯湛傳》。

《晉書》本傳云：“著論三十餘篇，別爲一家之言。”[1] 本傳僅録其《抵疑》與《昆弟誥》兩文，惜未明言其三十餘篇論文的總名。《世説新語·文學篇》注引《文士傳》曰：“湛字孝若，譙國人，魏征西將軍夏侯淵曾孫也。有盛才，文章巧思，善補雅詞，名亞潘岳。歷中書侍郎。”[2]

《隋志》[3] 與兩《唐志》并載夏侯湛《新論》十卷，鄭樵《通志·藝文略·儒家》著録：《新論》十卷，晉散騎常侍夏侯湛撰[4]。此外宋史志書目多不見載。《太平御覽》引有夏侯湛《新論》，又引有《夏侯子》，馬國翰以爲皆一書之文，據以採得6條，又從《晉書》本傳採得《抵疑》一篇[5]。嚴可均僅從《御覽》採得1條，已見馬輯。嚴氏以爲《夏侯子》乃魏夏侯玄之作，故馬輯所採《御覽》引《夏侯子》6條内，有3條“一舟之覆”、“魯人有善相馬者”、“一蠆之行”，嚴氏輯入夏侯玄所著《夏侯子》内。另，宋刻全本《意林》有夏侯湛《新論》1條，嚴氏《文編》據《御覽》引其首二句，馬氏輯本引四句而分爲2條，不知

---

① （唐）房玄齡等撰《晉書》第5册，中華書局1974年版，第1499頁。
② 余嘉錫箋疏《世説新語箋疏》上册，中華書局2015年版，第278—279頁。
③ （唐）魏徵等撰《隋書》第4册，中華書局1973年版，第999頁。
④ （宋）鄭樵撰，王樹民點校《通志二十略》下册，中華書局2009年版，第1599頁。
⑤ （清）馬國翰輯《玉函山房輯佚書》第3册，上海古籍出版社1990年版，第2549—2552頁。

其下尚有八句漏未寫入焉。王仁俊從宋本《意林》採得 1 條，爲嚴、馬所無。

考《隋志》與兩《唐志》不載夏侯玄《夏侯子》，只載有《夏侯玄集》二卷^①。不知嚴氏所據何書。暫依馬氏輯文爲準，現存佚文 7 條。另，嚴可均輯《夏侯湛》文中《抵疑》篇，夏侯湛自稱"夏侯子"^②。文末提到以揚雄著《法言》爲榜樣，疑《抵疑》篇爲《新論》中一篇，同《論衡·對作》篇。

（二）華譚《新論》（又名《華氏新論》《辨道》）

（東晉）華譚（244～322）撰。譚，字令思，廣陵江都人，官至散騎常侍，贈光禄大夫金章紫綬。生平見《晉書·華譚傳》。

《晉書》本傳云："譚博學多通，在府無事，乃著書三十卷，名曰《辨道》，上牋進之，帝親自覽焉。"^③《隋志·子部·儒家》云："梁有《新論》十卷，晉金紫光禄大夫華譚撰，亡。"^④兩《唐志》復載十卷。宋史志書目多不載，高似孫《子略》引《子鈔》目亦不載此書。或《晉書》本傳所言《辨道》三十卷早佚，後人輯爲《新論》十卷，或爲《辨道》的刪節本。據《金樓子·雜記下》載："桓譚有《新論》，華譚又有《新論》。"^⑤可知華譚《新論》在南朝即已流行，而後又亡於隋、唐之際。

馬國翰從《初學記》《御覽》各採得佚文 1 條。又《北堂書鈔》等引《華譚集·尚書二曹論》，馬氏以爲亦《新論》之一篇而後人收入文集中者，因採入，并從《晉書》本傳採其議論三篇，合爲《華氏新論》一卷，而將《辨道》作爲首篇^⑥。嚴可均僅採《初學記》所引"夫體道

① （後晉）劉昫等撰《舊唐書》第 6 册，中華書局 1975 年版，第 2057 頁。（宋）歐陽修、宋祁撰《新唐書》第 5 册，中華書局 1975 年版，第 1580 頁。

② （清）嚴可均輯《全上古三代秦漢三國六朝文》第 2 册，中華書局 1958 年版，第 1855 頁。

③ （唐）房玄齡等撰《晉書》第 5 册，中華書局 1974 年版，第 1453 頁。

④ （唐）魏徵等撰《隋書》第 4 册，中華書局 1973 年版，第 999 頁。

⑤ （梁）蕭繹撰，許逸民校箋《金樓子校箋》下册，中華書局 2011 年版，第 1324 頁。

⑥ （清）馬國翰輯《玉函山房輯佚書》第 3 册，上海古籍出版社 1990 年版，第 2555 頁。

者聖" 1 條入《新論》①。馬輯所採各論,嚴氏皆別錄入華氏文集,而不
視爲《新論》佚文。王仁俊從宋本《意林》卷六採得 1 條,爲馬、嚴所
未及。今存佚文共 6 條。

　　另,《隋志》與兩《唐志》皆著錄《華譚集》二卷,注云:"梁又有
《華譚集》二卷,亡。"②《通志·藝文略》(《通志·藝文略·儒家》亦著
錄:"《新論》十卷,晉華譚撰。"③)與《國史經籍志》皆著錄《華譚集》
二卷④,二典不足據。所以,現存華譚佚文究竟屬《新論》還是《華譚
集》,嚴可均與馬國翰已有分歧,尚待考證。

(三)杜夷《幽求子》(又名《杜氏幽求新書》)

　　(晉)杜夷(258 ~ 323)撰。夷,字行齊,廬江灊人。世以儒學
稱,少而恬淡,博覽經籍百家之書,仕晉官至國子祭酒。年六十六病
卒,贈大鴻臚,謚曰貞子。姚振宗謂《杜畿傳》注引《杜氏新書》(《杜
氏新書》即杜恕《體論》)乃京兆杜陵之杜氏,與廬江灊縣之杜氏非爲
一族(《隋書經籍志考證》卷二十五)⑤。生平見《晉書·儒林傳》。

　　《晉書》本傳云:"夷所著《幽求子》二十篇行於世。"⑥《文心雕
龍·諸子篇》載 "杜夷《幽求》"⑦。《隋志·子部·道家》載《杜氏幽求
新書》二十卷⑧,《舊唐志》載《幽求子》三十卷⑨,《新唐志》同。高似
孫《子略》目引鄭樵《通志略》有《幽求子》二十卷⑩,但所引《子鈔》
目却未錄此書。又《唐日本國見在書目·道家》:"《幽求子》廿卷,杜

---

①　(清)嚴可均輯《全上古三代秦漢三國六朝文》第 2 册,中華書局 1958 年版,第
　　1918 頁。
②　(唐)魏徵等撰《隋書》第 4 册,中華書局 1973 年版,第 1064 頁。
③　(宋)鄭樵撰,王樹民點校《通志二十略》下册,中華書局 2009 年版,第 1599 頁。
④　(宋)鄭樵撰,王樹民點校《通志二十略》下册,中華書局 2009 年版,第 1743 頁。
⑤　(清)姚振宗撰《隋書經籍志考證》二十五史補編本,開明書店 1936 年製版,第
　　444 頁。
⑥　(唐)房玄齡等撰《晉書》第 8 册,中華書局 1974 年版,第 2354 頁。
⑦　劉勰著,范文瀾注《文心雕龍注》上册,人民文學出版社 1978 年版,第 310 頁。
⑧　(唐)魏徵等撰《隋書》第 4 册,中華書局 1973 年版,第 1002 頁。
⑨　(後晉)劉昫等撰《舊唐書》第 6 册,中華書局 1975 年版,第 2029 頁。
⑩　(宋)高似孫撰,司馬朝軍校釋《子略校釋》,山東人民出版社 2018 年版,第 185 頁。

夷撰。"①

　　《晉書》本傳只稱杜夷有《幽求子》，未云有文集，因此嚴可均的6條輯文當入《幽求子》。馬國翰從《文選》注、《北堂書鈔》《太平御覽》採得佚文 19 條。又《三國志·杜畿傳》裴松之注引《杜氏新書》7 條，合爲《杜氏幽求新書》一卷。此書記畿及其子言行，馬氏以爲當是夷稱述其先德之美，書名不稱《幽求》者，乃省文，因據以採入。王仁俊補馬輯之缺，從宋本《意林》卷六採得 5 條。今存佚文共 31 條。

　　馬國翰稱"其説道清淡，以無爲爲家，宗旨老氏"②，故列道家。

（四）孔衍《孔氏説林》（又名《説林》）

　　（晉）孔衍（268 ~ 320）撰。衍，字舒元，魯國人，孔子二十二世孫。祖文，魏大鴻臚。父毓，征南軍司。衍少好學，年十二，能通《詩》《書》。避地江東，元帝引爲安東參軍，專掌記室。中興初，與庾亮俱補中書郎。明帝之在東宮，領太子中庶子。于時庶事草創，衍經學深博，又練識舊典，朝儀軌制多取正。後爲王敦所猜忌，出爲廣陵郡。生平見《晉書·儒林傳》。

　　《晉書》本傳云："衍雖不以文才著稱，而博覽過於賀循，凡所撰述，百餘萬言。"③未載其著述。《隋志·子部·雜家》載："梁有《孔氏説林》，孔衍撰。"④又，兩《唐志》皆著録孔衍《説林》五卷⑤。

　　錢塘汪師韓《文選理學權輿》曰《選注》所引群書有："孔衍《説林》"（《文選理學權輿》卷二上《書目》）⑥。但遍考《文選》李善注，并無稱引孔衍或是《孔氏説林》的語句。汪師韓所見《文選》本不同，或爲汪氏誤讀。清人丁國均《補晉書藝文志》載孔衍撰《孔氏説林》二卷，云："謹按見《七録》。……《通典》卷九十八引衍《乖離論》，當

---

① 孫猛著《日本國見在書目録詳考》中册，上海古籍出版社 2015 年版，第 1053 頁。
② （清）馬國翰輯《玉函山房輯佚書》第 3 册，上海古籍出版社 1990 年版，第 2641 頁。
③ （唐）房玄齡等撰《晉書》第 8 册，中華書局 1974 年版，第 2359 頁。
④ （唐）魏徵等撰《隋書》第 4 册，中華書局 1973 年版，第 1006 頁。
⑤ （後晉）劉昫等撰《舊唐書》第 6 册，中華書局 1975 年版，第 2033 頁。（宋）歐陽修、宋祁撰《新唐書》第 5 册，中華書局 1975 年版，第 1534 頁。
⑥ （清）汪師韓撰《文選理學權輿》叢書集成初編本，商務印書館 1935 年版，第 38 頁。

在此書中。"① 丁氏觀點，可備一説。嚴可均即據《通典》輯得《乖離論》一文，但嚴氏僅提及孔衍有《公羊集解》與《漢魏春秋》未言及《説林》②。馬國翰亦無輯本。

此書亡佚，現存佚文 1 條。

（五）虞喜《志林新書》（又名《志林》）

（晉）虞喜（281～356）撰。喜，字仲寧，會稽余姚人。少立操行，博學好古。屢徵不就，專心經傳，兼覽讖緯。生平見《晉書·儒林傳》與《隋志·經部·禮類》之《周官禮駁難》附注。

《晉書》本傳云："著《安天論》以難渾、蓋，又釋《毛詩略》，注《孝經》，爲《志林》三十篇。凡所注述數十萬言，行於世。"③《隋志·子部·儒家》載："《志林新書》三十卷，虞喜撰。梁有《廣林》二十四卷，又《後林》十卷，虞喜撰，亡。"④ 兩《唐志》載《志林新書》二十卷、《後林新書》十卷，虞喜撰⑤。鄭樵《通志·藝文略·儒家》著録：《志林新書》二十卷，虞喜撰。又《後林新書》十卷，虞喜撰⑥。宋高似孫《子略》引《子鈔》目作"虞喜《志林》二十四卷"⑦。

《志林》亡佚。嚴可均輯得佚文 5 條，分別據《吳志·孫策傳》注引《志林》1 條，《孫權傳》注引 3 條，《諸葛恪傳》注引 1 條。

馬國翰輯得佚文 37 條，包括嚴氏所輯 5 條，合爲一卷，并稱其書"多雜論故事，長於考據"⑧。馬氏《志林序》曰：《志林新書》，……明陶宗儀輯十三節入《説郛》，……諸書引并作《志林》，加題'新書'依隋、唐志目也。"⑨ 又云："考杜佑《通典》引虞喜説凡二十節，除標題

① （清）丁國均撰，朱新林整理《補晉書藝文志》，清華大學出版社 2012 年版，第 76 頁。
② （清）嚴可均輯《全上古三代秦漢三國六朝文》第 3 册，中華書局 1958 年版，第 2172 頁。
③ （唐）房玄齡等撰《晉書》第 8 册，中華書局 1974 年版，第 2349 頁。
④ （唐）魏徵等撰《隋書》第 4 册，中華書局 1973 年版，第 999 頁。
⑤ （後晉）劉昫等撰《舊唐書》第 6 册，中華書局 1975 年版，第 2025 頁。（宋）歐陽修、宋祁撰《新唐書》第 5 册，中華書局 1975 年版，第 1511 頁。
⑥ （宋）鄭樵撰，王樹民點校《通志二十略》下册，中華書局 2009 年版，第 1599 頁。
⑦ （宋）高似孫撰，司馬朝軍校釋《子略校釋》，山東人民出版社 2018 年版，第 172 頁。
⑧ （清）馬國翰輯《玉函山房輯佚書》第 3 册，上海古籍出版社 1990 年版，第 2559 頁。
⑨ （清）馬國翰輯《玉函山房輯佚書》第 3 册，上海古籍出版社 1990 年版，第 2559 頁。

《釋滯》《通疑》八節，明標《廣林》者一節，他皆稱‘虞喜曰’。循其文義，皆雜論禮服，知爲一書語，引者舉一例，餘不標《廣林》者，省文也。茲據輯録。”（《廣林序》）[1] 馬氏又云：“《隋》《唐志》載喜所著書無此書之目，杜佑《通典》引三節，題曰虞喜《釋滯》。喜別撰此而史志佚之耶？抑其爲《志林》《廣林》《後林》篇目之一耶？疑不能明。”（《釋滯序》）[2]

（六）干寶《干子》（又名《正言》《立言》）

（東晉）干寶（283？～336）撰。寶，字令升，新蔡人。少勤學，博覽書記。官至散騎常侍。生平見《晉書·干寶傳》。

《晉書》本傳云：“著《晉紀》，……凡二十卷，……名爲《搜神記》，凡三十卷。……又爲《春秋左氏義外傳》，注《周易》、《周官》凡數十篇，及雜文集皆行於世。”[3]

《隋志·子部·儒家》云：“梁有《干子》十八卷，干寶撰。”[4] 兩《唐志》不著録《干子》，卻在“儒家”類載《正言》十卷、《立言》十卷，并干寶撰[5]。宋史志書目不載《干子》一書，（《通志·藝文略·儒家》亦著録：《正言》十卷、《立言》十卷皆署干寶撰[6]）。是書或佚於隋、唐之際。清人丁國均《補晉書藝文志》載作《干子》十八卷，并稱“謹按見《七録》。……《唐志》著録寶書‘《正言》十卷、《立言》十卷’，當即此十八卷之本。……《荊楚歲時記》曾引寶《變化論》，當在此書內。”[7] 考慮到魏晉南北朝之際圖書節選本的流行，此説可參考。

清人周廣業《意林附編》輯《干子》佚文僅3條，馬國翰從《通典》採得干寶《駁招魂議》一篇，從《荊楚歲時記》《太平御覽》《埤

---

[1]　（清）馬國翰輯《玉函山房輯佚書》第3冊，上海古籍出版社1990年版，第2564頁。

[2]　（清）馬國翰輯《玉函山房輯佚書》第3冊，上海古籍出版社1990年版，第2567、2569頁。

[3]　（唐）房玄齡等撰《晉書》第7冊，中華書局1974年版，第2150—2151頁。

[4]　（唐）魏徵等撰《隋書》第4冊，中華書局1973年版，第999頁。

[5]　（後晉）劉昫等撰《舊唐書》第6冊，中華書局1975年版，第2025頁。（宋）歐陽修、宋祁撰《新唐書》第5冊，中華書局1975年版，第1511頁。

[6]　（宋）鄭樵撰，王樹民點校《通志二十略》下冊，中華書局2009年版，第1599頁。

[7]　（清）丁國均撰，朱新林整理《補晉書藝文志》，清華大學出版社2012年版，第71頁。

雅》採得干寶《變化論》佚文 11 條，合爲一輯，依《隋志》題爲《干子》[①]。王仁俊僅從宋本《意林》卷六採得《干子》1 條。姚振宗謂馬氏所採議、論或是干寶文集五卷中文，未必屬《干子》(《隋書經籍志考證》卷二十四)[②]。

《晉書》本傳稱干寶有文集，不云卷數。《隋志》與兩《唐志》皆著録《干寶集》四卷，《隋志》下有注云："梁五卷。"[③]《通志·藝文略》(《通志·藝文略·儒家》亦著録:《正言》十卷、《立言》十卷皆署干寶撰[④]。)與《國史經籍志》皆著録《干寶集》四卷[⑤]，二典不足據。所以，現存干寶佚文究竟屬《干子》還是《干寶集》，嚴可均與馬國翰已有分歧，尚待考證。

（七）葛洪《抱朴子内篇》《抱朴子外篇》(《抱朴子》)

（東晉）葛洪（283 ~ 363）撰。洪，字稚川，丹陽句容人，吳方士玄從孫。生平見《晉書·葛洪傳》。

《晉書》本傳載其《自序》云："故予所著子言黄白之事，名曰《内篇》，其餘駁難通釋，名曰《外篇》，大凡内外一百一十六篇。……自號‘抱朴子’，因以名書。其餘所著碑誄詩賦百卷，移檄章表三十卷，神仙、良吏、隱逸、集異等傳各十卷，又抄《五經》、《史》、《漢》、百家之言、方技雜事三百一十卷，《金匱藥方》一百卷，《肘後要急方》四卷。"[⑥]

《隋志·子部》在"儒家"與"道家"兩類中分別著録《抱朴子内篇》二十一卷、音一卷，葛洪撰。""《抱朴子外篇》三十卷，葛洪撰。梁有五十一卷。"[⑦]兩《唐志》既皆在"道家"類著録《抱朴子内篇》

---

① （清）馬國翰輯《玉函山房輯佚書》第 3 册，上海古籍出版社 1990 年版，第 2571—2572 頁。

② （清）姚振宗撰《隋書經籍志考證》二十五史補編本，開明書店 1936 年製版，第 421 頁。

③ （唐）魏徵等撰《隋書》第 4 册，中華書局 1973 年版，第 1065 頁。

④ （宋）鄭樵撰，王樹民點校《通志二十略》下册，中華書局 2009 年版，第 1599 頁。

⑤ （宋）鄭樵撰，王樹民點校《通志二十略》下册，中華書局 2009 年版，第 1744 頁。

⑥ （唐）房玄齡等撰《晉書》第 6 册，中華書局 1974 年版，第 1912、1913 頁。

⑦ （唐）魏徵等撰《隋書》第 4 册，中華書局 1973 年版，第 1002、1006 頁。

二十卷,葛洪撰。"① 又在"雜家"類著録《抱朴子内篇》,一作五十卷,一作二十卷②。《通志·藝文略·道家·諸子》亦著録:《抱朴子内篇》二十卷,葛洪撰。③

《抱朴子外篇》寫作的時間比《内篇》早些(見《内篇·黄白》)原"各起次第"(見《内篇·序》),分别單行,内容亦迥然不同。《外篇·自叙》説:"其《内篇》言神仙、方藥、鬼怪、變化、養生、延年、禳邪、却禍之事,屬道家;其《外篇》言人間得失,世事臧否,屬儒家。"④ 由於兩書的性質各異,《隋志》以下的目録,幾乎都是分别著録的。宋尤袤《遂初堂書目》始將《内》《外篇》合二而一,歸入道家類。《四庫提要》子部道家類尤而效之,據明盧舜治本著録,題曰《抱朴子内外篇》八卷。并謂《外篇》大旨"亦以黄、老爲宗"⑤。歸類和論斷,都值得商榷。其主旨正如《外篇·自叙》所説"言人間得失,世事臧否",宜歸入儒家。《内篇》則主要記載了葛洪的道教思想,以及煉丹方藥和長生不死等所謂"貴族道教"的内容。(詳見楊明照《抱朴子外篇校箋·前言》⑥)

《内篇》與《外篇》的佚文,或云"繼昌與可均同輯",如姚振宗據《鐵橋漫稿·自編四録堂類集總目》曰:"《抱朴子内篇校勘記》一卷,繼昌與可均同撰。《抱朴子内篇》佚文一卷,繼昌與可均同輯。"姚氏案:"繼昌,字蓮龕,其時官江寧布政使"(《隋書經籍志考證》卷二十五)⑦。或云"嚴可均代輯",如嚴可均在《代繼蓮龕叙抱朴子佚文》中云:"余手校《抱朴子》,因緐檢群書所引見,往往有今本所無者。隨見隨録,省併復重,得百四十五事。輒依本書大例,以其言神仙黄白事

----

① (後晉)劉昫等撰《舊唐書》第 6 册,中華書局 1975 年版,第 2029 頁。(宋)歐陽修、宋祁撰《新唐書》第 5 册,中華書局 1975 年版,第 1516 頁。

② (後晉)劉昫等撰《舊唐書》第 6 册,中華書局 1975 年版,第 2033 頁。(宋)歐陽修、宋祁撰《新唐書》第 5 册,中華書局 1975 年版,第 1534 頁。

③ (宋)鄭樵撰,王樹民點校《通志二十略》下册,中華書局 2009 年版,第 1609 頁。

④ 楊明照撰《抱朴子外篇校箋》下册,中華書局 1991 年版,第 698 頁。

⑤ (清)永瑢等撰《四庫全書總目》下册,中華書局 1965 年版,第 1250 頁。

⑥ 楊明照撰《抱朴子外篇校箋》上册,中華書局 1991 年版,第 1—18 頁。

⑦ (清)姚振宗撰《隋書經籍志考證》二十五史補編本,開明書店 1936 年製版,第 444 頁。

者爲《内篇》佚文，其餘駁難通釋爲《外篇佚文》，各一卷。"①但此文只能説明《叙》爲嚴可均代撰。

綜合以上信息，或可説明《内篇》佚文當爲繼昌與可均同輯。《内篇》佚文今存54條，《外篇》佚文今存132條，其中102條或爲繼昌與可均同輯（繼昌云《内》《外篇》佚文共145條，條目與《全晉文》收録的不太吻合，或有嚴氏增輯條目），30條爲楊明照補輯。筆者又據《文選》李善注增輯佚文1條，《外篇》佚文今存共133條。

（八）顧谷《顧道士新書論經》（又名《顧道士論》）

（東晉）顧谷（？～？）撰。谷，生平未詳。

《隋志·子部·道家》載："梁有《顧道士新書論經》三卷，晉方士顧谷撰，亡。"②列在《抱朴子内篇》之後。兩《唐志》皆作"《顧道士論》，顧谷撰。"《新唐志》仍録三卷，《舊唐志》中僅有二卷③。《通志·藝文略·道家·論》亦著録：《顧道士論》三卷，不著撰人。④

清人丁國鈞《補晉書藝文志》載方士顧谷撰《顧道士新書論經》三卷，云："謹按見《七録》。此書《玉燭寶典》曾載一條，餘書鮮有引者。"⑤

此書亡佚，今存佚文1條。

（九）孫綽《孫子》（又名《孫綽子》）

（東晉）孫綽（314～371）撰。綽，字興公，太原中都人。其祖父孫楚曾仕於魏、晉，其兄孫統亦并知名。孫綽博學善屬文，少以文才垂稱，當時文士以綽爲冠。王羲之引爲右軍長史，後遷，領著作郎，拜衛尉卿。生平事跡見《晉書·孫楚傳》。

《晉書》本傳："綽少以文才垂稱，于時文士，綽爲其冠。温、王、

---

① （清）嚴可均著，孫寶點校《嚴可均集》，浙江古籍出版社2018年版，第197頁。

② （唐）魏徵等撰《隋書》第4册，中華書局1973年版，第1002頁。

③ （後晉）劉昫等撰《舊唐書》第6册，中華書局1975年版，第2029頁。

④ （宋）鄭樵撰，王樹民點校《通志二十略》下册，中華書局2009年版，第1617頁。

⑤ （清）丁國均撰，朱新林整理《補晉書藝文志》，清華大學出版社2012年版，第75頁。

郗、庾諸公之薨,必須綽爲碑文,然後刊石焉。"①《隋志》②與兩《唐志》子部道家并載《孫子》十二卷,孫綽撰③。宋高似孫《子略》目所引鄭樵《通志略》有《孫綽子》十卷④,但所錄《子鈔》目卻未載此書。《宋志》亦載《孫綽子》十卷,歸於雜家,未注撰者名⑤。

此書大約亡於宋之後。嚴可均從《文選》李善注及唐、宋類書採得佚文 23 條,馬國翰採得佚文 22 條,馬採"伯牙鼓琴""銜轡衡軛"⑥3 條爲嚴所無,嚴採得"或問賈誼不遇漢文""秋霜被""或問人物""由禮則雅""鳥窮則啄" 5 條爲馬所無。又"或問雅俗""貞(馬作真)人在冬" 2 條,嚴氏輯文較備⑦。勞格採得 13 條,未出馬、嚴之外。王仁俊即轉錄勞輯,又從宋本《意林》卷六採得 2 條爲補遺,則爲三家所未及採。今存佚文共 28 條。

(十)苻朗《苻子》

(前秦)苻朗(?～389)撰。朗,字元達,略陽臨渭氐人,前秦苻堅從兄之子。幼懷遠操,不屑時榮。苻堅稱之曰:"吾家千里駒也。"(《晉書·苻堅載記》)⑧仕秦爲青州刺史,降晉,詔加員外散騎侍郎。後因忤王忱兄弟被殺害。生平事跡見《世説新語·排調》劉孝標注與《晉書·苻堅載記》。

《晉書》本傳稱:"著《苻子》數十篇行於世,亦《老》、《莊》之流也。"⑨《隋志·子部·道家》載《苻子》二十卷,注云:"東晉員外郎

① (唐)房玄齡等撰《晉書》第 5 册,中華書局 1974 年版,第 1547 頁。
② (唐)魏徵等撰《隋書》第 4 册,中華書局 1973 年版,第 1002 頁。
③ (後晉)劉昫等撰《舊唐書》第 6 册,中華書局 1975 年版,第 2029 頁。(宋)歐陽修、宋祁撰《新唐書》第 5 册,中華書局 1975 年版,第 1516 頁。
④ (宋)高似孫撰,司馬朝軍校釋《子略校釋》,山東人民出版社 2018 年版,第 182 頁。
⑤ (元)脫脫等修,(清)黃虞稷、倪燦撰《宋史藝文志廣編》上册,世界書局 2009 年版,第 115 頁。
⑥ (清)馬國翰輯《玉函山房輯佚書》第 3 册,上海古籍出版社 1990 年版,第 2645、2646 頁。
⑦ (清)嚴可均輯《全上古三代秦漢三國六朝文》第 2 册,中華書局 1958 年版,第 1815 頁。
⑧ (唐)房玄齡等撰《晉書》第 9 册,中華書局 1974 年版,第 2936 頁。
⑨ (唐)房玄齡等撰《晉書》第 9 册,中華書局 1974 年版,第 2937 頁。

符朗撰。"①兩《唐志》并三十卷②,《隋志》與《舊唐志》皆將"苻"誤作"符"。宋高似孫《子略》目録所引《通志略》與《子鈔》皆同《隋志》③。

　　《苻子》一書似亡佚於唐、宋之際。《苻子》的輯佚大概自清人周廣業始,嚴可均、馬國翰、顧觀光和王仁俊繼其後。周廣業《意林附編》輯録 46 條,見於劉世珩校刊《聚學軒叢書》第五集。該本每則下注出處,不録原書卷次,偶有周氏校語、按語。周氏按云:"《苻子》早入《道藏》,其書在明世宜尚有存者。"④ 嚴可均輯本有 49 條,馬國翰輯本 44 條,較之嚴氏,闕"老氏之師""晉之相者桓氏""夏王使羿射於方矢之皮"3 條,多"楚成王生太子商臣"一則⑤。顧觀光輯本不曾刊佈,北京圖書館(現國家圖書館文津館)僅有一抄本,待考。王仁俊從宋本《意林》卷六採得 1 條,爲馬、嚴所未及採。今人袁敏又從唐人文集中輯録 1 條。(李匡文《資暇集》卷中"《苻子》云:齊有好卜者,十而中五,鄰人不好卜,常反之,亦十中五,與不卜等耳。"⑥)今存佚文共 52 條(詳見本書上篇第三章之《〈苻子〉輯文校正》)。

(十一)顧夷《顧子義訓》(又名《義訓》《義記》《顧子》)

　　(東晉)顧夷(? ~?)撰。夷,《晉書》無傳,據《世説新語·文學》注,字君齊,吳郡人。祖廞,孝廉。父霸,少府卿。夷辟州主簿,不就⑦。其字里、生平皆不可考。《四庫提要》云:"按悦之即顧夷之字。"(見《經部·易類一·周易正義十卷》下文中夾注)⑧ 不知所據。余嘉錫

① (唐)魏徵等撰《隋書》第 4 册,中華書局 1973 年版,第 1002 頁。
② (後晉)劉昫等撰《舊唐書》第 6 册,中華書局 1975 年版,第 2029 頁。(宋)歐陽修、宋祁撰《新唐書》第 5 册,中華書局 1975 年版,第 1516 頁。
③ (宋)高似孫撰,司馬朝軍校釋《子略校釋》,山東人民出版社 2018 年版,第 173、185 頁。
④ 劉世珩輯《意林注》(影印《聚學軒叢書》本),新文豐出版公司 1989 年版,第 344 頁。
⑤ (清)馬國翰輯《玉函山房輯佚書》第 3 册,上海古籍出版社 1990 年版,第 2651 頁。
⑥ (唐)李匡文撰,吳企明點校《資暇集》(《蘇氏演義:外三種》),中華書局 2012 年版,第 185 頁。
⑦ 余嘉錫箋疏《世説新語箋疏》上册,中華書局 2015 年版,第 297 頁。
⑧ (清)永瑢等撰《四庫全書總目》上册,中華書局 1965 年版,第 6 頁。

否定其説，以爲顧夷與顧悦之爲兩人，一字君齊，吴郡人；一字君叔，無錫人①。

《隋志・子部・儒家》云："梁有《顧子》十卷，晉揚州主簿顧夷撰，亡。"②不載《義訓》。兩《唐志》并載《顧子義訓》十卷，顧夷撰③。鄭樵《通志・藝文略・儒家》著録：《顧子義訓》十卷，晉揚州主簿顧夷撰④。宋高似孫《子略》目所引鄭樵《通志略》亦作《顧子義訓》十卷⑤。此外，宋史志書目不見載此書。《説郛》本《意林》亦作《義訓》十卷，注曰"名夷"。李遇孫補刻《意林》卷六作《義記》，或因避唐宗室李思訓之名諱而改，或傳抄之誤。

此書大約亡佚於隋、唐之際。周廣業《意林附編》輯有《顧子》佚文 12 條，乃將顧譚、顧夷二人佚文合併載之。注明屬《義訓》者 5 條，外 7 條稱《顧子》，似爲顧譚佚文。馬國翰從唐、宋類書採得佚文 13 條。王仁俊從宋本《意林》卷六採得 4 條，以補馬闕。今存佚文共 17 條。

（十二）張顯《析言》（又名《析言論》《誓論》）

（晉）張顯（？～？）撰。顯，晉議郎，生平無考。嚴可均稱其"泰始初爲議郎"⑥，未知所出。

《隋志・子部・雜家》云："梁有《析言論》二十卷，晉議郎張顯撰,亡。"⑦兩《唐志》不載張顯《析言論》,却載張儼《誓論》三十卷⑧。《通志・藝文略・儒家》亦著録：《誓論》三十卷，張儼撰⑨。姚振宗

---

① 余嘉錫著《四庫提要辨證》第 2 册，中華書局 2007 年版，第 2 頁。

② （唐）魏徵等撰《隋書》第 4 册，中華書局 1973 年版，第 999 頁。

③ （後晉）劉昫等撰《舊唐書》第 6 册，中華書局 1975 年版，第 2025 頁。（宋）歐陽修、宋祁撰《新唐書》第 5 册，中華書局 1975 年版，第 1511 頁。

④ （宋）鄭樵撰，王樹民點校《通志二十略》下册，中華書局 2009 年版，第 1599 頁。

⑤ （宋）高似孫撰，司馬朝軍校釋《子略校釋》，山東人民出版社 2018 年版，第 181 頁。

⑥ （清）嚴可均輯《全上古三代秦漢三國六朝文》第 2 册，中華書局 1958 年版，第 1879 頁。

⑦ （唐）魏徵等撰《隋書》第 4 册，中華書局 1973 年版，第 1006 頁。

⑧ （後晉）劉昫等撰《舊唐書》第 6 册，中華書局 1975 年版，第 2033 頁。（宋）歐陽修、宋祁撰《新唐書》第 5 册，中華書局 1975 年版，第 1534 頁。

⑨ （宋）鄭樵撰，王樹民點校《通志二十略》下册，中華書局 2009 年版，第 1598 頁。

謂“誓”即“析言”之誤，《新唐志》題張明撰者，乃承唐人避諱之舊文。姚氏又云：“《意林》《御覽》諸書但稱《析言》，蓋其書仿仲長統《昌言》、裴玄《新言》之類，無‘論’字，此‘論’字亦後世誤加。”（《隋書經籍志考證》卷三十）①

清人周廣業也認爲“析言”二字連寫作“誓”字，又將“顯”誤爲“儼”字，與《古今訓》合爲三十卷，故有此誤（《意林附編》）。②《新唐志》又沿襲《舊唐志》之誤，在張儼《默記》下載《誓論》三十卷，又載張明《誓論》二十卷，《古訓》十卷。姚振宗所言極是。

《意林附編》輯有張顯《析言》佚文4條，馬國翰從唐、宋類書採得張顯《析言論》佚文4條，不同於《意林》所録“被仁義府庫”條。嚴可均僅從《太平御覽》採得1條，未出馬外。王仁俊從宋本《意林》卷六採得1條，爲馬、嚴所無。今存佚文共5條。

又，《禮記·王制》云：“析言破律，亂名改作，執左道以亂政，殺。”③不知與張顯爲此書題名有無關聯，今存佚文頗有格言的特點，不知“析言”是否爲“格言”之訛。因爲傳世文獻太少，不能妄下定論。

（十三）張顯《古今訓》（又名《古訓》）

（晉）張顯（？～？）撰。

《隋志·子部·雜家》載張顯《古今訓》十一卷④。《新唐志·子部·雜家》載張顯（原作“明”）《古訓》十卷⑤。姚振宗認爲《古訓》即此《古今訓》（《隋書經籍志考證》卷三十）⑥。

此書亡佚，僅馬國翰從陸德明《爾雅釋文》採得佚文1條。

①　（清）姚振宗撰《隋書經籍志考證》二十五史補編本，開明書店1936年製版，第474頁。
②　王天海、王韌撰《意林校釋》下冊，中華書局2014年版，第669頁。
③　（清）孫希旦撰，沈嘯寰、王星賢點校《禮記集解》上冊，中華書局1989年版，第373頁。
④　（唐）魏徵等撰《隋書》第4冊，中華書局1973年版，第1007頁。
⑤　（宋）歐陽修、宋祁撰《新唐書》第5冊，中華書局1975年版，第1534頁。
⑥　（清）姚振宗撰《隋書經籍志考證》二十五史補編本，開明書店1936年製版，第479頁。

（十四）郭義恭《廣志》

（東晉）郭義恭（？ ~ ？）撰。義恭，晉人，生平無考。繆啓愉根據《廣志》記載有三種李"種鄴園"，又有"春李，冬花春熟"，又引東晉陸翽記的石虎事的《鄴中記》："華林園有春李，冬華春熟"，判斷《廣志》所云"鄴園"即後趙石虎都鄴時所建"華林園"，則郭義恭爲東晉人。（《齊民要術校釋》卷一）①

《隋志·子部·雜家》載："《廣志》二卷，郭義恭撰。"②《新唐志》仍《隋志》③，《舊唐志》不載。《北堂書鈔》、《藝文類聚》與《初學記》等隋唐類書多有引用，宋史志書目不見載，或亡於唐、宋之際。

嚴可均無輯本。馬氏從唐、宋類書等採得二百六十餘條，釐爲上下二卷，依《隋》《唐志》也。《説郛》所載無多，不注出處，驗之馬國翰所輯，皆不出類書所引。今存佚文見馬國翰輯本。據存世文獻看，多爲博物釋名類，不以議論爲主，馬國翰列入子部雜家。

（十五）黃命、蔡謨《蔡司徒難論》

（晉）黃命（？ ~ ？）撰。命，晉三公令史，生平未詳。

（東晉）蔡謨（281 ~ 356）撰。謨，字道明，陳留考城人也。世爲著姓。曾祖睦，魏尚書。祖德，樂平太守。生平見《晉書·蔡謨傳》。

《晉書·蔡謨傳》云："謨博學，於禮儀宗廟制度多所議定。文筆論議，有集行於世。總應劭以來注班固《漢書》者，爲之集解。"④《隋志·子部·法家》載："梁又有《蔡司徒難論》五卷，晉三公令史黃命撰，亡。"⑤又《隋志·集部·總集》載："《蔡司徒書》三卷，蔡謨撰。亡。"⑥

姚振宗云：《晉書·職官志·列曹尚書篇》："漢成帝置三公曹，主斷

---

① （後魏）賈思勰著，繆啓愉校釋《齊民要術校釋》，中國農業出版社 1998 年版，第62 頁。
② （唐）魏徵等撰《隋書》第 4 册，中華書局 1973 年版，第 1007 頁。
③ （宋）歐陽修、宋祁撰《新唐書》第 5 册，中華書局 1975 年版，第 1534 頁。
④ （唐）房玄齡等撰《晉書》第 7 册，中華書局 1974 年版，第 2041 頁。
⑤ （唐）魏徵等撰《隋書》第 4 册，中華書局 1973 年版，第 1004 頁。
⑥ （唐）魏徵等撰《隋書》第 4 册，中華書局 1973 年版，第 1089 頁。

獄。"《唐六典·刑部郎中》注："魏、晉、宋、齊并以三公郎曹掌刑獄。"此言三公令史者，三公曹之令史，主刑獄事者也。《唐六典》六部郎中各有令史、書令史，或數人，或十餘人。令史猶今稿書，書令史猶今清書也。……是書舊、新《唐志》及《通志略》、高似孫《子略》皆不載，諸書亦罕見引述。蔡司徒似即蔡謨，《晉書》本傳："謨始爲司徒左長史，康帝即位，以左光禄大夫領司徒，又遷侍中、司徒，謨辭不拜。穆帝臨軒，遣使徵謨，使者十餘反，不至。公卿奏謨'悖慢傲上，罪同不臣'，請送廷尉正刑書。皇太后詔免爲庶人。史臣曰：蔡謨度德而處，弘斯止足，實以刑書，斯爲過矣。"此豈當時論難斯事者歟？史又稱其文筆論議，有集行于世。豈爲所論難刑獄雜事如駁議之類，爲令史黄命所裒録，阮氏從本集析出者歟？（《隋書經籍志考證》卷二十六）[1]

姚振宗考辨深細，也不能確定作者。此書亡佚，佚文不存。

（十六）何楷《何子》

（東晉）何楷（？～？）撰。楷，廬江灊人也。晉侍中。《晉書》無傳，生平略見《宋書·孝義·何子平傳》與《南史·孝義上·何子平傳》。姚振宗考證云："'子平祖友，會稽王道子驃騎諮議參軍。父子先，建安太守。'則楷之子若孫也。又云：'子平始居會稽'，蓋江左僑居于此，與何尚之、何偃、何求、何點、何佟之同爲一族，皆楷之後也。"（《隋書經籍志考證》卷三十）[2]

《隋志·子部·雜家》："梁有《何子》五卷，亡。"[3]不著撰人。兩《唐志·子部·雜家》皆載："《何子》五卷，何楷撰。"[4]《通志·藝文略·儒家》著録：《何子》五卷，不著撰人。[5]此後史志書目不見載。

此書亡佚，佚文不存。

---

① （清）姚振宗撰《隋書經籍志考證》二十五史補編本，開明書店 1936 年製版，第 455 頁。

② （清）姚振宗撰《隋書經籍志考證》二十五史補編本，開明書店 1936 年製版，第 475 頁。

③ （唐）魏徵等撰《隋書》第 4 册，中華書局 1973 年版，第 1006 頁。

④ （後晉）劉昫等撰《舊唐書》第 6 册，中華書局 1975 年版，第 2033 頁。（宋）歐陽修、宋祁撰《新唐書》第 5 册，中華書局 1975 年版，第 1534 頁。

⑤ （宋）鄭樵撰，王樹民點校《通志二十略》下册，中華書局 2009 年版，第 1598 頁。

八　南朝——劉宋子書

（一）范泰《古今善言》

（南朝·宋）范泰（355～428）撰。泰，字伯倫，順陽山陰人。晉豫章太守范寧子，范曄父。太元初爲太學博士，元興末爲國子博士。宋受禪，拜金紫光禄大夫，尋領國子祭酒。元嘉三年進侍中左光禄大夫、國子祭酒，領江夏王師。生平見《宋書·范泰傳》與《南史·范泰傳》。

《宋書》本傳云："撰《古今善言》二十四篇及文集傳於世。"[①]《隋志·子部·雜家》載："《古今善言》三十卷，宋車騎將軍范泰撰。"[②]兩《唐志》仍之。《崇文總目》亦載"《古今善言》二十卷，范泰撰"[③]。《宋志·子部·雜家》載："范泰《古今善言》三十卷。"[④]《通志·藝文略·雜家》著録：《古今善言》二十卷，宋車騎將軍范泰撰。[⑤]《唐日本國見在書目·雜家》載："《古今善言》廿一卷。"[⑥] 不著撰人。

此書大約亡於宋之後。馬國翰有輯本，列入子部雜家，從《水經注》《太平御覽》共輯得佚文 3 條。

---

① （梁）沈約撰《宋書》第 6 册，中華書局 1974 年版，第 1623 頁。

② （唐）魏徵等撰《隋書》第 4 册，中華書局 1973 年版，第 1007 頁。

③ （宋）王堯臣等編次，錢東垣等輯釋《崇文總目》（二）叢書集成初編本，商務印書館 1935 年版，第 143 頁。

④ （元）脱脱等修，（清）黄虞稷、倪燦撰《宋史藝文志廣編》上册，世界書局 2009 年版，第 115 頁。

⑤ （宋）鄭樵撰，王樹民點校《通志二十略》下册，中華書局 2009 年版，第 1654 頁。

⑥ 孫猛著《日本國見在書目録詳考》中册，上海古籍出版社 2015 年版，第 1123 頁。

（二）江邃《文釋》

（南朝·宋）江邃（？～？）撰。邃，字玄遠，濟陽考城人。元嘉初太學博士，累遷祠部郎兼散騎常侍、司徒記室參軍官至司徒記室參軍。生平見《宋書·沈演之傳》與《南史·江秉之傳》。

《宋書》本傳云："撰《文釋》，傳於世。"[1]《隋志》不見載，兩《唐志》總集類皆載"江邃《文釋》十卷"[2]。據《梁書·文學傳上》與《南史·文學傳》，吳均有《續文釋》五卷[3]，或是江邃《文釋》的續作。説明江邃《文釋》的影響比較大。據今存佚文看，其書既有語詞釋義，又有思想闡發，既不像總集，也不是別集，而是與李善《文選》注一類的著作。此類著作符合南朝文章興盛的風氣，這或許也是吳均續作的原因。

此書亡佚。馬國翰有輯本，列入子部雜家，他從《文選》李善注採得佚文 2 條，又從《爾雅釋文》《史記索隱》各採得 1 條。今存佚文共4 條。

（三）賀道養《賀子述言》（又名《賀子》）

（南朝·宋）賀道養（？～？）撰。道養，會稽山陰人，晉司空賀循孫，道期弟。賀道期，宋文帝元嘉六年爲太學博士，曾對文帝上議論樂。道養工卜筮，爲宋太學博士，曾任征南參軍。生平略見《南史·賀瑒傳》《宋書·武二王·南郡王義宣傳》。

阮孝緒《七録》載："《賀子述言》十卷，宋太學博士賀道養撰，亡。"[4]《隋志·子部·道家》載："梁有《賀子述言》十卷，宋太學博士賀道養撰。亡。"[5]兩《唐志》子部道家皆載："《賀子》十卷，賀道養

① （梁）沈約撰《宋書》第 6 册，中華書局 1974 年版，第 1686 頁。
② （後晉）劉昫等撰《舊唐書》第 6 册，中華書局 1975 年版，第 2079 頁。（宋）歐陽修、宋祁撰《新唐書》第 5 册，中華書局 1975 年版，第 1620 頁。
③ （唐）李延壽撰《南史》第 6 册，中華書局 1975 年版，第 1781 頁。
④ 任莉莉著《七録輯證》，上海古籍出版社 2012 年版，第 183 頁。
⑤ （唐）魏徵等撰《隋書》第 4 册，中華書局 1973 年版，第 1002 頁。

撰。"①《通志·藝文略·道家·諸子》亦著録:《賀子》十卷,宋太學博士賀道養撰。②此後史志書目不見載。

　　《賀子》亡佚,歷代無輯本。筆者據《北堂書鈔》等輯得佚文 1 條。

（四）虞通之《善諫》

　　（南朝·宋）虞通之（? ~?）撰。通之,會稽余姚人。通之善言《易》,爲黄門郎步兵校尉,宋領軍長史。生平略見《南史·文學傳》。

　　《宋書·后妃傳》云:"宋世諸主,莫不嚴妒,太宗每疾之。湖熟令袁慆妻以妒忌賜死,使近臣虞通之撰《妒婦記》"③。《隋志》載《虞通之集》十五卷,注云"梁二十卷"④。

　　《隋志·子部·雜家》載:"《善諫》二卷,宋領軍長史虞通之撰。"⑤《舊唐志·子部·雜家》載:"《善諫》二卷,虞通之撰。"⑥《新唐志·子部·雜家》載:"虞通之《善諫》二卷"⑦。此後史志書目不見載,或亡佚唐宋之際。

　　《善諫》亡佚,歷代無輯本,佚文不存。

（五）徐益壽《記聞》

　　（南朝·宋）徐益壽（? ~?）撰。益壽,宋後軍參軍。史傳不載,生平不詳。

　　《隋志·子部·雜家》載:"《記聞》二卷,宋後軍參軍徐益壽撰。"⑧兩《唐志·子部·雜家》并載:"《記聞》三卷,徐益壽撰。"⑨《通志·藝

① （後晉）劉昫等撰《舊唐書》第 6 册,中華書局 1975 年版,第 2029 頁。（宋）歐陽　修、宋祁撰《新唐書》第 5 册,中華書局 1975 年版,第 1516 頁。
② （宋）鄭樵撰,王樹民點校《通志二十略》下册,中華書局 2009 年版,第 1609 頁。
③ （梁）沈約撰《宋書》第 4 册,中華書局 1974 年版,第 1290 頁。
④ （唐）魏徵等撰《隋書》第 4 册,中華書局 1973 年版,第 1074 頁。
⑤ （唐）魏徵等撰《隋書》第 4 册,中華書局 1973 年版,第 1007 頁。
⑥ （後晉）劉昫等撰《舊唐書》第 6 册,中華書局 1975 年版,第 2034 頁。
⑦ （宋）歐陽修、宋祁撰《新唐書》第 5 册,中華書局 1975 年版,第 1535 頁。
⑧ （唐）魏徵等撰《隋書》第 4 册,中華書局 1973 年版,第 1007 頁。
⑨ （後晉）劉昫等撰《舊唐書》第 6 册,中華書局 1975 年版,第 2033 頁;（宋）歐陽　修、宋祁撰《新唐書》第 5 册,中華書局 1975 年版,第 1534 頁。

文略・雜家》著録:《記聞》二卷，宋後軍參軍徐益壽撰。[①] 後三志所記三卷，或宋之時又有別本復出。此後史志書目不見載，或亡於唐宋之際。

　　《記聞》亡佚，歷代無輯本，佚文不存。

---

① （宋）鄭樵撰，王樹民點校《通志二十略》下册，中華書局 2009 年版，第 1654 頁。

九　南朝——蕭齊子書

（一）何翌之《諫林》

（南朝·齊）何翌之（？～元徽元年（473）表上《諫林》～？）撰。翌之，廬江灊人，何尚之弟。宋長水校尉，都官尚書，齊晉陵令。生平略見《宋書·何尚之傳》與《宋書·後廢帝本紀》。

《宋書·後廢帝本紀》云：“秋七月丁丑，散騎常侍顧長康、長水校尉何翌之表上所撰《諫林》，上自虞舜，下及晉武，凡十二卷。”[1]

《隋志·子部·雜家》載：“《諫林》五卷，齊晉陵令何翌之撰。”[2] 今點校本無誤，但姚振宗所見本或訛作“望”，所以他據《宋書·何尚之傳》與《宋書·後廢帝本紀》考證，以爲“望之”當爲“翌之”（《隋書經籍志考證》卷三十）[3]。望之不見史傳，生平無考。兩《唐志》皆著錄《諫林》十卷，撰者誤作何望之[4]。《通志·藝文略·儒家》著錄：《諫林》五卷，撰者亦誤題“齊晉陵令何望之”[5]。

《宋書》稱《諫林》：“上自虞、舜，下及晉武，凡十二卷。”[6] 其體例大約同於劉向《說苑》《新序》。

該書亡佚，佚文不存。

---

① （梁）沈約撰《宋書》第 1 册，中華書局 1974 年版，第 180 頁。
② （唐）魏徵等撰《隋書》第 4 册，中華書局 1973 年版，第 1007 頁。
③ （清）姚振宗撰《隋書經籍志考證》二十五史補編本，開明書店 1936 年製版，第 478 頁。
④ （後晉）劉昫等撰《舊唐書》第 6 册，中華書局 1975 年版，第 2034 頁。（宋）歐陽修、宋祁撰《新唐書》第 5 册，中華書局 1975 年版，第 1535 頁。
⑤ （宋）鄭樵撰，王樹民點校《通志二十略》下册，中華書局 2009 年版，第 1600 頁。
⑥ （梁）沈約撰《宋書》第 1 册，中華書局 1974 年版，第 180 頁。

（二）顧歡《夷夏論》

（南朝·齊）顧歡（420～483）撰。歡，字景怡，一字玄平，吳郡鹽官人。精於儒學，遊於老莊。隱居天台山，宋、齊間屢徵不就。生平見《南齊書·高逸傳》與《南史·隱逸傳》。

《隋志·子部·道家》載:"《夷夏論》一卷，顧歡撰。梁二卷。"[①]兩《唐志》皆著録，皆作二卷[②]。《通志·藝文略·道家·論》亦著録:《夷夏論》一卷，顧歡撰。[③]此後史志書目不見載。

《南齊書》與《南史》本傳皆引《夷夏論》，似爲單篇論文。但本傳云:"往復文多不載"，又云:"歡口不辯，善於著筆。著《三名論》，甚工，鍾會《四本》之流也。"[④]而嚴可均《全晉文》有釋慧通《駁顧道士夷夏論》、釋僧愍《戎華論折道士夷夏論》兩文[⑤]，似乎可看出顧歡圍繞"夷夏"這一主題（也是辨析佛道）與釋子的往返筆戰。《夷夏論》即爲本傳所稱"三名論"的總集。

此書亡佚。馬國翰有輯本，據顧歡本傳與《太平御覽》引文，輯得顧歡之論與"道人通公"（宋司徒袁粲假託）[⑥]的駁難兩段。

（三）陸澄《闕文》（《缺文》）

（南朝·齊）陸澄（425～494）撰。澄，字彥淵，吳郡吳人。祖邵，臨海太守。父瑗，州從事。澄少好學，博覽無所不知，行坐眠食，手不釋卷。起家太學博士，中軍衛軍府行佐，太宰參軍，補太常丞，郡主簿，北中郎行參軍。"澄當世稱爲碩學，讀《易》三年不解文義，欲撰《宋書》竟不成，王儉戲之曰:'陸公，書厨也。'家多墳籍，人所罕

---

① （唐）魏徵等撰《隋書》第 4 册，中華書局 1973 年版，第 1002 頁。
② （後晉）劉昫等撰《舊唐書》第 6 册，中華書局 1975 年版，第 2030 頁。（宋）歐陽修、宋祁撰《新唐書》第 5 册，中華書局 1975 年版，第 1525 頁。
③ （宋）鄭樵撰，王樹民點校《通志二十略》下册，中華書局 2009 年版，第 1617 頁。
④ （梁）蕭子顯撰《南齊書》第 3 册，中華書局 1972 年版，第 935 頁。
⑤ （清）嚴可均輯《全上古三代秦漢三國六朝文》第 3 册，中華書局 1958 年版，第 2773、2775 頁。
⑥ （清）馬國翰輯《玉函山房輯佚書》第 3 册，上海古籍出版社 1990 年版，第 2661 頁。

見。撰地理書及雜傳，死後乃出。"① 生平見《南齊書·陸澄傳》。

《隋志·子部·雜家》載："《缺文》十三卷，陸澄撰。"②《舊唐志·子部·儒家》載："《缺文》十卷，陸澄撰。"③《新唐志·子部·雜家》在陸澄《述正論》之後載：又"《缺文》十卷"④《宋志》不載，《通志·藝文略·雜家》著録：《闕文》十三卷，陸澄撰。⑤ 此後史志書目不見載，或亡佚唐、宋之際。姚振宗認爲此書"大抵如群書拾補、斠補、隅録之流"（《隋書經籍志考證》卷三十）⑥。

《闕文》一書亡佚，歷代無輯本，佚文不存。

（四）陸澄《政論》（又名《述正論》）

（南朝·齊）陸澄（425～494）撰。

《隋志·子部·雜家》載："《政論》十三卷，陸澄撰。"⑦《舊唐志·子部·雜家》載："《述正論》十三卷，陸澄撰"⑧。《新唐志·子部·雜家》載："陸澄《述正論》十三卷"又"《缺文》十卷"⑨。《通志·藝文略·儒家》著録：《述政論》十三卷，齊陸澄撰⑩。此後史志書目不見載，或亡佚唐、宋之際。姚振宗據《通志·藝文略·儒家》載"《述政論》十三卷，裴元撰"，與隋、唐三《志》皆異，但不知其據，懷疑鄭樵不足信（《隋書經籍志考證》卷三十）⑪。

《政論》一書亡佚，歷代無輯本，佚文不存。

---

① （梁）蕭子顯撰《南齊書》第2冊，中華書局1972年版，第685—686頁。
② （唐）魏徵等撰《隋書》第4冊，中華書局1973年版，第1007頁。
③ （後晉）劉昫等撰《舊唐書》第6冊，中華書局1975年版，第2025頁。
④ （宋）歐陽修、宋祁撰《新唐書》第5冊，中華書局1975年版，第1535頁。
⑤ （宋）鄭樵撰，王樹民點校《通志二十略》下冊，中華書局2009年版，第1654頁。
⑥ （清）姚振宗撰《隋書經籍志考證》二十五史補編本，開明書店1936年製版，第479頁。
⑦ （唐）魏徵等撰《隋書》第4冊，中華書局1973年版，第1007頁。
⑧ （後晉）劉昫等撰《舊唐書》第6冊，中華書局1975年版，第2034頁。
⑨ （宋）歐陽修、宋祁撰《新唐書》第5冊，中華書局1975年版，第1535頁。
⑩ （宋）鄭樵撰，王樹民點校《通志二十略》下冊，中華書局2009年版，第1598頁。
⑪ （清）姚振宗撰《隋書經籍志考證》二十五史補編本，開明書店1936年製版，第479頁。

（五）劉善明《雜語》（又名《聖賢雜語》）

（南朝·齊）劉善明（432～480）撰。善明，平原人。鎮北將軍懷珍族弟。父懷民，宋世爲齊、北海二郡太守。善明仕宋爲治中從事，舉秀才，泰始中爲寧朔長史、北海太守，元徽中爲輔國將軍，昇明初，徵爲冠軍將軍等職。齊受禪，爲征虜將軍、淮南宣城二郡太守，封新淦伯。卒贈左將軍、豫州刺史，謚烈伯。生平見《南齊書·劉善明傳》與《南史·劉懷珍傳》。

《隋志·子部·雜家》載："《雜語》三卷。"[①] 不著撰人。《舊唐志》不載。《新唐志·子部·小説家》載："《雜語》五卷"[②]，置於侯白《啓顏錄》之後。《新唐志》又載何承天《春秋前傳雜語》[③]，其本傳中也簡稱《雜語》，但此書列入"雜史"類，與子部《雜語》明顯不同。《通志·藝文略·雜家》著錄"《雜語》三卷"[④]，不著撰人，或爲劉善明書。此後史志書目不見載，約亡於唐宋之際。

《南齊書·劉善明傳》記載，太祖踐祚，以善明爲淮南、宣城二郡太守。善明至郡，上表陳事十一條。"又撰《賢聖雜語》奏之，託以諷諫。"[⑤] 姚振宗謂劉善明上奏的《聖賢雜語》，或即《隋志》的《雜語》。（《隋書經籍志考證》卷三十）[⑥] 而劉善明上奏《雜語》的主旨在於輔助其"上表陳事"，達到"託以諷諫"的目的。

又據蕭道成的《答劉善明》云："省所獻《雜語》，竝列聖之明規，衆智之深軌。卿能憲章先範，纂鏤情識，忠款既昭，淵誠肅著，當以周旋，無忘聽覽也。"[⑦]（《南齊書·劉善明傳》）即省稱《聖賢雜語》作《雜語》。

此書亡佚，佚文不存。

---

① （唐）魏徵等撰《隋書》第 4 册，中華書局 1973 年版，第 1008 頁。
② （宋）歐陽修、宋祁撰《新唐書》第 5 册，中華書局 1975 年版，第 1539 頁。
③ （宋）歐陽修、宋祁撰《新唐書》第 5 册，中華書局 1975 年版，第 1463 頁。
④ （宋）鄭樵撰，王樹民點校《通志二十略》下册，中華書局 2009 年版，第 1654 頁。
⑤ （梁）蕭子顯撰《南齊書》第 2 册，中華書局 1972 年版，第 526 頁。
⑥ （清）姚振宗撰《隋書經籍志考證》二十五史補編本，開明書店 1936 年製版，第 484 頁。
⑦ （梁）蕭子顯撰《南齊書》第 2 册，中華書局 1972 年版，第 526 頁。

（六）張融《少子》（又名《門律》《通源》《三破論》）

（南朝・齊）張融（444～497）撰。融，字思光，吳郡吳人，官至司徒左長史。生平見《南齊書・張融傳》。

《南齊書・顧歡傳》云：“司徒從事中郎張融作《門律》”①，《南齊書》本傳又載其著《門律自序》②，可知張融著書所以明會通道佛。又孔稚珪《答竟陵王啓》云：“情於釋老，非敢異同，始私追尋民門。昔嘗明一同之義，經以此訓張融，融乃著通源之論，其名《少子》，《少子》所明，會同道佛。融之此悟，出於民家……”③

《隋志・子部・道家》載：“梁有《少子》五卷，齊司徒左長史張融撰。亡。”④兩《唐志》不見載，《通志・藝文略・道家・諸子》亦著録：《少子》五卷，齊司徒左長史張融撰。⑤

馬國翰從《南齊書》本傳、《弘明集》採得其論説及與人論難之文二十餘條，有《門律自序》《門論》兩篇名。馬國翰認爲《少子》與《門律》，爲同書而異名⑥。嚴可均《全齊文》輯有張融文集，他從《續高僧傳》採得融《與周顒書論釋法寵》1條，孫启治以爲此篇似爲《少子》之文，馬氏未採。

曹道衡、沈玉成兩位先生説：“張融思想以調和佛、道爲主。著有《門律》，亦名《少子》、《通源》，實即‘家誡’‘庭誥’一類著作。書已佚，從他的《以〈門律〉致書周顒等諸游生》中，尚可窺其梗概。他説：‘吾門世恭佛，舅氏奉道。道也與佛，逗極無二。寂然不動，致本則同；感而遂通，達跡成異。’”⑦二位先生認爲《少子》又名《通源》，因爲孔稚珪《答竟陵王啓》説他“乃著通源之論”，而張融在與周顒的

---

① （梁）蕭子顯撰《南齊書》第 3 册，中華書局 1972 年版，第 935 頁。
② （梁）蕭子顯撰《南齊書》第 3 册，中華書局 1972 年版，第 729 頁。
③ （清）嚴可均輯《全上古三代秦漢三國六朝文》第 3 册，中華書局 1958 年版，第 2899 頁。
④ （唐）魏徵等撰《隋書》第 4 册，中華書局 1973 年版，第 1002 頁。
⑤ （宋）鄭樵撰，王樹民點校《通志二十略》下册，中華書局 2009 年版，第 1609 頁。
⑥ （清）馬國翰輯《玉函山房輯佚書》第 3 册，上海古籍出版社 1990 年版，第 2653 頁。
⑦ 曹道衡、沈玉成編著《南北朝文學史》，人民文學出版社 1998 年版，第 193 頁。

問答中，往往以"通源曰"開篇（《答張融書難門律》）^①。二位先生以爲此書類似"家誡""庭誥"，如以《顔氏家訓》爲參照，有些相似。

　　但正如姚振宗所云："是書亦名《門律》，《門律》云者，其與周山茨及諸生書有繩墨弟姪，故爲《門律》之語。又云復爲子弟留地，所以製是《門律》，以律其門，非佛與道，門將何律？孔稚圭《答竟陵王書》亦云'民積世門業，依奉李、老'。又云'門業有本，不忍頓棄'。大抵釋家之稱門律、門業，猶儒家之稱家學及家世傳業者歟？《宋志》神仙家有張融《三破論》一卷，列陶弘景之前，疑即是書殘賸。"（《隋書經籍志考證》卷二十五）^②其主旨也是辨析佛道，此書與顧歡的《夷夏論》相似，爲張融對諸生弟姪，反復明理論道之文的結集。

---

①　（清）嚴可均輯《全上古三代秦漢三國六朝文》第 3 册，中華書局 1958 年版，第 2905 頁。

②　（清）姚振宗撰《隋書經籍志考證》二十五史補編本，開明書店 1936 年製版，第 446 頁。

十　南朝——蕭梁子書

（一）沈約，無名氏或劉峻《俗説》

（南朝·梁）沈約（441～513）撰。約，字休文，吴興武康人。祖林子，宋征虜將軍。父璞，淮南太守。齊初爲征虜記室，帶襄陽令。後以本官兼著作郎，遷中書郎，本邑中正，司徒右長史，黄門侍郎。時竟陵王亦招士，約與蘭陵蕭琛、琅邪王融、陳郡謝朓、南鄉范雲、樂安任昉等皆遊焉，當世號爲得人。梁臺建，爲散騎常侍、吏部尚書，兼右僕射。高祖受禪，爲尚書僕射，封建昌縣侯。生平見《梁書·沈約傳》與《南史·沈約傳》。

《梁書》本傳云："所著《晉書》百一十卷，《宋書》百卷，《齊紀》二十卷，《高祖紀》十四卷，《邇言》十卷，《謚例》十卷，《宋文章志》三十卷，《文集》一百卷：皆行於世。又撰《四聲譜》……"[1]

又，無名氏或劉峻（462～521）撰。無名氏，無考。峻，字孝標，平原平原人。父斑，宋始興内史。天監初，召入西省，與學士賀蹤典校秘書。峻居東陽，吴、會人士多從其學。普通二年，卒，時年六十。門人謚曰玄靖先生。生平見《梁書·文學傳》與《南史·劉懷珍傳》。

《梁書》本傳載其《山栖志》《辨命論》《自序》三文，未載其他著述，祇説："其論文多不載。"[2]

《俗説》不見於《梁書》與《南史》。《隋志·子部·雜家》載沈約著作有："《俗説》三卷，梁五卷。《雜説》二卷。《袖中記》二卷。《袖

---

① （唐）姚思廉撰《梁書》第 1 册，中華書局 1973 年版，第 243 頁。
② （唐）姚思廉撰《梁書》第 3 册，中華書局 1973 年版，第 707 頁。

中略集》一卷。《珠叢》一卷。”①《隋志·子部·小説家》載：“梁有《俗説》一卷，亡”②，不著撰人，馬國翰疑其作者爲劉孝標，此書與沈著同名③。《宋志》載：“沈約《俗説》一卷。”④這一卷《俗説》在子部小説家，爲沈約《俗説》的殘本，或有誤。

馬國翰有輯本，列入子部雜家，共輯佚文 50 條。馬氏評云：“書記瑣雜，無甚高論，六朝散事借考見爾。”⑤

清人何琇云：“初讀馬縞《中華古今注》稱俗説七月七日烏鵲爲橋渡織女，以爲縞述流俗之説耳。後讀《隋書·經籍志》雜家有沈約《俗説》三卷，乃知‘俗説’爲書名，烏鵲橋事爲約所記也。”（《樵香小記》卷上“俗説”）⑥如依據此觀點，則《藝文類聚》《北堂書鈔》《初學記》等書所引“俗説”“俗説云”等皆需考辨是否爲沈約《俗説》，那樣的話《俗説》的佚文數量不少。

考馬國翰所輯佚文，多出自《藝文類聚》的“俗説曰”，《北堂書鈔》的“俗説云”，與《太平御覽》的“俗説曰”⑦，並不摘録“俗説”內容。而且佚文內容雖然龐雜，但多記六朝人物軼事，少數志怪與六朝人物相關，其旨趣不在於民俗，風格與《世説新語》相同。《隋志》將不著撰人的“《俗説》一卷”記於《世説》之下，也是做此考量。何琇所言非是。

《隋志》與《宋史·藝文志》皆置於“小説家”的一卷本《俗説》，與置於“雜家”的沈約三卷本《俗説》之間究竟是何關係，已無從考證。另，《藝文》《書鈔》《御覽》所引《俗説》佚文，究竟始於沈約，還是那個無名氏，亦或是馬國翰所猜測的劉孝標，也已無從判斷。只能兩存。

---

① （唐）魏徵等撰《隋書》第 4 冊，中華書局 1973 年版，第 1007 頁。
② （唐）魏徵等撰《隋書》第 4 冊，中華書局 1973 年版，第 1011 頁。
③ （清）馬國翰輯《玉函山房輯佚書》第 3 冊，上海古籍出版社 1990 年版，第 2790 頁。
④ （元）脫脫等修，（清）黃虞稷、倪燦撰《宋史藝文志廣編》上冊，世界書局 2009 年版，第 119 頁。
⑤ （清）馬國翰輯《玉函山房輯佚書》第 3 冊，上海古籍出版社 1990 年版，第 2790 頁。
⑥ （清）何琇撰《樵香小記》，《守山閣叢書》清光緒十五年（1889）鴻文書局石印本。
⑦ （清）馬國翰輯《玉函山房輯佚書》第 3 冊，上海古籍出版社 1990 年版，第 2790—2795 頁。

（二）沈約《袖中記》（又名《袖中略集》《袖中書》《袖中抄》）

（南朝·梁）沈約（441～513）撰。

《袖中記》不見於本傳。《隋志·子部·雜家》載沈約著有："《袖中記》二卷。《袖中略集》一卷。《珠叢》一卷。"①《舊唐志》載："《袖中記》一卷。"②《新唐志》載："《袖中記》二卷。"③《宋志·子部·雜家》載："《袖中記》三卷。"④《通志·藝文略·雜家》著録:《袖中記》二卷，《袖中略集》一卷，《珠叢》一卷，皆署沈約撰。⑤

《隋志》所載的《袖中略集》，或爲《袖中記》的删節本，至北宋或兩書合并爲一書，所以卷數增加，或又有新的文獻增補。

姚振宗先是推論《俗説》《袖中記》與《珠叢》等爲《通言》之篇目，又云："其《袖中略集》一卷，則有似後人節録，非其本書。唐宋時唯存《袖中記》，宋又有《俗説》一卷，皆其殘賸也。"（《隋書經籍志考證》卷三十）⑥《袖中略集》或爲《袖中記》節本，但《俗説》未必爲《袖中記》的殘餘。姚氏又據《日本書目》有《袖中書》十一卷，推論云："似《俗説》《雜説》《珠叢》皆在其中，以《袖中書》在前，故以爲名耳。又有《袖中記》二卷，與本志相同，即《袖中書》之單行本。《袖中抄》一卷，即本志之《袖中略集》也。"（《隋書經籍志考證》）⑦又將《俗説》《雜説》《珠叢》等歸入《袖中書》，頗爲淆亂，不可確信，待考。

《袖中記》亡佚，歷代無輯本，筆者輯得佚文 11 條。據現存佚文看，其書內容的確與《俗説》不同，證明姚振宗的推測有誤。

---

① （唐）魏徵等撰《隋書》第 4 册，中華書局 1973 年版，第 1007 頁。
② （後晉）劉昫等撰《舊唐書》第 6 册，中華書局 1975 年版，第 2033 頁。
③ （宋）歐陽修、宋祁撰《新唐書》第 5 册，中華書局 1975 年版，第 1535 頁。
④ （元）脱脱等修，（清）黄虞稷、倪燦撰《宋史藝文志廣編》上册，世界書局 2009 年版，第 115 頁。
⑤ （宋）鄭樵撰，王樹民點校《通志二十略》下册，中華書局 2009 年版，第 1654 頁。
⑥ （清）姚振宗撰《隋書經籍志考證》二十五史補編本，開明書店 1936 年製版，第 480 頁。
⑦ （清）姚振宗撰《隋書經籍志考證》二十五史補編本，開明書店 1936 年製版，第 480 頁。

（三）沈約《邇言》

（南朝·梁）沈約（441～513）撰。

《邇言》見於《梁書》本傳，見上《俗説》一節。《隋志》及兩《唐志》等諸史志書目不見載。

"邇言"出自《禮記·中庸》，朱熹注云："淺近之言"[①]，和"高聽"相對，爲謙虛之辭。

姚振宗引《南史》本傳云："（約）子旋，字士規……集注《邇言》，行於世。"[②]推測道："或謂此是《爾雅注》之誤，或當然。《邇言》不見載于本志。"但他又推論《隋志》所載《俗説》《雜説》《袖中記》《珠叢》因爲不見于本傳，"似即《邇言》之篇目"，因此《宋史·藝文志》所載的《俗説》一卷，也是《邇言》的殘賸。（《隋書經籍志考證》卷三十）[③]姚氏的推論不可確信，待考。

《邇言》亡佚，佚文不可考。

（四）沈約，庾仲容《子鈔》

（南朝·梁）沈約（441～513）撰。

（南朝·梁）庾仲容（475？～548？）撰。仲容，潁川鄢陵人。晉司空冰六世孫。祖徽之，宋御史中丞。父漪，齊邵陵王記室。仲容幼孤，爲叔父泳所養。既長，杜絶人事，專精篤學，晝夜手不輟卷。官至梁諮議參軍。生平見《梁書·文學傳》與《南史·庾悦傳》。

《梁書》本傳云："仲容抄諸子書三十卷，衆家地理書二十卷，《列女傳》三卷，文集二十卷：并行於世。"[④]

《隋志·子部·雜家》載："《子抄》三十卷，梁黟令庾仲容撰。"緊接其後是"《子抄》二十卷。"[⑤]不著撰人。之下附有："梁有《子鈔》

---

① （宋）朱熹撰《四書章句集注》，中華書局1983年版，第20頁。

② （唐）李延壽撰《南史》第5冊，中華書局1975年版，第1414頁。

③ （清）姚振宗撰《隋書經籍志考證》二十五史補編本，開明書店1936年製版，第480頁。

④ （唐）姚思廉撰《梁書》第3冊，中華書局1973年版，第724頁。

⑤ （唐）魏徵等撰《隋書》第4冊，中華書局1973年版，第1009頁。

十五卷，沈約撰，亡。"①疑此二十卷《子抄》與庾仲容《子抄》内容近似，且或與沈約有關。因庾仲容《子抄》爲馬總《意林》所本，今可考知其内容爲子書文獻的摘抄。而沈約又先於庾仲容，因此摘録子書文獻的"子鈔"體系當始於沈約。

《通志·藝文略·雜家》著録：《子鈔》三十卷，梁黟令庾仲容撰；《子鈔》三十卷，沈約撰。《子林》三十卷，薛克構撰。②參考《舊唐志》，可知薛克構的《子林》與孟儀《子林》同名。

考《隋志》又著録："梁有《子林》二十卷，孟儀撰，亡。"③但此書附録於張華《雜記》之下，而張華《雜記》與《張公雜記》皆爲《博物志》的删節本（見清人丁國均《補晉書藝文志》載張華撰《張公雜記》一卷，云："與《博物志》相似，小小不同。"④又詳見本書中篇第五章《〈拾遺記〉"側理紙"考論》），所以孟儀《子林》雖早於沈約《子鈔》，但體例不類。

"子鈔"體系經沈約開創之後，被庾仲容《子抄》發揚，在唐代又爲薛克建（構）《子林》、盧藏用《子書要略》與馬總《意林》繼承，形成了子學史上一種重要的學術傳統，直接導致了明人陶宗儀《説郛》的誕生，以及後世的"子鈔"著作系列。

王應麟關注到這一"子鈔"體系的發展，可惜未能區分出孟儀《子林》的不同（見《玉海·藝文·諸子》之"唐子書要略 意林"⑤）。姚振宗認同《四庫提要》將庾仲容《子鈔》等别爲"雜纂"一體，并認爲始於東晉孟儀《子林》，也失之粗疏（《隋書經籍志考證》卷三十）⑥。

上述諸"子鈔"著作，除庾仲容《子抄》外，佚文多不可見，因此在這裏簡單介紹，不必單列條目。

①　（唐）魏徵等撰《隋書》第 4 册，中華書局 1973 年版，第 1009 頁。
②　（宋）鄭樵撰，王樹民點校《通志二十略》下册，中華書局 2009 年版，第 1654 頁。
③　（唐）魏徵等撰《隋書》第 4 册，中華書局 1973 年版，第 1007 頁。
④　（清）丁國均撰，朱新林整理《補晉書藝文志》，清華大學出版社 2012 年版，第 76 頁。
⑤　武秀成、趙庶洋校證《玉海藝文志校證》，鳳凰出版社 2013 年版，第 891 頁。
⑥　（清）姚振宗撰《隋書經籍志考證》二十五史補編本，開明書店 1936 年製版，第 478 頁。

（五）徐勉《會林》

（南朝·梁）徐勉（周建江《南北朝隋詩文紀事》：466～535）撰。勉，字脩仁，東海郯人。齊永明初國子生，射策高第，補西陽王國侍郎，遷太學博士、鎮軍參軍、尚書殿中郎。梁受禪，官至尚書僕射、中衛將軍，加中書令，移授特進右光禄大夫。大同元年卒，年七十，諡曰簡蕭公。生平見《梁書·徐勉傳》與《南史·徐勉傳》。

《梁書·徐勉傳》云："勉善屬文，勤著述，雖當機務，下筆不休。"又云："以孔釋二教殊途同歸，撰《會林》五十卷。"[①]《隋志·子部·雜家》載："《會林》五卷。"[②]不著撰人。兩《唐志》不見載，或亡於唐、宋之際。此後唯《通志·藝文略·雜家》著録：《會林》五卷，不著撰人。[③]

姚振宗以爲《隋志》所載五卷與《梁書》本傳的五十卷不合，"或其殘帙，或脱'十'字。"（《隋書經籍志考證》卷三十）[④]姚氏所言極是，又《隋志》所載五卷本或爲五十卷之删節本。

此書亡佚，佚文不存。

（六）顧協《瑣語》

（南朝·梁）顧協（470～542）撰。協，吳郡吳人。晉司空顧和七世孫。起家揚州議曹從事史，兼太學博士。普通六年，正德受詔北討，引爲府録事參軍，掌書記。協博極群書，於文字及禽獸草木尤稱精詳。生平見《梁書·顧協傳》與《南史·顧協傳》。

《梁書》本傳云："撰《異姓苑》五卷，《瑣語》十卷，并行於世。"[⑤]《隋志·子部·小説家》載："《瑣語》一卷。梁金紫光禄大夫顧協撰。"[⑥]兩《唐志》及此後史志書目不見載。

---

① （唐）姚思廉撰《梁書》第 2 册，中華書局 1973 年版，第 387 頁。
② （唐）魏徵等撰《隋書》第 4 册，中華書局 1973 年版，第 1008 頁。
③ （宋）鄭樵撰，王樹民點校《通志二十略》下册，中華書局 2009 年版，第 1654 頁。
④ （清）姚振宗撰《隋書經籍志考證》二十五史補編本，開明書店 1936 年製版，第 483 頁。
⑤ （唐）姚思廉撰《梁書》第 2 册，中華書局 1973 年版，第 446 頁。
⑥ （唐）魏徵等撰《隋書》第 4 册，中華書局 1973 年版，第 1011 頁。

　　考顧協之前有汲冢竹書出土的《古文瑣語》,《隋志》列於雜史類,考其佚文多記春秋戰國人物歷史;東方朔亦著有《瑣語》,據今存 1 條佚文看,也屬於人物逸事。《隋志》列於雜史類。晉人束皙亦著有“《瑣語》十一篇,諸國卜夢妖怪相書也。”(《晉書·束皙傳》①)王應麟《玉海·藝文》(卷四十七)將顧協《瑣語》歸入“史氏流別”内②,此書所記或上述多部《瑣語》相近。

　　考諸書所引“瑣語云”“瑣語曰”内容,多出自《古文瑣語》與東方朔《瑣語》。束皙《瑣語》與顧協《瑣語》亡佚,佚文不存。

(七)周捨《正覽》

　　(南朝·梁)周捨(471～524)撰。捨,字升逸,汝南安成人。齊中書侍郎顒子。起家齊太學博士,遷後軍行參軍。梁臺建,爲奉常丞,及受禪,官至太子詹事。普通五年卒,贈侍中、護軍將軍,謚曰簡子。生平見《梁書·周捨傳》與《南史·周朗傳》。

　　《隋志·子部·儒家》載:“《正覽》六卷,梁太子詹事周捨撰。”③兩《唐志》復載“周捨《正覽》六卷”④。《通志·藝文略·儒家》既著録:《正覽》十卷,晉郡儒林祭酒呂竦撰,其後又著録:《正覽》六卷,梁太子詹事周捨撰。⑤

　　其他宋史志書目不見載。

　　姚振宗考辨甚詳,他引梁元帝《金樓子·后妃篇》載其母宣修容事,云:“及在幼學,親承慈訓,初授《孝經》、《正覽》、《論語》、《毛詩》”⑥,不知是否即此《正覽》也。考周捨于梁初爲太子洗馬,太子右衛率,左衛率,遷詹事,始終皆兼爲宮僚,或其初作是書以進太子,元帝幼時亦諷誦之,未可知也。又按:高似孫《子略》云:“《唐志》有陸

①　(唐)房玄齡等撰《晉書》第 5 册,中華書局 1974 年版,第 1433 頁。
②　武秀成、趙庶洋校證《玉海藝文志校證》,鳳凰出版社 2013 年版,第 585 頁。
③　(唐)魏徵等撰《隋書》第 4 册,中華書局 1973 年版,第 999 頁。
④　(後晉)劉昫等撰《舊唐書》第 6 册,中華書局 1975 年版,第 2025 頁。(宋)歐陽修、宋祁撰《新唐書》第 5 册,中華書局 1975 年版,第 1511 頁。
⑤　(宋)鄭樵撰,王樹民點校《通志二十略》下册,中華書局 2009 年版,第 1599 頁。
⑥　(梁)蕭繹撰,許逸民校箋《金樓子校箋》上册,中華書局 2011 年版,第 381 頁。

景《典訓》、譙子《法訓》、周捨《正覽》、劉徽《欹器圖》之類，非合登子録。……如此者數十家，裁之。"① 按:《正覽》等三書不登子録，將歸于何録乎？其意蓋以抄節前言往訓，不足以自爲一子也。(《隋書經籍志考證》)②

《正覽》亡佚，佚文今不存。

（八）劉霽《釋俗語》

（南朝·梁）劉霽（公元478？~公元529？）撰。霽，字士烜，平原人。祖乘民，宋冀州刺史。父聞慰，齊正員郎。霽年九歲，能誦《左氏傳》，宗黨咸異之。十四居父憂，有至性，每哭輒嘔血。家貧，與弟杳、歊相篤勵學。既長，博涉多通。天監中，起家奉朝請。母明氏亡，霽廬于墓，哀慟過禮。處士阮孝緒致書抑譬。霽思慕不已，服未終而卒，時年五十二。生平見《梁書·孝行傳》。

《梁書》本傳云:"著《釋俗語》八卷，文集十卷。"③《隋志·子部·雜家》載:"《釋俗語》八卷，劉霽撰。"④ 兩《唐志·子部·小説家》并載:"劉齊《釋俗語》八卷"，"齊"皆爲"霽"之訛。此後史志書目不見載，或亡佚唐宋之際。

《釋俗語》一書亡佚，歷代無輯本，佚文不存。

（九）庾肩吾《採璧》（又名《採璧記》）

（南朝·梁）庾肩吾（487~551）撰。肩吾，字子慎，新野人。庾於陵弟，庾信父。生平見《梁書·文學傳上》《南史·庾易傳》。

《梁書》本傳云:"文集行於世。"⑤ 未云著有《採璧》。

① （宋）高似孫撰，司馬朝軍校釋《子略校釋》，山東人民出版社2018年版，第165—166頁。
② （清）姚振宗撰《隋書經籍志考證》二十五史補編本，開明書店1936年製版，第422頁。
③ （唐）姚思廉撰《梁書》第3冊，中華書局1973年版，第657頁。
④ （唐）魏徵等撰《隋書》第4冊，中華書局1973年版，第1007頁。
⑤ （唐）姚思廉撰《梁書》第3冊，中華書局1973年版，第692頁。

《隋志·子部·雜家》載:"《採璧》三卷,梁中書舍人庾肩吾撰。"①
《舊唐志》著録:"《採璧記》三卷,庾肩吾撰。"②列在崔豹《古今注》與
韋道遜《新略》之間。《新唐志》著録:"庾肩吾《採璧》三卷。"③《宋
志·子部·類事》"庾肩吾《採璧》五卷。"《通志·藝文略·雜家》著
録:《採璧》三卷,梁中書舍人庾肩吾撰。④

此書亡佚,佚文不存。

（十）劉杳《要雅》

（南朝·梁）劉杳（487～536）撰。杳,字士深,平原平原人也。
祖乘人,宋冀州刺史。父聞慰,齊東陽太守,有清績,在《齊書·良
政傳》。天監初,爲太學博士,宣惠豫章王行參軍。杳少好學,博綜群
書,沈約、任昉以下,每有遺忘,皆訪問焉。生平見《梁書·文學傳
下》《南史·劉懷珍傳》。

《梁書》本傳云:"杳自少至長,多所著述。撰《要雅》五卷,《楚
辭草木疏》一卷,《高士傳》二卷,《東宮新舊記》三十卷,《古今四部
書目》五卷,并行於世。"⑤

《要雅》一書,《隋志》與兩《唐志》皆不見載,亡佚已久。據今存
佚文看,其書内容廣博,既有小學與經學,也有讀書與學問,與《顔氏
家訓》爲同類著作。

馬國翰有輯本,列入子部雜家,他從《周禮疏》與《梁書》《南史》
本傳共採得佚文 6 條。

（十一）張纘,王微《鴻寶》

（南朝·梁）張纘（499～549）撰。纘,字伯緒,緬第三弟。天
監中尚富陽公主,拜駙馬都尉,封利亭侯,補國子生,除秘書郎,遷太

---

① （唐）魏徵等撰《隋書》第 4 册,中華書局 1973 年版,第 1009 頁。
② （後晉）劉昫等撰《舊唐書》第 6 册,中華書局 1975 年版,第 2033 頁。
③ （宋）歐陽修、宋祁《新唐書》第 5 册,中華書局 1975 年版,第 1535 頁。
④ （宋）鄭樵撰,王樹民點校《通志二十略》下册,中華書局 2009 年版,第 1654 頁。
⑤ （唐）姚思廉撰《梁書》第 3 册,中華書局 1973 年版,第 717 頁。

子舍人。轉洗馬中舍人，普通初遷太尉諮議參軍尚書吏部郎，長兼侍中。元帝承制，贈侍中、中衛將軍、開府儀同三司，謚簡憲公。生平見《梁書·張緬傳》與《梁書·張弘策傳》。

《梁書》本傳云："纘著《鴻寶》一百卷，文集二十卷。"①

（南朝·宋）王微（414～443）撰。微，字景玄，太保弘弟子。父孺，光祿大夫。元嘉二十年卒，年二十九。孝武即位，追贈秘書監。生平見《宋書·王微傳》與《南史·弘弟子微傳》。

《宋書》本傳云："所著文集，傳於世。"②不云其撰有《鴻寶》。

《隋志·子部·雜家》載："《鴻寶》十卷"③，不著撰人。兩《唐志》及此後史志書目不見載，唯《通志·藝文略·雜家》著錄：《鴻寶》十卷，不著撰人。④嚴可均《全梁文編》稱張纘"有《鴻寶》十卷"⑤，認爲《隋志》所錄《鴻寶》爲張纘著。

但考鍾嶸《詩品·序》云："陸機《文賦》，通而無貶；李充《翰林》，疏而不切；王微《鴻寶》，密而無裁；顏延論文，精而難曉；摯虞《文志》，詳而博贍，頗曰知言：觀斯數家，皆就談文體，而不顯優劣。"⑥則知王微亦有書名《鴻寶》，而且爲辨別文體之作，與《文心雕龍》等在時人眼中的作用相似（《文心雕龍》被視作文學評論著作大約始於明代）。

從鍾嶸用來與《鴻寶》并舉的作品中，陸機《文賦》與"顏延論文"或爲單篇論文，或爲單篇文章中的論文部分，其他幾部著作《隋志》皆有著錄。李充《翰林論》與劉勰《文心雕龍》皆在總集類，摯虞《文章志》在史部簿錄類，皆與文章或書籍文獻相關，與子部雜家的《鴻寶》差異較大。

另外，據遍照金剛的《文鏡秘府論·天卷·四聲論》云："王微之

---

① （唐）姚思廉撰《梁書》第 2 册，中華書局 1973 年版，第 503 頁。

② （梁）沈約撰《宋書》第 6 册，中華書局 1974 年版，第 1672 頁。

③ （唐）魏徵等撰《隋書》第 4 册，中華書局 1973 年版，第 1008 頁。

④ （宋）鄭樵撰，王樹民點校《通志二十略》下册，中華書局 2009 年版，第 1654 頁。

⑤ （清）嚴可均輯《全上古三代秦漢三國六朝文》第 4 册，中華書局 1958 年版，第 3330 頁。

⑥ （梁）鍾嶸著，曹旭集注《詩品集注》（增訂本），上海古籍出版社 2011 年版，第 236 頁。

製《鴻寶》，詠歌少驗"①，知王微《鴻寶》中或有論文章聲韻之作，也與鍾嶸所舉的《鴻寶》相符。當然子書也可以有論文章或聲韻的內容，如《典論》與《顏氏家訓》等。張纘《鴻寶》卷帙較大，雖與王微所著同名，但內容或與張華《博物志》相似。

　　所以雖然張纘本傳所載"《鴻寶》一百卷"，與《隋志》"《鴻寶》十卷"懸殊甚巨，但正如六朝書籍多有刪節本一樣，張纘《鴻寶》亦可能有十卷本流傳，不能僅據卷數差異就否定張纘是作者。也不能僅據《本傳》不載其書，而且論文辯體一類的書《隋志》一般不列在子部，就否定王微是作者。在文獻不足的情況下，只能兩存之。

　　無論張纘還是王微所著《鴻寶》皆已亡佚，佚文不存。據《漢書·劉向傳》記載："淮南有《枕中鴻寶苑秘書》。書言神仙使鬼物爲金之術……"②，所言爲神仙道教內容，不知張纘之百卷《鴻寶》是否也受到《枕中鴻寶苑秘書》的影響。

（十二）蕭繹《金樓子》

　　（南朝·梁）蕭繹（508～554）撰。繹，字世誠，小字七符，武帝第七子。天監十三年封湘東王，歷會稽太守，入爲侍中丹陽尹。普通中爲荆州刺史，大同中爲江州刺史，太清初復爲荆州。及建康陷，奉密詔爲侍中、假黃鉞、大都督中外諸軍事、司徒，承制進位相國，總百揆。以大寶三年十一月即位於江陵，改元承聖。在位三年，爲西魏所擒，遇害。明年追尊曰孝元皇帝，廟號世祖。生平見《梁書·元帝本紀》《南史·梁本紀·元帝》。

　　《梁書》本紀云："所著《孝德傳》三十卷，《忠臣傳》三十，《丹陽尹傳》十卷。《注漢書》一百一十五卷，《周易講疏》十卷，《內典博要》一百卷，《連山》三十卷，《洞林》三卷，《玉韜》十卷，《補闕子》十卷，《老子講疏》四卷，《全德志》、《懷舊志》《荆南志》《江州記》《貢職圖》《古今同姓名録》一卷，《筮經》十二卷，《式贊》三卷，《文

---

① 〔日〕遍照金剛撰，盧盛江校考《文鏡秘府論彙校彙考》（修訂本）上冊，中華書局2015年版，第300頁。
② （漢）班固撰，（唐）顏師古注《漢書》第7冊，中華書局1962年版，第1928頁。

集》五十卷。"^①不載《金樓子》。《南史》本紀却記載："《玉韜》、《金樓子》、《補闕子》各十卷……"^②

《隋志·子部·雜家》著録：梁元帝撰《金樓子》十卷^③。兩《唐志》《郡齋讀書志》《直齋書録解題》均仍著録十卷。大概到明中葉以後才失傳。《四庫全書》收入此書，是從《永樂大典》輯出的本子，《大典》所收原本是元至正三年西湖書院刻本，有《興王》《箴戒》《后妃》《終之》《戒子》《聚書》《二南五霸》《説蕃》《立言上》《立言下》《著書》《捷對》《志怪》《雜記上》《雜記下》共十五篇，與《郡齋讀書志》所説篇數相符，最後再加《自序》。《四庫》輯本作六卷，雖篇數名目相同，已非完書。

據鍾仕倫考證，書約作於中大通二年（530），完成於承聖三年（554）。南宋内庫有以薛濤紙抄成之本，有李後主題詩，后流入金。（《楓窗小牘》卷上）佚，今本係周永年、邵晉涵自《永樂大典》中輯出，一收入《四庫全書》，另一爲鮑廷博受周永年所托刻入《知不足齋叢書》中，二本同出一源而稍有異同^④。

《金樓子》現有兩個校本，一爲許逸民《金樓子校箋》，一爲陳志平《金樓子疏證校注》，皆以清乾隆四十六年（1781）鮑廷博輯刻《知不足齋叢書》第九集《金樓子》六卷本爲底本。許氏本後附《金樓子補佚》，收録佚文 5 條^⑤；陳氏本後附《今〈永樂大典〉存〈金樓子〉文》，收録佚文 35 條^⑥。《〈金樓子〉佚文》收録佚文 20 條，其中 3 條與許氏重復，漏收許氏所輯 2 條。《金樓子》現存十四篇，另有佚文約共 57 條。

（十三）蕭繹，鮑泉《補闕子》

（南朝·梁）蕭繹（508～554）撰。

① （唐）姚思廉撰《梁書》第 1 册，中華書局 1973 年版，第 136 頁。
② （唐）李延壽撰《南史》第 1 册，中華書局 1975 年版，第 246 頁。
③ （唐）魏徵等撰《隋書》第 4 册，中華書局 1973 年版，第 1006 頁。
④ 鍾仕倫著《金樓子研究》，中華書局 2004 年版，第 40—42 頁。
⑤ （梁）蕭繹撰，許逸民校箋《金樓子校箋》下册，中華書局 2011 年版，第 1371 頁。
⑥ 陳志平、熊清元疏證校注《金樓子疏證校注》下册，上海古籍出版社 2014 年版，第 1165—1175 頁。

　　（南朝·梁）鮑泉（？ ~ 551），字潤岳，東海（今山東郯城）人，父幾（一云機），湘東王諮議參軍。泉博涉史傳，兼有文筆，少事元帝爲國常侍，早見擢任。梁元帝承制，累遷至信州刺史。其生平見《梁書·鮑泉傳》與《南史·鮑泉傳》。

　　《隋志》與《通志》（"平北府長史《鮑泉集》一卷"①）皆著録《鮑泉集》一卷②。《新唐志》著録鮑泉《新儀》三十卷③。

　　《金樓子·著書篇》載："《補闕子》一秩，十卷。"原注："金樓爲序，付鮑泉東里撰。"④《梁書·元帝紀》與《南史·梁本紀下》均載録。《隋志·子部·縱橫家》載《補闕子》十卷，元帝撰⑤，列於《鬼谷子》後。兩《唐志》仍之。《通志·藝文略·縱橫家》著録：《補闕子》十卷，梁元帝⑥。《漢志·子部·縱橫家》載《闕子》一篇，與梁元帝的《補闕子》是何關係，學者有爭議。

　　嚴可均云："《漢志》'縱橫家'：《闕子》一篇。《隋志》注：梁有《補闕子》十卷，元帝撰，亡。……舊、新《唐志》著於録，今散見于各書者凡十九事，……諸引皆稱《闕子》，不稱《補闕子》。劉逵注《吳都賦》、酈元注《水經·睢水》竝采用之，當是先秦古書，非梁補也。"（《闕子叙》）⑦

　　馬國翰云："《漢志》縱橫十二家，有《闕子》一篇。……《隋志》云：梁有《補闕子》十卷，……元帝撰，亡。……蓋梁時《闕子》書已不傳，故元帝補之，隋時未見其書，至唐初蒐得而著於目，今併佚矣。"（《闕子序》）⑧

　　筆者考證《補闕子》爲鮑泉對《闕子》之補。所謂"補"，不一定要改變原來文字内容，更可能是從其他文獻中搜羅佚文補全之。《隋志》注云"梁有《補闕子》三卷"，則可知唐代鮑泉所補之書已亡，見

———————

①　（宋）鄭樵撰，王樹民點校《通志二十略》下册，中華書局 2009 年版，第 1756 頁。

②　（唐）魏徵等撰《隋書》第 4 册，中華書局 1973 年版，第 1079 頁。

③　（宋）歐陽修、宋祁撰《新唐書》第 5 册，中華書局 1975 年版，第 1488 頁。

④　（梁）蕭繹撰，許逸民校箋《金樓子校箋》下册，中華書局 2011 年版，第 1025 頁。

⑤　（唐）魏徵等撰《隋書》第 4 册，中華書局 1973 年版，第 1005 頁。

⑥　（宋）鄭樵撰，王樹民點校《通志二十略》下册，中華書局 2009 年版，第 1653 頁。

⑦　（清）嚴可均著，孫寶點校《嚴可均集》，浙江古籍出版社 2018 年版，第 177 頁。

⑧　（清）馬國翰輯《玉函山房輯佚書》第 3 册，上海古籍出版社 1990 年版，第 2715 頁。

於《文選注》《後漢書注》等書徵引内容與酈道元《水經注》所載幾事内容相符，可證其所見確爲古本。（詳見本書上篇第二章《〈闕子〉考略》）

《補闕子》佚文今不存，或已混入《闕子》中。

（十四）朱澹遠《語對》

（南朝·梁）朱澹遠（? ～ ?）撰。澹遠，梁湘東王功曹參軍。其生平見無考，略見於《金樓子》與《隋志》。

《隋志·子部·雜家》載："《語對》十卷，朱澹遠撰。"[①]《新唐志·子部·雜家》在"朱澹遠《語麗》十卷"之後載："又《語對》十卷"[②]。《舊唐志》不載，此後史志書目不見載。

《金樓子·著書篇》云："《語對》三秩，三十卷。"[③]陳振孫《直齋書録解題》載："《語麗》十卷，梁湘東王功曹參軍朱澹遠撰。……澹遠又有《語對》一卷，不傳。"[④]蕭梁時此書尚有三十卷，之後殘佚，宋已不可見。姚振宗也認爲蕭繹所云《語對》"似即朱氏所與修者，至隋僅存其一帙也。"（《隋書經籍志考證》卷三十）[⑤]《隋志·子部·雜家》又有"《對要》三卷"[⑥]，不著撰人。又《通志·藝文略·雜家》著録：《對林》十卷，不著撰人。[⑦]姚振宗以爲此似即前《對林》《語對》之節要本，可備一説。[⑧]

許逸民先生據《金樓子·聚書》篇："又得州民朱澹遠送異書"[⑨]，認爲"異書"即《語對》（或稱《語麗》）初稿十卷，後經蕭繹增益爲

① （唐）魏徵等撰《隋書》第 4 册，中華書局 1973 年版，第 1008 頁。

② （宋）歐陽修、宋祁撰《新唐書》第 5 册，中華書局 1975 年版，第 1534 頁。

③ （梁）蕭繹撰，許逸民校箋《金樓子校箋》下册，中華書局 2011 年版，第 1016 頁。

④ （宋）陳振孫撰，徐小蠻、顧美華點校《直齋書録解題》下册，上海古籍出版社 2015 年版，第 422—423 頁。

⑤ （清）姚振宗撰《隋書經籍志考證》二十五史補編本，開明書店 1936 年製版，第 484 頁。

⑥ （唐）魏徵等撰《隋書》第 4 册，中華書局 1973 年版，第 1008 頁。

⑦ （宋）鄭樵撰，王樹民點校《通志二十略》下册，中華書局 2009 年版，第 1654 頁。

⑧ （清）姚振宗撰《隋書經籍志考證》二十五史補編本，開明書店 1936 年製版，第 484 頁。

⑨ （梁）蕭繹撰，許逸民校箋《金樓子校箋》上册，中華書局 2011 年版，第 516 頁。

三十卷。或者朱稿原本三十卷，至隋佚其二秩，僅存十卷①。許氏所論或可備一說。只是陳振孫所云"功曹參軍"與蕭繹所說"州民"不符，或"州民"爲"州人"之訛，證據不足，待考。

此書或亡於唐宋之際，佚文不存。

（十五）朱澹遠《語麗》（又名《對要》）

（南朝·梁）朱澹遠（？～？）撰。

《隋志·子部·雜家》載："《語麗》十卷，朱澹遠撰。"②兩《唐志·子部·雜家》皆載："朱澹遠《語麗》十卷。"③《宋志·雜事》仍之④。《崇文總目》亦載"《語麗》十卷，朱澹遠撰"⑤，尤袤《遂初堂書目》仍之。《通志·藝文略·雜家》著錄：《對要》十卷，不著撰人。⑥又著錄：《語對》十卷，《語麗》十卷，皆署朱澹遠撰。⑦據此，《對要》與《語麗》似爲兩書。

陳振孫《直齋書錄解題》載："《語麗》十卷，梁湘東王功曹參軍朱澹遠撰。採摭書語之麗者，爲四十門。案：前志但有雜家而無類書，《新唐書志》始別出爲一類。此書乃猶列雜家，要之實類書也，但其分門類無倫理。"⑧《說郛》亦將《語麗》當作類書，因此不列在子書內。

《唐日本國見在書目·雜家》："《語麗》十一卷，朱澹遠撰。"⑨卷數與諸史志不同。許逸民先生據《金樓子·聚書》篇："又得州民朱澹遠送異書"，認爲"異書"即《語對》（或稱《語麗》）初稿十卷，後經蕭

---

① （梁）蕭繹撰，許逸民校箋《金樓子校箋》下冊，中華書局 2011 年版，第 1016 頁。
② （唐）魏徵等撰《隋書》第 4 冊，中華書局 1973 年版，第 1008 頁。
③ （後晉）劉昫等撰《舊唐書》第 6 冊，中華書局 1975 年版，第 2033 頁。（宋）歐陽修、宋祁撰《新唐書》第 5 冊，中華書局 1975 年版，第 1534 頁。
④ （元）脫脫等修，（清）黃虞稷、倪燦撰《宋史藝文志廣編》上冊，世界書局 2009 年版，第 161 頁。
⑤ （宋）王堯臣等編次，錢東垣等輯釋《崇文總目》（二）叢書集成初編本，商務印書館 1935 年版，第 182 頁。
⑥ （宋）鄭樵撰，王樹民點校《通志二十略》下冊，中華書局 2009 年版，第 1654 頁。
⑦ （宋）鄭樵撰，王樹民點校《通志二十略》下冊，中華書局 2009 年版，第 1654 頁。
⑧ （宋）陳振孫撰，徐小蠻、顧美華點校《直齋書錄解題》下冊，上海古籍出版社 2015 年版，第 422—423 頁。
⑨ 孫猛著《日本國見在書目錄詳考》中冊，上海古籍出版社 2015 年版，第 1129 頁。

繹增益爲三十卷。或者朱稿原本三十卷，至隋佚其二秩，僅存十卷[①]。許氏所論或可備一説。

　　此書或亡於宋元之際，佚文不存。

───────────

① （梁）蕭繹撰，許逸民校箋《金樓子校箋》下册，中華書局 2011 年版，第 1016 頁。

十一　南朝——陳朝子書

張太衡《無名子》

（？）張太衡（？～？），史傳不載，生平未詳。

《隋志·子部·道家》載："《無名子》一卷，張太衡撰。"其下又載："《廣成子》十三卷。"下注云："商洛公撰。張太衡注，疑近人作。"①《舊唐志》載："《無名子》一卷，張太衡撰。"②《新唐志》載："張太衡《無名子》一卷"。又載："《廣成子》十二卷。"下注云："商洛公撰，張太衡注。"③《通志·藝文略·道家·諸子》亦著錄：《無名子》一卷，張太衡撰。其後又著錄：《廣成子》十三卷，商洛公撰，張太衡注。又，三卷，何璨注。④《廣成子》出現兩個注本。

另，清人丁國均《補晉書藝文志》載作《無名子》十二篇，卻稱著者爲王長文："謹按見《華陽國志》長文傳。"⑤考《華陽國志·後賢志》載王長文："著《無名子》十二篇，依則《論語》。"⑥據此可知，王長文的《無名子》似應入"儒家"，與《隋志》"道家"著錄的《無名子》爲同名異書。

廣成子最早見於《莊子·在宥篇》，被黃帝問道的高人，後世逐漸成爲道家的傳說人物。《廣成子》不見於《漢志》，因此張太衡注也

---

① （唐）魏徵等撰《隋書》第 4 册，中華書局 1973 年版，第 1002、1003 頁。

② （後晉）劉昫等撰《舊唐書》第 6 册，中華書局 1975 年版，第 2029 頁。

③ （宋）歐陽修、宋祁撰《新唐書》第 5 册，中華書局 1975 年版，第 1520、1516 頁。

④ （宋）鄭樵撰，王樹民點校《通志二十略》下册，中華書局 2009 年版，第 1609 頁。

⑤ （清）丁國均撰，朱新林整理《補晉書藝文志》，清華大學出版社 2012 年版，第 71 頁。

⑥ （晉）常璩撰《明本華陽國志校注》第 3 册，國家圖書館出版社 2018 年版，第 110 頁。

被疑爲僞書。姚振宗據晁公武《讀書志》著録有蘇軾《廣成子解》一卷："取《莊子》中'黄帝問道于廣成子'一章爲之解，此則猶王士元《亢倉子》之補亡也，大抵皆張太衡所僞託。"（《隋書經籍志考證》卷二十五）[①]此備一説。

　　此書亡佚，佚文不存。因作者時代無考，暫置於此。

---

① （清）姚振宗撰《隋書經籍志考證》二十五史補編本，開明書店 1936 年製版，第447 頁。

十二　北朝——北魏子書

酈道元《七聘》

　　（北魏）酈道元（? ~ 527）撰。道元，字善長，范陽人也。青州刺史範之子。父酈範，獻文帝時從慕容白曜平齊有功。道元早年爲李彪所賞。太和中，爲尚書主客郎。累遷治書侍御史、輔國將軍、東荆州刺史，免。起爲河南尹。孝明時，除安南將軍、御史中尉。孝昌三年，出爲關右大使，至陰盤驛亭，爲蕭寶夤所害。生平見《魏書·酷吏·酈道元傳》與《北史·酈範傳》。

　　《魏書》本傳云：“道元好學，歷覽奇書。撰注《水經》四十卷、《本志》十三篇，又爲《七聘》及諸文，皆行於世。”[1]《北史》亦著録此三部著述。

　　《七聘》，諸史志書目不見載，或亡於隋、唐之前。佚文不存，其書內容不可考。

---

① （北齊）魏收撰《魏書》第 6 册，中華書局 1974 年版，第 1926 頁。

十三　北朝——北齊子書

（一）陽休之《幽州人物志》

（北齊）陽休之（509～582）撰。休之，字子烈，右北平無終人。魏前軍將軍固子，爲州主簿。孝武時，出爲驃騎賀拔勝荆州刺史。隨府轉行軍右丞、南道軍司，從勝奔梁。天平中，還魏，爲齊文襄開府主簿，隨府轉行臺郎中。齊受禪，除散騎常侍，別封始平縣男。齊亡入周，除開府儀同，歷納言、中大夫、太子少保。大象末，進位上開府，除和州刺史，至隋開皇二年免。生平見《北齊書·陽休之傳》與《北史·陽尼傳》。

《北齊書》本傳云："又撰《幽州人物志》并行於世"[1]，但并未言明卷數。《隋志》未予著錄。《舊唐志·史部·雜傳》載："《幽州古今人物志》十三卷，陽休之撰。"[2]《新唐志》却著錄爲三十卷[3]，未知孰是，王應麟《玉海》（卷五十七）、嚴可均皆採用《新唐志》説。"古今"兩字不必要，當依《北齊書》與《隋志》作《幽州人物志》。

此書亡佚，佚文不存。

（二）劉晝、劉勰《新論》（又名《劉子新論》《劉子》）

（北齊）劉晝（514～565 或大統年間：535～551）撰。晝，字孔昭，渤海阜城人。河清初，舉秀才入京，考策不第。生平見《北齊

---

① （唐）李百藥撰《北齊書》第 2 册，中華書局 1972 年版，第 564 頁。

② （後晉）劉昫等撰《舊唐書》第 6 册，中華書局 1975 年版，第 2001 頁。

③ （宋）歐陽修、宋祁撰《新唐書》第 5 册，中華書局 1975 年版，第 1480 頁。

書・儒林傳》與《北史・儒林傳》。

《北齊書》本傳載其《六合賦》與三篇《高才不遇傳》，雖不言他撰寫《劉子》，但據他自稱："使我數十卷書行於後世，不易齊景之千駟也"①，可見他有著述立言的強烈願望，而且所著不只是傳中所舉數文而已。

（南朝・梁）劉勰（約 465 ~？）撰。勰，字彥和，東莞莒人。祖靈真，宋司空秀之弟也。父尚，越騎校尉。勰早孤，篤志好學，家貧不婚娶，依沙門僧祐，與之居處，積十餘年，遂博通經論，因區別部類，錄而序之。昭明太子好文學，深愛接之。生平見《梁書・文學傳》與《南史・文學傳》。

《梁書》本傳云："初，勰撰《文心雕龍》五十篇，論古今文體，引而次之。"又云："文集行於世。"②

《隋志》與兩《唐志》皆著錄劉晝的《高才不遇傳》四卷。《隋志・子部・雜家》云："梁有《劉子》十卷，亡。"③不著撰人。兩《唐志》復載，著者皆題作劉勰④。《通志・藝文略・儒家》著錄:《劉子》三卷，梁劉勰撰。⑤因此對於《隋志》與兩《唐志》著錄的《劉子》作者爭議很大。

孫星衍《平津館鑒藏記》（卷一）："《劉子》十卷，目錄前題《劉子新論》，梁通事舍人劉勰撰，播州錄事參軍袁孝政注。自《清神》至《九流》，五十五篇。巾箱本，……字畫清勁，是宋刻之佳者。……陳氏《書錄解題》、晁氏《讀書志》俱據袁孝政序文，作北齊劉晝撰。此本無袁序，而題作劉勰，與《唐志》同。"⑥嚴可均《書劉子後》也以爲是劉晝⑦（《嚴可均集》）。

姚振宗以爲劉晝、劉勰都不是，而像是東晉人所作，他說："劉晝

① （唐）李百藥撰《北齊書》第 2 册，中華書局 1972 年版，第 590 頁。
② （唐）姚思廉撰《梁書》第 3 册，中華書局 1973 年版，第 710、712 頁。
③ （唐）魏徵等撰《隋書》第 4 册，中華書局 1973 年版，第 1006 頁。
④ （後晉）劉昫等撰《舊唐書》第 6 册，中華書局 1975 年版，第 2033 頁。（宋）歐陽修、宋祁撰《新唐書》第 5 册，中華書局 1975 年版，第 1534 頁。
⑤ （宋）鄭樵撰，王樹民點校《通志二十略》下册，中華書局 2009 年版，第 1598 頁。
⑥ （清）孫星衍撰《平津館鑒藏記》叢書集成初編本，商務印書館 1936 年版，第 4—5 頁。
⑦ （清）嚴可均著，孫寶點校《嚴可均集》，浙江古籍出版社 2018 年版，第 270 頁。

有《高才不遇傳》，詳見史部雜傳家。此劉子似非劉畫。書在北齊孝昭時著書名《帝道》，又名《金箱壁言》者，非此之類。且其時當南朝陳文帝之世，已在梁普通後四十餘年。阮氏《七錄》作于普通四年，而是書見載《七錄》，其非書所撰更可知。袁孝政序今不存，據陳氏、宋氏所引，則亦未嘗定以爲劉書。在其言‘天下陵遲，播遷江表’，必有所本，亦非畫、非勰、非孝標之遭際。《七錄》列是書于吳、晉人之間，似猶爲東晉時人。其書亦名《新論》，與魏晉時風尚尤近。《日本書目》載《劉子》十卷，又五卷，又三卷，則三本并行，由來久矣。”（《隋書經籍志考證》卷三十）①

傅亞庶總結了學界對此書作者的七種説法，他也詳盡考辨了不可能是劉勰的原因，認可劉畫②（見《劉子校釋》之附録四《劉子作者辨證》）。林其錟與陳鳳金通過對《劉子》文獻的充分搜集整理與考辨，認爲作者爲劉勰（見《劉子集校合編》之《〈劉子〉作者考辨》收録的七篇論文）③。

傅亞庶輯得《劉子》佚文 1 條，因未參照敦煌遺書本《劉子》與日本寶曆本《劉子》，未必是佚文，待考。

（三）石曜《石子》

（北齊）石曜（？～？）撰。曜，字白曜，中山安喜人，亦以儒學進。居官至清儉。武平中黎陽郡守。生平見《北齊書·儒林傳》與《北史·儒林傳上》。

《北齊書》本傳云：“著《石子》十卷，言甚淺俗。後終於譙州刺史。此外行事史闕焉。”④

《石子》一書，《隋志》與兩《唐志》皆不著録，宋及以後史志目録亦不見載。

傳中所記石曜爲人行事，頗符“清儉”之名，著述却被評爲“言甚

---

① （清）姚振宗撰《隋書經籍志考證》二十五史補編本，開明書店 1936 年製版，第 475 頁。
② 傅亞庶撰《劉子校釋》，中華書局 1998 年版，第 614 頁。
③ 林其錟編著《劉子集校合編》，華東師範大學出版社 2012 年版，第 1175—1243 頁。
④ （唐）李百藥撰《北齊書》第 2 册，中華書局 1972 年版，第 597 頁。

淺俗"，不可理解。此書亡佚，佚文不存。

（四）李公緒《玄子》

（北齊）李公緒（？～？）撰。公緒，字穆叔，渾族兄藉之子。魏末冀州司馬，屬疾去官。後以侍御史徵，不至。生平見《北齊書·李渾傳》與《北史·李靈傳》。

《北齊書·李渾傳》云："公緒沉冥樂道，不關世務，故誓心不仕。尤善陰陽圖緯之學。嘗語人云：'吾每觀齊之分野，福德不多，國家世祚，終於四七。'及齊亡之歲，上距天保之元二十八年矣。公緒潛居自待，雅好著書，撰《典言》十卷，又撰《質疑》五卷，《喪服章句》一卷，《古今略記》二十卷，《玄子》五卷，《趙語》十三卷，并行於世。"①

又《新唐書·宰相世系表》之"趙郡李氏"有"公緒字穆叔，後魏冀州司馬，棄官，賜號潛居公。"②所言與其本傳合。

《隋志·子部·道家》載："《玄子》五卷"，③不著撰人。《通志·藝文略·道家·諸子》亦著錄：《玄子》五卷，不著撰人。④其後史志書目均不見載。

《玄子》亡佚，佚文不存。

（五）李公緒《典言》

（北齊）李公緒（？～？）撰。公緒，字穆叔，渾族兄籍之子。

（北齊）荀士遜（？～577）撰。士遜，廣平人。（《北齊書·文苑傳》云："好學有思理，爲文清典，見賞知音。武定末，舉司州秀才，迄天保十年不調。皇建中，馬敬德薦爲主書。世祖時，轉中書舍人。狀貌甚醜，以文辭見用。曾有事須奏，值世祖在後庭，因左右轉通者不得士遜姓名，乃云醜舍人。世祖曰：'必士遜也。'看封題果是，內人莫不

---

① （唐）李百藥撰《北齊書》第 2 册，中華書局 1972 年版，第 396 頁。
② （宋）歐陽修、宋祁撰《新唐書》第 8 册，中華書局 1975 年版，第 2500 頁。
③ （唐）魏徵等撰《隋書》第 4 册，中華書局 1973 年版，第 1002 頁。
④ （宋）鄭樵撰，王樹民點校《通志二十略》下册，中華書局 2009 年版，第 1609 頁。

忻笑。後主即位，累遷中書侍郎，號爲稱職。與李若等撰《典言》行於世。"①生平又見《北史·文苑傳》。

（北齊）李若（？～？）撰。若，頓丘人。《北齊書·文苑傳》云："及在武平，李若、荀士遜、李德林、薛道衡爲中書侍郎，諸軍國文書及大詔誥俱是德林之筆，道衡諸人皆不預也。"②李若與崔儦俱見稱重，時人語曰："京師灼灼，崔儦、李若。"若每謂其子曰："盧思道、崔儦，杳然崖岸，吾所重也，汝其師之。"（《北史·崔逞傳》）③

《北齊書·李渾傳》云："公緒潛居自待，雅好著書，撰《典言》十卷，又撰《質疑》五卷，……并行於世。"④《北史·李渾傳》亦云其撰《典言》十卷。又《北齊書·文苑傳》云：荀士遜"與李若等撰《典言》行於世。"⑤《北史·文苑傳》亦云其與李若等撰《典言》⑥，未云卷數。

《隋志·子部·雜家》載："《典言》四卷。後魏人李穆叔撰。"此書之後又有"《典言》四卷。後齊中書郎荀士遜等撰。"⑦《舊唐志·子部·儒家》載："《典言》四卷，李若等撰。"⑧《新唐志·子部·儒家》載："李穆叔《典言》四卷。"⑨《典言》一書，此後史志書目不見載。唯《通志·藝文略·儒家》既著錄:《典言》四卷，後魏李穆叔撰又著錄:《典言》四卷，後齊荀士遜撰。⑩

姚振宗認爲："《齊書》《北史·李公緒傳》云撰《典言》十卷。蓋與荀士遜、李若等同撰。本志分別爲兩家，各四卷，似即一書而題名互異。故兩《唐志》唯載四卷，不別出爲兩部，本開元《群書四録》考訂如此也。"（《隋書經籍志考證》卷三十）⑪

---

① （唐）李百藥撰《北齊書》第 2 冊，中華書局 1972 年版，第 616—617 頁。
② （唐）李百藥撰《北齊書》第 2 冊，中華書局 1972 年版，第 603 頁。
③ （唐）李延壽撰《北史》第 3 冊，中華書局 1974 年版，第 877 頁。
④ （唐）李百藥撰《北齊書》第 2 冊，中華書局 1972 年版，第 396 頁。
⑤ （唐）李百藥撰《北齊書》第 2 冊，中華書局 1972 年版，第 616—617 頁。
⑥ （唐）李延壽撰《北史》第 9 冊，中華書局 1974 年版，第 2791 頁。
⑦ （唐）魏徵等撰《隋書》第 4 冊，中華書局 1973 年版，第 1008 頁。
⑧ （後晉）劉昫等撰《舊唐書》第 6 冊，中華書局 1975 年版，第 2025 頁。
⑨ （宋）歐陽修、宋祁撰《新唐書》第 5 冊，中華書局 1975 年版，第 1511 頁。
⑩ （宋）鄭樵撰，王樹民點校《通志二十略》下冊，中華書局 2009 年版，第 1599 頁。
⑪ （清）姚振宗撰《隋書經籍志考證》二十五史補編本，開明書店 1936 年製版，第 482 頁。

但是《北齊書》與《北史》皆不言李公緒與別人同撰，却説荀士遜與李若等撰，三人所撰雖書名皆爲《典言》，却未必是一書。而《隋志》兩書皆著録，且一題"李穆叔"，一題"荀士遜等"。至於兩《唐志》一載李公緒書，一載李若等書，分明顯示出兩書的區別。姚振宗稱其據"開元《群書四録》考訂如此"，《群書四録》亡佚不可見，姚氏應屬臆測。

此書亡佚，佚文不存。

（六）韋道遜《雜略》（又名《新略》）

（北齊）韋道遜（？～？）撰。道遜，京兆杜陵人。曾祖肅，隨劉義真渡江。祖崇，自宋入魏，寓居河南洛陽，官至華山太守。遜與兄道密、道建、道儒并早以文學知名。武平初爲尚書左中兵，加通直散騎侍郎，入館，加通直常侍。後主三年，祖珽奏立文林館，更召引文學士，謂之待詔文林館。珽又奏撰《御覽》，奏追通直散騎侍郎韋道遜等入館修書。生平見《北齊書·文苑傳》與《北史·文苑傳》。

《隋志·子部·雜家》載："《雜略》十三卷。"[1] 不著撰人。兩《唐志》不載《雜略》，却在《子部·雜家》載："《新略》十卷"題爲韋道孫撰[2]。《通志·藝文略·雜家》著録：《雜略》十三卷，不著撰人。[3] 又《儒家》著録：《新略》十卷，韋道孫撰。[4]

姚振宗認爲："兩《唐志》次是書于庾肩吾、徐陵之間，《新略》爲《雜略》之誤。本志于北朝人之書類不著作者姓名，此爲韋道遜所撰無疑。遜與孫同。"（《隋書經籍志考證》卷三十）[5]

姚氏所言極是。《新略》爲《雜略》之殘本或删節本。

此書亡佚，佚文不存。

---

① （唐）魏徵等撰《隋書》第4册，中華書局1973年版，第1008頁。

② （後晉）劉昫等撰《舊唐書》第6册，中華書局1975年版，第2033頁。（宋）歐陽修、宋祁撰《新唐書》第5册，中華書局1975年版，第1535頁。

③ （宋）鄭樵撰，王樹民點校《通志二十略》下册，中華書局2009年版，第1654頁。

④ （宋）鄭樵撰，王樹民點校《通志二十略》下册，中華書局2009年版，第1598—1599頁。

⑤ （清）姚振宗撰《隋書經籍志考證》二十五史補編本，開明書店1936年製版，第483頁。

（七）王紘《鑒誡》

（北齊）王紘（？～574）撰。紘，字師羅，太安狄那人，爲小部酋帥。父基，頗讀書，有智略。紘少好弓馬，善騎射，頗愛文學。興和中爲庫直，除奉朝請。武定末賜爵平春縣男，除晉陽令。天保初加寧遠將軍，皇建初進爵義陽縣子，河清中加驃騎大將軍，天統初除給事黃門侍郎，加射聲校尉，四遷散騎常侍。武平初進開府儀同三司。生平見《北齊書·王紘傳》與《北史·王紘傳》。

《北齊書》本傳云：“紘好著述，作《鑒誡》二十四篇，頗有文義。”① 《北史》本傳亦著録《鑒誡》二十四篇。

《鑒誡》一書，諸史志書目不見載，或亡隋唐之前。

《鑒誡》歷代無輯本，嚴可均文集僅收録王紘《上言備邊》②，或爲《鑒誡》佚文。

（八）顔之推《顔氏家訓》（又名《家訓》）

（北齊）顔之推（531～595）撰。之推，字介，琅邪臨沂人，世居建康。晉侍中含九世孫。仕梁，爲湘東王國左常侍，加鎮西墨曹參軍。元帝即位，以爲散騎侍郎。江陵陷，入周，爲陽平公李遠掌書翰。尋奔齊，除奉朝請。河清末，爲趙州功曹參軍。武平中，除黃門侍郎，出爲平原太守。齊亡入周，大象末爲御史上士。隋開皇中，太子召爲學士。生平見《北齊書·文苑傳》與《北史·文苑傳》。

《北齊書》本傳云：“有文三十卷、撰《家訓》二十篇，并行於世。”本傳録其《觀我生賦》，并稱“《之推集》在，思魯自爲序録。”③《家訓》及其文集皆完整地流傳至唐代。《舊唐志》亦載此書，作顔之推撰《家訓》七卷，入儒家④。《新唐志》徑作《顔氏家訓》，卷數與舊志同⑤。《通

---

① （唐）李百藥撰《北齊書》第 2 册，中華書局 1972 年版，第 367 頁。
② （清）嚴可均輯《全上古三代秦漢三國六朝文》第 4 册，中華書局 1958 年版，第 3862 頁。
③ （唐）李百藥撰《北齊書》第 2 册，中華書局 1972 年版，第 618、626 頁。
④ （後晉）劉昫等撰《舊唐書》第 6 册，中華書局 1975 年版，第 2025 頁。
⑤ （宋）歐陽修、宋祁撰《新唐書》第 5 册，中華書局 1975 年版，第 1511 頁。

志·藝文略·儒家》既著録"《顏氏家訓》七卷"。^①《四庫全書》收入雜家，理由如《提要》所説："其中《歸心》等篇，深明因果，不出當時好佛之習，又兼論字畫音訓，竝考正典故，品第文藝，曼衍旁涉，不專爲一家之言"^②的緣故。其實這後者本是文儒常事，文儒兼信佛教也多有其人。《提要》的理由牽强。

　　《顏氏家訓》後來傳世的多爲二卷本，儘管内容篇數均無缺失。但七卷的宋刻本仍流傳下來，并附有宋人沈揆的考證，《知不足齋叢書》本即據以重刻。清人趙曦明和盧文弨給七卷本作了注，乾隆五十四年盧氏自刻，并收入《抱經堂叢書》。今人王利器又以盧本爲底本，撰寫了《顏氏家訓集解》。王利器輯有佚文 2 條，收入《顏氏家訓佚文》中^③。

---

①　（宋）鄭樵撰，王樹民點校《通志二十略》下册，中華書局 2009 年版，第 1599 頁。

②　（清）永瑢等撰《四庫全書總目》下册，中華書局 1965 年版，第 1010 頁。

③　王利器撰《顏氏家訓集解》（增補本），中華書局 1996 年版，第 708 頁。

十四　北朝——北周子書

尹子《五機論》（又名《尹子五機論》）

（唐）尹愔（？ ~ 741）撰。愔，秦州天水人。父思貞，字季弱。明《春秋》，擢高第。嘗受學於國子博士王道珪，稱之曰："吾門人多矣，尹子叵測也。"（《新唐書·儒學傳下》[①]）以親喪哀毀。除喪，不仕。有詔以道士服視事，乃就職，顓領集賢、史館圖書。開元末，卒，贈左散騎常侍。生平見《新唐書·儒學傳下》。

《新唐書》本傳云："撰《諸經義樞》、《續史記》皆未就。……愔博學，尤通老子書。"[②] 不載其著《五機論》。

《隋志》與兩《唐志》皆不見載。《宋志·子部·雜家》載："尹子《五機論》三卷。"[③] 置於沈約《袖中記》與商孝逸《商子新書》之間，或爲北朝人作。

考北朝諸史書，不見有稱文人學者稱"尹子"者，唯唐人尹愔人稱"尹子"，或即《宋志》所著錄者，證據不足，待考。

尹子《五機論》亡佚，佚文不存。因時代不確，暫置此。

---

① （宋）歐陽修、宋祁撰《新唐書》第 18 冊，中華書局 1975 年版，第 5703 頁。
② （宋）歐陽修、宋祁撰《新唐書》第 18 冊，中華書局 1975 年版，第 5703 頁。
③ （元）脫脫等修，（清）黃虞稷、倪燦撰《宋史藝文志廣編》上冊，世界書局 2009 年版，第 115 頁。

十五　漢魏六朝子書存目

　　存目中的子書，首先大多是不著撰人，其次是不存佚文，最後是著書時代不清楚。這類子書數量不少，又不需要單獨介紹，暫置此。

（一）無名氏《古世論》

　　《隋志·子部·雜家》載："梁有《古世論》十七卷，亡。"[①]不著撰人。該書佚文不存。

（二）無名氏《桓子》

　　《隋志·子部·雜家》載："梁有《桓子》一卷，亡。"[②]不著撰人。《太平御覽·圖書綱目》載有《桓子》[③]。桓範《世要論》亦稱《桓子》，此《桓子》是否爲彼刪節本，待考。

（三）蘇道《立言》

　　《隋志·子部·雜家》載："《立言》六卷，蘇道撰。"[④]在楊偉《時務論》之後，葛洪《抱朴子外篇》之前。《新唐志·子部·雜家》載："蘇道《立言》十卷"[⑤]，在裴玄《新言》與劉廞《新義》之間。鄭樵《通志·藝文略·儒家》著錄干寶《立言》十卷之後，又著錄"又，十卷。

---

① （唐）魏徵等撰《隋書》第 4 册，中華書局 1973 年版，第 1006 頁。
② （唐）魏徵等撰《隋書》第 4 册，中華書局 1973 年版，第 1006 頁。
③ （宋）李昉等撰《太平御覽》第 1 册，中華書局 1975 年版，第 5 頁。
④ （唐）魏徵等撰《隋書》第 4 册，中華書局 1973 年版，第 1006 頁。
⑤ （宋）歐陽修、宋祁撰《新唐書》第 5 册，中華書局 1975 年版，第 1534 頁。

蘇道撰" [1]，言蘇道亦有《立言》。蘇道生平不詳，該書佚文不存。

（四）無名氏《清神》

《隋志·子部·雜家》載："《清神》三卷，不著撰人。" [2]《通志·藝文略·雜家》著録:《清神》三卷，不著撰人。[3] 此後諸家書目皆不見著録，佚文不存。

（五）無名氏《前言》

《隋志·子部·雜家》載："《前言》八卷，不著撰人。" [4]《通志·藝文略·雜家》著録:《前言》八卷，不著撰人。[5] 此後諸家書目皆不見著録，佚文不存。

（六）無名氏《善説》

《隋志·子部·雜家》載："《善説》五卷，不著撰人。" [6] 此後諸家書目皆不見著録，佚文不存。

（七）無名氏《雜事鈔》

《隋志·子部·雜家》載："《雜事鈔》二十四卷，不著撰人。" [7] 姚振宗以爲此書即《唐日本國見在書目》所著録的廿卷《雜鈔》(《隋書經籍志考證》卷三十) [8]。《通志·藝文略·雜家》著録:《雜事鈔》二十四卷，不著撰人。[9] 此後諸家書目皆不見著録，佚文不存。

---

① （宋）鄭樵撰，王樹民點校《通志二十略》下册，中華書局 2009 年版，第 1599 頁。
② （唐）魏徵等撰《隋書》第 4 册，中華書局 1973 年版，第 1008 頁。
③ （宋）鄭樵撰，王樹民點校《通志二十略》下册，中華書局 2009 年版，第 1654 頁。
④ （唐）魏徵等撰《隋書》第 4 册，中華書局 1973 年版，第 1008 頁。
⑤ （宋）鄭樵撰，王樹民點校《通志二十略》下册，中華書局 2009 年版，第 1654 頁。
⑥ （唐）魏徵等撰《隋書》第 4 册，中華書局 1973 年版，第 1008 頁。
⑦ （唐）魏徵等撰《隋書》第 4 册，中華書局 1973 年版，第 1009 頁。
⑧ （清）姚振宗撰《隋書經籍志考證》二十五史補編本，開明書店 1936 年製版，第 484 頁。
⑨ （宋）鄭樵撰，王樹民點校《通志二十略》下册，中華書局 2009 年版，第 1654 頁。

（八）無名氏《雜書鈔》

《隋志·子部·雜家》載："《雜書鈔》四十四卷，不著撰人。"① 姚振宗以爲："此猶在《北堂書鈔》之前，似即虞永興所據之藍本。《唐日本國書目》有《而部書鈔》十卷，亦不著作者，疑即是書之佚存者。"（《隋書經籍志考證》卷三十）②《通志·藝文略·雜家》著録：《雜書鈔》四十四卷，不著撰人。③ 此後諸家書目皆不見著録，佚文不存。

（九）無名氏《側子》

《唐日本國見在書目·子部·雜家》載："《側子》二卷"，又有"《側子抄》二卷"，皆不著撰人。該書目《史部·雜史》著録有："《側子春秋》一卷"，與此書不知有無關係④。《側子》一書，國内歷代書目皆無著録，歷代史書亦不載有姓側氏的著名文人學者，待考。

（十）索靖《索子》

清人丁國均《補晉書藝文志》載索靖撰《索子》二十卷，云："謹按見本書靖傳。"⑤ 考《晉書·索靖傳》："靖著《五行三統正驗論》，辯理陰陽氣運。又撰《索子》、《晉詩》各二十卷。又作《草書狀》……"⑥

（十一）周處《默語》

清人丁國均《補晉書藝文志》載周處撰《默語》，云："謹按見本書

---

① （唐）魏徵等撰《隋書》第 4 册，中華書局 1973 年版，第 1007 頁。

② （清）姚振宗撰《隋書經籍志考證》二十五史補編本，開明書店 1936 年製版，第 484 頁。

③ （宋）鄭樵撰，王樹民點校《通志二十略》下册，中華書局 2009 年版，第 1654 頁。

④ 孫猛著《日本國見在書目録詳考》中册，上海古籍出版社 2015 年版，第 1106、1107 頁。

⑤ （清）丁國均撰，朱新林整理《補晉書藝文志》，清華大學出版社 2012 年版，第 77 頁。

⑥ （唐）房玄齡等撰《晉書》第 6 册，中華書局 1974 年版，第 1649 頁。

處傳。”^①考《晉書·周處傳》云：“處著《默語》三十篇及《風土記》，并撰集《吳書》。”^②

---

① （清）丁國均撰，朱新林整理《補晉書藝文志》，清華大學出版社 2012 年版，第 77 頁。
② （唐）房玄齡等撰《晉書》第 5 册，中華書局 1974 年版，第 1571 頁。

主要參考文獻

一 古代、近代著作

經

《十三經注疏》，上海古籍出版社，1997。

《十三經清人注疏》，中華書局，1987—2017。

（宋）朱熹撰《四書章句集注》，中華書局，1983。

史

（漢）司馬遷撰，（宋）裴駰集解，（唐）司馬貞索隱，（唐）張守節正
　　義《史記》（點校本），中華書局，2013。

（漢）班固撰，（唐）顏師古注《漢書》，中華書局，1962。

（南朝宋）范曄撰，（唐）李賢等注《後漢書》，中華書局，1965。

（晉）陳壽撰，（宋）裴松之注《三國志》，中華書局，1959。

（梁）沈約撰《宋書》，中華書局，1974。

（梁）蕭子顯撰《南齊書》，中華書局，1972

（唐）姚思廉撰《梁書》，中華書局，1973。

（北齊）魏收撰《魏書》，中華書局，1974。

（唐）李百藥撰《北齊書》，中華書局，1972。

（唐）李延壽撰《南史》，中華書局，1975。

（唐）李延壽撰《北史》，中華書局，1974。

（唐）魏徵等撰《隋書》，中華書局，1973。

（後晉）劉昫等撰《舊唐書》，中華書局，1975。

（宋）歐陽修、宋祁撰《新唐書》，中華書局，1975。

（唐）劉知幾著，（清）浦起龍通釋，王熙華整理《史通通釋》，上海古籍出版社，2009。

（清）姚振宗撰《隋書經籍志考證》（二十五史補編本），開明書店，1936。

（宋）王堯臣等編次，錢東垣等輯釋《崇文總目》（叢書集成初編本），商務印書館，1935。

（元）脫脫等修，（清）黃虞稷、倪燦撰《宋史藝文志廣編》，世界書局，2009。

（宋）鄭樵撰，王樹民點校《通志二十略》，中華書局，2009。

（宋）晁公武撰，孫猛校證《郡齋讀書志校證》，上海古籍出版社，2011。

（宋）陳振孫撰，徐小蠻、顧美華點校《直齋書錄解題》，上海古籍出版社，2015。

（清）永瑢等撰《四庫全書總目》，中華書局，1965。

（清）永瑢等撰《四庫簡明目錄》，華東師範大學出版社，2012。

子

（春秋）孫武撰，（三國）曹操等注，楊丙安校理《十一家注孫子校理》，中華書局，2012。

（隋）虞世南撰，（清）孔廣陶校注《北堂書鈔》，學苑出版社，2003，據首都圖書館藏清光緒十四年南海孔氏三十有三萬卷堂影宋刊本印製。

（唐）歐陽詢撰《宋本藝文類聚》，上海古籍出版社，2013。

（唐）歐陽詢撰，汪紹楹校《藝文類聚》，中華書局，1965。

（唐）魏徵等撰《群書治要》，商務印書館，1936。

（唐）馬總編，王天海、王韌撰《意林校釋》，中華書局，2014。

（唐）徐堅等著《初學記》，中華書局，1962。並參考日本宮內廳書陵部藏，宋紹興十七年（1147）東陽崇川余四十三郎宅刊本。

（北宋）李昉等撰《太平御覽》（用上海涵芬樓影印宋本復製重印），中華書局，1960。并參照日本宮內廳書陵部圖書寮文庫藏宋刊《太平御覽》所錄《符子》。

（唐）瞿曇悉達著《開元占經》，九州出版社，2011。

（宋）吳淑撰，吳淑注《事類賦注》，宋紹興十六年刻本。

（南宋）羅泌著，（明）吳弘基訂《重訂路史全本》（卷前鐫"賦秋山彙
　　評路史前紀全本"），明末武林化玉齋刊本。

（明）陳耀文撰《天中記》，景印文淵閣《四庫全書》，上海古籍出版
　　社，1985。

（清）嚴可均著《鐵橋漫稿》（續修四庫版），上海古籍出版社，2002。

（清）蘇時學著《爻山筆話》，《四庫未收輯刊》子部 07 輯 11 冊。

（清）蘇時學著《墨子刊誤》，清同治 6 年（1867）刻本，羊城客寓校
　　刊，二卷。

集

（清）嚴可均輯《全上古三代秦漢三國六朝文》，中華書局，1958。

（清）馬國翰輯《玉函山房輯佚書》，中華書局，1990。

（清）王仁俊輯《玉函山房輯佚書續編三種》，上海古籍出版社，1989。

（梁）蕭統編，（唐）李善注《文選》，中華書局，1977。

（梁）蕭統編，（唐）李善等注《六臣注文選》，中華書局，2012。

叢書

（明）歸有光輯《諸子匯函》，國家圖書館藏，1644 年本。

（明）程榮輯《漢魏叢書》，上海涵芬樓，1925。

（清）王謨輯《增訂漢魏叢書·子餘》，上海育文書店，1917。

（清）黃奭輯《漢學堂知足齋叢書》，書目文獻出版社，1992。

（民國）張均衡輯《適園叢書》十二集七十五種，（普通古籍）。

王雲五主編《叢書集成初編》，商務印書館，1935—1937。

續修四庫全書編委會編《續修四庫全書》，上海古籍出版社，2002。

中華書局主編《新編諸子集成》、《新編諸子集成續編》，中華書局，
　　1982—2018。

王承略、劉心明主編《二十五史藝文經籍志考補萃編》，清華大學出版
　　社，2012。

二　現當代著作

嚴靈峰編著《周秦漢魏諸子知見書目》，中華書局，1993。

余嘉錫著《四庫提要辨證》，中華書局，2007。

武秀成，趙庶洋校證《玉海藝文志校證》，鳳凰出版社，2013 年。

孫啟治、陳建華編撰《古佚書輯本目錄》，中華書局，1997。

孫猛著《日本國見在書目錄詳考》，上海古籍出版社，2015。

司馬朝軍校釋《子略校釋》，山東人民出版社，2018。

陸侃如著《中古文學繫年》，人民文學出版社，1985。

劉躍進著《秦漢文學編年史》，商務印書館，2006。

易小平著《西漢文學編年》，上海古籍出版社，2012。

曹旭集注《詩品集注》（增訂本），上海古籍出版社，2011。

蕭滌非主編《杜甫全集校注》，人民文學出版社，2014。

謝思煒校注《杜甫全集校注》，上海古籍出版社，2016。

郁賢皓校注《李太白全集校注》，鳳凰出版社，2015。

尹玉珊著《漢魏子書研究》，中國社會科學出版社，2018。

後　記

　　翻看一下全書目錄，發現從最早一篇的雛形到最晚一篇的終稿，持續了足足七年。七年時間可一分爲二，前半截在南寧，後半截在成都。假如將兩個城市的生活比作兩大板塊，板塊之間的摩擦與衝撞即使擠不出一座山峰，也拱起了不少的塵埃。更別説我還經歷了人生的一場地震——喪母之痛！突然之間，來路已失，唯剩一條永不失約的歸途。

　　在這個七年的頭上，曾經和一位朋友私下裏計議：一本書能不能交換一個孩子？這個問題大概拷問過很多女性學者，尤其在學者與母親兩個角色激烈衝突的時候。七年時間，足够撫育一個孩子，從出生到上小學。一本書的價值，又怎抵得上一個孩子珍貴？但當時的我們却頗爲躊躇。母親走後，我也曾再一次拷問自己：假如用一本書挽回唯一的母親，我會不會猶豫？遺憾的是我失去了所有交換的籌碼，這個七年除去一份工作、一本書，再没有更慷慨的饋贈。

　　本書的書稿未能在合同規定的時間内提交，主要原因是我決定給“下篇”增加注釋，而這個決定是在今年暑假裏做出的。没想到的是，七萬多字的正文，增加完注釋後也僅八萬多字，却占用我四十多天。所以，直到暑假結束，我的注釋工作還没完成。我盡量推遲上課日程，以免自己分心，兩頭都要耽誤，但與教學和論文指導相關的事務還是毫不遲疑地闖了進來。時至今日，回顧暑假後半截與開學前半截的焦躁與疲憊，仍心有餘悸。

　　這一兩年來，站在講台上，我常常感覺孤獨，雖然孤獨是人生最親密的行李。講台與課桌間的障礙，不衹是讀書的多與少，年齡的大與小，更多是無法溝通的誤會。師生之間的專業互動，以前常常是分享與引申，現在大多是解釋和證明。我無法將源自古人的自信，用口語順利傳遞給蜂擁而至的和你的物理距離越來越短的"來者"。口吃的韓非還能藉助好看的文章説話，我的論文遠不如我的小品淺顯耐看，不敢奢望這本書能消弭大多數誤會，衹希望得到一些體諒與寬容，至少有人願意揣摩：究竟需要多少課下的堅忍與孤獨才能换來講台上的精彩"一分鐘"？

本書既然是《漢魏子書研究》的續篇，從框架的構思到撰寫過程中遇見的具體疑問，自然離不開躍進師的開悟與引導。而猶如第二導師一樣教導我的龍師姐，更是不辭辛苦地給我看稿，坦率地批評，毫不含糊地挑錯。當然，還有必不可少的鼓勵。

本書的部分章節曾在相關的學術刊物上發表，在收入本書時，一并作了進一步的修訂完善。本書的研究曾先後受到國家社會科學基金一般項目、四川師範大學文學院"國家社科基金叢書"的資助，如無以上兩部門的資助，七年來的讀書所得萬難面世。

本書的出版，李雪珊、張書毓、閆雪、張潔雨、劉雙雙、劉騰蛟、鍾張晶、何美霖、胡斌與張茜同學都幫忙校對文稿，查找文獻，修訂錯字，爲本書增色不少。因爲全書使用繁體字，爲社會科學文獻出版社的衆位編輯老師增加了校對與審稿的難度，尤其是責編張倩郢女士包容我對書稿的大幅度改動與用字上的堅持，付出了比編輯一本簡體書更多的辛勞，在此一并致以謝意。

尹玉珊
2024 年 12 月 29 日

圖書在版編目（CIP）數據

漢魏六朝子書考索 / 尹玉珊著 . -- 北京：社會科
學文獻出版社，2024.12. -- ISBN 978-7-5228-4607-1

Ⅰ. G256.1

中國國家版本館 CIP 數據核字第 2024QZ8882 號

漢魏六朝子書考索

著　　者 / 尹玉珊

出 版 人 / 冀祥德
責任編輯 / 張倩郢
責任印製 / 王京美

出　　版 / 社會科學文獻出版社·人文分社（010）59367215
　　　　　地址：北京市北三環中路甲29號院華龍大廈　郵編：100029
　　　　　網址：www. ssap. com. cn
發　　行 / 社會科學文獻出版社（010）59367028
印　　裝 / 三河市尚藝印裝有限公司

規　　格 / 開　本：787mm × 1092mm　1/16
　　　　　印　張：26　字　數：410千字
版　　次 / 2024年12月第1版　2024年12月第1次印刷
書　　號 / ISBN 978-7-5228-4607-1
定　　價 / 128.00圓

讀者服務電話：4008918866